KB271566

新 상가 투자 보물찾기

부동산 경·공매, 분양, 입찰, 매매를 통한

新 상가 투자 보물 찾기

최원철·김보곤·김태윤·김민지
서선정·정 우영·김보규 지음

매일경제신문사

상가와 빌딩 관리를 시작으로 상가 분양, 상가 경매, 상가 컨설팅과 상담 그리고 경매와 공매를 통한 상가 투자를 통해 상가라는 부동산을 접한 지 대략 17여 년이 되었습니다.

하지만 상가라는 부동산은 다른 부동산 종목과는 다르게 접하면 접할수록 어렵고 투자하기가 너무 힘들다는 생각을 하게 되었습니다. 그리고 상가 투자에 대한 부분이 막연하고 체계적이지 못하다는 생각이 항상 머리 한 구석에 있는 것을 떨쳐버릴 수가 없었습니다. 도대체 상가는 왜 이렇게 어려울까 하는 생각이 머리를 떠나지 않았습니다.

인터넷을 찾아보고, 시중에 나와 있는 상가 관련 서적을 사서 읽어보고, 상가에 관한 논문도 찾아보고, 투자를 위해 나름대로 많은 상가를 답사하고 분석했지만 그럴수록 더 어렵다는 생각이 들었습니다.

특히 부족한 상가에 관한 지식과 경험을 가지고 강의를 하다 보니 너무나 많은 투자자들이 상가라는 부동산을 어렵게 생각하고 어떻게 접근해야 하는지, 어떤 기준을 갖고 투자해야 하는지를 고민하고 있는 모습을 봤습니다.

처음에는 필자 자신의 투자와 강의를 위해 상가 경매에 대한 체계화를 하기 위한 작업이었습니다. 그러나 이러한 어려움을 저만 느끼는 것이 아니라 상가 투자를 하려고 하는 대부분의 투자자들이 같은 어려움을 겪고 있다는 것을 알게 되었습니다.

그래서 그동안의 직접 경험과 간접 경험을 가지고 상가라는 부동산을 투자하려는 투자자들에게 현실적으로 조금이나마 도움이 될 수 있는 책을 써보자는 생각으로 감히 이 책을 쓰게 되었습니다.

하지만 막상 상가 경매에 관한 주제로 구체적인 책을 쓰려고 하니 시중에 참고 서적이나 논문 등을 거의 찾을 수가 없었고, 인터넷에서도 대부분 단편적, 부분적으로 된 내용이거나 일반론적이고 추상적인 내용들만 있었습니다. 상가 경매에 대한 실제적이고 구체적인 책을 쓴다는 것이 불가능하다는 생각에 중간에 포기할 생각을 여러 번 하기도 했습니다.

그때마다 친분이 있는 부동산 전문가들과 필자 강의를 들은 제자들과 지인들의 격려 그리고 우직하게 믿어주는 아내의 응원으로 포기하려던 생각을 접고 부족하지만 약 10개월에 걸쳐 졸저를 세상에 내놓게 되었습니다.

물론 이 책도 경매를 통해 상가를 투자하는 데 너무나 부족한 책이고 정답은 아니지만 상가 경매 투자를 위해 어떤 기준을 잡는다는 생각으로 철저하게 필자의 생각과 경험을 바탕으로 이론적인 아닌 현실적으로 쓰려고 노력했습니다.

따라서 실력있고, 지식과 경험이 풍부한 다른 상가 전문가들과 견해가 다를 수도 있겠지만 수익형 부동산이 대세인 현실에 경매를 통해 상가를 투자하려는 투자자들에게 상가를 투자하는 데 조금이나마 도움이 되었으면 하는 바람입니다.

끝으로 비록 졸저이지만 본서를 쓰는 동안 장사하고 가사를 돌보면서 옆에서 묵묵히 내조를 해준 아내 최미현에게 진심으로 고마움을 표시하고 싶습니다. 딸 민형이와 아들 우일이에게도 바쁘다는 핑계로 대화도 많이 못했지만 자기 할 일을 잘 하고 있어서 정말 고맙다는 말을 전하고 싶습니다. 더불어 본서를 쓰는 동안 음으로 양으로 격려해준 다음 카페 '부동산에 미친 사람들의 모임'의 이형진대표, '최원철상가정보연구소' 연구원들도 깊은 감사의 말을 전합니다.

부디 경매나 공매를 통해 상가를 투자하려고 하는 투자자들이 이 책을 통해 상가 투자에 대한 기준을 잡고 투자에 성공하시길 진심으로 기원합니다.

최원철상가정보연구소

최원철

PART 03 상가 경매 실전

chapter 01 입찰 물건 선정

chapter 02 상가 경매 물건의 임장

chapter 03 입찰가격 결정

PART 04 상가 낙찰 후 관리

chapter 01 상가 임대 시 계약관계

chapter 02 상가와 관련된 세금

PART 01

상가 경매 입문

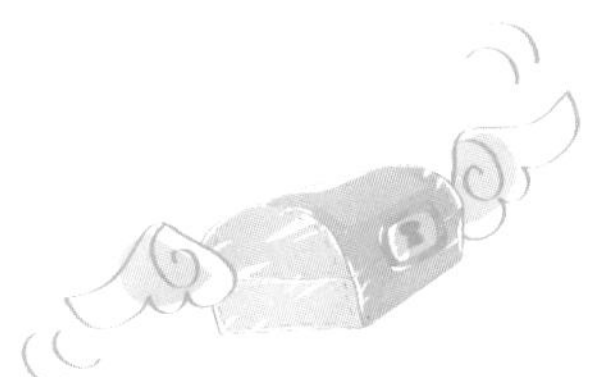

상가 투자 입문

상가 투자란?

　현재 많은 투자자들이 수익형 부동산에 관심을 갖고 있고, 투자를 하려고 한다. 수익형 부동산은 여러 종류가 있는데 어떤 수익형 부동산이 있는지를 살펴 보면, 주택형 수익형 부동산, 상가형 수익형 부동산, 오피스형 수익형 부동산으로 나눌 수 있다. 주택형 수익형 부동산은 상가 주택, 다가구주택, 다세대주택, 준주택, 도시형생활주택 등이고, 상가형 수익형 부동산은 근린상가, 단지내 상가, 테마 상가, 주상복합 상가 등이 있고, 오피스형 수익형 부동산은 오피스와 오피스텔이 있다.

　이 중에서 상가가 투자하기에 가장 어렵다고 투자자들이 이야기하고 실제로 투자를 잘못해서 실패한 투자자도 상당히 많은 것이 현실이다. 그럼에도 불구하고 노후대책을 위해서 또는 보유하고 있는 투자자금 최적의 활용을 위해 아직도 많은 투자자들은 상가 투자에 관심이 많다. 상가 투자에 관심 있는 투자자가 원하는 상가는 임대수익이 좋고, 처분을 원할 때 쉽게 처분되며 동시에 시세차익도 얻을 수 있는 상가다.

다른 부동산도 마찬가지겠지만 그런 완벽한 조건을 갖춘 상가는 없다. 만약 있다면 그런 상가가 일반 개인 투자자의 몫으로 돌아가겠는가를 먼저 생각해봐야 한다.

위험부담 전혀 없이 상가 투자를 하겠다는 것은 어불성설이다. 필자도 어느 정도의 위험을 예상하고 상가 투자를 하고 있다. 다만 그 위험을 어느 정도 미리 예측하고, 문제점을 파악해 리스크를 최대한 줄여 투자수익률을 극대화하고자 할 뿐이다.

여기저기서 상가 투자에 대한 강의를 하다 보면 수강생 중에 간혹 단편적인 지식과 얄팍한 경험으로 상가라는 살아 꿈틀거리는 부동산을 감히 안다고 생각하는 분이 있다. 그런 분은 다른 사람의 이야기를 받아들이지 않는 투자자의 전형적인 유형이다. 투자에 대한 왕도가 없는 부동산이 상가인데, 정말 위험한 생각을 갖고 있는 것을 인식하지 못하는 게 안타깝다. 아무리 공부하고 답사를 다녀도 절대적으로 부족하다고 항상 느끼기 때문에 필자도 계속 공부 중이고, 분양 현장에 가서 상담받고 지역을 분석하고, 경매 물건을 뽑아서 임장 다니고 있다.

공부하고 현장을 다닐수록 상가라는 부동산이 정말로 어렵다는 생각이 더 든다. 상가는 살아있는 생물과 같다. 지금은 여기에 있는 것 같은데 어느 순간에 다른 곳에 가 있다. 필자를 비롯한 상가 투자자들이 수익을 창출하려면 살아서 움직이는 상가를 잘 따라가거나 아니면 상가라는 놈이 올 위치에 미리 선점하고 있어야 할 것이다.

필자는 아직도 이 놈을 계속 따라다니고 있는 중이고, 어떤 때는 미리 가서 기다리고 있기도 한다. 그래야 최선의 투자는 안 되더라도 차선의 투자는 할 수 있지 않을까 생각한다.

수익형 부동산의 종류

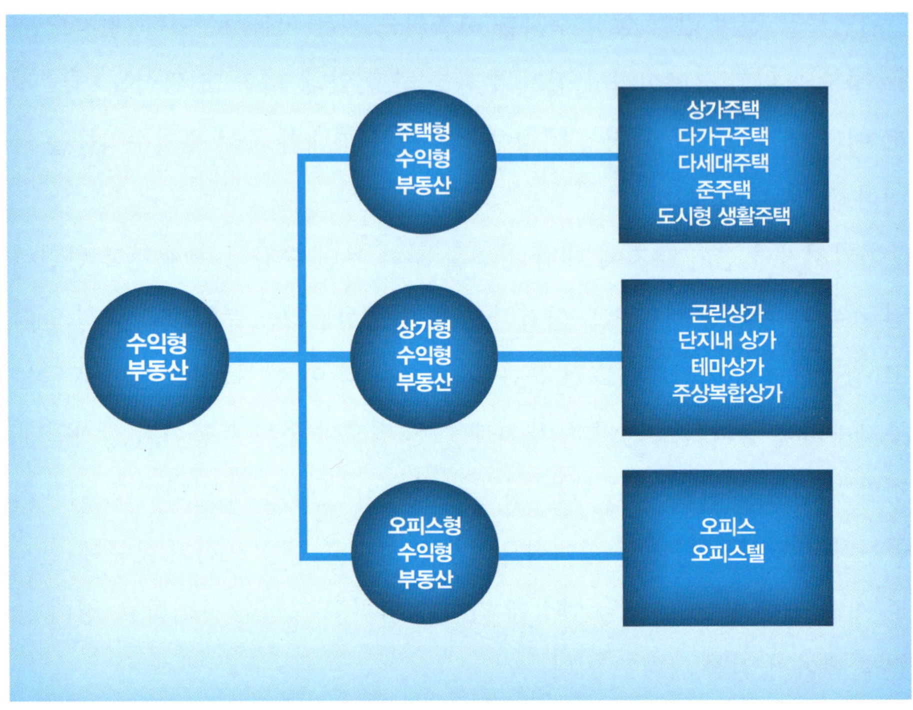

임대 수익 좋고,
처분이 언제든지 용이하고,
지속적인 가격 상승으로 시세차익도 향유할 수 있는
완벽한 조건을 갖춘 상가는
나에게까지 돌아오지 않는다고 생각하라.

끊임없는 공부와 지속적인 임장활동으로
성공적인 상가 투자를!

왜 상가 투자가 어려운가?

　먼저 이 주제의 글을 쓰는 이유는 현재 부동산 투자 시장이 수익형 부동산으로 중심축이 이동하면서 많은 투자자들이 상가에 대한 진지한 고민 없이 쉽게 생각하고 투자하는 경향이 너무 강하기 때문이다.

　정말로 상가 투자는 어려운가? 답은 그렇다. 상가 투자는 정말 어렵다. 물론 어려운 상가 투자를 해서 성공한 투자자들도 상당히 많다. 하지만 성공한 투자자들보다 실패한 투자자가 비교가 안 될 정도로 더 많다.

　상가는 잘 투자하면 임대수익과 처분수익 두 마리 토끼를 잡을 수 있다고 모두들 말하고 사실이 그렇다. 그리고 현재 부동산 투자 패러다임이 수익형으로 바뀌고 있고, 평균 수명의 증가로 인한 노후 대비를 위해 더욱 부동산 투자자들이 상가 투자를 선호하는 경향을 띄고 있고, 실제로 그렇게 투자를 하고 있다.

　그런데 문제는 상가 투자가 현실적으로 어렵다는 것이다. 왜 상가 투자는 다른 부동산에 비해 어려울까? 상가 투자가 어려운 이유는 여러 가지 있지만 주된 원인이 두 가지가 있고 부수적인 것이 있다.

1. 상가는 개별성이 너무 강하다

아파트나 빌라와 같은 주거용 부동산은 지역, 단지와 동에 따라 어느 정도 시세를 판단할 수 있다. 예를 들어 아파트 단지 인근에 백화점이 신규로 입점하거나 신설 지하철 역이 생긴다고 하면 그 단지 내에 있는 아파트는 층이나 향과 관계없이 가격이 상승하게 된다. 그리고 100% 정확하지는 않지만 국토교통부 실거래가, KB부동산, 네이버 부동산 사이트를 통한 시세 파악으로 투자 여부를 결정할 수 있다. 물론 학교와의 거리, 지하철과의 거리, 생활편익시설과의 거리, 향과 층 등에 따라 투자가치의 차이는 다소 있지만 거의 비슷하다고 할 수 있다.

하지만 상가는 절대적으로 개별성에 의존하는 부동산이다. 지역에 따라 다르고, 입지에 따라 다르고, 층에 따라 다르고, 같은 층이라도 위치에 따라 다르고, 인근에 어떤 시설과 같이 있느냐에 따라 다르고, 투자하려고 하는 상가 건물에 어떤 업종들이 입점하느냐에 따라 가치가 다르고, 투자 대상 상가에 어떤 업종의 임대가 가능한지에 따라 다르고 등등, 수많은 다양한 변수가 있어 투자에 대한 기준을 정하기 정말로 어렵다.

따라서 상가 투자에 대한 정형화된 방법론이 없는 것이다. 다시 말하면 투자하려고 하는 상가의 개별성에 따라 투자가치가 모두 다르기 때문이다. 상가는 개별성 때문에 투자 여부를 판단하기가 쉽지 않다.

2. 토지나 주거용 부동산과는 다른 분석 단계의 차이가 있다

일반적으로 아파트나 토지는 투자한 후 직접 거주하거나, 아니면 임대를 주고 있다가 시세가 오르면 처분해 시세차익을 얻는 것이 일반적인 단계다. 물론 상가도 투자를 한 후 직접 영업을 하거나, 임대료를 통한 임대수익을 얻고 있다가 시세가 오르면 처분해 시세차익을 얻는 단계를 거친다. 그런데 여기에서 반드시 고민해야 할 단계가 중간에 하나 더 있다. 그 단계는 소비자의 소비행위이다.

즉 상가 투자 → 임대나 직영 → 소비자의 소비행위 → 처분단계를 거친다. 상가는 투자를 하면 일반적으로 임대수익을 얻어야 하는데, 높은 임대수익을 얻으려면 임차인의 매출이 좋아야 한다. 매출이 좋으려면 투자한 상가에 소비자가 많이 방문해야 가능할 것이다. 다시 말하면 상가 투자를 할 때는 투자하려는 상가가 향후 임대를 주었을 경우 소비자가 많이 올 상가인지를 정말로 진지하게 고민해야 할 것이다. 그런데 소비자의 소비행위를 예측하는 것은 곧 상권과 입지 분석하고 연관되는 것이다. 이 부분을 판단하는 것은 정말로 어렵다. 필자도 너무나 어렵다.

3. 상가 투자가 어려운 부수적인 이유들

먼저 상가에 대한 정보의 부족이다. 보통 우리가 투자하려고 하는 상가에 대한 정보는 상가 공급자, 즉 시행사, 분양대행사, 개발주체 등을 통해 상가에 대한 정보를 얻고 있다. 하지만 이런 경로를 통해 얻는 내용은 공급자들이 자신들의 목적을 실현하기 위한 가공된 정보이기 때문에 정보라기보다는 광고라고 할 수 있다.

하지만 투자자들은 상가 공급자들이 제공하는 광고를 정보로 인식하고 투자하는 경우가 너무나 많다. 그 이유는 상가 투자에 대한 내용을 광고 외에는 얻기가 힘들기 때문이다. 즉 상가 투자에 대한 객관적인 정보를 얻기가 어렵고, 객관적인 상가 투자에 대한 정보를 제공하는 기관이나 단체도 거의 없기 때문이다. 더구나 상가 투자에 대한 책이나 교육을 통해서도 정보를 얻을 수도 없다. 그 이유는 상가는 개별성이 강하기 때문에 책으로 기술하거나 교육하기가 현실적으로 너무 어렵기 때문이다.

또한 상가 투자와 관련한 정부의 가이드나 관련 법규가 거의 없다는 것이다. 주거용 부동산은 재건축이나 재개발, 신도시나 택지개발지구 등을 통해 정책을 확인할 수 있고 투자 여부를 나름대로 판단할 수 있지만, 상가에 대한 정책은 독자적으로 있는 것이 아니라 주거용 부동산 공급에 부수적으로 정책을 제시하고 있다. 순수하게 상가 투자에 관한 정책은 전무하다고 할 수 있고 상가 투자에 관련한 법도 없다.

예를 들어 재건축 아파트나 재개발 주택 투자에 대한 법은 기본적으로 '도시및주거환경정비법'이 기준이 되고, 토지에 대한 투자는 '국토의이용및계획에관한법률'이나 '산지관리법' 등이 기준이 된다. 하지만 상가 투자에 대하여 기준이 되는 관련법은 전혀 없다. '상가건물임대차보호법'은 상가 임차인을 위한 '민법'의 특별법이고 '건축물의분양에관한법'은 분양에 관한 법으로 투자하고는 관계가 없다고 할 수 있다.

상가 투자가 이와 같은 이유로 어렵다고 해서 투자를 하지 않을 것인가? 물론 아니다. 노후 대비를 위해 또는 자산 증식을 위해 투자해야 한다. 우리도 임대수익과 처분수익 두 마리 토끼를 잡아야 한다. 그러면 어떻게 투자하면 두 마리 토끼를 잡을 수 있을까? 이 책을 차분히 읽다보면 실마리가 풀려나갈 것이다.

왜 상가 투자를 하려고 하는가?

아파트를 대표로 하는 주거용 부동산의 투자는 일반적으로 시세차익을 통한 처분수익을 목적으로 하고, 토지도 대부분 시세차익을 통한 처분수익을 목적으로 하거나 토지개발을 통해 개발수익을 목적으로 투자를 한다.

그렇다면 상가를 투자하려고 하는 여러분의 투자목적은 무엇인가? 당연한 질문 같지만 필자는 상가 투자자에게 이 문제가 상당히 중요하다고 생각한다. 왜냐하면 투자자의 목적이 뚜렷해야 상가 투자에 대한 기준이 정립된다고 생각하기 때문이다. 그래서 강의 도중에 또는 강의 후 뒤풀이 자리에서 수강생에게 "상가 투자를 왜 하려고 합니까?" 질문하면 "아파트 가격이 하락하고 대세가 수익형 부동산이니까 투자하려고 합니다." 또는 "노후를 대비해 월세가 나오는 상가를 투자하려고 합니다"라는 대답을 대부분 한다.

다시 "얼마의 수익이 나면 상가를 투자하겠습니까?" 질문하면 "다다익선입니다"라고 하거나 "한 10%에서 15% 정도 수익이 나와야 되지 않겠습니까?"라고 대답하는 경우가 많다. 그런 대답을 들으면 대놓고 말은 못하지만,

그런 마음자세를 가지고 개별성이 강한 상가를 투자해 수익을 낼 수 있을까 하는 생각이 항상 든다.

본인이 원하는 수익률의 확고한 기준도 없고, 상가 투자를 하면 수익이 어떻게 발생하는지도 모르는 경우가 너무나 많다.

상가를 취득해 본인이 직접 영업을 하는 사람은 제외하겠다. 이런 사람은 현실적으로 드문 경우에 해당된다. 물론 이 방법이 가장 수익을 많이 낼 수 있는 방법이지만 흔한 경우가 아니므로 제외하겠다. 그러면 상가 투자의 목적은 무엇인가? 왜 상가에 투자하려고 하는가?

상가 투자의 목적은 첫째, 임대료 발생에 의한 임대수익, 둘째, 시세차익을 통한 처분수익, 셋째, 바닥(지역)권리금에 의한 수익, 크게 세 가지로 말할 수 있다.

상가 투자의 세 가지 목적

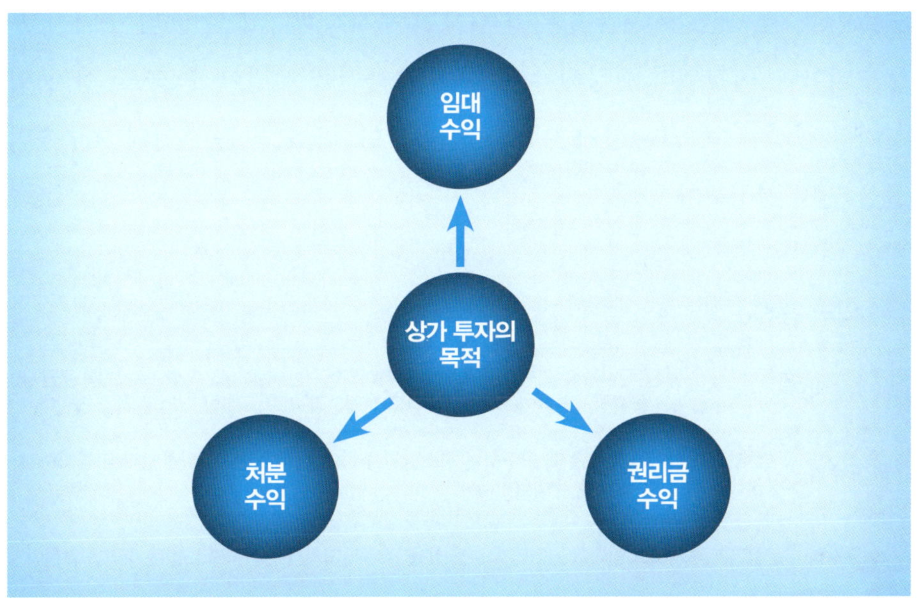

1. 1차적 목적은 임대수익이다

누구나 다 아는 사실이지만 대부분 상가 투자자들은 임대수익을 목적으로 한다. 당연하다. 노후를 대비하기 위해 또는 아파트 투자 매력이 떨어지니 수익형 부동산으로 관심을 옮겨 월세가 나오는 상가에 투자하려고 한다. 그렇다면 임대수익이 상가 투자의 첫 번째 목적이라면 도대체 얼마의 수익이 나오면 투자할 것인가? 이 부분에 대하여 본인의 기준을 확고하게 제시하는 사람은 드물다. 상가 투자에 관심이 있는 여러분은 도대체 얼마의 임대수익이 나오면 투자를 할 것인가? 막연하게 '多多益善(다다익선)'인가? 7%인가? 아니면 10%, 그것도 아니면 20%인가?

상가 투자에 관심 있고 진정으로 상가에 투자하려고 한다면 임대수익에 대한 본인의 요구수익률을 먼저 정해야 한다. 요구수익은 투자자가 원하는 수익이다. 즉 나는 몇 %의 수익이 나오면 투자하겠다고 할 때의 수익이 요구수익이다. 이것부터 결정해야 투자 대상 물건을 선별할 수 있고, 상가 입찰가를 결정할 수 있다. 상가 투자를 하려면 현실하고 맞는 본인의 요구수익률을 먼저 결정해야 한다.

수익의 종류

기대수익	투자자가 일정 금액을 상가에 투자했을 때 기대되어지는 수익(예상수익)으로 보통 공급자가 "이 금액을 투자하시면 몇 %의 수익이 나오게 됩니다"라고 표현할 때의 수익을 말한다.
요구수익	투자자가 상가에 투자할 때 요구하는 최소한의 수익으로 "나는 7% 이하면 절대로 투자하지 않겠다"라고 할 때의 수익을 말한다.
실현수익	상가에 투자하고 임대를 놓거나 처분을 했을 경우 투자자가 현실적으로 얻는 수익을 말한다.

수익은 기대수익, 요구수익과 실현수익으로 나뉜다. 간단히 말하면 기대수익은 공급자가 제시하는 수익이다. 이 상가는 이러저러하니 10% 수익이 나올 것이라고 분양이나 매매 시 얘기하는 수익이다. 요구수익은 투자자가 원하는 수익이다. 수익이 8% 이상 되어야 나는 투자하겠다, 그 이하 수익은 절대로 투자하지 않겠다고 할 때의 수익이다. 마지막으로 실현수익은 현실적으로 상가에 투자하고 임대를 놓거나 처분했을 경우 투자자가 얻은 수익을 말한다.

2. 2차적 목적은 처분수익이다

상가를 투자해서 본인이 생각한 요구수익을 얻고 있다가 일정기간이 지나면 매도해 처분수익까지 얻는다면 금상첨화가 아니겠는가! 이것이 바로 두 마리 토끼를 잡는 것이다.

극단적인 말인지 모르겠지만 상가는 임대수익보다 처분수익이 더 중요하다. 일반적으로 상가는 수익형 부동산이라고 말을 하는데, 필자는 상가는 수익형 부동산이 아니라 처분형 부동산이라는 생각을 갖고 있다.

이유는 상권은 항상 변하기 때문이다. 상가를 보유하고 있는 동안 상권이 좋게 형성되어 임대도 잘 되고 통장으로 꼬박꼬박 월세가 입금된다. 상상만 해도 기분좋다. 그러다가 어떤 요인에 의해 상권이 변하게 되어 쇠락하게 된다면 그때부터는 임대수익도 낮아지고, 경우에 따라서는 공실이 될 수도 있다. 아무리 보유기간 동안 임대수익이 잘 나오더라도 매도해야 할 시점을 놓치게 되면 그 순간부터 내가 보유하고 있는 상가는 애물단지가 된다. 그러한 경우를 너무나 많이 봤다.

상권은 항상 변한다. 지하철이 생겨서 변하고, 내가 보유하고 있는 상가 인근에 백화점이나 대형 할인점이 들어와 변하고, 인근에 뉴타운이나 신도시가 공급되어 변하고, 이루 헤아릴 수 없는 원인에 의해 상권은 변한다. 상가 투자자는 항상 변화하는 상권을 주시하면서 적절한 시기에 매도해 처분수익을 얻어야 한다. 매도시점을 놓치면 그 동안 임대수익으로 받았던 현금을 모두 토해내야 하는 일이 생길 수 있다. 수익은 임대수익과 처분수익을 합한 것이 최종적인 수익이다. 물론 강남역이나 명동과 같이 꾸준히 임대수익이 좋아지는 지역의 상가라면 이야기가 다르겠지만.

예를 들어 건대입구역 상권은 크게 두 가지로 구분한다. 먼저 그림에서 보듯이 2번 출구 쪽 이면도로는 먹자골목이 활성화 되어 있고, 5번 출구 쪽 이면도로는 로데오거리로 상권이 활성화 되어 있었다. 그러다가 건국대학교 야구장 부지에 롯데백화점이 2008년 12월 30일 그랜드 오픈을 했다. 즉 건대입구역 상권에 2008년도 백화점이 입점을 한 것이다. 백화점이 입점하기 전에 이미 건대입구역 먹자골목과 로데오거리는 젊은 소비자들로 넘쳐나고, 권리금도 높고, 월세도 상당히 높았다. 그런데 고객집객시설 중의 하나인 롯데백화점이 입점을 한 것이다. 과연 백화점 입점으로 인해 상권의 변화가 어떻게 일어났을까?

먼저 백화점도, 백화점 내에 의류점과 식당가가 있으므로, 본인들의 백화점 활성화를 위해 적극적으로 노력할 것이다. 본인들의 마케팅 능력과 자금력, 입점업체들과의 관계를 활용해 광고 및 할인행사 등을 통해 백화점을 활성화시킬 것이다. 즉 건대 먹자골목과 로데오거리와의 경쟁관계가 되는 것이다.

그러므로 두 개 지역으로 나누어 판단할 수 있다. 먼저 건대입구역 2번 출구 이면도로의 먹자골목은 어떤 영향을 받을 것인가? 백화점 내의 식당가와의 경쟁으로 인해 상권이 쇠락할 것인가? 결론은 그렇지 않다. 비록 백화점 내에도 식당가가 있지만 먹자골목의 식당들과는 다른 개념의 식당이다. 백화점 내 식당은 간편하게 먹을 수 있는 음식과 전문식당으로 구성되어 있다. 이런 식당에 먹자골목에서 먹고 마시던 소비자들이 백화점으로 들어가서 먹고 마시지는 않는다. 분위기도 다르고 같은 음식점이라도 아이템이 다르기 때문에 소비자의 이동은 발생하지 않는다. 오히려 백화점의 입점으로 인해 백화점 내에 근무하는 고정 소비자가 증가해 먹자골목은 더 활성화 되었다.

반대로 건대입구역 5번 출구 이면도로에 있는 로데오거리의 의류나 신발상가들은 백화점으로 인해 매출이 심하게 감소했다. 백화점은 로데오거리에 있는 동종 브랜드의 의류나 신발뿐만 아니라 다른 브랜드 등을 로데오거리의 가격보다 더 낮은 가격으로 할인행사를 하고 광고를 했다. 즉 백화점의 마케팅능력과 편의성, 안락함을 로데오거리의 상가들이 따라가기 힘들기 때문에, 로데오거리에 오던 소비자들이 어느 정도 시간이 지난 후에는 백화점으로 모두 이동했다. 그래서 지금 로데오거리의 상권은 위축되어 권리금이나 임대가가 현저하게 낮아진 상태다.

이 예를 드는 이유는 우리가 상가를 투자하는 시점도 중요하지만 주위에 새로운 변화가 생기게 되면 매도를 진지하게 고민해야 한다는 것이다. 현재는 소비자들이 많이 오고 있지만 인근에 백화점과 같은 대형상업시설이 들

어오게 되면 상권의 변화가 일어나게 되므로 백화점이 입점하기 전에 매도를 통한 시세차익을 얻어야 한다는 점이다.

상가 투자에서 임대수익은 물론 중요하다. 하지만 적정한 시기에 매도를 통한 처분수익이 훨씬 더 중요하다. 영원히 임대료가 나올 거라는 환상은 버려야 한다. 상권은 지금도 우리 모르게 어느 지역에서나 변하고 있다.

3. 3차적 목적은 권리금수익이다

이 부분에 대해 의문을 갖는 사람도 많고, 상가를 투자해 권리금까지 받을 수 있는 그런 상가가 있는지 의심하는 사람도 많다. 그러나 있다. 지금도 웬만한 1층 상가에는 모두 권리금이 형성되어 있다.

먼저 상가 투자자가 권리금을 받을 수 있는지에 대한 법률적 검토부터 해보자. 권리금은 이론적으로 바닥권리금(지역권리금), 시설권리금과 영업권리금으로 구분한다. 이 중에서 상가 투자자가 받을 수 있는 권리금은 속칭 '바닥권리금'이다. 시설권리금과 영업권리금은 임차인들끼리 주고받는 권리금이라고 할 수 있다.

그러면 바닥권리금은 상가 투자자가 언제 받을 수 있는가? 바닥권리금은 좋은 입지에서 영업을 하게 된 것에 대한 대가라고 할 수 있는데, 상가 투자자가 신규 상가를 최초로 분양받고 임대를 놓는 경우에 임차인에게 보증금 이외에 '바닥권리금'을 요구할 수 있다. 이것은 사인간의 계약이므로 법적으로 아무런 문제가 없다. 임차인도 바닥권리금을 지급하는 것이 불합리하다고 판단되면 계약을 하지 않으면 되고, 바닥권리금을 지급해도 임차 후 영업을 통해 그 이상을 회수할 수 있다고 판단되면 지급하고 계약을 하면 되는 것이다.

법적으로 상가 소유자가 받은 바닥권리금은 계약이 만료되어도 특별한 사정이 없는 한 소유자는 임차인에게 바닥권리금을 반환할 의무가 없다는 것이 대법원 판례의 입장이다. 따라서 상가 투자자는 경우에 따라 바닥권리금을 받을 수 있는 상가를 선별해 투자하면 투자수익을 높일 수 있게 된다. 아마도 바닥권리금을 받을 수 있는 상가는 현실적으로 1층 이외에는 거의 없다고 할 수 있으므로, 1층 상가를 투자해야 하지 않을까?

권리금

1. 개요

권리금은 현실 상가 시장에서 당연하게 거래되고 있으므로 상가 투자자는 이에 대한 이해가 필수적이라 할 것이다.

2. 권리금 분류

권리금에 대한 의미를 보면, 용익권·임차권 등의 권리를 양도하는 대가로 주고 받는 금전으로 두 가지 경우가 있는데, 임대 시 보증금과 별개로 상가 소유주에 게 지급하는 권리금과 기존 임차인에게 지불하는 권리금이 있다.

이것을 사회적 관점에서 구분하면 권리금은 바닥권리금·영업권리금·시설권리 금의 세 가지 종류라고 할 수 있다.

⑴ 바닥권리금

바닥권리금은 상가 입점 후 향후 점포의 활성화를 감안해 상가 소유자가 요구하 는 이른바 '자릿세'를 의미하는 것으로, 현재 발생하는 순수익을 근거로 형성되 는 영업권리금과는 다른 성격의 권리금이다. 만약 건물소유자가 바닥권리금을 요구하는 것은 문제가 없으나 중개업소나 분양 영업사원들이 요구하는 권리금 에 대해서는 지불할 의무가 없다.

또 상가 분양시장에서 독점업종에 대한 상가의 경우, 공급단계에서 최초의 계약 자에게 바닥권리금을 요구하는 경우가 상당히 많은데, 권리금의 요구 주체에 대 해 일반적으로 건물주가 권리금을 받을 수 있는가 하는 부분에 대해 건물주가 바닥권리금을 요구하는 것은 법적규제 대상이 아니므로, 최초의 상가 분양을 받 는 경우에 권리금을 주고 인수할 만한 가치가 있는지의 여부를 나름대로 반드 시 검토해야 한다.

⑵ 영업권리금

영업권리금이란 기존 임차인이 향후 발생될 수 있는 순수익 부분을 포기함으로 써 새 임차인에게 그에 대한 대가를 요구해 받는 금액이다. 영업권리금은 매도시 점부터 보통 6개월~12개월의 평균치 발생 순수익을 의미하는 것으로, 예를 든다 면 한 달 순수익이 500만 원이라면 6천만 원(500만 원×12개월) 정도의 영업권리 금이 생성된다고 볼 수 있다.

영업권리금 산정의 근거가 되는 것은 기존 임차인의 매출장부에 기록되어 있는 금액을 근거로 산출해야 하므로 매출장부와 부가가치세 신고금액으로 확인할 수 있는데, 현실적으로 확인하기 어렵다.

(3) 시설권리금

시설권리금은 기존 임차인이 상가를 오픈할 때 투자했던 시설비용이나 기존 임차인이 그 이전 임차인으로부터 인수한 시설대금을 말한다. 실내외 인테리어 비용과 시설, 간판 및 비품 등이 해당되는 것으로, 시설권리금을 적용할 때는 감가상각을 해야 한다.

보통 시설권리금에 대한 감가상각은 기존 점포의 창업일로부터 3년(소비자 트렌드 변화와 시설물의 교체시기를 감안)을 거슬러 올라가면 되는데, 1년 단위로 약 30% 정도의 비용을 삭감하는 것이 관례이다. 단 연도별 사용에 따른 시설 상태에 따라 다르다.

상가를 투자하는 가장 좋은 방법은?

상가를 투자하는 방법은 크게 세 가지가 있다. 분양 또는 공개경쟁입찰을 통해 신규 상가를 투자하는 방법, 일반매매를 통해 기존 상가를 투자하는 방법과 경매·공매를 통해 신규나 기존 상가를 투자하는 방법이 있다, 이 세 가지 투자방법 중에 전문적인 상가 투자자가 아닌 초보 투자자들이 어떤 방법으로 투자해야 가장 리스크가 적으면서 수익이 높은 투자 방법일까.

상가 투자 방법

1. 분양 또는 공개경쟁입찰을 통한 신규 상가 투자

2. 매매를 통한 기존 상가 투자

3. 경매·공매를 통한 신규나 기존 상가 투자

1. 분양 또는 공개경쟁입찰을 통한 신규 상가 투자

현재 신도시나 택지개발지구, 재건축 등에서 주거용 부동산을 공급하면서 입주자들의 생활편의를 위해 상가도 항상 같이 공급하고 있다. 이때 민간 건설회사가 공급하는 상가의 형태는 거의 대부분 분양을 통해 공급하고 있다. 다만, LH공사에서 공급하는 단지내 상가는 예정가(내정가) 대비 공개경쟁입찰 방식으로 공급하고 있다. 아마도 상가를 투자해 수익을 얻으려고 하는 대부분의 투자자들은 분양을 통한 방법으로 투자하고 있다고 보아도 무방하다.

그러면 택지개발지구나 신도시, 재건축 등에서 분양을 통해 신규로 공급되는 상가의 장점과 단점은 무엇일까?

가장 큰 장점은 신축 상가를 최초로 공급하는 단계이므로 투자자가 좋은 입지에 있는 상가를 미리 선점할 수 있어 좋은 위치의 상가에서 영업을 하려고 하는 프랜차이즈 업종에게 임대를 놓기 유리하다는 점이다. 다른 장점은 건물이 준공된 후 분양받는 것이 아니고 건축 중에 분양받는 경우가 대부분인데, 이때 시행사로부터 위험 부담에 따른 일정금액을 할인받을 수도 있다는 점이다.

일반적인 장점 중 하나는 상권이 활성화 되기 전에 투자하는 것이므로 향후 상권이 활성화 되면 상가의 가치가 상승해 시세차익을 얻을 수 있다는 것이다. 하지만 필자는 이 부분에 대해서는 다른 생각을 갖고 있다. 지금까지 너무나 많은 곳의 신도시나 택지개발지구 등에서 건축 중인 상가를 분양하고 있는데, 초기에 분양받아 상가의 가치 상승으로 인한 처분수익을 얻었다는 실례는 거의 듣지 못했다. 물론 투자자들이 성공에 대한 얘기를 하지 않거나 필자의 경험이나 지식이 부족해서 성공사례를 많이 못 볼 수도 있겠지만.

신규 분양 상가의 단점 중 최고의 단점은 이미 알고 있는바와 같이 고분양가일 것이다. 고분양가는 시행사의 과도한 욕심으로 비롯된다고 생각한다. 물론 사업주체는 개발이익을 창출하는 것이 궁극의 목표이겠지만. 우리 투자자의 입장은 상대적이든 절대적이든 낮은 가격으로 상가를 취득해야 임대를 놓기도 쉽고, 임대수익률도 높고, 향후 시세차익을 통한 처분수익을 얻을 수 있기 때문에 사업주체와는 반대의 입장이 된다. 이미 고분양가로 인해 얼마나 많은 상가 투자자들이 고통 속에서 신음하고 있는지를 우리는 알고 있다. 보통 상가 투자자는 자기 자금과 40~50% 정도의 대출을 얻어 상가 투자를 하는데, 고분양가로 인해 대출이자보다도 낮은 임대수익을 얻는 경우가 너무나 많다. 그래도 임대라도 되면 다행이다. 상당히 많은 경우가 오랜 기간 공실인 상태로 소유하고 있는 경우도 너무나 많다. 그러나 누구를 탓하랴. 단순히 시행사나 분양대행사의 말만 듣고 본인의 판단기준이 없는 상태에서 투자해 발생한 일인 것을. 그리고 LH공사에서 공급하는 단지내 상가는 공개경쟁입찰 방식인데, 이 경우는 상가 투자자들이 지나치게 높은 입찰가로 낙찰받기 때문에 임대를 놓기 어렵게 되거나 투자 대비 임대수익이 낮은 경우가 많다.

다른 하나의 단점은 신도시나 택지개발지구의 상가는 활성화 되기까지 최소한 3년 이상이 소요된다. 상권은 배후 아파트가 입주를 하고, 관공서가 이전해 오고, 지하철 개통이 되고, 교통망이 형성되어야 활성화 되는데 그렇게 되려면 기본적으로 3년 이상은 소요되는 것으로 파악되고 있다. 따라서 투

 너무나 크다. 아니 가망성이 큰 것이 아니라 상권이 활성화가 되지 않아 공실인 상가들이 신도시나 택지개발지구에 과거뿐만 아니라 현재에도 너무나 많다.

물론 모든 상가가 상권형성이 늦는 것은 아니다. 입주하는 아파트 단지 앞 준주거지역의 근린 상가나 단지내 상가는 입주와 동시에 상권이 형성된다. 아파트 입주자가 바로 상권을 형성하기 때문이다. 그러한 상가는 아파트 입주시기를 보고 바로 투자하는 것이 올바른 투자방법이다. 주로 중심상업지역이나 일반상업지역의 상가들이 상권형성 시기가 늦다는 것이다.

그리고 아직 상권이 형성되어 있지 않아 투자시점에 동선이나 입점 업종 등을 예상하기 어렵다는 단점이 있다.

결론적으로 신도시나 택지개발지구에서 공급되는 상가는 높은 분양가와 상권활성화 기간의 장기화 그리고 동선이나 인근 상가의 입점 업종 파악의 어려움이라는 크나큰 단점이 있다.

물론 어떤 상가는 선임대가 되어 있고 입지가 좋아 안정적인 임대수익과 시세차익도 얻을 수 있지만, 그런 상가가 과연 나 같은 소액 투자자에게도 투자할 수 있는 기회가 올까? 1층이면서 공급면적 66제곱미터(실평수 40제곱미터)이 되는 상가를 분양받으려면 분양가가 기본적으로 10억 원 정도 될 텐데.

(2012년 4월 12일 기준, 자료 : 상가뉴스레이다)

구분	서울	경기	인천
조사대상 점포 수	3,799개	8,671개	2,551개
3.3㎡당 평균 가격	3,436만 원	2,501만 원	2,417만 원
점포당 평균 면적	80.94㎡	90.14㎡	67.04㎡
점포당 평균 분양가	8억 4,299만 원	6억 8,334만 원	4억 9,107만 원

정말 분양가가 높긴 높다. 강남이나 서초, 송파구는 상가 분양가가 3.3제곱미터당 1억 원이 넘는 경우도 많으니 과연 임대수익이나 처분수익을 얻을 수 있는지 궁금하다. 필자가 조사한 바로는 강남에서는 임대수익률이 4% 정도 나오면 잘 나온 것으로 조사되었다.

상가 공급의 흐름도

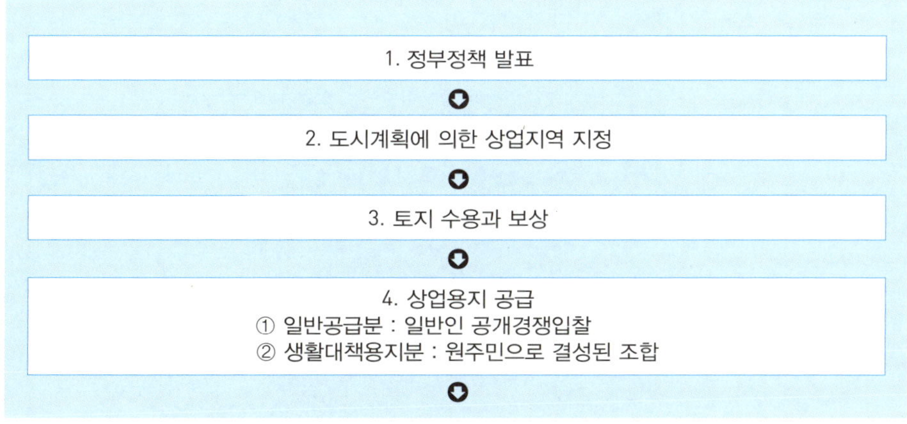

| 5. 상업용지 취득
① 일반인 낙찰자
② 조합 |

⬇

| 6. 상가 건물 신축 |

⬇

| 7. 일반 투자자에게 분양 |

⬇

| 8. 투자자가 상가 대출받고 분양받음. |

⬇

| 9. 분양받은 상가 임대 |

⬇

| 10. 상권 형성 시기 기본 3~5년 |

⬇

| 11. 분양받은 상가
① 공실
② 낮은 임대수익 |

⬇

| 12. 투자자 유동성 악화
① 이자연체
② 원금 변제 불능 |

⬇

| 13. 대출은행 채권 회수를 위해 경매 신청 |

⬇

| 14. 경매 시장에 분양받은 상가 출현 |

⬇

| 15. 경매 투자자가 낙찰받음. |

2. 매매를 통해 기존 상가를 투자

기존 상가는 통상적으로 지역의 중개업소를 통해 매물이 공급되고 있다. 따라서 기존 상가를 투자하고자 하면 투자하고 싶은 지역의 중개업소를 방문해 물건에 대한 정보를 얻게 되며, 처분수익보다는 임대 수익을 주목적으로 접근하게 된다. 그 이유는 보통 매도자가 향후 상가의 가치가 상승되는 부분까지 예상해 매도하기 때문이라고 생각된다.

장점은 투자하려고 하는 상가를 직접 육안으로 확인해 주변 상권이나 입지여건, 소비자의 동선 등을 파악할 수 있고, 이미 임대가 되어 있으면 현재 임대수익이나 인근 상가의 매매가나 임대가를 조사해 본인의 요구수익률에 적합한지의 여부를 판단해 투자를 결정할 수 있으므로 투자위험을 낮출 수 있다.

또 권리문제나 임차인의 명도문제 등도 매도자나 공인중개사가 처리를 하므로 유리하다. 즉 기존 상가의 가장 큰 장점은 위험요소가 극히 제한적이어서 안정적인 임대수익을 얻으려고 하는 투자자에게 선호되는 방법이다.

단점으로는 상권의 변동으로 인한 상가 가치의 하락이다. 상권에 흡입되는 불특정 다수의 유동인구들과 동선은 인근에 신도시나 택지개발지구 건설과 대형상업시설 입점 등으로 인해 기존 상권이 하락하는 경우가 너무나 많다. 따라서 기존 상가를 매매를 통해 투자하려고 할 때에는 상권의 변화 요인에 대해 신중하게 고민해야 할 것이다.

그리고 좋은 입지에 있는 상가는 매물로 거의 나오지 않고 간혹 있더라도 매도가가 너무 높아 투자자의 요구수익률하고 격차가 커 수익률이 낮고, 2

차적 상가 투자 목적인 시세차익을 얻기가 힘들고, 중개업소에서 보유하고 있는 매물이 한정되어 있으므로 다양한 금액대나 다양한 종류의 매물을 접하기가 어렵다는 단점도 있다.

3. 경매·공매를 통한 신규·기존 상가의 투자

지금은 경매가 상당히 보편화되어 있어 상가 투자자가 경매나 공매를 통해 상가를 투자하려고 하는 사람이 많지만, 과거에는 상가 투자자가 많이 접근하지 않는 투자방법이었다.

장점은 경매나 공매시장에 나온 상가가 모두 그렇지는 않지만 입찰하려고 하는 상가의 주변상권과 입지여건 및 소비자의 동선, 상권의 성쇠 여부 등을 사전에 직접 확인할 수 있고, 인근 상가의 매매가나 임대가를 조사해 투자 여부를 결정할 수 있어 신도시나 택지개발지구의 분양물건에 비해 투자위험성이 낮다고 할 수 있다.

그리고 경매나 공매시장에 나오는 상가의 낙찰가는 과거 분양가보다 적게는 20%, 많게는 60% 정도 낮게 낙찰되고 있어 상대적으로 투자수익률이 높으며, 낮은 가격으로 투자했으므로 시세차익을 얻을 수 있는 경우가 다른 투자방법보다 많다고 할 수 있다.

또 투자자의 자금 여건에 맞게 전국의 상가 경매 물건을 집에서 경매 사이트를 통해 확인할 수 있는 것도 하나의 장점이다. 그리고 분양 상가나 매매 상가는 시행사나 매도자가 가격을 정해 거래가 되고 약간의 할인 이외에는 금액 조정이 어려운 것이 현실이다. 하지만 경매나 공매 물건은 비록 감정가는 결정되어 있지만 투자자가 수익률을 예측해 본인의 요구수익률에 맞춰 입찰가를 스스로 결정할 수 있다는 것이 최고의 장점이라 생각된다.

단점으로는 경매나 공매로 상가를 취득하다 보니 법적인 권리분석을 투자자가 직접 해야 하며 매수한 상가를 명도해야 하는 문제점이 있고, 경매·공매시장에 나와 있는 상가들 중에는 상권이 완전히 쇠락해 나온 매물들도 상당히 있어 투자자 스스로 상권이나 입지여건 등을 분석해야 하는 어려움이 있다. 그리고 물건에 대한 정보가 대법원 홈페이지를 통해 투자자 누구에게나 열려 있어, 시간을 내어 상권이나 입지조사를 한 후 입찰을 하더라도 반드시 낙찰받는다고 장담을 할 수 없는 것이 단점이다. 과연 다른 입찰자가 얼마의 금액으로 입찰할 것인지, 또는 몇 명이 입찰할 것인지를 예측하기가 상가는 특히 더 어렵다.

상가 투자에 관심 있는 여러분들이 볼 때 어떤 방법을 통해 투자하는 것이 적은 투자금액으로 수익률을 높게 하면서 투자 위험을 줄일 수 있는 가장 좋은 투자방법은 무엇이라고 생각하는가? 이 책을 읽으며 같이 고민해 보시길 바란다.

CHAPTER 02

상권 분석

상권이란?

우리가 상가를 투자할 때 상권에 대해 많은 이야기를 한다. 여기는 상권이 좋다든지, 여기는 이러저러한 이유로 앞으로 상권이 좋아지겠다 또는 상권이 안 좋아지겠다고 표현을 한다. 상가 투자를 하려는 투자자라면 먼저 상권의 개념을 정확히 인식하고 있어야 그 지역의 상가를 투자할 것인지 아니면 투자하지 않을 것인지를 판단할 수 있다.

그러면 상권이란 과연 무엇인가?

상권의 의미	
넓은 의미의 상권	상가가 모여 있는 지역에 오는 소비자들의 지리공간적 범위
좁은 의미의 상권	투자하려고 하거나 소유하고 있는 상가에 오는 소비자들의 지리공간적 범위

상권은 광의의 상권과 협의의 상권, 두 가지로 정의할 수 있다. 먼저 광의의 상권은 상업 지구나 상가들이 밀집되어 있는 지역으로 오는 소비자들이

살고 있는 지리 공간적 범위를 말한다. 예를 들면 동대문 상권, 명동 상권, 강남역 상권이라고 우리가 표현할 때의 상권을 말하는 것이다. 따라서 동대문 상권은 전국에서 도매와 소매 상인들이 물건을 매수하러 오므로 '초광역 상권'이라고 하고, 강남역 상권은 지하철 2호선과 9호선, 신분당선과 버스 등을 이용해 서울 전역과 수도권에서 소비자들이 오는 지역이므로 '광역상권'이라고 표현한다. 간혹 투자자들은 상권의 의미를 상가들이 밀집되어 있는 상업 지역이라고 이해하고 있는데, 그것은 잘못 이해하고 있는 것이다. 상권은 상가가 있는 상업 지역에 오는 소비자들의 지리 공간적 범위를 말하는 것이다.

협의의 상권은 어느 지역에 내가 소유하고 있는 또는 투자하려고 하는 상가에 오는 소비자들의 지리 공간적 범위를 말한다. 따라서 상가들이 모여 있는 지역 내 어느 위치에 투자자가 소유하고 있는 상가가 있는지, 그 상가에 어떤 업종이 입점해 영업을 하고 있는지 또는 주위에 어떤 상업 시설이 있거나 어떤 업종이 있느냐 등에 따라 상권의 범위가 달라진다. 그러므로 광의의 상권이 좋다고 하더라도 투자자가 소유하고 있는 상가의 상권이 좋지 않을 수도 있다는 것을 염두에 두고 투자 여부를 판단해야 한다. 보통 협의의 상권은 투자하려고 하는 상가가 아직 임대가 되어 있지 않는 경우가 많아 어떤 업종이 들어올지 알 수 없으므로 실질적으로 상권을 파악하기가 너무 어렵다. 그리고 협의의 상권을 '입지조건'이라고 표현하는 학자나 전문가도 있다. 거의 같은 개념으로 보면 된다. 따라서 상권분석은 광의의 상권을 먼저 분석하고, 협의의 상권은 입지조건을 분석한다는 개념을 가지고 분석하면 된다.

상권 분석

　상권 분석은 상가 투자자, 상가 개발자와 상가 임차인에게 정말로 중요하다. 그 이유는 상가 개발자는 상가를 개발하려고 할 때 그 지역의 상권을 예측해 개발이익이 발생할 것인지를 판단해야 하고, 상가 투자자는 어느 지역에 있는 상가를 투자하려고 할 때 그 지역의 상권을 예측하고 분석한 후 투자 여부를 결정해야 임대수익과 처분수익을 얻을 수 있으며, 상가 임차인은 상가를 임대차하기 전에 그 지역의 상권이 어떤지를 먼저 분석한 후 창업을 해야 사업이익을 얻을 수 있기 때문이다.

　상가 투자자 입장에서 상권 분석의 목적을 단적으로 표현한다면 어느 시점에 상가를 투자해야 할 것인지와 어느 시점에 상가를 처분해야 할 것인지를 판단하기 위한 것이라고 할 수 있다.

　그러나 일반투자자가 상권을 관념적으로 판단하는 것은 가능하지만 정밀하게 계량적, 통계적으로 분석하는 것은 정말로 어렵다. 어쩌면 불가능하다고 할 수 있다. 필자도 사실은 상권 분석이 중요하다고 강의하고 개인 투자를 위해 신중하게 고민하고 있지만 관념적으로, 그리고 감각적으로 판단한다. 그 이유는 계량적·통계적으로 판단하는 것은 거의 불가능하기 때문이다.

아마도 백화점이나 할인점과 같은 대형상업시설의 개발자들도 배후가 몇천 세대이고, 교통 여건이 좋으니 상권이 좋다, 나쁘다라고 상권을 판단하고 있다고 생각한다. 물론 통계청 홈페이지를 통해 배후세대수, 거주인구, 연령대, 소득수준, 교통여건, 지하철 이용객수 등을 통해 어느 정도 판단하고 있지만 그 통계가 상권을 파악하는 데 정밀한 것은 아니다. 하지만 최소한 향후 상권이 활성화될 것인지, 아니면 쇠락할 것인지, 고착화 되어 있는지 정도는 판단하고 투자를 해야 할 것이다.

그리고 상권 분석도 신도시인지, 택지개발지구인지 아니면 이미 상권이 형성되어 있는 지역인지에 따라 다르다.

신도시나 택지개발지구에서 공급되는 상가를 투자하려고 할 때는 현재 상권의 형성 여부와 향후 상권 성숙시기를 예측해 투자 시기를 판단해야 한다. 신도시나 택지개발지구의 상권 형성은 보통 3년 이상 소요된다. 배후 아파트의 입주가 되어야 하고, 교통여건이 정비되어야 하고, 학교나 관공서 등이 이전되어야 어느 정도 상권이 형성되기 때문이다. 따라서 너무 일찍 투자하면 상권이 형성되지 않아 실패한 상가 투자가 될 수 있다. 현실적으로 매우 많이 발생하는 현상이다.

이미 상권이 형성되어 있는 지역에 있는 상가를 투자하려고 하는 경우에는 혹시 상권이 쇠락할 어떤 변수가 존재하는지와 현재 쇠락하고 있는지를 판단해야 할 것이고, 그래야 실패하지 않는 상가 투자가 된다.

만약에 여러분이 동대문 상업 지역 내에 있는 상가를 투자하려고 한다면 투자하기 전에 필자가 말한 대로 먼저 동대문 상권을 분석해야 한다. 상권이란 소비자들이 오는 지리공간적 범위라고 하였는데, 동대문 상권을 분석한다는 것은 동대문 상업 지역에 오는 소비자들의 지리공간적 범위를 분석하는 것다. 과연 초보 투자자들이 동대문 상권을 정밀하게 통계적, 계량적으로 분석할 수 있을까?

동대문 지역은 소매와 도매 상가들이 밀집되어 있는 지역이어서 소매상인과 일반소비자들이 전국에서 온다. 지도에서 왼쪽 지역의 두타나 밀리오레 상가에는 일반적으로 소매로 판매하는 상가들이고, 오른쪽은 도매로 판매하는 상가들이 모여 있다. 그래서 보통 동대문은 초광역 상권이라고 표현하는데, 그 이유는 소비자들이 오는 범위가 전국이기 때문이다. 그리고 과거에도 외국에서 관광객들이 방문하여 동대문에 와서 소비했지만, 지금은 한류 때문에 훨씬 많은 외국 관광객들이 소비하고 있다. 이제 동대문 상권은 범 아시아 상권이라고 표현할 수 있지 않을까?

동대문 지역의 상권 변화에 대해 보면 2000년대 초반에서 중반까지는 매우 활성화된 지역이었다. 그러다가 2000년대 중반부터 후반까지 인터넷 쇼핑몰의 발달, 쇼핑몰의 과잉 공급과 중국으로 의류 공장들의 이전, 대형할인점 증가 등으로 인해 동대문 지역 상권은 급격히 위축되었다. 상권의 위축은 2000년대 후반까지 동대문 지역에 있는 쇼핑몰의 공실이 상당히 많았고, 경매 시장에 나온 물건도 정말로 많았으며, 입찰가도 매우 낮았다. 보통 우리가 상권이 좋지 않은 지역을 판단하는 근거 중에 하나는 그 지역에 매물이 많이 있거나 공실이 많은 지역은 상권이 좋지 않다고 판단하고, 상권이 좋은 지역은 공실이나 경매 물건이 없다고 판단한다.

그렇다면 현재 동대문 지역 상권은 어떠한가?

먼저 소매 상권 A지역부터 보면 자체적으로 문제가 있는 굿모닝시티와 라모도 쇼핑몰을 제외하고 나머지 쇼핑몰은 현재 공실도 거의 없고, 경매 물건도 거의 없다. 2000년 후반에 비해 상권이 무척 활성화된 것을 피부로 느낄 수 있다. 그리고 도매 상권 B지역은 구조적으로 문제가 있는 몇 개의 건물을 제외하고는 역시 공실이 눈에 띄게 줄어들었고, 경매 물건이 없다. 즉 상권의 활성화로 인해 현재 동대문 상권은 매우 좋다고 할 수 있다.

그렇다면 무슨 이유로 상권의 변화가 생긴 것일까?

첫째, 옛 동대문 운동장 자리에 동대문디자인플라자(DDP)가 2014년 3월

개관했다. 동대문디자인플라자 내에는 컨벤션 센터와 문화역사관 등이 들어서고 서울의 대표 명소가 되었으며, 동대문의 랜드마크가 되었다. 즉 동대문디자인플라자로 인해 더 많은 사람을 동대문으로 유인해 동대문 지역 상권 확장에 기여하고 있다.

둘째, 한류 열풍이다. 이미 언론에 의해 수차례 보도되어 알겠지만 외국인 관광객의 구매력은 우리의 생각을 넘어서고 있다. 동대문 지역은 이제 동남아시아에서 온 관광객의 필수 쇼핑코스로써 상권 확장에 크게 기여하고 있다.

셋째, 동대문역사문화공원역에 있는 패션TV 쇼핑몰과 도로 맞은 편에 있는 라모도 쇼핑몰은 준공된 지 약 5년 정도 개관을 하지 못해 경매 시장에 꾸준한 단골 메뉴였다. 그러다 2013년 5월 롯데산업개발이 패션TV와 장기임대계약을 맺고 '롯데 피트인'이라는 이름으로 개관을 했다. '롯데 피트인'의 마케팅과 아이템의 다양성으로 인해 동대문문화역사공원역 인근의 침체된 상권의 분위기가 활기를 띠게 되었으며, 그로 인해 상권이 더욱 활성화 되었다.

넷째, 신도시나 택지개발지구에 상가의 꾸준한 공급으로 인한 창업자의 증가와 청년들의 쇼핑몰 창업이 계속적인 증가해 소매 상가가 증가하고 있다. 소매 상가의 증가는 도매 상권의 확장으로 나타남으로써 동대문 도매 상권도 역시 상권이 확장되고 활성화된 것으로 판단된다. 물론 수출도 있겠지만.

결론적으로 동대문 지역 상권은 2000년 중후반 이후에 앞에서 열거한 이유로 인해 상권이 더욱 더 활성화 되었다. 향후 몇 년간은 이러한 현상을 계속 유지될 것으로 보인다.

2. 강남역 지역 상권 분석

강남역 지역 상권은 소비자들이 오는 지리공간적 범위가 계속 확장되어 상권이 지속적으로 활성화 되고 있는 지역이다. 이제는 강남역 인근뿐만 아니라 신논현역 인근과 논현 먹자골목 지역이 하나로 통합되어 상권이 형성되고 있어 강남역 상권이 아니라 '강남대로 상권'이라고 표현하는 것이 맞을지도 모른다. 이미 삼성타운 건립으로 인한 상주인구의 증가, 9호선 개통으로 인한 유동인구의 증가, 2012년 신분당선 개통으로 인한 유동인구의 증가 등으로 인해 강남대로 상권은 계속 확장일로에 있다.

그렇다면 향후 강남대로 지역 상권은 어떻게 될까?

삼성타운 옆에 있는 롯데칠성 부지에 롯데타운이 건립되면 역시 상주인구 증가로 인해 더욱 상권이 활성화될 것이고, 신분당선의 용산역까지 개통, 9호선 2차 개통 등으로 인해 향후 강남역 상권은 더욱 더 확장되고 활성화될 것이다. 이렇게 향후에도 상권이 활성화 되는 지역의 상가를 투자하는 것이 우리 투자자 입장에서는 당연한 일이다.

그러나 투자하기에는 자금이 너무 크기 때문에 소액으로 상가를 투자하려고 하는 사람들에게는 그림의 떡이다. 전용면적 10평인 1층 상가 가격은 보통 20억 원이 넘는다. 물론 상권은 향후 더욱 더 활성화 되겠지만 투자하기에는 자금규모가 너무 크므로 실제적으로 투자하기는 어려울 것이다.

상권 분석의 중요성	
상가 개발자	개발이익이 발생할 가능성을 판단하는 열쇠
상가 투자자	임대수익과 처분수익을 가늠할 잣대
상가 임차인	창업을 통한 사업이익 가능성을 판단하는 자료

상권 형성이 어려운 지역의 상가

성공적인 상가 투자를 위해서는 상권 형성이 어려운 지역의 상가를 투자 대상에서 제외하는 것도 좋은 방법 중 하나다. 모두 그렇지는 않지만 일반적으로 다음과 같은 지역에 있는 상가나 그 지역은 상권 형성이 어렵다고 판단되므로 투자하지 않는 것이 좋다.

1. 상권이 분할되어 있는 지역의 상가

예를 들어 8차선 이상의 대로나, 하천, 철도, 관공서, 학교 등이 상가와 배후소비자들의 중간에 있어 심리적 접근성을 떨어뜨리는 지역의 상가는 상권 형성이 어렵기 때문에 투자에서 제외하는 것이 좋다.

다만 중간에 8차선 이상 대로나 하천 등이 있다하더라도 맞은 편 배후소비자들이 있는 곳에 마땅한 상가가 없는 경우에는 그 지역 소비자들도 상권에 포함될 수 있으므로 상황에 따라 투자 여부를 고려해볼 수도 있다.

2. 매물이 많은 지역의 상가

투자하려고 하는 지역에 매도하려고 하는 물건이 많은 경우에는 일반적으로 상권이 쇠락하고 있거나 상권 형성이 어려운 지역이라고 판단하면 된다. 보통 상권이 활성화된 지역에 있는 상가는 매물이 없는 경우가 많기 때문이다. 입찰 대상 물건이 있는 지역에 임장을 갔을 때 매물이 많이 나와 있으면 투자 대상에서 제외하는 것이 좋을 것이다.

3. 골목 막다른 곳의 상가

보통 상권은 배후 주택지로 들어가는 초입에 상권이 형성되고, 막다른 곳이나 중간에는 상권 형성이 되지 않는다. 그 이유는 주택지로 들어갈수록 배후지가 약해 상권 형성이 어렵기 때문이다. 따라서 골목 막다른 곳의 상가는 투자대상에서 제외하는 것이 좋다.

4. 인근 대형상업시설과 경쟁관계에 있는 지역의 상가

앞에서 건대입구역에 롯데백화점 입점으로 인한 상권의 쇠락에 대해 언급했다. 따라서 내가 투자하려고 하는 상가 인근에 대형상업시설이 있으면 경쟁관계인지 아니면 상호 보완관계인지를 판단해 투자해야 한다. 대형상업시설과 경쟁관계에 있는 상가가 있는 지역은 상권이 형성되기도 어렵고 형성되어 있던 상권도 쇠락하게 만드는 요인이 된다.

현재는 대형상업시설이 없더라도 향후 투자자가 보유하고 있는 상가 인근에 대형상업시설이 입점하게 되면 상권의 변화에 대해 고민해야 한다. 그러나 반대로 대형상업시설과 상호보완관계인 업종들이 있는 지역의 상가는 투자를 하는 방향으로 가닥을 잡아야 한다.

5. 권리금 형성이 안 된 지역의 상가

보통 권리금이 높게 형성되어 있는 지역은 상권이 활성화된 지역이다. 예외는 있지만 권리금이 없는 지역은 상권 형성이 되지 않거나 상권이 쇠락하는 지역이므로 투자 대상에서 제외해야 한다.

6. 공실이 많은 지역의 상가

당연한 이야기지만 어떤 상업지역에 있는 상가들이 공실이 많다는 것은 상권 형성이 안 되거나 어렵다고 생각하면 된다. 이런 경우에는 초보자도 육안으로 확인할 수 있으므로 투자를 하지 말아야 한다. 단, 신도시나 택지개발지구처럼 처음으로 상권이 형성되고 있는 지역은 공실이 많은 것이 당연하므로 그럴 경우에는 여러 가지 조건을 확인해 투자 여부를 고려해야 한다.

7. 언덕이나 경사진 곳에 있는 상가

소비자 행동심리를 보면 소비자는 낮은 지역에 있는 상가를 이용하고, 언덕이나 구릉지에 있는 상가는 이용하지 않는다. 실제로 사당역이나 교대역, 강남역 상권 형성을 보면 모두 그 지역에서 낮은 지역에 상권이 잘 발달되어 있다. 다만 신도시나 택지개발지구는 택지 조성으로 인해 높고 낮음이 없으므로 다른 요인으로 투자 여부를 판단해야 한다.

8. 기술서비스 업종으로 입점이 이루어진 지역의 상가

보통 상가는 옆의 점포와 서로 시너지 효과를 얻어야 상권이 형성되는데, 세탁소, 카센터, 철물점 등과 같은 업종이 연이어 입점해 있는 지역은 목적을 가진 소비자만 오는 지역이므로 상권 형성이 어렵다고 할 수 있다.

앞의 8가지 내용들은 투자자들이 이미 알고 있거나 인터넷을 통해 얻을 수 있는 내용이다. 그러나 실질적으로 상가 투자를 하려고 하는 사람들의 머리 속에 각인되어 있지 않는 것을 많이 경험한다. 따라서 일반적인 내용이라고 무시하지 말고, 투자하려고 하는 상가를 임장 갔을 때 8가지 사유에 해당되면 투자대상에서 제외하는 것이 실패하지 않는 상가 투자를 가능하게 한다.

상권형성이 어려운 지역 8가지

① 상권이 분할되어 있는 지역의 상가
② 매물이 많은 지역의 상가
③ 골목 막다른 곳의 상가
④ 인근 대형상업시설과 경쟁관계에 있는 지역의 상가
⑤ 권리금 형성이 안 된 지역의 상가
⑥ 공실이 많은 지역의 상가
⑦ 언덕이나 경사진 곳에 있는 상가
⑧ 기술서비스 업종으로 입점이 이루어진 지역의 상가

상권 형성과 변화 요인

상권은 보통 살아있는 생물과 같다는 말을 자주 한다. 상권은 소비자들이 어느 상업 지역에 오는 소비자들의 지리공간적 범위라고 했다. 그러면 상권 형성과 변화 분석은 소비자들의 동선 변화를 분석한다는 것과 같다는 말이 된다. 현재는 소비자들이 이 지역에 와서 소비하고 있지만 어떤 요인에 의해 다른 지역으로 소비자들이 이동하게 되면 상권이 변화하게 되어 상권이 쇠락하게 되는 것이다.

상권의 형성과 변화에 영향을 주는 요인들은 상업 지역의 규모, 교통여건, 도로여건, 지형지세, 배후 세대수와 거주자, 상업지역에 입점해 있는 업종들, 대형상업시설의 입점 여부, 인근에 학교나 관공서의 존재 여부, 신도시나 택지개발지구, 뉴타운 건설 등 셀 수 없이 많은데, 그 중 대표적으로 상권에 영향을 주는 것을 살펴보겠다. 물론 상권 형성은 이런 요인들 중 하나에 의해 형성되거나 변화하는 것이 아니고, 여러 가지 요인들의 상호 작용으로 번성하거나 쇠락한다.

그 중에서 상권의 형성과 변화에 가장 큰 영향을 주는 요인은,

따라서 상가 투자자는 투자하려고 하는 지역에 3가지 요인이 있으면 투자 시기나 처분시기를 진지하게 고민하고 변화 여부를 판단해야 실패하지 않는 상가 투자를 할 수 있다.

지하철 신설노선과 상권의 변화

어느 상가가 모여 있는 지역에 지하철역이 신설되어 개통되면 상권이 더욱 활성화될 것으로 예상하므로, 보통 지하철역이 신설되는 지역의 상가를 투자하는 것이 좋다고 말한다. 향후 지하철역이 개통되면 유동인구 증가로 인해 매출이 증대하고, 매출이 증대하면 임대료를 올려서 임대수익이 상승하고, 임대수익이 상승하면 상가 가치도 상승해 처분수익도 얻을 수 있기 때문이다. 맞는 말이다.

그러나 지하철역이 신설된다고 해서 모든 상가가 좋아지거나 상권이 활성화 되는 것은 아니다. 경우에 따라서는 지하철 개통으로 인해 상권이 위축되는 경우도 있고, 인근 상업 지역의 상권을 위축하는 경우도 있으므로 지하철역이 생기면 무조건 상권이 좋아진다는 속단은 하지 말아야 한다. 상가는 개별성이 매우 강한 부동산이므로 지하철 신설 개통으로 인한 가치 상승효과가 각각 다르기 때문이다.

1. 상가와 3승법칙

보통 아파트나 토지와 같은 부동산은 신설 지하철 노선이 발표되면 발표 시점에 가격이 상승하고, 착공 시에 또 한 번 가격이 오르고, 마지막으로 개통 시 가격이 또 오른다고 하며, 이것을 '3승법칙'이라 말한다. 아파트나 토지와 같은 부동산은 3승법칙에 의해 지금까지 가격이 오르는 것이 확인되었다.

하지만 상가는 주거용 부동산이나 토지와 다르게 3승 법칙이 그대로 적용되지 않는다.

일단 상가는 신설 지하철 노선이 발표되면 기대심리에 의해 지하철역이 생기는 인근 지역의 상가 가격은 조금 상승한다. 하지만 호가만 올라가지 실제 매매에서는 상승한 가격으로 처분이 잘 안 된다. 상가를 매수하려고 하는 투자자는 일반적으로 임대수익을 계산해 투자를 하는 것이 상식이다. 그리고 신설 지하철 노선이 발표되었다고 해서 장사하고 있는 임차인의 매출 증가가 있는 것은 아니므로 상가 소유자가 임대료를 올리지 못하고, 임대료를 아직 올리지 못했기 때문에 매도 시에도 매도가를 거의 올리지 못하게 된다. 즉 발표만 했지, 상가 가치가 상승할 실질적인 요인은 없다는 것이다.

그 다음 착공 시에도 상가 가격은 올라가지 않는다. 그 이유는 신설 지하철은 공사기간이 보통 5~6년 정도 소요되는데 공사 기간 동안 오히려 지하철 공사로 인한 소음, 먼지, 인도폭 축소, 소비자들의 동선 변화 등으로 인해 임차인의 매출이 줄어드는 경우가 있을 뿐만 아니라 아직 실질적인 상가가치가 상승할 요인인 임대료 상승이 없기 때문이다. 따라서 공사기간 중에 매출 증가가 없고, 매출증가가 없으므로 임대료도 변동 없고, 매도가도 거의 변동이 없다고 할 수 있다. 다만, 개통되기 1~2년 전에 기대심리로 인해 상가 가격이 상승하게 되고 상승된 가격으로 처분이 가능하다.

마지막으로 지하철 개통 시 상가 가격은 대폭 상승한다. 신설 지하철이 개통되면 일반적으로 교통 편리성으로 인해 역 인근에 있는 상가들 앞으로 유동인구가 증가하게 되고, 유동인구가 증가하면 매출이 증가하고, 매출이 증가하면 임대료를 올리고, 임대료가 오르면 임대수익률이 높아지게 되므로 매도가도 같이 상승하게 된다.

다시 말하면 상가는 아파트나 토지에 적용되는 3승법칙이 그대로 적용되지 않는다.

따라서 지하철이 신설되는 지역에 있는 상가를 투자할 때에는 어느 시점에 투자를 하고 언제 처분해야 하는지 계획을 세울 필요가 반드시 있다. 지금까지 경험칙상 착공 시기부터 1~2년 된 시점에 투자한 후 개통시기에 맞춰 처분하는 것이 가장 큰 수익을 낼 수 있는 것으로 판단되어진다.

그리고 지하철역이 없을 때는 유동인구가 많아 장사가 잘 되다가 지하철역 개통으로 인해 오히려 유동인구가 줄어드는 특이한 경우가 있으므로 투자 시 주의를 해야 한다.

예를 들면, 한 상가가 사거리 코너에 있고 앞에 횡단보도가 있어 유동인구가 상당히 많아 임대료도 높고 권리금도 높게 형성되어 있었다. 그런데 지하철 신설로 인해 지하철역이 사거리에 생겼다. 얼핏 생각하면 지하철역이 신설되면 유동인구가 증가하고, 매출도 증가하고, 임대료 상승과 더불어 상가 가치도 상승할 것으로 생각될 것이다. 그러나 상가하고 떨어진 곳에 지하철역 출구가 생겨 오히려 유동인구가 줄어들고 매출도 감소해 임대료가 다소 하락하는 상가가 상당수 있다. 보통 지하철역 출구는 사거리 코너에 생기는 것이 아니라 사거리에서 20미터에서 30미터 정도 떨어진 곳에 생기기 때문이다. 그러면 소비자들의 동선이 바뀌어 유동인구가 줄어들게 된다. 경우에 따라서는 있던 횡단보도가 없어지는 경우도 있다. 따라서 지하철역이 신설되는 곳에서는 코너에 있는 상가보다 오히려 코너에서 20~30미터 떨어진 곳에 있는 상가를 투자하는 것이 투자수익이 더 나올 수도 있는 것이다.

2. 빨대효과

상권 형성과 변화에 지대한 영향을 미치게 되는 요소 중 하나가 지하철 신설 개통이라고 했다. 일반적으로 지하철이 없는 지역에 지하철역이 생기면 유동인구가 증가해 상권이 확장되어 더욱 활성화된다. 그러나 지하철역이 신설된다고 해도 상권이 확장되거나 활성화 되지 않는 경우도 많다. 그것을 이해하려면 먼저 '빨대효과'를 이해해야 한다.

'빨대효과'란 컵에 담긴 음료를 빨대로 마시면 주변의 모든 것을 빨아드리는 현상을 말하는데, 고속도로나 고속철도의 개통으로 인해 대도시가 주변 중소도시의 인구나 경제력을 흡수하는 대도시 집중현상을 말한다.

1960년 일본에서 고속철도 신칸센이 개통된 후 연계된 중소도시가 발전하리라는 기대와 달리 도쿄와 오사카 양대 도시로 인구와 경제력이 집중되면서 중소도시의 경제력이 위축되는 현상이 발생하자, 이를 '빨대효과'라고 부르기 시작했다.

우리나라에서는 KTX 개통으로 인해 상가 전문가들 사이에 상권 변화에 대한 논쟁이 과거에 있었다. 천안과 서울 사이에 교통이 좋아짐으로 인해 지방상권인 천안 상권이 활성화될 것이라는 견해와 오히려 천안 상권은 위축되고 용산역이나 서울역 상권이 더 활성화될 것이라는 견해가 대립되었다. 결론은 교통이 좋아짐으로 인해 상권이 큰 서울역과 용산역 상권이 천안의 일정 고객들을 흡수하는 효과를 나타내어 상권 자립도가 약한 천안 상권은 위축되고 서울 상권은 확대되었다.

즉 교통이 좋아지면 경제력이 분산되는 것이 아니라 오히려 대도시로 경제력이 집중되는 현상을 말하는데, 상권 분석에서는 지하철 개통으로 인해 교통이 편해지면 큰 상권이 작은 상권의 소비자를 빨아 당기는 효과로 설명된다. 다시 말하면 지하철이 신설 개통되면 노선상에 있는 작은 상권의 소비자를 노선상에 있는 상권이 큰 지역으로 흡수해 작은 지역의 상권은 더 위축된다는 것이다.

따라서 우리가 지하철역이 신설되는 지역의 상가를 투자한다고 할 때 과연 투자하려고 하는 지역이 다른 지역의 상권을 흡수하는 지역인지 아니면 흡수되는 지역인지를 판단하고 투자해야 한다. 지하철역이 개통되더라도 상권이 작아 큰 상권으로 소비자를 뺏기는 지역의 상가를 투자하면 실패할 가능성이 매우 크기 때문이다. 그러나 상권이 작다고 모두 투자대상에서 제외해야 하는 것은 아니다. 상권이 작더라도 특성이 있거나 핵심적인 상가 지역은 투자해도 된다.

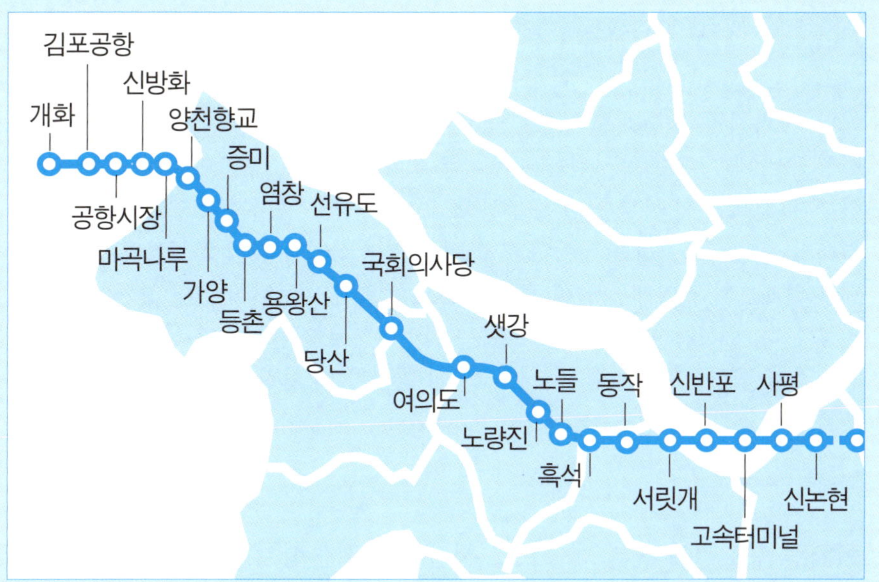

상권의 의미는 '어느 상업 지역이나 상가에 소비자들이 오는 지리공간적 범위'라고 했는데 강남역 상권은 광역 상권으로 표현될 수 있다. 그 이유는 강남역 상권은 배후 거주자뿐만 아니라 서울 전체 지역과 수도권에서 소비자들이 와서 소비하는 지역이기 때문이다. 광역 상권인 강남역 상권이 삼성타운 입주, 9호선 신논현역까지 1차 개통, 2012년 신분당선 개통 등으로 상주인구와 유동인구의 증가로 인해 기존 강남역 상권보다 상권의 범위가 더욱 확대되었다. 이제는 강남역 인근과 신논현역 인근 및 논현동 먹자골목까지 하나의 상업 지역으로 통합되어 가고 있는 상황이다. 따라서 강남역 상권이라기보다는 강남대로 상권이라고 부르는 것이 더 적합하다고 생각한다.

하지만 9호선 라인에 있는 증미, 가양, 염창과 같은 역세권은 오히려 젊은 소비층의 이탈로 인해 상권의 범위가 축소되는 결과가 발생했다.

즉 지하철 9호선 1단계가 완료되어 그동안 소외되었던 지역이 역세권으로 되어 신흥 상권으로 부각될 것처럼 보였지만, 상권 자립도를 갖추지 못한 작은 지역에서는 '빨대효과' 현상이 발생해 오히려 상권이 약한 지역은 상권이 강한 강남역

과 신논현역 상권으로 젊은 소비자들이 흡수되었다. 9호선 개통으로 강남권 진입
이 수월해지면서 강서지역의 젊은층 소비력을 흡수하게 된 것이다.

그러나 9호선 라인의 모든 역세권의 소비력을 강남대로 상권이 흡수한 것은 아
니다. 노량진역 상권은 학원으로 상권이 특성화되어 있다. 이런 경우 노량진에
시험 준비를 위해 오는 사람들은 소비를 위해 강남대로 상권으로 이동하지 않는
다. 노량진에 와서 하루 종일 공부하고 그 다음 먹고 마시는 것도 노량진에서 해
결하고 집으로 귀가하는 것이다. 따라서 노량진 상권과 같이 특성화되어 있는 지
역은 빨대효과에 의해 상권이 큰 지역으로 소비자의 이탈이 없어 상권이 위축되
지 않는다. 오히려 학원 상권으로는 큰 상권이므로 강남역이나 신논현역에 있는
시험준비생들을 흡수하게 되므로 상권의 범위가 더 확장된다.

이처럼 수도권의 전철 개통으로 서울로의 접근성이 좋아지면서 지역 관련
상권의 아파트, 오피스텔, 주거용 부동산과 토지가격은 상승했지만 상가 시
세는 하락하는 현상이 발생하고 있다. 또한 이러한 현상은 지역 상권이 자
생력이 생기기 전까지는 계속될 것으로 보여 '빨대효과'는 지속될 전망이다.
즉 교통이 편리해지면 오히려 지역 상권이 파워 있는 상권에 흡수되는 경우
도 있다는 것을 염두에 두고 투자 여부를 판단해야 할 것이다.

3. 지하철 개통으로 인한 상권 분산

상권이 활성화 되었던 지역이 인근 지역에 지하철 신설 개통으로 인해 상
권이 분산되어 위축되는 경우도 자주 발생한다. 현재는 지하철 노선이 1개

있어서 그 지역 전체가 상권의 범위에 포함되었지만 인근에 신설 지하철 노선이 개통되면 독점적이던 상권이 분산하게 된다. 다시 말하면 그 지역 거주자들이 과거에는 어쩔 수 없이 하나밖에 없는 지하철을 이용했지만 지하철이 신설 개통됨으로 인해 가까운 새로운 지하철역을 이용하게 되어 상권이 분산되는 것이다. 이럴 경우 신규 지하철이 개통되기 전에 상권의 위축을 예측해 소유하고 있는 상가를 처분해야 한다.

7호선 연장선이 2012년 10월 25일에 개통되었다. 7호선 연장선이 개통되면 신설 지하철 노선 개통으로 인해 부천시 상권의 변화가 어떻게 될 것인가?
부천시는 인구가 약 90만 명 정도 되는데 상권이 형성된 곳은 현재 크게 5곳을 말할 수 있다. 구도심의 부천역 상권, 상동신도시의 송내역 상권과 홈플러스 부

근 상동지구 상권, 그리고 중동신도시의 롯데백화점 뒤편의 먹자골목 상권과 현대백화점 뒤편의 상권이다.

지금까지 지하철 1호선만 있어서 상권의 범위는 부천역 상권이 가장 크고 활성화 되어 있는 것으로 보여진다. 하지만 서울로 출퇴근하거나 서울에서 만남을 갖기 위해 부천역과 송내역을 이용하던 상동신도시와 중동신도시의 소비자들이 7호선 연장선이 개통됨으로 인해 서울로의 접근을 위해 부천역과 송내역 이용이 급격히 감소하고, 신설된 상동역과 부천시청역 및 신중동역을 이용하게 된다. 그렇게 되면 송내역과 부천역 상권은 유동인구의 감소로 인해 상권의 범위가 위축되고, 상동역이나 신중동역은 상권의 범위가 확대될 것이다.

이 중에서 상권의 범위가 가장 활성화될 지역은 상동역 상업 지역이 될 것으로 예상된다. 그 이유는 지하철 신설 개통과 홈플러스와 뉴코아 같은 대형상업시설 현존 및 유흥 밀집지역으로 인한 부천시의 소비력과 삼산체육관역 인근 거주자들의 소비력을 상당 부분 흡수할 것으로 보여지기 때문이다.

신도시나 택지개발지구/ 뉴타운 건설로 인한 상권의 변화

상권의 형성과 변화에 가장 큰 영향을 주는 두 번째 요인은 신도시나 택지개발지구 및 뉴타운 건설이다. 새로운 신도시가 건설되거나 택지개발지구 및 뉴타운이 건설되면 상권이 새롭게 형성되거나 인근 지역의 상권을 변화시킨다.

신도시나 택지개발지구 등이 정부에 의해 건설되면 주거용 부동산만 공급되는 것이 아니라 입주자들을 위한 생활편익을 위한 상가도 항상 같이 공급된다. 이렇게 신도시나 택지개발지구에 백화점, 호텔, 모텔, 유흥업종 등 상가들이 공급되면 새롭게 상권이 형성되면서 구상업지역에서 소비하는 소비자나 인근에 거주하는 고객들을 수요층으로 흡수하게 된다. 그러면 구상업지역은 상권이 위축하게 되고 신도시나 택지개발지구의 상권은 시간이 소요되기는 하지만 상권이 점점 활성화 된다.

물론 모든 구상업 지역의 상권이 위축되는 것은 아니고 업종에 따라서는 더 활성화 되기도 한다. 예를 들면 판교신도시나 세종신도시 같은 지역은 위락시설이 처음부터 입점이 불가하므로 인근 분당 야탑역이나 대전 유성구 지역의 위락시설이 있는 상업 지역이 더 활성화 될 수 있다. 하지만 기본적으로 신도시나 택지개발지구에 공급되는 상가들은 시설이나 편의성 면에서 구상업 지역보다 우수하고 편리하기 때문에 신도시나 택지개발지구 지역으로 상권의 이동이 있게 된다.

판교신도시 상권의 형성과 변화

판교신도시는 크게 판교역 인근의 동판교, 서판교와 판교테크노밸리로 구성되어 있다. 먼저 서판교 지역은 이미 입주가 완료되고 상업시설들도 모두 공급되어 있는데, 공실도 많고 투자자들도 본인이 생각한 요구수익률에 미치지 못하는 임대수익을 얻고 있는 상황이다. 그 이유는 첫째, 1층 기준으로 4천~6천만 원선에 분양한 고분양가와 저밀도 개발로 인한 배후 세대수 대비 상가의 과잉공급 때문

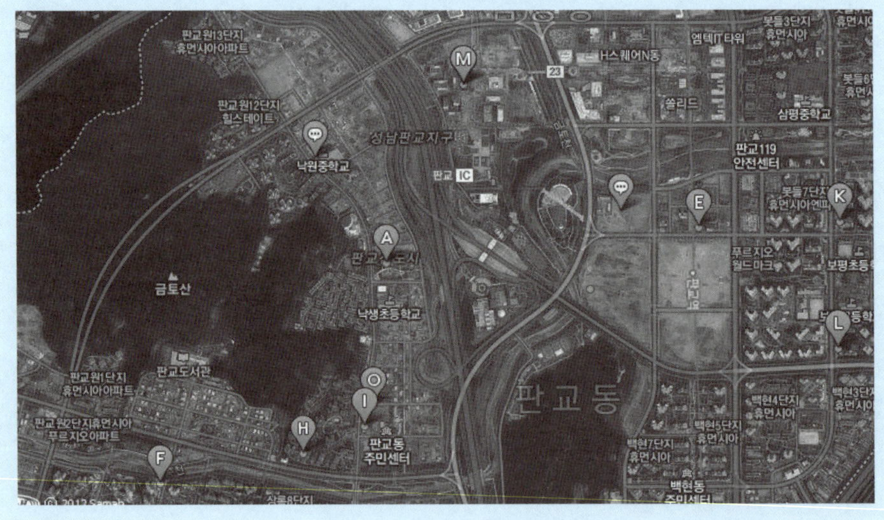

이다. 향후에도 서판교 지역은 다른 지역에서 소비자들을 유입할 요인이 현재로서는 없는 상태이므로 상권이 더 활성화 되기는 어려울 것으로 판단된다. 즉 서판교는 지리적으로 현재 입주한 인근 아파트 입주자들이 유일한 상권이고, 다른 분당지역, 동판교나 판교테크노밸리에서 소비자들을 유입해 상권의 범위가 더 확대되기는 어렵다.

동판교 지역의 상권은 동판교 아파트의 미입주와 상가의 고분양가, 판교테크노밸리 입주가 완료되지 않는 것 등으로 인해 아직까지는 상권이 거의 형성되지 않고 있다. 따라서 판교역 인근 상가를 분양받은 투자자들의 임대수익률은 평균 3~4%대인 것으로 확인되었다. 아직까지 공실도 많아 투자자들의 고통을 받고 있는 것이 현실이고 신분당선 판교역 개통으로 인하여 상권이 활성화될 것으로 기대되었지만 현재로서는 다른 지역에서 소비자들을 유입할 상업시설이 판교역 인근 상업 지역에 전무한 상태이므로 지하철 개통으로 인한 상권의 활성화는 현재로서는 기대하기 어렵다.

다만, 향후 판교테크노밸리 10만 이상의 근무자들의 입주 완료, 대형상업시설인 판교 알파돔시티의 개발 완료와 더불어 2015년 성남-여주 복선전철이 개통되면 빨대효과에 의해 광주나 이천 젊은 소비자들을 흡수할 것이 예상되므로 판교역 상권은 엄청나게 발전할 가능성은 있다. 그러나 그 시기가 지금으로부터 향후 5년 이상이 소요될 것으로 보여지므로 이미 상가를 투자한 상가 투자자들은 공실로 인한 임대수익을 얻지 못할 것이고, 대출이자 등에 의한 자금압박을 받게 될 것으로 전망된다.

그리고 판교역 상업 지역은 유흥주점과 같은 위락시설은 입점이 불가하므로 유흥이 밀집되어 있는 야탑역 상업 지역 상권이 더 활성화 될 것으로 판단된다.

세종신도시 상권 형성과 변화

세종신도시는 현재 상가 공급이 첫마을 단지내 상가를 제외하고는 거의 없는 편이다. BRT 노선이 있는 대로변으로 근린 상가가 분양 중에 있고, 주상복합을 공급하면서 하층부에 상가를 공급하고는 있지만 아직까지는 상가가 상당히 미흡한 편이다. 즉 현재까지는 첫마을 단지내 상가와 근린 상가 몇 동 이외에는 상가가 없다고 할 수 있다. 물론 장기적으로는 아파트 공급과 더불어 단지내 상가가 계속 공급될 것이고 중심상업지역 내에 대형상업시설과 근린 상가들도 공급될 것이다. 첫마을 단지내 상가 입점 업종은 공인중개사 사무실이 현재 대략 60% 정도를 차지하고 나머지는 입주자들의 생활편의 업종들이 입점해 있다. 현재 세종신도시에서 공급하고 있는 아파트나 상가 등을 중개하려고 하는 공인중개사들이 단지내 상가의 절반 이상을 차지하고 있어 단지내 상가를 취득한 투자자들의 임대수익은 1층 기준으로 평균 10% 이상이 된다.
첫마을 레미안 단지내 상가 1층 실제 임대가는 다음과 같다.

공급면적	30평	전용면적	15평	전용률	50%
예정가	3억 4천만 원	낙찰가	5억 9천만 원	평당 낙찰가	1,966만 원
임대가	보증금 1억 원/ 월차임 5백만 원	임대수익률	12.24%	매도가	7억 5천만 원

세종신도시 첫마을 단지내 상가 1층 기준으로 봤을 때 예정가 대비 평균 140~210%의 낙찰가율을 보이고 있고, 현재 임대수익률은 10% 이상이다. 이러한 현상은 앞에서 말한대로 세종시에서 공급되고 있는 아파트나 상가를 중개하려고 입점한 공인중개사들 때문인 것으로 판단된다. 향후 세종시의 다른 구역에 근린 상가들이 공급되어 공인중개사들의 이동하게 되면 임대가는 하락할 것으로 예상되어진다.

세종시 상권은 앞으로 많은 시간이 소요될 것으로 보인다. 국무총리실이 2012년 9월 15일 최초 이전을 시작으로 정부 종합 청사가 모두 이전되고 신규로 분양하는 아파트 입주가 어느 정도 완료 되어야 중심상업지역에 상권이 형성될 것으로 보이기 때문이다. 상권 형성의 변수는 과연 언제 얼마나 빨리 입주가 이루어지느냐가 관건이고, 현재 세종시에 상가가 공급될 상업지역이 너무 많아서 주동선이 아니면 상권 형성에 실패할 가능성도 매우 클 것으로 판단되어 중심상업지역의 상가 투자시에는 외부적으로 보여지는 부분 말고 상권 형성과 주동선이 어디가 될 것인지를 판단한 후 투자해야 할 것이다.

상가 투자자 입자에서는 단지내 상가나 주상복합 상가 위주로 투자하고 2년 정도 보유하고 있다가 처분하고 나오는 것이 임대수익과 처분수익을 동시에 얻게 되는 가장 좋은 투자 방법이라고 생각한다.

대형상업시설 입점으로 인한 상권의 변화

보통 백화점이나 할인점과 같은 대형상업시설이 입점하게 되면 그 지역 상권은 확장된다. 더 많은 소비자들을 더 넓은 지역에서 흡수하기 때문이다. 그래서 인근에 상가를 소유하고 있거나 투자하려고 하는 투자자들은 보통 대형상업시설이 입점하면 개발호재로 생각하고 계속 보유하거나 신규로 투자하려고 한다.

어느 정도는 그 말이 맞다. 하지만 대형상업시설에 입점하는 업종들과 경쟁관계에 있는 지역의 상가들은 대형상업시설로 소비자들이 이탈하기 때문에 상권이 하락하게 되고 임대가나 매도가가 하락하는 경우도 많다는 것을 염두에 두고 투자를 해야 한다. 백화점이나 대형 할인점 등이 입점한다고 해서 개별 상가를 투자하려고 하는 투자자에게는 무조건 좋은 것이 아니다.

1. 대형상업시설 입점으로 인한 상권의 위축

문정동 로데오거리는 의류나 잡화 등 패션아울렛으로 유명한 지역이다. 송파구 일대와 성남시까지를 상권으로 하고 있어 임대가나 권리금이 상당히 높았던 지역이었다. 그러다가 장지역 인근 가든파이브 내에 NC백화점이 입점하면서부터 상권의 이동이 있었다. NC백화점이 오픈하면서 본인들 매출과 상권 활성화를 위해 마케팅과 세일을 하면서 문정동 로데오거리에서 소비하던 소비자들이 NC백화점으로 이동하게 된 것이다. 즉 백화점과 문정동 로데오거리는 서로 경쟁관계인 것이다. 대형상업시설인 백화점이 인근에 입점하게 되면서 문정동 로데오거리 상권은 급속하게 위축하게 된 것이다.

다시 말하면 상가를 투자하려고 하거나 보유하고 있는 경우 대형상업시설이 입점하게 되면 투자하려고 하는 상가가 있는 지역이 대형상업시설과 경쟁관계인지, 상호 보완관계인지를 판단하고 투자해야 실패하지 않는 상가 투자가 된다.

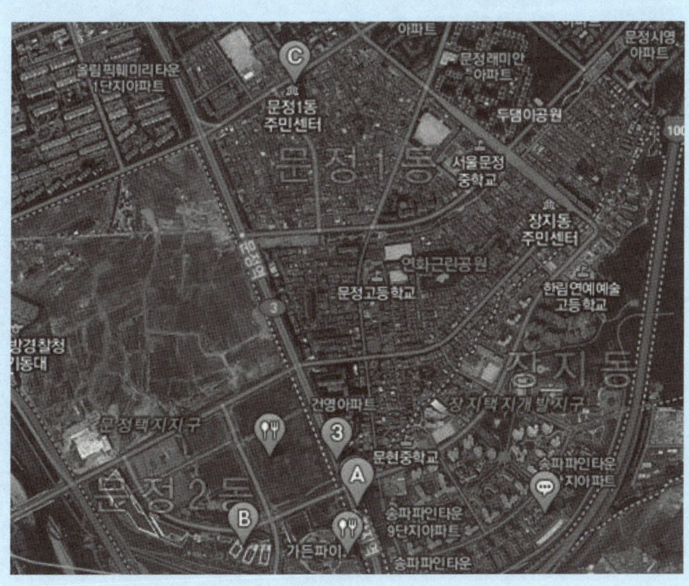

2. 대형상업시설 입점으로 인한 상권의 확장

제2롯데월드 준공과 주변 상권 변화

2015년 완공을 목표로 잠실역 옆에 제2롯데월드가 공사 중이다. 세계에서 6번째 규모의 쇼핑몰인 123층 건물이다. 제2롯데월드가 2015년 준공되어 오픈하게 되면 이 지역 상권은 어떻게 될까? 제2롯데월드의 상권은 초광역상권이 될 것이다. 서울과 수도권뿐만 아니라 전국에서 놀러와서 소비하게 될 것이기 때문이다. 그러나 창업자 이외의 개인투자자가 제2롯데월드를 투자하기는 어려울 것이다. 개인 상가 투자자는 제2롯데월드의 준공과 오픈으로 인한 상호 시너지 효과를 얻을 수 있는 지역의 상가를 투자하면 성공한 상가 투자가 될 것이다.
제2롯데월드가 오픈하면 상주인구가 2만 명 정도 될 것으로 예상되고 있다. 강

남역의 삼성타운 입주로 인한 상주인구가 약 2만 명 이상이 되어 상권이 확장되고 주변 임대가나 상가 가치가 평당 10만 원 이상 증가했다. 그렇다면 제2롯데월드 오픈으로 인해 주변 상가 가치가 상승하게 될 것은 당연한 이야기다. 방이동 먹자골목의 상가는 제2롯데월드와 경쟁관계에 있지도 않고 제2롯데월드와 상호 보완관계의 상업지역이다. 따라서 방이동 먹자골목 상권은 업종 불문하고 제2롯데월드 오픈으로 인해 유동인구가 증가하고, 임대료가 상승하고, 상가 가치도 상승하게 될 것이다. 방이동 먹자골목의 핵심적인 입지의 상가가 아니더라도 이면도로의 근린주택 같은 경우에는 투자가치가 높은 것으로 판단된다. 향후 제2롯데월드 오픈으로 인해 상업 지역이 확장될 것이기 때문이다.

입지와 개별 상가 분석

상가의 입지 분석

상가 투자 여부를 결정하기 위해 상권분석을 먼저 해야 한다. 즉 더 활성화될 상권인지 아니면 쇠락하는 상권인지를 판단한 후 상권의 변화가 없거나 더 활성화될 상권이라고 판단되면 그 다음 투자 대상 상가의 입지를 분석해야 한다. 상가는 입지가 절대적으로 좋아야 한다. 입지에 의해 매출이 다르고, 임대료가 다르고, 상가 가치도 다르기 때문이다.

입지는 접근성과 가시성으로 판단한다. 소비자들이 내가 투자하려고 하는 상가에 접근하기가 쉬운지와 소비자들 눈에 상가가 잘 보이는지를 판단하는 것이다.

구상업지역에서 입지를 판단하는 것은 이미 동선이나 위치를 투자자가 육안으로 확인할 수 있기 때문에 임장 시 시간을 조금 투자하면 어렵지 않다. 신도시나 택지개발지구에 신규로 공급되는 상가보다는 입지를 판단하기 쉽다. 그러나 신도시나 택지개발지구에서 신규로 공급되는 상가의 입지를 판단하기는 쉽지 않다. 이미 준공된 건물이면 어느 정도 가능하지만 건축 중인 상가나 나대지 상태에서 상가를 투자하려고 하는 경우에는 평면도만 보고 입지 여부를 판단해야 하는데 다소 어려움이 있다. 그럴 경우에는 신도시나 택지개발지구 전체 개발계획도와 평면도를 같이 보면서 그 지역에서의 입지와 건물에서의 입지를 판단해야 한다.

1. 접근성

접근성이란 투자하려고 하는 상가에 소비자들이 얼마나 쉽게 올 수 있는가인데, 여러 가지 요인에 의해 접근성의 차이가 있다.

투자하려고 하는 상가 앞에 6차선 이상의 도로나 하천, 둑 등이 있으면 맞은편 소비자들의 접근성이 좋지 않은 것이고, 투자 대상 옆으로 언덕이 있으면 역시 접근성이 좋지 않은 것이다. 그리고 도로 가운데에 중앙 분리대가 있으면 역시 접근성이 좋지 않고, 투자대상 상가 옆이나 앞에 학교, 관공서, 공원 등이 있으면 맞은편 소비자들과 투자대상 상가의 접근성은 좋지 않다.

상가 전면에 공개공지, 계단 및 경사 등이 있으면 1층 상가의 경우 접근성이 좋지 않다. 특히 상가 전면에 녹지 완충지대가 있으면 접근성이 떨어져 상권 형성 자체가 되지 않는 경우가 너무나 많다. 그리고 2층 이상 상가의 경우 계단이나 E/V 등의 위치가 멀리 있으면 역시 접근성이 좋지 않은 것이고, 같은 건물 1층에 금융기관이나 카센터, 철물점 등이 있으면 역시 2층 이상 상가나 옆 상가에 대한 접근성이 좋지 않은 것이다.

그리고 상가가 거리는 가까운데 주차장이 없거나 멀리 있으면 차량을 이용하는 고객 입장에서는 접근성이 좋지 않고 상가 1층 전면에 주차장이 있는 경우에는 접근성이 떨어지는 상가라고 생각하면 된다.

2. 가시성

가시성이란 투자한 상가가 소비자들에게 얼마나 잘 보이느냐인데, 역시 여러 가지 요인에 의해 가시성의 차이가 있다.

한 건물에서 가시성은 1층 상가가 가장 좋다. 그 이유는 사람들이 보행할 때 시선 각도가 보통 $10°$ ~$15°$ 정도이므로 소비자들의 눈에 가장 잘 보이기 때문이다. 그러나 1층 상가 앞에 가로수가 있거나, 옆 건물 간판이 시야를 차단하고 있거나, 상가가 공개공지 때문에 안쪽으로 들어가 있으면 옆 건물 때문에 가시성이 떨어진다.

보통 가시성은 상가의 전면길이, 간판 위치, 접면 수 등에 의해 판단되어지는데, 사거리나 삼거리 코너에 있는 상가가 일반적으로 가시성이 좋아 투자가치가 더 있다. 보도와 접한 상가 접면 길이는 길수록 가시성이 좋고, 간판도 가로와 세로 간판 모두 설치할 수 있으면 가시성이 좋다. 곡선형도로가 있을 경우에는 안쪽보다 바깥쪽이 가시성이 더 좋다.

상가의 입지가 좋고 나쁘고의 판단은 일반적으로 접근성과 가시성을 통해 판단하지만, 투자 대상 상가의 옆 상가나 옆 건물에 입점해 있는 업종들을 통해서도 감각적으로 판단할 수 있다. 보통 베이커리, 던킨도너츠, 커피전문점, 안경점, 핸드폰점, 약국, 중개사무소, 꽃집, 김밥전문점, 편의점, 화장품이나 여성의류점 등이 있으면 기본적으로 그 지역은 접근성과 가시성이 좋은 것이다. 특별히 이면 먹자골목의 음식점이 있는 경우를 제외하고는 일반음식점이 있거나 점포 면적을 많이 사용하는 가구점이나 금융기관 등이 있으면 접근성과 가시성이 다소 떨어지는 지역이라고 판단하면 크게 틀리지 않다.

동선과 입지

동선과 입지는 밀접한 관련이 있는데, 동선이란 소비자들의 흐름이나 차량의 흐름을 하나의 선으로 나타내는 개념이다. 상가는 소비자들의 동선상에 위치하게 되는데, 투자 대상 상가 앞으로 소비자들의 동선이 어떠한지를 알아보는 것은 매우 중요하다. 동선 파악은 이론적으로 판단할 수 있는 것이 아니고 투자 대상 상가와 그 지역 임장을 통해서만 확인 할 수 있다.

1. 소비자들의 동선 선택의 원칙

최단거리 실현의 원칙

소비자들은 특정 지역에 도착해 목적한 상가를 가고자 할 때 가장 빠른 시간에 갈 수 있는 동선을 이용한다는 원칙이다. 어느 지역에 랜드마크가 될 만한 대형상업시설이 있는 경우 지하철역이나 버스 정류장에서 랜드마크까지 가는 최단거리 내에 있는 상가는 소비자의 최단거리 선택에 의해 유동인구를 많이 접할 수 있는 입지의 상가라고 판단하면 된다.

안전 중시의 원칙

소비자들은 심리적으로 안전을 중시하기 때문에 과거에 지나갔던 동선을 향후에도 이용하게 된다는 원칙이다. 보통 우리가 차를 이용해 어느 지역에 갈 때 과거에 이용했던 도로를 따라 가게 되고, 새로운 도로나 길을 잘 이용하지 않는 것과 같다고 할 수 있다.

집합의 원칙

소비자들은 무리지어 다니는 것을 좋아한다는 원칙이다. 새로운 상업지역을 소비자가 가게 되면 사람들이 많이 다니는 동선을 따라 같이 움직이게 된다.

2. 동선의 분류

주동선과 보조동선

보통 상가들이 모여 있는 상업지역에는 많은 동선들로 이루어져 있다. 주동선과 보조동선은 소비자들이 많이 다니느냐, 적게 다니느냐에 의해 구분한다. 보조동선은 주동선에 비해 소비자들이 이동량이 현저하게 낮다. 보통 대로변에 있는 상가는 주동선상에 있는 것이고 이면도로에 있는 상가는 보조동선에 있는 상가라고 판단하면 된다. 경우에 따라서는 먹자골목 이면도로가 주동선이 되고 이면도로의 이면도로가 보조동선이 되는 경우도 있다. 따라서 소비자들은 주동선을 따라 이동하게 되므로 투자 대상 상가가 있는 위치가 주동선상에 있는지를 확인해 투자 여부를 결정해야 한다.

출근동선과 퇴근동선

출근동선에 상가가 있는 경우 소비자들은 출근길에 소비를 거의 하지 않는다. 출근하느라 바쁘기 때문에 상가를 이용하는 빈도수가 극히 적다. 그러나 소비자는 퇴근길에 쇼핑하고 유흥도 즐기게 되므로 퇴근동선에 있는 상가를 이용하는 빈도수가 현격하게 많은 것이 사실이다. 따라서 투자 대상 상가가 퇴근동선에 있는지, 아니면 출근동선에 있는지를 임장 시 확인해 투자 여부를 결정해야 한다.

개별 상가의 조건분석

투자 대상 상가 분석은 먼저 상권을 분석하고 입지를 보고 최종적으로 개별 상가의 조건을 분석해야 한다. 개별 상가 조건 분석은 상가의 규모, 상가의 구조, 층고, 계단 위치, E/V 위치, 주차장 여건, 업종구성, 횡단보도 여부, 버스 정류장과 지하철역 유무, 간판 설치 여건, 정화구역 해당 여부 등 셀 수 없이 많다. 개별 조건들에 대한 점검리스트를 만들어 어떠한 장점과 단점이 있는지를 확인한 후 투자여부를 결정하면 실패하지 않는 상가 투자가 될 것이다.

1. 상가의 크기

상가의 규모는 매출과 직결이 되고 임대를 놓을 경우 상가의 크기에 따라 임대가능 업종이 많거나 적을 수 있기 때문에 투자 시 매우 중요한 요소다. 투자 자금의 문제는 있지만 개인적으로 상가의 크기는 클수록 투자 대상으로 좋다고 생각한다.

그 이유는 임대가 들어오는 임차인이 작은 면적을 원하면 상가를 구분해서 임대를 줄 수 있고, 큰 면적을 원하면 그대로 임대를 줄 수 있기 때문이다. 투자한 상가의 크기가 작으면 들어올 수 있는 업종이 한정된다. 1층 상가의 경우는 최소 실면적 7평 이상이 되어야 하는데, 1층에 들어오는 업종들은 7평 이상이 되어야 영업이 가능하기 때문이고, 2층이상 상가는 최소 실면적 15평 이상이 되어야 임대를 놓기가 유리하다.

2. 전면 길이

상가 전면 길이는 이론적으로 전면과 측면의 비율이 1.5가 이상적이라고 한다. 그러나 현실적으로 가시성과 접근성으로 보았을 때 상가 전면은 길수록 좋다.

아무래도 상가 전면이 길면 판매 물건을 진열하기도 좋고, 소비자들의 시선을 오래 끌 수 있기 때문이다. 같은 면적의 상가라면 전면이 길수록 임대료나 권리금도 현실적으로 높게 형성되어 있다. 그러나 현재 신축해 공급되는 상가는 분양을 위해 전면 길이를 좁게 하고 안쪽으로 길게 상가를 신축해 분양하고 있으므로 투자 대상 상가의 전면 길이가 3.5미터 이내이면 투자 여부를 심사숙고해야 한다.

3. 상가의 형태

상가의 모양이 정방형, 장방형, 가장형, 세장형에 따라 가치가 다르다. 전면 길이와 측면 길이 비율에 따라 상가의 모양이 나오는데 일반적으로 가장형이 가장 좋고 그 다음은 장방형이 좋다. 가장형이란 가로 장방형의 모양을 말한다. 도로를 따라 가로로 길게 늘어져 있는 모양이다. 그에 반해 세장형은 세로장방형의 줄임말이다.

4. 건물에서 상가의 위치

건물의 전면부에 있는지 아니면 후면부에 있는지, 아니면 건물 내부에 있는 상가인지와 출구 옆에 있는 상가인지 등을 확인한다. 상가 위치가 건물 전면부에 있고 건물 출구 옆에 있으면 그 건물에서 위치가 가장 좋은 상가라고 할 수 있다.

5. 상가의 접근성

1층의 경우 상가 앞에 화단 유무, 공개공지 유무, 완충녹지 유무, 경사나 계단 유무 등을 확인하고 그와 같은 것이 있으면 접근성이 좋지 않은 상가다. 2층은 계단과의 거리를 확인하고, 3층 이상은 E/V와의 거리를 확인한다.

계단이나 E/V와 투자 대상 상가와의 거리가 가까운 것이 임대에서 다소 유리할 것이다.

6. 기둥 유무

상가에 기둥이 있는지와 위치를 확인해야 한다. 상가 전면에 기둥이 있으면 가시성이 안 좋고 진열하기가 어렵다. 그리고 상가 내부에 기둥이 있으면 전용률이 낮아지고 진열도 어려우므로 기둥 유무를 확인해야 한다.

7. 층고

층고는 되도록이면 높은 것이 좋다. 층고가 높으면 가시성이 좋고 인테리어를 하기가 쉽다. 1층 상가가 층고가 높으면 경우에 따라서는 복층으로 활용할 수도 있다.

8. 간판 설치 여건

가로간판과 세로간판 모두 설치할 수 있는지와 간판의 위치를 확인해야 한다. 가시성을 위해서는 좋은 위치에 간판을 달 수 있으면 임대 놓기가 유리할 것이다.

9. 화장실의 위치

화장실이 투자 대상 상가 내부에 있는지 아니면 다른 상가와 공용으로 같이 사용하는지와 위치를 확인한다. 상가 내부에 있으면 유리하고 거리도 가까우면 임대놓기가 유리할 것이다.

10. 계단의 개수

1층 상가를 투자하려고 할 때는 문제가 되지 않지만 2층 이상에 있는 상가를 투자하려고 하는 사람은 계단의 개수를 확인해야 한다. 계단이 1개 있는 건물보다 2개 있으면 임대놓기가 매우 유리하다. 건축법 제49조(건축물의 피난시설 및 용도제한) 제1항에 의하면 계단이 2개소 이상 있는 경우에 입점할 수 있는 업종들이 정해져 있다. 예를 들면, 6층 건물 중 사무실로 사용하고 있는 4층 상가(전용면적 250제곱미터)를 낙찰받고 임대를 놓았는데 학원이 들어오겠다고 했을 때 건물에 계단이 1개만 있으면 계단을 1개 더 설치하기 전에는 학원은 영업을 하지 못한다. 건축법 제49조에 의하면 '3층 이상의 층으로서 그 층의 학원 용도로 쓰는 거실의 바닥면적의 합계가 200제곱미터 이상이면 계단을 2개소 이상 설치해야 한다'라고 규정하고 있기 때문이다. 2

층 이상의 층에서 영업하는 업종들 중에는 계단이 2개 있어야 영업을 할 수 있는 업종이 매우 많다. 따라서 2층 이상의 층에 있는 상가를 낙찰받고자 할 때는 계단이 2개 있으면 임대 가능 업종이 많아지므로 투자대상으로써 좋다.

11. 주차장 여건

건축물대장상 주차가능 대수를 확인하고 실제 육안으로 확인한다. 상가를 투자할 때 주차장은 현실적으로 크게 문제가 되지 않는다. 간혹 낙찰받은 상가를 명도하고 임대를 놓을 경우 용도변경을 해야 할 때 주차장 문제가 발생하는 경우도 있으나 거의 문제가 되지 않는다. 하지만 상가는 기본적으로 주차 공간이 필요하고 기계식보다는 자주식이 아무래도 임대를 놓기가 유리하다.

12. E/V와 E/C의 위치

1층 상가를 투자할 때는 크게 관련이 없지만, 상층부 상가를 투자할 때는 E/V와 E/C의 위치를 확인해 입찰 대상 상가와 어느 정도 거리에 있는지를 확인한다. E/V나 E/C 바로 옆에 상가가 있으면 같은 층에 있는 다른 상가와 비교했을 때 유동인구가 많으므로 임대가능성이 더 높다.

13. 상가 전면 활용 여부

1층 상가를 낙찰받으려고 할 때에 1층 상가 전면에 테이블이나 파라솔을 설치할 수 있는 공간이 있으면 낙찰받고 임대를 놓을 때 역시 유리하다. 비록 전용 면적은 정해져 있지만 날씨가 좋을 때는 테이블이나 파라솔을 설치해 고객들을 유인하기 쉽고, 더 많은 고객을 대상으로 영업을 할 수 있기 때문에 임대차계약 시 상가의 장점으로 설명할 수 있다.

14. 인테리어 수준

보통 현 임차인은 이전 시설에 대해 권리금을 주고 영업을 하고 있거나 아니면 본인이 인테리어 시설을 하였을 것이므로 입찰 대상 상가를 임장 갔을 때 인테리어가 잘 되어 있으면 현 임차인과 계약을 맺을 가능성이 상당히 크다. 상가 임대차 계약서 작성 시 권리금을 인정한다는 단서를 달아주면 훨씬 임대가 잘 된다.

PART 02

상가 경매
권리분석

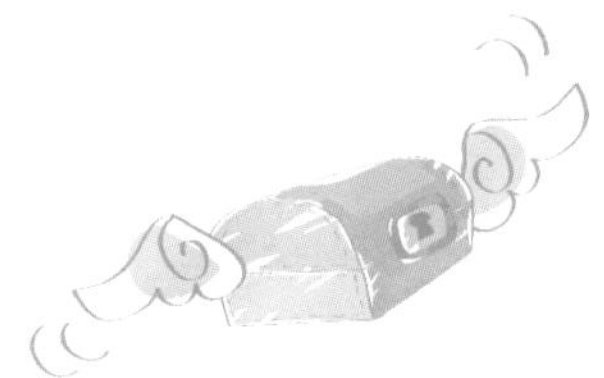

CHAPTER 01

권리분석

상가건물임대차보호법상 대항력과 우선변제권

1. 지역별 한도 보증금

상가건물임대차보호법은 영세상인의 보호라는 목적과 계약자유의 원칙에 대한 최소한의 개입, 상가 임대차의 경우 임차인도 상인으로서 주택임대차보호법과 달리 임대인과 대등한 경제주체라고 볼 수도 있다는 점 등을 고려해 보증금액이 일정액 이하인 경우만을 적용대상으로 하고 있다.

그리고 상가 건물의 경우는 주택과 달리 대부분 보증금과 월차임의 혼용방식으로 임대차계약이 이루어지고 있는 현실을 감안해 환산보증금으로 적용대상을 정하고 있다. 즉 월차임이 없이 보증금만 있는 경우에는 보증금액만을 기준으로 상가건물임대차보호법 적용대상 여부를 판단하지만, 월차임이 있는 경우에는 월 단위의 차임액에 100을 곱해 환산한 금액과 보증금을 합산한 금액으로 상가건물임대차보호법 적용대상 여부를 판단한다.

권역별	\u003e상가건물임대차보호법 적용대상 환산보증금			
권역별	2002/11.1~ 2008/8.20	2008/8.21~ 2010/7.25	2010/7.26~ 2013/12.31	2014/1.1~ 현재까지
서울특별시	2억 4천만 원 이하	2억 6천만 원 이하	3억 원 이하	4억 원 이하
수도권 과밀억제권역 (서울시 제외)	1억 9천만 원 이하	2억 1천만 원 이하	2억 5천만 원 이하	3억 원 이하
광역시 (인천, 군지역 제외)	1억 5천만 원 이하	1억 6천만 원 이하	1억 8천만 원 이하	2억 4천만 원 이하
그 밖의 지역	1억 4천만 원 이하	1억 5천만 원 이하	1억 5천만 원 이하	1억 8천만 원 이하

2. 대항력

(1) 의의

상가건물임대차보호법 제3조 제1항은 '임대차는 그 등기가 없는 경우에도 임차인이 건물의 인도와 부가가치세법 제8조, 소득세법 제168조 또는 법인세법 제111조의 규정에 의한 사업자등록을 신청한 때에는 그 다음날부터 제3자에 대해 효력이 생긴다'고 규정하고 있는 바, '제3자에 대해 효력이 생긴다'는 의미는 '제3자에 대해 대항력이 있다'는 의미다. 제3자에게 대항력이 있다는 의미는 임차인이 임차건물의 양수인, 임대할 권리를 승계한 자, 기타 임차건물에 관해 이해관계를 가진 자에 대해 임대차의 내용을 주장할 수 있다는 것이다. 다시 말하면 대항력은 '임차인이 임대차계약을 체결하지 않은 새로운 건물주에 대해 임차인으로서의 권리를 주장할 수 있는 힘'이라고 말할 수 있다.

따라서 임차인은 임대차계약기간 동안은 건물주가 바뀌더라도 임차권자로서의 지위를 유지하여 임대차계약기간 동안 거주할 수 있음은 물론 임대차계약기간이 끝나더라도 보증금을 반환받을 때까지 계속 거주할 수 있다.

(2) 대항력의 요건

임차인의 대항력 요건은 상가 건물의 인도와 사업자등록의 신청이다. 그리고 대항력은 요건만 갖추면 되고 확정일자의 유무와는 상관이 없다.

2015년 5월 13일 상가건물임대차보호법이 개정되기 전에는 지역별 환산보증금 이하인 임차인만 대항력이 있었으나, 2015년 5월 13일 상가건물임대차보호법이 개정으로 인해 이제는 지역별 환산보증금 이하인 상가 임차인뿐만 아니라 지역별 환산보증금을 초과하는 상가 임차인도 상가 건물을 인도받고, 사업자등록을 하면 모두 대항력을 취득하게 된다. 즉, 지역별 환산보증금 이하인 상가 임차인은 대항력 취득의 요건이 아니다. 다만, 2015년 5월 13일 이후에 새로 체결되는 상가 임대차나 갱신되는 계약에만 적용된다.

① 상가 건물의 인도

건물의 인도란 점유의 이전을 말하는 것으로 점유의 이전이란 건물에 대해 가지고 있는 사실상의 지배를 이전하는 것을 말한다. 점유의 이전은 현실의 인도는 물론 간이인도, 점유개정에 의한 인도, 목적물반환청구권에 의한 인도도 포함된다.

② 사업자등록

㉠ 사업자

사업자라 함은 영리목적의 유무에 불구하고 사업상 독립적으로 재화 또는 용역을 공급하는 자를 말한다(부가가치세법 제2조 제1항). 사업자는 개인이나 법인뿐만 아니라 비법인 사단, 재단도 포함하는 개념이다.

㉡ 사업자등록

사업자등록이란 과세 업무를 효율적으로 처리하고 납세의무자의 동태를 파악하기 위해 납세의무자의 사업에 관한 일련의 사항을 사업장 관할세무서 사업자등록부에 등재하는 것을 말한다.

◈ **사례 분석**

문) 상가 소유자 甲과 乙은 보증금 5천만 원/차임150만 원/계약기간 2년의 상가 임대차계약을 체결했다. 임차인 乙은 사업자등록을 하지 않고 임대차한 상가에서 테이크아웃 커피점을 운영했다. 임대차계약기간이 1년 지난 상태에서 甲이 丙에게 상가를 매도해 丙 앞으로 소유권이전등기가 되었다. 이 경우 새로운 소유주 丙은 임차인 乙에게 보증금을 지급하면서 계약기간 만료 전이라도 건물 인도를 요구할 수 있을까?

답) 이 경우 임차인 乙은 사업자등록을 하지 않고 영업을 하고 있는 경우이므로 새로운 상가 소유자가 보증금을 제시하면서 건물의 인도를 요구하면 A에게 손해배상을 청구하는 것은 별론으로 하고 새로운 소유자 丙에게 상가를 인도해줘야 한다. 즉 임차인 乙은 사업자등록을 하지 않아 대항력이 없으므로 새로운 소유자에게 계약기간을 주장할 수 없다.

⑶ 대항력 효력발생시기

① 효력발생시기

대항력의 효력은 건물인도와 사업자등록이라는 두 가지를 모두 갖추어야 하고, 두 가지 요건 중 늦게 갖춘 날의 익일에 그 효력이 발생한다. 즉 대항력의 효력은 대항요건(건물인도+사업자등록)을 갖춘 다음날에 발생한다.

② 존속요건

건물의 인도와 사업자등록은 대항력의 취득요건일 뿐만 아니라 존속요건이다. 즉 대항력을 주장하기 위해서는 대항요건을 계속 존속하고 있어야 한다. 경매에서 대항력을 주장하기 위해서는 배당요구종기일까지 대항요건을 유지하고 있어야 한다.

⑷ 대항력 구비에 관한 유의사항

① 계약서와 공부의 일치 여부

건물 소재지가 등기부등본 또는 건축물관리대장, 사업자등록신청서, 임대차계약서상에서 일치하지 않는 경우 대항력을 주장하지 못할 수도 있다. 따라서 임대차의 목적물이 사실과 일치하도록 해야 하므로 차이가 나는 경우 사업자등록 정정신고 등을 통해 일치시켜야 한다.

② 임대차계약 변경

임대차계약의 내용이 변경되는 경우, 즉 임대인의 인적사항, 보증금, 차임,

임대차기간, 면적, 임차목적물, 건물일부 임차시 해당 도면 등이 변경되는 경우 임차인은 사업자등록 정정신고를 반드시 해야 대항력 주장을 할 수 있다.

3. 우선변제권

(1) 의의

우선변제권이란 특정채권자가 채무자의 전재산 또는 특정재산으로부터 다른 채권자보다 우선해 채권의 변제를 받을 수 있는 권리를 말한다. 상가건물임대차보호법 제5조의 제2항 임차인의 우선변제권이란 대항요건과 임대차계약서상의 확정일자를 갖춘 임차인이 민사집행법에 의한 경매 또는 국세징수법에 의한 공매 시 임차물건(임대인 소유의 대지를 포함한다)의 환가대금에서 후순위권리자, 기타 채권자보다 우선해 보증금을 변제받을 수 있는 권리를 말한다. 이는 배당절차에서 대항요건과 확정일자를 갖춘 상가 임차인은 담보물권자와 유사한 지위를 갖는다는 의미다.

(2) 우선변제권 요건

① 확정일자 부여

상가 임차인이 우선변제권을 갖기 위해서는 임대차계약서에 확정일자를 부여받아야 한다. 확정일자란 증서에 관하여 그 작성한 일자에 관한 완전한 증거가 될 수 있는 것으로 법률상 인정되는 일자를 말하며, 당사자가 향후 변경하는 것이 불가능한 확정된 일자를 말한다. 단, 지역별 환산보증금 이하인 임차인만 계약서에 확정일자를 받으면 우선변제권이 있는 것이지, 지역별 환산보증금을 초과하는 상가 임차인은 확정일자를 받아도 우선변제권이 없다.

② 대항력과 확정일자 유지

우선변제권은 건물인도＋사업자등록이라는 두 가지의 대항요건 외에 계약서에 확정일자를 받으면 건물인도＋사업자등록을 마친 다음날에 우선변제권의 효력이 발생하고, 확정일자를 먼저 받고 건물인도＋사업자등록을 나중에 하였다면 이를 마친 다음날에 우선변제권이 발생한다. 그리고 임차인은 대항력과 확정일자를 배당요구종기일까지 유지해야 우선변제권을 행사해 배당을 받을 수 있다.

③ 배당요구 행사 여부

대항력과 확정일자를 갖춰 우선변제권이 있는 상가 임차인이 영업을 하고 있는 상가가 경매 진행될 때 배당요구를 해야 하는지에 대해 임차인은 배당요구종기일까지 배당요구를 해야 우선변제권에 의한 배당을 받을 수 있다. 즉, 우선변제권이 있더라도 배당요구를 배당요구종기일까지 하지 않으면 배당을 해주지 않는다.

④ 확정일자 증명

임대차계약서에 확정일자를 부여 받아 우선변제권이 있는 상가 임차인이 확정일자를 갖춘 임대차계약서를 분실이나 멸실한 경우에도 우선변제권의 효력은 그대로 유지된다. 단, 배당을 받기 위해서는 확정일자를 받은 임대차계약서가 없어 경매 법원에 제출하지 못하므로 관할세무서장에게 확정일자가 부여되었음을 확인받아 그 확인서를 제출해야 한다.

(3) 확정일자 신청 시 구비서류

① 신규사업자로 등록하는 임차인

　　㉠ 임대차계약서 원본
　　㉡ 사업자등록 신청서(확정일자 신청 겸용 서식)
　　㉢ 임차목적물이 건물의 일부인 경우에는 해당 부분의 도면 1부

② 사업자등록을 한 임차인

　　㉠ 임대차계약서 원본
　　㉡ 사업자등록증 원본
　　㉢ 사업자등록 정정신고서(확정일자 신청 겸용 서식)
　　㉣ 임차목적물이 건물의 일부인 경우에는 해당 부분의 도면 1부

③ 미등록 사업자가 확정일자만 우선 신청하는 임차인

　　㉠ 임대차계약서 원본
　　㉡ 확정일자 신청서

위의 구비서류를 준비해 세무서를 방문할 때에는 본인 여부를 확인 가능한 신분증(주민등록증, 운전면허증 등)을, 대리인인 경우는 위임장(본인의 인감증명서 첨부), 대리인 신분증을 소지해야 한다.

4. 최우선변제권

(1) 의의

최우선변제권은 임차인이 건물인도 + 사업자등록이라는 대항요건을 갖추면 생기는 것으로 임차목적물이 공매나 경매 등에 의해 소유권이 이전되는 경우에도 경매 절차에서 보증금 중 일정액을 타 권리자보다 최우선해 배당을 받을 수 있는 권리를 말한다. 최우선변제권은 확정일자 없이도 대항요건만 갖추면 당연히 있다.

그리고 최우선변제권은 임차보증금이 소액환산보증금일 경우에 해당되며, 최우선변제를 받을 수 있는 소액보증금의 범위는 상가건물임대차보호법에서 정하고 있으며, 상가건물임대차보호법도 주택임대차보호법과 마찬가지로 지역별로 소액보증금의 한도가 정해져 있기 때문에 환산보증금을 기준으로 한도액을 초과하면 최우선변제권이 없다.

(2) 소액보증금

현재 서울시의 경우 최우선변제를 받을 수 있는 임차인 및 보증금의 범위는 환산보증금이 5,000만 원 이하일 때, 이 법 시행령의 규정에 의해 소액임차인에 해당되어 다른 권리자들보다 최우선해 상가 건물가액의 1/2의 범위 내에서 최고 1,500만 원까지를 타 권리자들보다 최우선적으로 배당받을 수가 있다.

⑶ 최우선변제권에 관한 사항

① 건물가액 최우선변제 한도

최우선변제를 받을 임차인 및 보증금 중 일정액의 범위와 기준은 상가 건물가액(임대인 소유의 토지가액을 포함)의 1/2 범위 안에서 당해 지역의 경제여건, 보증금 및 차임 등을 고려한다. 즉 임차인의 보증금 중 일정액이 상가 건물가액(토지가액을 포함)의 1/2을 초과하는 경우에는 그 가액의 1/2에 해당하는 금액에 한해 최우선변제권이 있다.

② 소액임차인이 다수인 경우

하나의 상가 건물에 임차인이 2인 이상이고, 각 보증금 중 일정액의 합산액이 상가 건물가액의 1/2을 초과하는 경우에는 각 보증금 중 일정액의 합산액에 대한 임차인의 보증금 중 일정액의 비율로 상가 건물가액의 1/2에 해당하는 금액을 분할한 금액을 각 임차인의 보증금 중 일정액으로 본다.

③ 최우선변제 요건

최우선변제권을 주장하여 배당을 받으려면,

　　㉠ 환산보증금이 지역별 한도액 이내

　　㉡ 경매개시결정기입등기 전 사업자등록 신청

　　㉢ 지역별 소액환산보증금 이내

　　㉣ 배당요구종기일까지 배당 요구해야 한다.

최우선변제 환산보증금

권역별	2002/11.1~2010/7.25		2010/7.26~2013/12.31		2014/1.1~ 현재까지	
	환산보증금	최우선변제금	환산보증금	최우선변제금	환산보증금	최우선변제금
서울특별시	4,500만 원	1,350만 원	5,000만 원	1,500만 원	6,500만 원	2,200만 원
수도권 과밀억제 권역(서울시 제외)	3,900만 원	1,170만 원	4,500만 원	1,350만 원	5,500만 원	1,900만 원
광역시 (인천, 군지역 제외)	3,000만 원	900만 원	3,000만 원	900만 원	3,800만 원	1,300만 원
그밖의 지역	2,500만 원	750만 원	2,500만 원	750만 원	3,000만 원	1,000만 원

주택임대차와 상가건물임대차의 비교

구 분	주택임대차	상가건물임대차
목 적	주택임차인의 주거생활 안정을 위해	영세한 상가건물임차인의 경제생활의 안정을 위해
적용범위 (보증금액)	제한 없음.	환산보증금 4억~1억 8천만 원 이하
대항력요건	건물인도와 주민등록	건물인도와 사업자등록
임대차기간	최소 2년	*최소 1년 *5년 계약갱신요구권
계약의 갱신	묵시의 갱신 (기간 2년)	*계약갱신요구에 의한 갱신 (기간은 전임대차와 동일) *묵시의 갱신(기간 1년)
차임증액 청구	5/100 이내	9/100 이내
보증금의 차임전환 시 산정률	년 10% 또는 한국은행 기준금리× 4 중 낮은 비율 적용	연 12% 또는 한국은행 기준금리× 4.5 중 낮은 비율 적용
소액보증금 우선변제권	*소액보증금 9천 5백만 원~4천 5백만 원 이하 *최우선변제 3천 2백만 원~1천 5백만 원 한도 *주택가액의 1/2 한도	*소액보증금 6천 5백만 원~3,000만 원 이하 *최우선변제 2,200만 원~1,000만 원 한도 *상가건물가액의 1/2 한도

토지별도등기

경매나 공매시장에 나와 있는 상가 물건을 보다 보면 간혹 '토지별도등기 있음'이라고 기재되어 나오는 경우가 있다. '토지별도등기 있음'이 매각물건명세서에 있는 경우 입찰자는 입찰 여부를 결정하기 위해 분석을 해야 한다.

1. 토지별도등기란?

토지별도등기란 아파트 또는 다세대주택 등 집합건물의 일부 구분건물과 그 대지권에 관해 경매가 진행되는 경우, 경매로 나온 구분건물의 대지권에 대해서 대지권 설정등기 이전에 이미 구분건물(아파트)의 전체부지(아파트단지)의 토지에 담보물권(저당권 등)이나 가압류, 용익물권(지상권, 지역권 등), 가처분, 소유권이전청구권보전가등기 등이 설정되어 있는 경우가 있

소재지	서울특별시 금천구 독산동 291-5 외 1필지, 시티멕스 1층 ■■호 도로명주소검색		

물건종별	근린상가	감정가	630,000,000원
대지권	14.98㎡(4.531평)	최저가	(26%) 165,150,000원
건물면적	56.25㎡(17.016평)	보증금	(10%) 16,520,000원
매각물건	토지·건물 일괄매각	소유자	케이비부동산신탁(주)
사건접수	2008-02-05	채무자	송유산업개발(주)
사건명	임의경매	채권자	신한은행

기일입찰 　[입찰진행내용]

구분	입찰기일	최저매각가격	결과
1차	2008-06-03	630,000,000원	유찰
2차	2008-07-08	504,000,000원	유찰
3차	2008-09-01	403,200,000원	낙찰
낙찰 417,700,000원(66.3%) / 1명 / 불허가			
4차	2008-10-07	403,200,000원	유찰
5차	2008-11-13	322,560,000원	유찰
6차	2008-12-15	258,048,000원	유찰
7차	2009-02-04	206,438,000원	유찰
8차	2009-03-05	165,150,000원	
낙찰 : 211,590,000원 (33.59%)			
(입찰7명,낙찰:장■■배)			
매각결정기일 : 2009.03.12 - 매각허가결정			
대금납부 2009.04.20 / 배당기일 2011.01.13			
배당종결 2011.01.13			

＊등기부현황 (채권액합계 : 20,279,066,969원)

No	접수	권리종류	권리자	채권금액	비고	소멸여부
1	2004.10.12	소유권보존	송유산업개발(주)			
2	2004.12.10	근저당	신한은행 (독산동기업금융지점)	13,000,000,000원	말소기준등기	소멸
3	2007.04.03	근저당	부산상호저축은행	3,500,000,000원		소멸
4	2007.04.03	근저당	부산2상호저축은행	3,500,000,000원		소멸
5	2007.09.14	소유권이전(신탁)	케이비부동산신탁(주)			
6	2008.02.13	임의경매	신한은행	청구금액: 1,747,772,762원	2008타경29■■	소멸
7	2008.04.22	가압류	김■훈	279,066,969원		소멸

등기부 분석	☞말소되지 않는 지상권 인수주의(291-5,291-6 토지상 : 공공시설물설치와 소유목적으로 존속기간이 건축물존치시까지인 지상권)

[집합건물] 서울특별시 금천구 독산동 291-6외 1필지 시티멕스 제1층 제1■호 　　　고유번호 2643-2004-000■■■

【 　표　　제　　부　】	（ 전유부분의 건물의 표시 ）		
표시번호	접 수	건물번호	건물내역	등기원인 및 기타사항

표시번호	접 수	건물번호	건물내역	등기원인 및 기타사항
1	2004년10월12일	제1층 제1■호	철근콘크리트구조 56.25㎡	도면편철장 1책 412장

（ 대지권의 표시 ）

표시번호	대지권종류	대지권비율	등기원인 및 기타사항
1	1, 2 소유권대지권	4270.1분의 14.98	2004년9월18일 대지권 2004년10월12일
2			별도등기 있음 1토지(을구 10,12번 근저당권설정 등기, 14번 지상권설정 등기), 2토지(을구 10,12번 근저당권설정 등기, 14번 지상권설정 등기) 2004년10월12일
3			2번 별도등기 중 일부말소 별도등기 있음 1토지(을구 10번 근저당권설정 등기, 14번 지상권설정 등기), 2토지(을구 10번 근저당권설정 등기, 14번 지상권설정 등기) 2004년12월4일

다. 그 권리관계를 공시하기 위해 집합건물 등기부의 '대지권 표시란'에 '토지별도등기 있음'이라고 표시하고, 그 정확한 권리관계는 토지 등기부에 기록되어 있다.

2. 토지별도등기가 발생하는 경우

(1) 토지별도등기가 말소되어야 함에도 당사자의 말소신청이 없어 '토지별도등기 있음'이라는 문구가 그대로 남아 있는 경우

(2) 경매 대상 목적 부동산과는 아무런 상관없이 기재된 경우

(3) 토지상에 근저당이 설정된 후 건물과 공동담보가 되어 건물 등기부에 같은 내용의 채권이 공동담보로 등기된 경우(건축 전에 대지를 담보로 은행에서 저당권 설정하고 건물 완공 후 추가 대출 없이 대지에 대한 저당권을 각 구분건물의 등기부에 할당해 기재하는 경우)

⑷ 토지 등기부에 가압류나 가처분, 가등기 등이 등기되어 있는 것을 말소
   하지 않고 집합건물 등기부를 생성하는 경우

3. 토지별도등기의 인수와 소멸

⑴ 인수하게 되는 경우

매각물건명세서에 '토지에 대한 권리(저당권, 가압류, 가등기 등)를 인수할 것을 조건으로 매각한다'는 특별매각조건을 공지해 경매를 진행하는 경우에는 낙찰자가 토지별도등기를 인수하게 된다. 만약 이런 특별매각조건의 공지 없이 경매가 진행되고 낙찰자가 토지별도등기를 인수하게 된다면 매각불허가 사유 또는 항고 사유가 된다.

⑵ 소멸하게 되는 경우

일반적으로 토지별도등기가 있는 물건의 경매는 법원에서 토지의 권리자(저당권자, 가압류권자 등)에게 채권신고를 하게 하며, 감정 평가 시 대지권과 건물의 가격을 분리해 감정하게 하며, 낙찰 시에는 토지의 권리자에게 구분건물의 대지권 비율만큼에 해당하는 금액을 배당하고 해당하는 권리의 일부를 말소한다(말소 내용은 '근저당권 변경/포기할 지분'으로 표기한다).

4. 토지별도등기 있는 물건 접근방법

'토지별도등기 있음'으로 표시된 경매 물건의 경우, 토지 등기부, 건물 등기부 그리고 매각물건명세서를 확인해봐야 한다. 부동산 등기부와 매각물건명세서에 다음과 같은 내용이 있다면 토지별도등기를 인수하지 않아도 된다.

(1) 토지등기부의 을구에 다른 집합건물의 저당권 등이 '경매로 인한 매각'을 원인으로 '근저당권 변경/포기할 지분'이 등기되어 있는 경우
(2) 매각물건명세서상에 '토지별도등기'는 낙찰자의 인수사항이라고 되어 있지 않은 경우
(3) 구분지상권이 '토지별도등기'인 경우에는 낙찰자가 재산권을 행사하는 데 아무런 문제가 없다. 예를 들면, 지하에 지하철이 통과할 경우에 토지 등기부에 구분지상권을 등기하는 상황이다.

5. 정리

(1) 토지별도등기가 발생하는 주된 이유는 대개 시행사나 건설회사가 토지
를 담보로 제공해 대출을 받고, 토지 등기부에 근저당권을 설정한 후 집
합건물을 건축한 다음, 근저당권을 말소하고 대지권등기를 해줘야 하
는데 이를 하지 않고 부도가 난 경우에 흔히 발생한다.

(2) 경매 절차에서 토지별도등기의 권리내용이 용익물권(지상권, 지역권
등)이거나 가처분, 소유권이전청구권보전가등기인 경우에는 인수하
게 되며, 담보물권(저당권, 담보가등기)이거나 가압류인 경우에는 소멸
하는 것이 원칙이고, 실무에서는 인수하게 되는 경우에는 특별매각조
건을 붙여 경매를 진행시키며, 소멸하게 되는 경우에는 토지에 관한
권리자에게 채권신고를 하게 해 대지권의 비율만큼 배당해주고 말소
시킨다.

(3) 토지별도등기의 토지 채권자는 토지, 건물 매각대금 중 토지매각 대금
에서만 그 지분만큼 배당받고, 소유권이 이전될 때 '토지별도등기 있
음'을 말소시킨다.

(4) 토지별도등기의 원인이 되는 권리를 낙찰자가 인수해야 하는 경우에
는 토지별도등기의 권리자(저당권자 등)가 채무불이행을 이유로 토지에
대한 경매 신청을 해 낙찰된다면 낙찰자(토지소유자)는 토지사용에 대
한 대가(지료)를 요구할 수 있을 것이고, 만약 이에 불응하면 지료청구
소송을 제기해 확정판결을 받아 채무자의 건물에 대해 강제경매를 신
청할 수도 있다.

경우에 따라서는 법정지상권이 성립되지 않아 토지 소유자가 건물철거소송을 제기해 승소할 경우에는 건물을 철거해야 하는 상황에 처할 수도 있다.

◆ **부동산등기법 시행규칙 제75조의4(토지등기부에 별도의 등기가 있다는 취지의 기재 등)**

① 법 제57조의2 또는 법 제102조의2 제2항의 규정에 의하여 대지권인 취지를 등기한 경우로서 그 토지에 소유권보존등기 또는 소유권이전등기 이외의 소유권에 관한 등기 또는 소유권 이외의 권리에 관한 등기가 있는 때에는 등기관은 그 건물의 표제부에 토지등기부에 별도의 등기가 있다는 취지를 기재하여야 한다. 그러나 그 등기가 법 제102조의3 제2항의 규정에 의하여 말소하여야 하는 저당권의 등기 또는 소유권 이외의 대지권의 등기인 때에는 그러하지 아니하다.〈개정 1999.1.18〉
② 제1항 본문의 규정은 토지에 대지권인 취지를 등기한 후에 그 토지만에 관한 새로운 등기를 한 경우에 이를 준용한다.
③ 토지등기부에 별도의 등기가 있다는 취지의 기재의 전제가 된 등기가 말소된 때에는 등기관은 그 취지의 기재도 말소하여야 한다.〈개정 1999.1.18〉

◆ **판례**

◎ 대법원 2008.3.13. 선고 2005다15048 판결【토지사용료】
【판결요지】
[1] 집합건물 구분소유자의 대지사용권은 전유부분과 분리처분이 가능하도록 규약으로 정하였다는 등의 특별한 사정이 없는 한 전유부분과 종속적 일체불가분성이 인정되므로, 구분건물의 전유부분에 대한 저당권 또는 경매개시결정과 압류의 효력은 당연히 종물 내지 종된 권리인 대지사용권에까지 미치고, 그에 터잡아 진행된 경매절차에서 전유부분을 경락받은 자는 그 대지사용권도 함

께 취득한다.

[2] 구 민사소송법(2002. 1. 26. 법률 제6626호로 전문 개정되기 전의 것) 제608조 제2항 및 현행 민사집행법 제91조 제2항에 의하면 매각부동산 위의 모든 저당권은 경락으로 인하여 소멸한다고 규정되어 있으므로, 집합건물의 전유부분과 함께 그 대지사용권인 토지공유지분이 일체로서 경락되고 그 대금이 완납되면, 설사 대지권 성립 전부터 토지만에 관하여 별도등기로 설정되어 있던 근저당권이라 할지라도 경매과정에서 이를 존속시켜 경락인이 인수하게 한다는 취지의 특별매각조건이 정하여져 있지 않았던 이상 위 토지공유지분에 대한 범위에서는 매각부동산 위의 저당권에 해당하여 소멸한다.

[3] 신축 당시부터 다세대주택의 각 세대 전부에 대하여 대지권등기를 하고 전유부분과 대지권이 같이 처분되어 옴으로써 각 전유부분과 해당 대지사용권(토지공유지분)이 상호대응관계를 유지하면서 일체불가분성을 갖고 있는 경우, 대지권의 성립 전에 대지에 관하여 별도등기로 설정되어 있던 근저당권이 실행됨에 따라 대지사용권(토지공유지분)이 전유부분으로부터 분리처분되었더라도, 경매개시결정부터 경락허가결정에 이르기까지 경매목적물인 토지지분이 특정 전유부분의 대지권에 해당하는 공유지분임이 충분히 공시되었다면, 이로써 대지권을 가지고 있는 구분건물 소유자들과 대지의 공유지분권자 사이에 공유물의 사용에 관한 합의의 일종으로서 구분건물에서 분리된 위 공유지분(위 경매목적물)을 분리되기 전의 전유부분을 위한 사용에 제공하여 상호관련성을 유지하기로 하는 묵시적 합의가 성립하였다고 보아야 한다. 따라서 위와 같이 대지사용권이 분리처분됨에 따라 대지권 없이 위 공유지분을 전유부분의 대지로 사용해 온 구분건물 소유자는 위 공유지분을 분리취득한 소유자에게 부당이득으로 위 공유지분에 상응하는 임료 상당액 전부를 지급해야 한다고 한 사례

대지권 미등기

동대문에 있는 밀리오레 같은 집합건물 상가가 경매로 나올 경우 매각물 건명세서를 보면 '대지권 미등기' 또는 '대지권 없음'이라고 기재되어 있다. 이러한 상가를 낙찰받을 경우 대지권 문제는 어떻게 처리되는지, 입찰 전에 검토를 하고 입찰 여부를 결정해야 할 것이다.

1. 대지사용권이란?

대지사용권이란 아파트 등 집합건물의 구분소유자(구분소유권을 가지는 자)는 전유부분(구분소유권의 목적이 된 건물부분)을 소유하기 위해 건물의 대지에 대해 어떠한 권리를 가지는데, 이것을 대지사용권이라 하고, 이에는 소유권과 용익물권(지상권, 전세권) 및 임차권, 법정지상권 등이 있을 수 있다.

2. 대지권

대지권이란 대지사용권 중에서 규약이나 공정증서로써 특별히 분리·처분할 수 있음을 정하지 않아 일체·불가분성이 있는 것을 말한다. 분리처분이 금지된다는 것은 전유부분의 소유자가 토지에 대해 가지는 소유권만을 분리·처분하는 것이 허용되지 아니할 뿐만 아니라 건물만에 대한 소유권을 분리·처분하는 것도 허용되지 아니한다는 뜻이다.

정리하면, 대지사용권이 대지권으로 성립하려면,

① 토지상에 집합건물이 존재해야 하고,

② 구분소유자가 당해 대지에 관해 대지사용권을 취득해야 하며,

③ 일체·불가분성이 있어야 한다. 이러한 일체·불가분성은 이를 배제하는 내용의 규약이나 공정증서가 작성되지 않으면 족하고 반드시 대지권등기가 경료되어 있음을 요하지 않는다.

◈ **판례**

◎ 대법원 2000. 11. 16. 선고 98다45652,45669 전원합의체 판결 【건물명도 등 부당이득금】

【판시사항】

[1] 집합건물의 건축자로부터 전유부분과 대지지분을 함께 매수하여 그 대금을 모두 지급함으로써 소유권 취득의 실질적 요건은 갖추었지만 전유부분에 대한 소유권이전등기만 경료받고 대지지분에 대하여는 소유권이전등기를 받지 못한 경우, 매수인은 매매계약의 효력으로써 건물의 대지를 점유·사용할 권리를 갖

는지 여부(적극) 및 매수인의 지위에서 전유부분의 소유를 위하여 가지는 위와 같은 대지의 점유·사용권이 집합건물의소유및관리에관한법률 제2조 제6호 소정의 '대지사용권'에 해당하는지 여부(적극)

[2] 집합건물에 대하여 전유부분의 등기와 대지지분의 등기가 동시에 이루어져야 하나 특별한 사정으로 인하여 전유부분에 대하여만 소유권이전등기를 받은 매수인이 대지지분에 대한 소유권이전등기를 받기 전에 대지사용권을 전유부분과 분리하여 처분할 수 있는지 여부(소극) 및 매수인이 전유부분 및 장래 취득할 대지지분을 다른 사람에게 양도하여 그 중 전유부분에 대한 소유권이전등기를 경료하여 준 다음 사후에 취득한 대지지분을 전유부분의 소유권을 취득한 양수인이 아닌 제3자에게 분리 처분할 수 있는지 여부(소극)

【판결요지】

[1] 아파트와 같은 대규모 집합건물의 경우, 대지의 분·합필 및 환지절차의 지연, 각 세대당 지분비율 결정의 지연 등으로 인하여 전유부분에 대한 소유권이전등기만 수분양자를 거쳐 양수인 앞으로 경료되고, 대지지분에 대한 소유권이전등기는 상당기간 지체되는 경우가 종종 생기고 있는데, 이러한 경우 집합건물의 건축자로부터 전유부분과 대지지분을 함께 분양의 형식으로 매수하여 그 대금을 모두 지급함으로써 소유권 취득의 실질적 요건은 갖추었지만 전유부분에 대한 소유권이전등기만 경료받고 대지지분에 대하여는 위와 같은 사정으로 아직 소유권이전등기를 경료받지 못한 자는 매매계약의 효력으로써 전유부분의 소유를 위하여 건물의 대지를 점유·사용할 권리가 있는바, 매수인의 지위에서 가지는 이러한 점유·사용권은 단순한 점유권과는 차원을 달리하는 본권으로서 집합건물의소유및관리에관한법률 제2조 제6호 소정의 구분소유자가 전유부분을 소유하기 위하여 건물의 대지에 대하여 가지는 권리인 대지사용권에 해당한다고 할 것이고, 수분양자로부터 전유부분과 대지지분을 다시 매수하거나 증여 등의 방법으로 양수받거나 전전 양수받은 자 역시 당초 수분양자가 가졌던 이러한 대지사용권을 취득한다.

[2] 집합건물의소유및관리에관한법률의 규정내용과 입법취지를 종합하여 볼 때, 대지의 분·합필 및 환지절차의 지연, 각 세대당 지분비율 결정의 지연 등의 사정이 없었다면 당연히 전유부분의 등기와 동시에 대지지분의 등기가 이루어졌

3. 대지권 미등기

(1) 개념

아파트 등 집합건물의 경우 전유부분의 소유자는 아파트 단지 전체면적 중 일정 면적에 대한 대지사용권을 가지는데, 이 대지사용권 중에서 전유부분과 분리해서 처분할 수 없는 권리를 대지권이라 하며, 대지권이 전유부분 표시란에 등기되면 대지권 등기가 되었다고 한다. 그러나 경매 목적 부동산 중에 일부분은 이러한 대지권이 등기되어 있지 않은 집합건물이 경매로 나오고 있다.

(2) 집합건물 대지권이 미등기가 되는 경우

① 국유지나 시유지 토지상에 건축된 집합건물로써 전유부분의 소유자는 대지에 대한 권리를 가지지 못해 실제 대지권이 없는 경우로써 감정평

가서상의 평가액은 전유부분의 건물만 평가되는 경우

② 신규 집합건물을 분양하는 경우 실제 대지권까지 분양받았으나 필지가 너무 많아 대지의 합필 및 환지절차가 지연된 경우

③ 재건축·재개발의 경우 내부분쟁 등의 사유로 등기부상 대지권등기가 되지 않는 경우

④ 다른 수분양자가 분양대금의 납부를 지연한 경우

⑤ 집합건물의 분양 시 전유부분만 등기분양하고 대지권은 분양하지 않고 대지사용료를 받는 경우

(3) 대지권 미등기 경매 부동산

① 시유지나 국유지상의 집합건물이 아닌 일반 집합건물이 대지권 미등기인 상태에서 경매 신청 되었을 경우 최초 수분양자가 전유부분뿐만 아니라 대지권까지 분양받았고, 분양대금을 완납하였으며, 감정평가서상에 미등기 대지권까지 감정평가 되었다면 전유부분만을 경매로 취득하더라도 차후에 낙찰자는 대지권을 취득하게 된다.

◈ **판례**

◎ 대법원 2001. 9. 4. 선고 2001다22604 판결 【부당이득금반환】
【판결요지】
[1] 집합건물의소유및관리에관한법률 제20조 제1항, 제2항과 민법 제358조 본문의 각 규정에 비추어 볼 때, 집합건물의 대지의 분·합필 및 환지절차의 지연, 각 세대당 지분비율 결정의 지연 등으로 인하여 구분건물의 전유부분에 대한 소

유권이전등기만 경료되고 대지지분에 대한 소유권이전등기가 경료되기 전에 전유부분만에 관하여 설정된 저당권의 효력은, 대지사용권의 분리처분이 가능하도록 규약으로 정하였다는 등의 특별한 사정이 없는 한, 그 전유부분의 소유자가 나중에 대지지분에 관한 등기를 마침으로써 전유부분과 대지권이 동일 소유자에게 귀속하게 되었다면 당연히 종물 내지 종된 권리인 그 대지사용권에까지 미친다. [2] 구분건물의 전유부분에 대한 소유권이전등기만 경료되고 대지지분에 대한 소유권이전등기가 경료되기 전에 전유부분만에 관하여 설정된 근저당권에 터잡아 임의경매절차가 개시되었고, 집행법원이 구분건물에 대한 입찰명령을 함에 있어 대지지분에 관한 감정평가액을 반영하지 않은 상태에서 경매절차를 진행하였다고 하더라도, 전유부분에 대한 대지사용권을 분리처분할 수 있도록 정한 규약이 존재한다는 등의 특별한 사정이 없는 한 낙찰인은 경매목적물인 전유부분을 낙찰받음에 따라 종물 내지 종된 권리인 대지지분도 함께 취득하였다 할 것이므로, 구분건물의 대지지분 등기가 경료된 후 집행법원의 촉탁에 의하여 낙찰인이 대지지분에 관하여 소유권이전등기를 경료받은 것을 두고 법률상 원인 없이 이득을 얻은 것이라고 할 수 없다.

② 대지권의 가격이 감정평가금액에서 누락되었을 경우에는 낙찰 후 토지지분에 대해서 대지권 소유자로부터 추가로 매입해야 하고, 대지권 소유자가 집합건물의소유및관리에 관한 법률 제7조 '구분소유권매도청구권(=대지사용권을 가지지 아니한 구분소유자가 있을 때에는 그 전유부분의 철거를 구할 권리를 가진 자는 그 구분소유자에 대하여 구분소유권을 시가로 매도할 것을 청구할 수 있다)'을 행사해 낙찰자에게 구분소유권(=낙찰받은 건물)에 대한 매도를 요구하면 시가로 소유권을 이전해줘야 한다.

③ 또한 분양자와 중간소유자의 적극적인 협력이나 계속적인 행위가 없
더라도 그 목적을 달성할 수 있으므로, 수분양자가 분양자에게 그 분양
대금을 완납한 경우는 물론 그 분양대금을 완납하지 못한 경우에도 전
유부분의 소유권자는 분양자로부터 직접 대지권을 이전받기 위해 분
양자를 상대로 대지권변경등기절차의 이행을 소구할 수 있고, 분양자
는 이에 대해 수분양자의 분양대금 미지급을 이유로 한 동시이행항변
을 할 수 있을 뿐이다.

그러나 수분양자(분양받은 자)가 대지지분에 대한 대금을 지급하지 않
았거나 토지별도등기에 의해 대지권이 없는 경우라면 별도의 대지권
매입비용이 들 수도 있다.

◆ 판례

◎ 대법원 2004. 7. 8. 선고 2002다40210 판결【대지권의표시등기절차이행】
【판결요지】
[1] 분양자가 지적정리 등의 지연으로 대지권에 대한 지분이전등기는 지적정리
후 해주기로 하는 약정하에 우선 전유부분만에 관하여 소유권보존등기를 한 후
수분양자에게 소유권이전등기를 경료하였는데, 그 후 대지에 대한 소유권이전
등기가 되지 아니한 상태에서 전유부분에 관한 경매절차가 진행되어 제3자가 전
유부분을 경락받은 경우, 그 경락인은 본권으로서 집합건물의소유및관리에관한
법률 제2조 제6호 소정의 대지사용권을 취득한다.
[2] 분양자가 전유부분의 소유자인 경락인을 위하여 하는 부동산등기법시행규
칙 제60조의2에 의한 대지권변경등기는 그 형식은 건물의 표시변경등기이나 실
질은 당해 전유부분의 최종 소유자가 그 등기에 의하여 분양자로부터 바로 대
지권을 취득하게 되는 것이어서 분양자로부터 전유부분의 현재의 최종 소유명

의인에게 하는 토지에 관한 공유지분이전등기에 해당되고, 그 의사표시의 진술만 있으면 분양자와 중간소유자의 적극적인 협력이나 계속적인 행위가 없더라도 그 목적을 달성할 수 있으므로, 전유부분의 소유권자는 분양자로부터 직접 대지권을 이전받기 위하여 분양자를 상대로 대지권변경등기절차의 이행을 소구할 수 있다.

◎ 대법원 2006.9.22. 선고 2004다58611 판결【소유권이전등기】
【판결요지】
집합건물의 분양자가 수분양자에게 대지지분에 관한 소유권이전등기나 대지권변경등기는 지적정리 후 해주기로 하고 우선 전유부분에 관하여만 소유권이전등기를 마쳐 주었는데, 그 후 대지지분에 관한 소유권이전등기나 대지권변경등기가 되지 아니한 상태에서 전유부분에 대한 경매절차가 진행되어 제3자가 전유부분을 경락받은 경우, 그 경락인은 집합건물의 소유 및 관리에 관한 법률 제2조 제6호의 대지사용권을 취득하고, 이는 수분양자가 분양자에게 그 분양대금을 완납한 경우는 물론 그 분양대금을 완납하지 못한 경우에도 마찬가지이다. 따라서 그러한 경우 경락인은 대지사용권 취득의 효과로서 분양자와 수분양자를 상대로 분양자로부터 수분양자를 거쳐 순차로 대지지분에 관한 소유권이전등기절차를 마쳐줄 것을 구하거나 분양자를 상대로 대지권변경등기절차를 마쳐줄 것을 구할 수 있고, 분양자는 이에 대하여 수분양자의 분양대금 미지급을 이유로 한 동시이행항변을 할 수 있을 뿐이다.

유치권

1. 유치권이란?

(1) 유치권 의의

타인의 물건 또는 유가증권을 점유한 자가 그 물건이나 유가증권에 관해 생긴 채권이 변제기에 있는 경우에 그 채권을 변제 받을 때까지 그 물건 또는 유가증권을 유치할 수 있고 인도하기를 거절할 수 있는 권리를 말한다. 그 점유가 불법행위로 인한 경우에 적용하지 않으며, 당사자의 계약에 의해 발생되는 것이 아닌 일정한 요건만 갖추면 당연히 발생되는 법정 담보물권이다.

예를 들어, 시계를 수선했으면 수리비를 다 받을 때까지 돌려주지 않을 수 있는 권리 또는 대항력 있는 임차인이 지급한 보증금이나 투입된 유익비를 받을 때까지 임차물을 그대로 점유하는 권리를 의미한다.

⑵ 유치권의 내용

유치권자는 채권변제를 받기 위해 경매를 신청할 수 있고(민법 제322조 제
1항), 유치물에 대해 지출한 비용과 유익비의 상환을 소유자에게 청구할 수
있다.

채권이 양도되고 목적물의 점유도 더불어 이전하는 한 유치권은 이전되는
반면, 채권은 존재하나 점유를 상실하게 될 경우 유치권은 소멸된다. 단, 유
치권 행사를 위한 점유는 불법행위가 아니어야 한다. 유치권은 목적물의 유
치를 효력으로 할 뿐, 교환가치를 목적으로 할 수는 없으며 유치권자는 유치
물을 대여 또는 담보로 제공할 수 없고 타인에게 점유를 승계시켜 유치권을
대신 행사하게 할 수 없다.

⑶ 동시이행의 항변권과의 비교

동시이행의 항변권은 채권이기 때문에 채권관계의 당사자에 대해 상대적
효력을 가질 뿐이지만, 유치권은 물권이기 때문에 절대적, 배타적 효력이 있
다. 그밖에 불가분성이 있으므로 유치권자는 채권의 전부를 변제받을 때까
지 유치물의 전부에 대해서 권리를 행사할 수 있고(민법 제321조), 유치권은
순수한 담보권이기 때문에 상당한 담보를 제공하고 그 소멸을 청구할 수 있
다(민법 제327조).

⑷ 상사유치권과의 비교

상인간의 상행위로 인한 채권이 변제기에 있는 때에 채권자는 채권의 변
제를 받을 때까지 그 채무자에 대한 상행위로 인해 자기가 점유하고 있는 채

무자 소유의 물건, 유가증권을 유치할 수 있다(상법 제58조). 민법에서와 같은 엄격한 견련성을 요건으로 하지 않고, 다만 채권의 성립과 점유취득이 당사자 쌍방간의 상행위로부터 생긴 것이면 그것으로 충분하다.

2. 유치권의 성립요건

(1) 목적물

물건, 즉 동산, 부동산과 유가증권이다. 부동산 유치권에는 등기를 필요로 하지 않고, 유가증권에 대한 유치권의 경우에는 배서를 필요로 하지 않는다. 유치권은 법률의 규정에 의한 물권변동이기 때문이다.

(2) 채권과 목적물의 견련관계

① 채권과 물건 사이에 관련이 있어야 유치권이 성립하며 물건의 점유와 채권의 관련 유무는 유치권 성립요건이 아니다. 따라서 채권이 먼저 발생하고 나중에 점유를 취득한 경우에도 유치권은 성립한다. 실제로 경매에서 많이 문제되는 건설 유치권의 경우 건축업자는 건물을 인도했다가 공사대금 확보 차원에서 나중에 다시 일정 부분 점유하는 경우가 많은데, 이 경우 채권이 먼저 발생하고 점유를 나중에 하게 되더라도 유치권이 성립한다. 예를 들면 목적물에 지출한 비용상환청구권(민법 제203조), 목적물로부터 받은 손해배상청구권(민법 제759조), 매매계약의 취소라는 동일한 법률관계로부터 발생한 대금반환청구권과 목적물반

환의무 등에 대해서는 견련성이 인정된다. 또한 목적물을 점유하기 전에 그 목적물에 관련되는 채권이 발생했고, 그후 어떤 사정으로 그 목적물의 점유를 취득한 경우에도 유치권은 성립한다.

유치권은 '물건에 관해 생긴 채권'일 때 성립이 가능한데, 토지에 관해 유치권을 행사하기 위해서는 토지에 관해 생긴 채권이어야 한다.

토지에 관한 채권으로 가장 전형적인 것은 '토지의 정지작업을 위한 공사대금'이라고 할 수 있다. 이런 채권은 토지에 관해 생긴 채권이 분명하다는 점에서 이 토지를 낙찰받은 사람은 이런 공사업자의 유치권 주장을 피할 수 없게 된다.

하지만 건물공사의 건축업자가 토지를 낙찰받은 사람에게 토지에 대한 유치권을 주장할 수 있을까? 건물을 건축하다가 받지 못한 공사대금은 건물에 관해 생긴 채권은 될 수 있을지언정, 토지에 관해 생긴 채권은 아니라고 쉽게 생각할 수 있겠지만 건물을 건축하기 위해서는 토지를 굴착하고 정지작업을 하는 토목공사를 거칠 수 있다는 점에서, 토지에 관한 채권이 아니라고 쉽게 단정하기는 어려운 문제다.

대판 2007.11.29. 선고 2007다60530에 의하면, 아파트를 짓기 위한 기초파일공사를 아파트부지에 관한 공사로 볼 가능성이 크다는 점에서 그 공사대금채권을 토지에 관해 발생한 채권으로서 토지에 대한 유치권이 인정된다고 한다. 그 이유는 이 사건 토지는 지목이 과수원, 전, 하천으로 구성된 일단의 토지로서 그 지목이 잡다하고, 장차 지목을 대지로 변경하더라도 지반침하 등으로 인한 건물붕괴를 막기 위한 지반보강공사 없이는 그 지상에 아파트 등 건물을 건축하기에 부적합하였던 사실, 이와 같은 이유로 이 사건 토지의 소유자이던 甲건설은 그 지상에 임대아파트 신축사업을 시행하기에 앞서 乙과 사이에 임대아파트 신축공사중 토목공사도급계약을 체결하였는데, 그 공사내용은 위 각 토지를 아파트 3개 동이 들어설 단지로 조성하되, 장차 지반침하로 인한 건물 붕괴를 막기 위해 그 자리에 콘크리트 기초파일을 시공하는 것으로 되어 있는 사실, 이에 따라 乙은 이 사건 토지에 기초파일공사를 진행해 완공단계에 이른 사실, 현재 이 사건 각 토지는 장차 아파트 3개동이 들어설 부지 조성을 위해 그 지하에 약 1,283개의 콘크리트 기초파일이 항타해 삽입되어 있는 사실을 인정하면서, 이 사건 토목공사는 공부상 지목이 과수원, 전, 하천으로 잡다하게 구성된 이 사건 토지를 대지화시켜 아파트 3개동이 들어설 단지로 조성하기 위한 콘크리트 기초파일공사로 볼 여지가 있고, 이러한 경우에는 이 사건 토목공사를 위 각 토지에 관한 공사로 볼 수 있으므로 그 공사대금채권은 위 각 토지에 관해 발생한 채권으로서 위 각 토지와의 견련성이 인정된다.

이 사건은 유치권자가 주장하는 채권이 아파트 건축공사와 관련되어 있기는 하지만, 공사계약 자체가 토지의 토목공사에 국한되었다는 점에서 '토지'에 관해 생긴 채권으로 인정받기 용이했을 것으로 추정되지만, 토지에 관한 토목공사와 골조공사, 내장공사 등이 복합된 공사대금채권에 기한 토지에 대한 유치권문제에 대해서는 토지에 관해 생긴 채권으로 인정될 수 있을지, 인정될 수 있다면 그 범위는 전액인지 아니면 토지에 관한 토목공사에 국한될 수 있을지는 선례가 없어 단정하기가 쉽지 않다. 이 판결과의 공평의 원칙에서 볼 때, 토지에 관한 토목공사와 관련된 채권의 범위에서는 토지에 대한 유치권이 인정될 여지가 있을 것이다.

② 임차보증금반환채권은 물건에 관해 생긴 채권이 아니므로 유치권이 성립하지 않는다(대판 1976.5.11. 75다1305). 따라서 임차인은 매수인 등에 대해 보증금에 대한 유치권을 주장할 수 없게 된다. 다만 임차인이 임차목적물에 대해 필요비, 유익비를 지출한 경우 임대인은 이를 상환해야 되는데, 이런 비용에 대해서는 '물건에 관해 생긴' 것으로 보아 유치권을 인정하게 된다.

유치권과 관련해 임차인이 임대인에게 청구할 수 있는 권리는 '필요비와 유익비'라고 할 수 있다. 그런데 대부분 인테리어 공사 등으로 인해 발생한 비용의 대부분은 임차인이 임대인에게 청구할 수 있는 '필요비나 유익비'라고 할 수 없고, 임차인의 개인적인 영업을 위해 쓰여진 비용이라는 점에서 청구할 수 있는 채권 자체가 없거나 거의 적다고 판단될 가능성이 높다.

예를 들어, 甲이 단란주점을 하기 위해 건물주 乙로부터 점포를 임대해 1억 원을 들여 인테리어를 했는데, 상가가 경매되어 결국 낙찰자로부터 상가를 비워달라는 명도 요구를 받게 되었을 때, 甲은 점포에 투자한 인테리어 비용을 근거로 낙찰자에게 유치권을 주장할 수 있는가다.

인테리어를 하면서 투입된 공사비는 점포라는 '물건에 관한 비용' 투입으로 볼 여지는 크지만, 그렇다고 인테리어에 들인 비용을 종전 건물주나 매수자에게 '청구할 수 있는 채권'으로 볼 수 있는지는 구체적으로 살펴봐야 한다.

임차인이 필요에 의해 임대차 목적물에 비용을 투자하더라도 이를 임대인에게 청구할 수 있는 유익비로 인정받기 위해서는 공사로 인해 임대차 목적물의 가치 자체가 상승해야 하고 상승된 가치가 현존하고 있어야 한다. 화장실이나 수도시설 등 반드시 단란주점 운영과 직결되지 않고 건물 자체의 가치를 높인 것으로 볼 수 있는 공사가 대표적인 예라고 할 수 있다. 그런데 현실적으로 임차인이 들인 비용의 대부분은 임차인이 특정 영업 그 자체를 위한 필요 때문에 소요된 것이지, 건물 자체의 가치를 높이는 공사는 상대적으로 적다는 점에서 유치권으로 보호받을 수 있는 공사비용은 많지 않은 경우가 일반적이다.

그리고 만약 임차인의 일부 비용 투자가 유익비나 필요비로 인정될 수 있다고 하더라도 이미 임대차계약서에 '원상복구의무를 임차인이 부담한다.'는 약정을 통해서 유익비나 필요비 청구가 사전에 포기되는 경우가 상당한 것이 현실이라는 점에서도 임대인이나 매수자에게 청구할 채권이 없는 것이라고 할 수 있다. 결국 임차인이 투입한 비용 중에서 유익비나 필요비라고 할 수 있는 부분이 있고, 이 권리가 사전에 포기되지 않았다고 하는 극히 예외적이고 적은 금액에 한해서만 유치권으로 주장할 수 있는 채권이 존재하게 되는 것이다.

따라서 입찰자는 임차인이 유치권을 주장하는 경우 ① 종전 임대차계약에서 유

(3) 채권의 변제기 도래

채권이 변제기에 도달하기 전에 유치권은 성립하지 않는다(민법 제320조 제1항). 따라서 채무자가 법원으로부터 기한을 허여 받은 경우에 채권자는 유치권을 잃게 된다. 또 이미 채권이 성립됐더라도 점유 당시 변제기가 아직 도래하지 않은 경우라면 유치권은 성립하지 않는다.

(4) 점유의 계속

① 점유는 계속되어야 한다. 유치권자가 목적물의 점유를 잃으면 유치권은 당연히 소멸한다(민법 제328조). 이러한 점유에는 공동점유와 간접점유도 포함되지만, 채권자가 채무자의 직접점유에 의해서 간접점유하는 경우는 포함되지 않는다. 점유를 상실하면 유치권은 즉시 소멸하고, 다시 점유하였을 때 유치권자는 권리를 회복한다. 목적물의 점유는 유치권의 성립요건이자 존속요건이다. 점유는 간접점유라도 상관없다(대판 1996.8.23. 95다8713).

◆ 중요쟁점 – 간접점유를 통한 유치권의 성립 여부

유치권의 요건으로써의 점유는 직접점유이건, 점유보조자를 통한 점유이거나 점유매개관계를 통한 간접점유이건 무방하지만 간접점유의 경우 채권자가 타인을 매개로 점유한다는 점에서 외관상으로 볼 때 채권자가 직접점유하는 경우에 비해 점유상태를 확실하게 알기 어렵다.

이 점과 관련해 간접점유를 통한 유치권 인정기준을 제시하고 있는 대전고법 2008.5.21. 2007나11895(유치권부존재확인) 하급심 판결을 보면 다음과 같다.

이 사건에서 '소외 甲이라는 회사와 보수공사계약을 체결하고 2005.7.10.부터 약 한달 동안 보일러 시설 및 배관공사 등 찜질방 수리공사를 시행하고 그 공사대금 중 3억 원을 받지 못해, 공사대금을 지급받기 위해 이 사건 부동산 중 피부관리실을 직접 점유하면서 피고 乙과 사이에 이 사건 찜질방 영업을 방해하지 않는 대신 피고 乙이 피고 丙회사를 위해 이 사건 찜질방 건물 전체를 점유, 관리해 주기로 하는 약정을 함으로써 피고 乙을 통해 이 사건 찜질방 건물 전체를 간접점유해 왔기 때문에 유치권이 있다'는 피고 丙회사의 주장에 대해, 재판부는 '----- 간접점유의 경우 직접점유자의 점유권은 간접점유자로부터 전래되는 것으로서 간접점유자와 직접점유자 사이에는 점유매개관계가 존재해야 하고 간접점유자는 직접점유자에 대해 반환청구권을 행사할 수 있어야 하는데, 피고 丙회사의 주장 자체에 의하더라도 간접점유자인 피고 丙회사와 직접점유자인 피고 乙 사이에 어떤 점유관계가 존재하는 것이 아니라 단지 이 사건 건물을 임차해 찜질방을 운영하면서 유치권을 주장하던 피고 乙과 사이에 이 사건 찜질방의 영업을 방해하지 않는 대신 피고 乙이 피고 丙회사를 위해 이 사건 찜질방 건물 전체를 점유, 관리해 주기로 약정했다는 것이므로, 피고 丙회사와 피고 乙 사이에 점유매개관계가 존재한다거나 피고 丙회사가 피고 乙에 대해 반환청구권을 행사할 수 있다고 할 수 없어, 피고 丙회사가 피고 乙을 통해 이 사건 찜질방 건물 전체를 점유하고 있다고 볼 수 없다(또한 피고 丙회사가 이 사건 부동산 중 피부관리실을 직접 점유했다고 보기 어렵다). 따라서 점유가 없으므로 유치권이 성립되지 않는다고 판결한 것이다.

② 공장신축공사 공사잔금채권에 기한 공장건물 유치권자가 공장건물 소유회사가 부도난 다음에 그 공장에 직원을 보내 정문 등에 유치권자가 공장을 유치, 점유한다는 안내문을 게시하고 경비용역회사와 용역계약을 체결하고 용역경비원으로 하여금 주야교대로 2인씩 그 공장에 대한 경비, 수호를 하도록 하는 한편, 공장의 건물 등에 자물쇠를 채우고 공장 출입구 정문에 대형컨테이너로 가로막아 차량은 물론 사람의 공장 출입을 통제하기 시작하고 그 공장이 경락된 다음에도 유치권자의 직원 10여 명을 보내 공장 주변을 경비, 수호하게 했다면, 유치권자가 그 공장을 점유했다고 볼 여지가 충분하다.

③ 점유는 계속되어야 유치권이 유효하나 법원의 가처분에 의한 점유를 상실하더라도 유치권은 존속한다.

(5) 적법한 점유

점유는 불법행위로 인해 취득한 것이 아니어야 한다(민법 제320조 제2항). 처음에는 권원에 의해 점유를 개시했더라도 후에 권원이 소멸한 경우에는 유치권의 성립이 인정되지 않는다. 권원 없이 타인의 물건을 사용하는 자가 그 물건에 관해 필요비 또는 유익비를 지출한 경우, 그 비용상환청구권에 대해 유치권을 갖지 않는다. 또 유치권자가 약속어음과 공정증서를 받고 아무 조건 없이 명도하겠다는 내용의 서면을 주었다면 그 이후의 점유는 불법점유로 채권이 있다 해도 유치권의 효력이 없어 명도할 의무가 있다(대판 1980.7.22. 80다1174).

건물임차인이 임대차계약의 해제, 해지 후에도 계속 건물을 점유하고 그 기간 동안에 필요비나 유익비를 지출하더라도 그 상환청구권에 관해서는 유치권이 성립되지 않는다.

⑹ 타인의 소유

타인의 범위에 관해 채무자뿐만 아니라 제3자도 포함된다. 자신의 물건에 대해는 그 물건에 관해 생긴 채권이라 하더라도 유치권이 성립하지 않는다. 건물 신축공사 중 공사도급계약이 도급인의 해제 통고로 해제된 경우라도 이미 완성된 부분에 대해서는 수급인(건축업자)이 도급인(건축주)에게 대금 청구를 할 수 있다고 하면서도, 이미 완성된 부분에 대해 소유권은 수급인에게 있으므로 공사대금청구에 대해 유치권은 성립되지 않는다고 판시했다(대판 91다12116). 이런 경우라면 토지를 낙찰받더라도 매수인은 유치권의 부담이 없게 되는 것이다.

그러나 판례는 완성된 건축물의 경우 보통 도급인의 소유로 보므로(대판 1985.5.28. 84다2234, 반대 판례 대판 1963.1.17. 62다743), 건축업자에게 유치권이 인정되는 경우가 대부분이며 이와 같이 등기될 수 없는 미완성의 부분에 대해서만 달리 보므로 주의를 요한다.

실무상 유치권이 가장 문제되는 경우는 공사대금을 받지 못한 경우라고 할 수 있는데, 공사과정에서 하도급이 이루어진 경우에 하수급인의 공사대금이 지급되지 못해 하수급인이 직접 유치권을 행사하는 경우가 적지 않다.

도급인의 관계에서 도급인에 대해 직접 공사대금청구권이 없는 하수급인이 받지 못한 공사대금을 원인으로 수급인과 별개의 자격으로 유치권을 행사할 수 있을까? 하수급이 공사대금을 받지 못한 수급인의 점유보조자나 대리인으로 수급인의 유치권 행사를 도와주는 경우가 가능하다는 점에는 의문이 없지만, 하수급인이 직접 유치권을 행사하는 경우가 가능할 수 있는지가 문제다.

결론적으로 말하면, 충분히 독자적인 유치권 행사가 가능할 수 있다는 것이다. 하수급인이 받지 못한 채권은 유치권의 대상인 공사목적물에 관해 생긴 채권이 틀림없고, 이 목적물의 소유권이 비록 하수급인이 가지는 피담보채권의 채무자인 수급인의 소유가 아니더라도 피담보채권과 유치물 사이의 견련성이 인정되는 소유권문제는 유치권 행사에 하등의 지장이 없기 때문이다. 아래 판례는 하수급인의 독자적인 유치권 행사가 가능하다는 전제로 판단한 판례다.

대법원 2007.9.7. 선고 2005다16942 판결 【건물명도】

【판결요지】

[1] 민법 제320조 제1항에서 '그 물건에 관하여 생긴 채권'은 유치권 제도 본래의 취지인 공평의 원칙에 특별히 반하지 않는 한 채권이 목적물 자체로부터 발생한 경우는 물론이고 채권이 목적물의 반환청구권과 동일한 법률관계나 사실관계로부터 발생한 경우도 포함하고, 한편 민법 제321조는 "유치권자는 채권 전부의 변제를 받을 때까지 유치물 전부에 대하여 그 권리를 행사할 수 있다"고 규정하고 있으므로, 유치물은 그 각 부분으로써 피담보채권의 전부를 담보하며, 이와 같은 유치권의 불가분성은 그 목적물이 분할 가능하거나 수개의 물건인 경우에도 적용된다.

[2] 다세대주택의 창호 등의 공사를 완성한 하수급인이 공사대금채권 잔액을 변제받기 위하여 위 다세대주택 중 한 세대를 점유하여 유치권을 행사하는 경우, 그 유치권은 위 한 세대에 대하여 시행한 공사대금만이 아니라 다세대주택 전

체에 대하여 시행한 공사대금채권의 잔액 전부를 피담보채권으로 하여 성립한
다고 본 사례

【이 유】
상고이유를 판단한다.
1. 민법 제320조 제1항은 "타인의 물건 또는 유가증권을 점유한 자는 그 물건이
나 유가증권에 관하여 생긴 채권이 변제기에 있는 경우에는 변제를 받을 때까지
그 물건 또는 유가증권을 유치할 권리가 있다."라고 규정하고 있는 바, 여기서 '
그 물건에 관하여 생긴 채권'이라 함은, 위 유치권 제도 본래의 취지인 공평의 원
칙에 특별히 반하지 않는 한, 채권이 목적물 자체로부터 발생한 경우는 물론이고
채권이 목적물의 반환청구권과 동일한 법률관계나 사실관계로부터 발생한 경우
도 포함한다고 할 것이고, 한편 민법 제321조는 "유치권자는 채권 전부의 변제
를 받을 때까지 유치물 전부에 대하여 그 권리를 행사할 수 있다."고 규정하고 있
으므로, 유치물은 그 각 부분으로써 피담보채권의 전부를 담보한다고 할 것이며,
이와 같은 유치권의 불가분성은 그 목적물이 분할 가능하거나 수개의 물건인 경
우에도 적용된다고 할 것이다.
2. 원심판결 이유에 의하면, 원심은 당사자 사이에 다툼 없는 사실 내지는 그 채
용 증거들에 의하여, 서울 은평구 갈현1동 (각 지번 생략)의 각 토지 소유자들을
대표한 소외 1은 2002. 2. 1. 소외 2에게 위 각 토지상에 7동 총 56세대 규모의
다세대주택을 재건축하는 공사를 도급하였고, 피고는 2002년 7월경 위 소외 2
로부터 위 재건축공사 중 창호, 기타 잡철 부분 공사(이하 '이 사건 공사'라 한
다)를 하도급 받은 사실, 피고는 2003년 5월경 이 사건 공사를 완료하였는데 위
소외 2가 총 공사대금 267,387,000원 중 110,000,000원만을 지급하고 나머지
157,387,000원을 지급하지 아니하자 그 무렵 원심판결 별지목록 기재 부동산(신
축된 다세대주택 중 구분소유권의 목적인 한 세대이다. 이하 '이 사건 주택'이라 한다)을
점유하기 시작하였고, 2003. 5. 13. 위 소외 1에게 공사대금채권에 기하여 이 사
건 주택을 포함한 7세대의 주택에 대하여 유치권을 행사한다는 통지를 하였으
며, 원심 변론종결일 현재 나머지 주택에 대한 점유는 상실하고 이 사건 주택만
을 점유하고 있는 사실, 이 사건 주택에 대한 공사대금은 합계 3,542,263원인 사

실, 한편 원고는 2003. 4. 25. 이 사건 주택에 관하여 소외 3 등과 공유로 소유권 보존등기를 마쳤다가 2003. 12. 3. 다른 공유자들의 지분을 모두 이전받아 이를 단독소유하게 된 사실을 인정하였다.

나아가 원심은, 피고는 위 소외 2로부터 하도급 받은 이 사건 공사에 관하여 아직 변제받지 못한 공사대금채권이 남아 있고, 소외 2에 대한 위 공사대금채권은 이 사건 주택에 관하여 생긴 채권에 해당하며, 피담보채권의 채무자 아닌 제3자 소유의 물건이라고 하더라도 피담보채권과 유치물 사이의 견련성이 인정되는 이상, 피고는 소외 2에 대한 이 사건 공사대금채권을 피담보채권으로 하여 이 사건 주택에 대한 유치권을 행사할 수 있다고 판단한 후, 이 사건 주택으로 담보되는 피담보채권액에 관하여는, 유치물의 소유자가 제3자인 경우에는 그 제3자의 희생이 어느 정도 불가피한 점에 비추어, 비록 채권자가 적법한 권원에 기하여 유치권을 행사하고 있다고 하더라도 그 행사범위는 공평의 원칙상 당해 채권과 유치권자가 점유하고 있는 특정한 물건과의 견련성이 인정되는 범위로 엄격히 제한될 필요성이 있는 점, 민법 제320조 규정의 문언 자체의 해석에 의하더라도 타인 소유의 특정한 물건을 점유하고 있는 자는 그 특정한 물건에 관하여 생긴 채권에 대하여만 유치권을 행사할 수 있는 것으로 해석되고, 이 사건 주택은 구분건물로서 다른 55세대의 주택과는 구별되어 독립한 소유권의 객체가 되는 특정한 부동산인 점 등에 비추어, 독립한 특정물로서의 이 사건 주택을 담보로 성립하는 피고의 유치권은 피고가 시행한 이 사건 공사에 대한 나머지 공사대금 전부에 해당하는 157,387,000원이 아니라, 피고가 점유하고 있는 이 사건 주택에 대하여 시행한 공사대금 3,542,263원만을 피담보채권으로 하여 성립한다고 봄이 상당하다고 판단하여, 피고에 대하여 소외 2로부터 위 3,542,263원을 지급받음과 동시에 이 사건 주택을 인도할 것을 명하였다.

3. 그러나 위와 같은 원심의 판단은 다음과 같은 이유로 수긍하기 어렵다.

앞에서 본, 민법상 유치권에 있어서의 채권과 목적물과의 견련관계 및 유치권의 불가분성에 관한 법리에 비추어 보면, 원심의 인정 사실에 의하더라도 이 사건 공사계약은 위 다세대주택에 대한 재건축공사 중 창호와 기타 잡철 부분을 일괄적으로 하도급한 하나의 공사계약임을 알 수 있고, 또 기록에 의하면, 이 사건 공사계약 당시 공사대금은 구분건물의 각 동호수 별로 구분하여 지급하기로 한 것이 아니라 이 사건 공사 전부에 대하여 일률적으로 지급하기로 약정되어 있었고, 그 공사에는 각 구분건물에 대한 창호, 방화문 등뿐만 아니라 공유부분인 각 동의 현관, 계단 부분에 대한 공사 등이 포함되어 있으며, 위 소외 2가 피고에게 이 사건 공사대금 중 일부를 지급한 것도 특정 구분건물에 관한 공사대금만을 따로 지급한 것이 아니라 이 사건 공사의 목적물 전체에 관하여 지급하였다는 사정을 엿볼 수 있는바, 이와 같이 이 사건 공사의 공사대금이 각 구분건물에 관한 공사 부분별로 개별적으로 정해졌거나 처음부터 각 구분건물이 각각 별개의 공사대금채권을 담보하였던 것으로 볼 수 없는 이상, 피고가 소외 2에 대하여 가지는 이 사건 공사 목적물(7동의 다세대주택) 전체에 관한 공사대금채권은 피고와 소외 2 사이의 하도급계약이라는 하나의 법률관계에 의하여 생긴 것으로서 그 공사대금채권 전부와 공사 목적물 전체 사이에는 견련관계가 있다고 할 것이고, 피고가 2003년 5월경 이 사건 공사의 목적물 전체에 대한 공사를 완성하여 이를 점유하다가, 현재 나머지 목적물에 대하여는 점유를 상실하고 이 사건 주택만을 점유하고 있다고 하더라도, 유치물은 그 각 부분으로써 피담보채권의 전부를 담보한다고 하는 유치권의 불가분성에 의하여 이 사건 주택은 이 사건 공사로 인한 공사대금채권 잔액 157,387,000원 전부를 담보하는 것으로 보아야 할 것이고, 그렇게 보는 것이 우리 민법상 공평의 견지에서 채권자의 채권확보를 목적으로 법정담보물권으로서의 유치권 제도를 둔 취지에도 부합한다고 할 것이다.
그럼에도 불구하고, 원심은 그 내세운 사정만으로 피고의 유치권이 피고가 이 사건 주택 한 세대에 대하여 시행한 공사대금 3,542,263원만을 피담보채권으로 하여 성립한다고 판단하고 말았으니, 원심판결에는 민법상 유치권에 있어서의 채권과 목적물 사이의 견련관계 및 유치권의 불가분성 등에 관한 법리를 오해함으로써 판결 결과에 영향을 미친 위법이 있다고 할 것이다. 이 점을 지적하는 상고이유의 주장은 이유 있다.
4. 그러므로 나머지 상고이유에 대하여 판단할 필요 없이 원심판결 중 피고 패소 부분을 파기하고, 그 부분 사건을 다시 심리 · 판단하게 하기 위하여 원심법원에 환송하기로 하여 관여 법관의 일치된 의견으로 주문과 같이 판결한다.

(7) 유치권발생금지특약의 부존재

당사자 간에 유치권의 발생을 배제하는 특약이 있는 경우에 그 특약은 유효하다. 따라서 유치권이 성립하려면 이러한 특약이 없어야 한다. 계약 당시 원상회복의무 등을 약정하면 유치권을 배제하는 특약을 한 것으로 간주한다.

3. 유치권의 효력

매각결정기일까지 경매 법원에 권리신고의 유무를 불문하고 정당한 유치권이 있으면 경락자에 대항할 수 있으나 권리신고를 하지 않으면 경매 절차의 이해관계인이 되지 못하므로 항고도 할 수 없다. 배당순위는 경락자 또는 그 승계인에게 주장할 수 있을 뿐, 배당은 받을 수 없다. 배당을 받지 못하는 권리이므로 형식적 경매라 하여 임의경매 절차에 준해 경매를 신청할 수 있다. 그러나 경매 실행을 위해서는 유치권의 원인채권에 대한 확정판결, 공정증서 또는 명백한 증거가 요구되는 것이 실무처리의 예다.

(1) 유치권자의 유치권

유치권자는 채권의 변제를 받을 때까지 목적물을 유치할 수 있다(민법 제320조 제1항). '유치'한다는 것은 목적물의 점유를 계속함으로써 그 인도를 거절하는 것을 뜻한다. 따라서 유치권자는 목적물에 대한 경매가 있을 경우에 매수인에 대해서도 대항할 수 있고, 집행관에 대해서도 목적물의 인도를 거절할 수 있다.

건물의 유치권으로 토지소유자에게 대항할 수 있는가? 건물에 관한 유치권자는 토지 소유자가 그 건물이 토지를 불법점거하고 있으므로 철거해달라는 요구에 대해 건물 유치권을 가지고 대항할 수 있는가? 판례는 "건물의 점유자가 건물에 관해 유치권을 갖더라도 그 건물의 존재와 점유가 토지 소유자에게 불법행위가 되는 경우에는 그 유치권으로 토지 소유자에게 대항할 수 없다"고 판시했다.

⑵ 유치권자의 경매 신청권

유치권자는 채권의 변제를 받기 위해 유치물을 경매할 수 있다(민사집행법 제79조). 목적물의 가치가 낮아서 경매를 신청하는 것이 부적당한 경우에는 감정인의 평가에 의할 수도 있는데, 이때는 미리 채무자에게 통지해야 한다. 경매나 간이변제충당을 하고난 후 채권액을 초과하는 차액은 채무자에게 반환해야 한다.

⑶ 유치권자의 우선변제권

유치권자는 원칙적으로 우선변제권이 없지만, 채무자가 파산해 유치권자가 변제권을 가지는 경우(파산법 제84조), 유치권자가 유치물을 간이변제에 충당하는 경우(민법 제322조 제2항), 유치권자가 유치물로부터 생기는 과실을 수취해 다른 채권자보다 먼저 채권의 변제에 충당하는 경우(민법 제323조)에는 예외적으로 우선변제권이 인정된다.

⑷ 유치권자의 과실수취권

유치권자는 유치물의 과실을 수취해 다른 채권보다 먼저 그 채권의 변제에 충당할 수 있다(민법 제323조 제1항). 유치권자가 선량한 관리자의 주의를 가지고 유치물을 점유해야 하므로, 그 노무에 대한 보수로써 이러한 수취권을 인정하는 것이 공평할 뿐 아니라, 수취한 과실을 채권의 변제에 충당해도 채무자의 이익을 해하지 않기 때문이다. 수취한 과실은 먼저 채권의 이자에 충당하고, 나머지가 있으면 원본에 충당해야 한다. 과실이 금전이 아닌 경우에는 이를 경매 환가해서 이와 같이 충당해야 한다.

⑸ 유치권자의 유치물 사용권

유치권자는 채무자(소유자)의 승낙이 있는 경우 유치물의 사용, 대여 또는 담보제공을 할 수 있고, 승낙을 얻지 않더라도 보존이 필요한 범위 내에서 유치물을 사용할 수 있다. 왜냐하면 이러한 사용을 하지 않으면 유치물을 보존할 수 없게 되어 선량한 관리자의 주의에 위배되기 때문이다.

예컨대 건물에 대해 유치권을 가진 피고가 그 건물의 일부인 큰 홀을 약 40일간 타인에게 대여해 그곳에서 영화를 상영케 한 것은 보존에 필요한 사용이라는 판례가 있다. 그렇다면 부동산의 경우 거주하는 것이 보존에 필요한 행위인지 여부인데, 판례는 이를 보존행위로 보아 유치권의 사용을 인정한다(대판 1965.3.9). 다만 유치권을 인정하더라도 민법 제324조 제3항에 의한 유치권의 소멸을 청구할 수 없다는 뜻일 뿐이며, 그 사용으로 인한 이득은 부당이득으로 채무자에게 반환해야 한다.

⑹ 유치권자의 비용상환청구권

유치권자가 유치물에 관해 필요비를 지출한 때에는 소유자에게 그 상환을 청구할 수 있다(민법 제325조 제1항). 또 유치권자가 유치물에 관해 유익비를 지출한 때에는 그 가액의 증가가 현존한 경우에 한해, 소유자의 선택에 좇아 지출한 금액이나 증가액의 상환을 청구할 수 있다(민법 제325조 제2항 본문). 이 경우 법원은 소유자의 청구에 의해 상당한 상환기간을 허여할 수 있다.

임차인이 유익비를 지출해 임대인에게 비용상환청구권이 있는 중에, 임대인이 건물을 매도해 제3자가 소유권을 취득한 후 다시 건물에 유익비를 지출했다면 두 번째 지출한 비용에 대해 제3자에게 임차인으로서의 유치권을 주장할 수 없고 첫 번째 비용에 대해 유치권을 주장할 수 있다(대판 1972.1.31. 71다2414).

⑺ 인도거절권

유치권자는 물건에 대한 압류를 위해 집행관이 물건의 인도를 요하는 경우에도 인도거절권을 갖는다. 유치권자가 인도를 거절함에도 집행관이 압류, 경매한 경우는 유치권자는 집행방법에 관한 이의나 제3자 이의의 소를 제기해 구제받을 수 있다. 유치권은 물권이어서 채무자뿐만 아니라 누구에 대해서도 인도를 거절할 권능을 갖는다.

⑻ 채무의 승계

유치권자는 채무자가 변제를 하지 않는 경우 경매를 청구할 수 있으나 우선변제권이 없으므로 경락대금에서 우선변제를 받을 수는 없다. 그러나 유치권자는 채무를 변제받지 못하는 한 계속 유치권을 행사할 수 있으므로 경락자가 결국 변제하지 않을 수 없어 최우선변제를 인정하는 결과가 된다. 그러나 매수인이 채무를 부담하는 것은 아니다. 다시 말하면 유치권자는 매수인에 대해 그 피담보채권의 변제가 있을 때까지 유치 목적물인 부동산의 인도를 거절할 수 있을 뿐이고, 그 피담보채권의 변제를 청구할 수는 없다.

4. 유치권의 소멸

(1) 일반적 사유

유치권도 물권이므로 일반적 소멸사유인 목적물의 멸실, 혼동, 포기 등에 의해 소멸한다. 피담보채권이 변제 기타 사유로 소멸하는 경우에도 유치권은 소멸한다. 그리고 채권자가 유치권을 행사하고 있더라도 그 때문에 피담보채권의 소멸시효가 방해되지는 않는다. 따라서 목적물을 유치하고 있는 경우에도 채권의 행사라고 볼 수는 없어 채권이 소멸시효는 진행된다.

(2) 유치권의 특수한 소멸사유

① 채무자의 소멸청구

유치권자가 그의 의무에 위반한 경우에는 채무자가 유치권의 소멸을 청구할 수 있고, 이 청구가 있으면 유치권은 소멸한다.

채무자나 유치물의 소유자는 상당한 담보를 제공해 유치권의 소멸을 청구할 수 있다(민법 제327조). 담보의 제공에 대해 유치권자의 승낙이나 이에 갈음하는 법원의 판결은 필요하다.

③ 점유의 상실

유치권은 점유를 잃거나 목적물의 멸실, 토지의 수용 등으로 인해 소멸하지만 유치권이 시효로 소멸하는 경우는 없다. 즉 유치권을 행사하는 기간 그 자체가 권리를 계속 행사하는 중이기 때문에 소멸시효는 진행되지 않고 중단된다. 아울러 유치권은 피담보채권이 소멸하면 당연히 함께 소멸하고 그 밖에도 유치권자가 그 의무에 위반해 채무자가 소멸을 청구하거나 다른 담보를 제공하고 점유를 상실하면 유치권은 소멸된다. 피담보채권인 공사대금채권은 소멸시효가 3년이므로 3년이 지나면 유치권도 소멸한다. 유치권만 행사하면 채권이 소멸하는 3년 후에는 유치권이 소멸하게 된다. 따라서 공사대금채권의 소멸시효 중단 및 연장을 위해 지급명령신청, 소장제출 등을 해서 집행권원을 확보해야 한다.

CHAPTER 02

상가 경매의 함정

위반건축물과 상가 경매

위반건축물이란 건축물에 대한 사용승인을 받은 후 용도를 변경하거나, 증축·개축·대수선, 용도변경 등의 행위를 할 경우에 건축법에서 정한 절차를 거치지 않고 무단으로 행한 건축물을 말한다.

위반건축물은 건축물대장에 기재되어 있는 경우와 건축물대장에 기재되지 않는 경우가 있는데, 건축물대장에 기재되지 않은 경우는 현황상으로는 법규정을 위반해 실질적으로 위반건축물이지만 아직 위반건축물로써 적발되지 않은 경우이다. 용어는 '위반건축물, 위법건축물, 불법건축물' 등으로 사용하고 있는데 건축법상 용어는 '위반건축물'이다.

건축물대장에 기재되어 있는 위반건축물은 관계 공무원의 정기적인 실사 때 적발해 기재하기도 하고, 항공촬영을 통해 확인되어 기재하기도 하고, 민원 제기에 의해 실사를 통해 적발해 건축물대장에 기재하기도 한다. 그리고 위반건축물로 기재가 되어 있지 않은 건물은 관할관청에서 알지 못해서 기재되지 않는 경우도 있고, 알면서도 지방에서는 그냥 모르는 척 하는 경우도 있다.

그리고 경매나 공매로 취득하는 상가는 더욱 더 주의를 해야 한다. 위반건축물이 있는 상가를 소유하고 있는 소유주가 경매나 공매를 당한 후 향후 낙찰자와 협의가 안 되거나 감정적으로 사이가 좋지 않게 되면 관할관청에 민원을 제기할 수도 있다는 것을 염두에 둬야 한다. 일단 민원이 제기되면 관할관청에서는 민원 처리를 해야 하기 때문이다.

또 현황상 위반건축물이 있는 상가를 낙찰받고 임대를 놓을 경우 신고업종이나 등록업종, 허가업종의 경우는 위반건축물을 원상복구하기 전까지는 신고증, 등록증, 허가증이 나오지 않으므로 임대를 놓기가 어렵게 된다. 따라서 임장 시 현황상 위반건축물이 있으면 그 부분에 대한 처리 여부와 수익성 분석을 신중하게 해야 한다.

1. 위반건축물에 대한 조치(건축법 제79조)

⑴ 허가 또는 승인을 취소

⑵ 건축물의 건축주·공사시공자·현장관리인·소유자·관리자 또는 점유자
(이하 '건축주 등'이라 한다)에게 공사의 중지를 명하거나 상당한 기간을
정해 그 건축물의 철거·개축·증축·수선·용도변경·사용금지·사용제
한, 그밖에 필요한 조치

⑶ 시정명령을 받고 이행하지 않는 건축물에 대해서는 다른 법령에 따른
영업이나 그밖의 행위를 허가하지 않도록 요청

⑷ 시정명령을 하는 경우 국토교통부령으로 정하는 표지를 그 위반 건축
물이나 그 대지에 설치해야 하며, 국토교통부령으로 정하는 바에 따라
건축물대장에 위반내용을 기재

⑸ 시정명령을 받은 후 시정기간 내에 시정명령을 이행하지 않은 건축주
등에 대해서는 그 시정명령의 이행에 필요한 상당한 이행기한을 정해
그 기한까지 시정명령을 이행하지 않으면 이행강제금을 부과

◆ **중요 판례**

◎ 대법원 2008.7.24. 선고 2007두5639 판결【위반건축물원상복구시정명령처분】
【판시사항】
명의만 빌려준 명목상 건축주가 구 건축법 제69조 제1항에 정한 위반건축물에
대한 시정명령의 상대방이 되는 '건축주'에 해당하는지 여부(적극)
【판결요지】
건축법의 관계 규정상 건축허가 혹은 건축신고시 관할 행정청에 명의상 건축주
가 실제 건축주인지 여부에 관한 실질적 심사권이 있다고 보기 어렵고, 또 명목
상 건축주라도 그것이 자의에 의한 명의대여라면 당해 위반건축물에 대한 직접
원인행위자는 아니라 하더라도 명의대여자로서 책임을 부담함이 상당한 점, 만
약 이와 같이 보지 않을 경우 건축주는 자신이 명목상 건축주에 불과하다고 주
장하여 책임회피의 수단으로 악용할 가능성이 있고, 또 건축주 명의대여가 조장
되어 행정법 관계를 불명확하게 하고 법적 안정성을 저해하는 요소로 작용할 수
있는 점 등을 종합적으로 고려하여 보면, 당해 위반건축물에 대해 건축주 명의
를 갖는 자는 명의가 도용되었다는 등의 특별한 사정이 있지 않은 한 구 건축법
(2008. 3. 21. 법률 제8974호로 전문 개정되기 전의 것) 제69조 제1항의 건축주에 해
당한다고 보아야 한다.

2. 이행강제금(건축법 제80조)

　최초의 시정명령이 있었던 날을 기준으로 1년에 2회 이내의 범위에서 그 시정명령이 이행될 때까지 반복해 이행강제금을 부과·징수할 수 있다. 다만, 주거용으로 연면적 85제곱미터 이하인 건축물은 총 부과 횟수가 5회를 넘지 않는 범위에서 해당 지방자치단체의 조례로 부과 횟수를 따로 정할 수 있다(상가는 원상복구 시까지 계속 부과 가능).

① 건축물이 제55조와 제56조에 따른 건폐율이나 용적률을 초과해 건축된 경우 또는 허가를 받지 않거나 신고를 하지 않고 건축된 경우에는 '지방세법'에 따라 해당 건축물에 적용되는 1제곱미터의 시가표준액의 100분의 50에 해당하는 금액에 위반면적을 곱한 금액 이하

② 건축물이 제1호 외의 위반 건축물에 해당하는 경우에는 '지방세법'에 따라 그 건축물에 적용되는 시가표준액에 해당하는 금액의 100분의 10 범위에서 위반내용에 따라 대통령령으로 정하는 금액

3. 이행강제금의 낙찰자 인수 여부

　위반건축물로 적발된 소유자에게 부과된 이행강제금을 납부하지 않고 있다가 경매를 당한 경우에 그 물건을 낙찰받은 낙찰자는 전 소유자가 납부하지 않은 이행강제금은 인수하지 않는다. 낙찰자에게 소유권이전등기가 된

이후에 부과된 이행강제금만 납부하면 된다.

4. 관할관청의 위반건축물 처리 절차

*불법 용도변경
*불법 용적률 · 건폐율 증가

⇩

*민원 제기
*항공 촬영
*일괄 실사

⇩

적발

⇩

*시정명령(원상복구)
*건축물대장 위반사항 기재

⇩

원상복구 미이행 시

⇩

이행강제금 부과(연 2회 이내)

⇩

*불법 용도변경 이행강제금 : 1제곱미터 시가표준액× 위반면적× 10/100
*불법 용적율/건폐율 증가 : 1제곱미터 시가표준액× 위반면적× 50/100

⇩

이행강제금 미납부 시

⇩

부동산 압류

⇩

강제경매나 공매

이행강제금의 산정기준(제115조의2제2항 관련)

위반건축물	해당 법조문	이행강제금의 금액
1. 허가를 받지 아니하거나 신고를 하지 아니하고 용도변경을 한 건축물	법 제19조	허가를 받지 아니하거나 신고를 하지 아니하고 용도변경을 한 부분의 시가표준액의 100분의 10에 해당하는 금액
2. 사용승인을 받지 아니하고 사용 중인 건축물	법 제22조	시가표준액의 100분의 2에 해당하는 금액
3. 유지·관리 상태가 법령 등의 기준에 적합하지 아니한 건축물	법 제35조	시가표준액(법 제42조를 위반한 경우에는 위반한 조경의무면적에 해당하는 바닥면적의 시가표준액)의 100분의 3에 해당하는 금액
4. 건축선에 적합하지 아니한 건축물	법 제47조	시가표준액의 100분의 10에 해당하는 금액
5. 구조내력기준에 적합하지 아니한 건축물	법 제48조	시가표준액의 100분의 3에 해당하는 금액
6. 피난시설, 건축물의 용도·구조의 제한, 방화구획, 계단, 거실의 반자 높이, 거실의 채광·환기와 바닥의 방습 등이 법령 등의 기준에 적합하지 아니한 건축물	법 제49조	시가표준액의 100분의 3에 해당하는 금액
7. 내화구조 및 방화벽이 법령 등의 기준에 적합하지 아니한 건축물	법 제50조	시가표준액의 100분의 10에 해당하는 금액
8. 방화지구 안의 건축물에 관한 법령 등의 기준에 적합하지 아니한 건축물	법 제51조	시가표준액의 100분의 10에 해당하는 금액
9. 법령 등에 적합하지 아니한 내부 마감재료를 사용한 건축물	법 제52조	시가표준액의 100분의 5에 해당하는 금액
10. 높이 제한을 위반한 건축물	법 제60조	시가표준액의 100분의 10에 해당하는 금액
11. 일조 등의 확보를 위한 높이 제한을 위반한 건축물	법 제61조	시가표준액의 100분의 10에 해당하는 금액
12. 건축설비의 설치·구조에 관한 기준과 그 설계 및 공사감리에 관한 법령 등의 기준을 위반한 건축물	법 제62조	시가표준액의 100분의 10에 해당하는 금액
13. 그 밖에 이 법 또는 이 법에 따른 명령이나 처분을 위반한 건축물		시가표준액의 100분의 3 이하로써 위반행위의 종류에 따라 건축조례로 정하는 금액(건축조례로 규정하지 아니한 경우에는 100분의 3으로 한다)

상가의 건축물 용도와 면적에 의한 임대 제한

경매나 공매로 상가를 입찰하려고 할 때 항상 투자자가 염려하는 것은 낙찰받고 임대가 될 것인지에 대한 것이다. 임대가능성에 대한 판단을 하기 위해서는 건축물의 용도와 건축법 시행령에 있는 면적에 대한 이해가 필수적이라고 할 수 있다. 낙찰받은 상가의 건축물 용도와 바닥면적에 따라 어떤 업종은 임대가 가능하고, 어떤 업종은 용도변경을 해야 하고, 어떤 업종은 임대가 불가능한 경우도 있기 때문이다.

1. 시설군과 건축물의 용도

(1) 건축법상 분류

건축법상 건축물은 크게 9개의 '시설군'으로 분류되고 이 시설군내에서 29가지의 용도로 구분한다. 용도변경을 위한 건축물의 용도는 다음과 같다.

〈건축법 제19조 제4항 및 건축법 시행령 제14조 제5항〉〈개정 2011.6.29〉

시설군	용도군
1. 자동차 관련 시설군	가. 자동차 관련 시설
2. 산업 등 시설군	가. 운수 시설 나. 창고 시설 다. 공장 라. 위험물저장 및 처리 시설 마. 분뇨 및 쓰레기처리 시설 바. 묘지 관련 시설 사. 장례식장
3. 전기통신 시설군	가. 방송통신 시설 나. 발전 시설
4. 문화집회 시설군	가. 문화 및 집회 시설 나. 종교 시설 다. 위락 시설 라. 관광휴게 시설
5. 영업 시설군	가. 판매 시설 나. 운동 시설 다. 숙박 시설 라. 제2종 근린생활 시설 중 다중생활 시설
6. 교육 및 복지 시설군	가. 의료 시설 나. 교육연구 시설 다. 노유자 시설 라. 수련 시설
7. 근린생활 시설군	가. 제1종 근린생활 시설 나. 제2종 근린생활 시설(다중생활시설은 제외)
8. 주거업무 시설군	가. 단독주택 나. 공동주택 다. 업무 시설 라. 교정 및 군사 시설
9. 그 밖의 시설군	가. 동물 및 식물 관련 시설 나. 삭제(2010.12.13)

사용승인을 받은 건축물의 용도를 변경하려는 자는 다음 각 호의 구분에 따라 국토교통부령으로 정하는 바에 따라 특별자치도지사 또는 시장, 군수, 구청장의 허가를 받거나 신고를 해야 한다. 건축물이 용도변경은 변경하려는 용도의 건축기준에 맞게 해야 한다(건축법 제19조 제1항, 제2항). 그리고 같은 시설군 안에서 용도를 변경하려는 자는 국토교통부령으로 정하는 바에 따라 특별자치도지사 또는 시장, 군수, 구청장에게 건축물대장 기재내용의 변경을 신청해야 한다(건축법 제19조 제3항).

건축물의 용도변경 처리절차는 ① 용도변경허가대상 ② 용도변경신고대상 ③ 건축물대장의 기재내용변경신청 대상 ④ 건축물대장의 기재내용변경신청 없이 사용할 수 있는 대상 등 4가지로 분류할 수 있다.

① 허가대상

하위군에 해당하는 용도를 상위군에 해당하는 용도로 변경하려는 경우

② 신고대상

상위군에 해당하는 용도를 하위군에 해당하는 용도로 변경하려는 경우

③ 건축물대장 기재내용변경신청 대상(건축법 제19조제3항)

같은 시설군 안에서 용도를 변경하려는 경우

④ 건축물대장 기재내용변경신청을 안 해도 되는 경우(건축법 시행령 제14조 제4항)

㉠ 별표 1의 같은 호에 속하는 건축물 상호 간의 용도변경

ⓛ '국토의 계획 및 이용에 관한 법률'이나 그밖의 관계 법령에서 정하는 용도제한에 적합한 범위에서 제1종 근린생활시설과 제2종 근린생활시설 상호 간의 용도변경

영업증 필요 여부에 의한 업종 분류

영업증이 필요한 업종	법에서 정한 일정한 요건을 충족해 관할관청에서 영업신고증, 영업등록증, 영업허가증을 발급받아 영업을 해야 하는 업종	허가업종	단란주점, 유흥주점, 성인오락실(바다이야기) 신용정보업, 유료직업소개소 등
		등록업종	공인중개사사무소, 독서실, 노래연습장, PC방, DVD방, 청소년오락실, 약국, 의원, 학원, 안경점, 여행사, 출판사 등
		신고업종	일반음식점, 휴게음식점, 제과점, 당구장, 스크린골프장, 체육도장, 실내낚시터, 결혼상담소, 고시원, 교습소, 동물병원, 만화방, 목욕탕, 미용실, 세탁업, 숙박시설, 안마시술소, 헬스클럽, 무도장, 무도학원, 정육점, 건강원 등
영업증이 필요 없는 업종	영업을 하기 위해 일정한 요건을 갖추어야 하지만 관할관청에서 영업에 관한 영업허가증, 영업등록증, 영업신고증을 발급받지 않고 영업을 할 수 있는 업종	자유업종	완제품을 판매하는 소매점 대부분의 업종 : 의류점, 화장품점, 가방점, 신발점, 슈퍼, 편의점, 문구점, 휴대폰점, 낚시전문점, 조명점, 가구점, 철물점, 악세사리점, 팬시점, 서점, 자동차대리점, 볼링장, 에어로빅장, 고물상, 꽃집 등

2. 제1종 근린생활시설

가. 식품·잡화·의류·완구·서적·건축자재·의약품·의료기기 등 일용품을 판매하는 소매점으로써 같은 건축물(하나의 대지에 두 동 이상의 건축물이 있는 경우에는 이를 같은 건축물로 본다. 이하 같다)에 해당 용도로 쓰는 바닥면적의 합계가 1천 제곱미터 미만인 것

◈ **사례 분석**

문) 편의점이나 의류점과 같은 업종은 건축물의 용도가 1종근린생활시설이면 입점해 영업할 수 있는데 만약 낙찰받은 상가가 다른 용도(업무시설, 운동시설, 교육연구시설 등)로 되어있어도 용도변경 없이 편의점이나 의류점과 같은 업종에게 임대를 줄 수 있는지?

답) 편의점이나 의류점과 같은 업종은 자유업종이다. 자유업종은 허가나 신고, 등록 등의 법적절차를 필요로 하지 않는 업종으로 건축법상 업종별 건축물 용도가 일치하지 않더라도 입점 가능하다. 대부분의 자유업종은 건축법상 소매점으로 규정되어 있고, 소매점은 건축물의 용도가 1종근린생활시설이나 판매시설에 입점하도록 규정되어 있지만, 자유업종의 특성상 확인할 수 있는 절차가 없으므로 결국 법 규정과는 무관하게 어느 용도이건 입점이 가능하다.

◈ **사례 분석**

문) 층별로 구분등기된 4층 건물이 있다. 건축물의 용도는 모두 제1종근린생활시설이고, 각층 바닥면적은 각각 400제곱미터다. 현재 4층은 한의원, 3층은 중고책 서점, 2층은 한복점이 입점해 있고 1층은 공실인데 경매에 나왔다. 1층을 낙찰받고 슈퍼마켓을 임대해도 되는지?

나. 휴게음식점 또는 제과점 등 음료·차(茶)·음식·빵·과자 등을 조리하거나 제조하여 판매하는 시설(제4호 너목 또는 제17호에 해당하는 것은 제외한다)으로써 같은 건축물에 해당 용도로 쓰는 바닥면적의 합계가 300제곱미터 미만인 것

◈ 사례 분석

2014년 3월 23일 건축법 개정 전에는 세부용도별 면적제한 산정 방식이 소유자와 관계없이 건축물 전체 면적을 합산했다. 그러나 2014년 3월 23일 건축법 개정은 세부용도별 면적제한 산정 방식을 소유자별 합산 방식으로 변경했다. 후발 창업자의 창업이 쉬워지고, 소유자는 그만큼 임대놓기가 쉬워지게 된 것이다. 다시 말하면 어떤 업종에 대한 기존 창업자가 있는 경우 후발 유사업종 창업자의 매장 면적을 기존 창업자의 매장면적과 합산해 근린생활시설 면적을 초과하는 경우 후발 창업자는 입점할 수 없거나 건축물 용도변경을 해야 입점할 수 있었다. 그러나 2014년 3월 23일 건축법 개정때 소유자별 합산으로 변경되어 소유자가 다르면 기존 창업자의 면적과는 무관하게 후발 창업자의 매장 면적만으로 근린생활시설 여부를 판단하게 되었다.

다. 이용원, 미용원, 목욕장 및 세탁소 등 사람의 위생관리나 의류 등을 세탁·수선하는 시설(공장이 부설된 것과 '대기환경보전법', '수질 및 수생태계 보전에 관한 법률' 또는 '소음·진동관리법'에 따른 배출시설의 설치 허가 또는 신고의 대상이 되는 것은 제외한다)

라. 의원·치과의원·한의원 · 침술원 · 접골원(接骨院), 조산원 및 산후조리원, 안마원 등 주민의 진료 · 치료 등을 위한 시설

마. 탁구장 및 체육도장으로써 같은 건축물에 해당 용도로 쓰는 바닥면적의 합계가 500제곱미터 미만인 것

◈ 사례 분석

> **문)** 층별로 구분등기된 4층 건물이 있다. 건축물의 용도는 모두 1종근린생활시설이고, 각 층 바닥면적은 260제곱미터다. 현재 4층은 탁구장, 3층은 공실, 2층은 롯데리아, 1층 100제곱미터는 GS편의점이 입점해 있고 1층 나머지 160제곱미터는 공실이다. 공실 3층과 1층이 경매로 나와서 낙찰받았다.
>
> ① 3층에 검도장을 할 사람에게 임대해도 되는가?
>
> ② 1층 공실에 카페베네 커피전문점을 입점시켜도 되는가?
>
> **답)** ① 2014년 3월 건축법 개정 시 세부용도별 면적제한이 소유자별 합산으로 변경되었으므로 4층 탁구장 면적과 무관하게 3층 면적만 가지고 입점 가능 여부를 판단하면 된다. 3층은 바닥면적이 260제곱미터이므로 2종근린생활시설에 입점할 수 있다. 즉 검도장을 할 사람에게 임대해도 된다.
>
> ② 2014년 3월 건축법 개정 시 세부용도별 면적제한이 소유자별 합산으로 변경되었으므로 1층 면적만 가지고 입점 가능 여부를 판단하면 된다. 1층 바닥면적이 160제곱미터이므로 얼마든지 입점시켜도 된다.

3. 제2종근린생활시설

가. 공연장(극장, 영화관, 연예장, 음악당, 서커스장, 비디오물감상실, 비디오물소극장, 그밖에 이와 비슷한 것을 말한다. 이하 같다)으로서 같은 건축물에 해당 용도로 쓰는 바닥면적의 합계가 500제곱미터 미만인 것

◈ 사례 분석

> **문)** 층별로 구분등기된 3층 건물이 있다. 건축물의 용도는 2종근린생활시설이고, 각 층 바닥면적은 450제곱미터다. 현재 3층이 경매로 나왔는데 DVD방이 영업 중이다. 이 경

매 물건을 입찰해야 할까? 낙찰받으면 현 임차인과 계약 가능성이 있을까?

답) DVD방은 바닥면적이 500제곱미터 이상이 되면 건축물의 용도가 문화 및 집회시설이 되어야 한다. 그러나 경매로 나온 3층 상가는 바닥면적이 450제곱미터이므로 2종근린생활시설에서 등록증을 발급받고 DVD방을 영업 중일 것이다. 현 임차인이 DVD방 영업을 하고 있는 경우라면 권리금을 주고 들어왔거나 현 임차인이 시설을 하고 영업을 하고 있는 경우일 것이다. 이런 상가를 낙찰받으면 극심하게 영업이 안 되는 경우 이외에는 현 임차인과 계약을 맺을 가능성이 매우 높다. 따라서 입찰 여부를 고려하는 것도 괜찮다.

나. 종교집회장[교회, 성당, 사찰, 기도원, 수도원, 수녀원, 제실(祭室), 사당, 그 밖에 이와 비슷한 것을 말한다. 이하 같다]으로써 같은 건축물에 해당 용도로 쓰는 바닥면적의 합계가 500제곱미터 미만인 것

다. 자동차영업소로서 같은 건축물에 해당 용도로 쓰는 바닥면적의 합계가 1천제곱미터 미만인 것.

라. 서점(제1종근린생활시설에 해당하지 않는 것)

마. 총포판매소

바. 사진관, 표구점

사. 청소년게임제공업소, 복합유통게임제공업소, 인터넷컴퓨터게임시

설제공업소, 그밖에 이와 비슷한 게임 관련 시설로써 같은 건축물에 해당 용도로 쓰는 바닥면적의 합계가 500제곱미터 미만인 것

문) 층별로 구분등기된 5층 집합건물이 있다. 용도지역은 준주거지역이고 각 층 건축물의 용도는 2종근린생활시설이고, 각 층 바닥면적은 610제곱미터다. 5층과 4층에는 공인 중개사 학원이 있고, 3층은 PC방, 2층은 공실이다. 2층이 경매로 나온 것을 보고 임장을 해보니 유동인구도 많고 3층에 있는 PC방 영업이 너무나 잘 된다. 2층을 경매로 낙찰받고 직접 PC방 영업을 하려고 한다. 가능한지?

답) 이미 3층에 PC방이 입점해 있으므로 2층을 낙찰받고 PC방 영업을 하려면 PC방 바닥면적이 500제곱미터 이상이므로 건축물의 용도를 2종근린생활시설에서 판매시설로 용도를 변경해야 한다. 7군에서 5군으로 용도변경해야 하므로 용도변경 허가대상이다. 쉽지 않을 것이다.

아. 휴게음식점, 제과점 등 음료·차(茶)·음식·빵·떡·과자 등을 조리하거나 제조해 판매하는 시설(너목 또는 제17호에 해당하는 것은 제외한다)로써 같은 건축물에 해당 용도로 쓰는 바닥면적의 합계가 300제곱미터 이상인 것

자. 일반음식점

차. 장의사, 동물병원, 동물미용실, 그밖에 이와 유사한 것

카. 학원(자동차학원 및 무도학원은 제외한다), 교습소(자동차 교습 및 무도 교습을 위한 시설은 제외한다), 직업훈련소(운전·정비 관련 직업훈련소는 제외한다)로써 같은 건축물에 해당 용도로 쓰는 바닥면적의 합계가 500제곱미터 미만인 것

문) 구분등기된 4층 집합건물이 있고, 소유자가 모두 다르다. 건축물의 용도는 2종근린생활시설이고, 각 층 바닥면적은 420제곱미터다. 현재 4층과 3층은 영어학원, 2층은 공실, 1층은 대박횟집이 입점해 영업하고 있다. 이 경우 2층 공실을 낙찰받고 수학학원으로 임대를 주려고 한다. 가능한지?

답) 현재 이 건물은 구분등기가 되었고 소유자가 모두 다르다. 이 경우 2층을 낙찰받고 수학학원으로 임대를 줄 때 바닥면적은 문제가 안 된다. 각 층 바닥면적이 440제곱미터이므로 용도변경 없이 수학학원으로 임대를 줘도 된다.

문) 각 층 바닥면적이 320제곱미터인 4층 단독건물이 경매에 나왔다. 이 건물의 건축물 용도는 각 층 모두 2종근린생활시설이고, 4층에는 독서실, 3층에는 영어학원, 2층은 공실이고 1층은 편의점과 중개업소, 도시락점, 휴대폰점이 입점해 영업 중이었다. 입지도 좋고 배후에 아파트가 있어 임대 놓는 데 어려움이 없을 것으로 예상해 낙찰받았다. 경매 진행 중 입점해 영업 중인 모든 임차인들과 재계약을 맺었다. 2층 공실은 1층 중개업소에 임대 의뢰를 하니 수학학원을 하겠다는 사람을 데리고 왔다. 이 경우 그냥 임대계약을 해도 되는지?

답) 이 건물은 단독건물이고, 소유자도 1인이다. 이미 3층에 영어학원이 입점해 영업 중인 경우 2층에 수학학원으로 임대를 주려면 교육연구시설로 건축물

의 용도를 변경해야 한다. 3층 면적 320제곱미터와 2층 면적 320제곱미터를 합산하면 640제곱미터로써 500제곱미터를 초과한다. 학원은 바닥면적 500제곱미터를 기준으로 미만이면 2종근린생활시설, 이상이면 교육연구시설에 입점할 수 있는 업종이다.

타. 독서실, 기원

◆ **사례 분석**

문) 구분등기된 4층 건물이 있다. 건축물의 용도는 2종근린생활시설이고, 각 층 바닥면적은 220제곱미터다. 현재 4층과 3층은 영어전문학원, 2층은 공실, 1층은 편의점이 입점해 영업하고 있다. 이 경우 2층 공실이 경매로 나와 낙찰받고 독서실을 운영하려고 한다. 가능한지?

답) 현재 이 건물 4층과 3층에 영어전문학원이 440제곱미터에 입점해 운영 중이지만 학원과 독서실은 서로간에 바닥면적 제한에 관해서는 관계가 없는 세부업종이다. 즉, 독서실은 2종근린생활시설 용도에 면적과 관계없이 입점할 수 있다.

파. 테니스장, 체력단련장, 에어로빅장, 볼링장, 당구장, 실내낚시터, 골프연습장, 놀이형시설('관광진흥법'에 따른 기타유원시설업의 시설을 말한다. 이하 같다) 등 주민의 체육 활동을 위한 시설(제3호 마목의 시설은 제외한다)로써 같은 건축물에 해당 용도로 쓰는 바닥면적의 합계가 500제곱미터 미만인 것

문) 층별로 구분등기된 4층 집합건물이 있다. 건축물의 용도는 각 층 모두 2종근린생활시설이고, 각 층 바닥면적은 580제곱미터다. 현재 4층은 회사사무실, 3층은 공실, 2층은 롯데리아, 1층은 볏집삼겹살점이다. 이 경우 3층을 경매로 낙찰받고 헬스장을 하겠다는 사람에게 임대를 줘도 되는지?

답) 헬스장은 바닥면적 500제곱미터를 기준으로 미만이면 2종근린생활시설, 이상이면 운동시설에 입점해야 하는 업종이다. 3층 바닥면적이 580제곱미터이므로 건축물의 용도를 운동시설로 용도변경해야 입점해 영업할 수 있다. 따라서 운동시설로 건축물 용도변경이 가능한지 건축사에게 확인한 후 임대를 줘야 할 것이다. 하위군(7)에서 상위군(5)으로 용도변경을 하려면 허가를 받아야 하는데 상당히 어려운 일이 될 것이다.

하. 금융업소, 사무소, 부동산중개사무소, 결혼상담소 등 소개업소, 출판사 등 일반업무시설로써 같은 건축물에 해당 용도로 쓰는 바닥면적의 합계가 500제곱미터 미만인 것

거. 다중생활시설('다중이용업소의 안전관리에 관한 특별법'에 따른 다중이용업 중 고시원업의 시설로써 독립된 주거의 형태를 갖추지 않은 것을 말한다. 이하 같다)로써 같은 건축물에 해당 용도로 쓰는 바닥면적의 합계가 500제곱미터 미만인 것

문) 2012년 9월에 층별로 구분등기된 7층 건물의 4층과 5층을 경매로 낙찰받았는데, 각 층 바닥면적은 400제곱미터이고, 건축물의 용도는 2종근린생활시설이다. 낙찰받을 때 4층과 5층, 2개 층을 성균관 고시원으로 운영 중이었고, 이것을 낙찰받는 목적은 현재 점유자를 내 보내고, 직접 고시원을 운영할 생각이었다. 임차인도 입찰을 들어 왔으나 내가 더 높은 입찰가격을 써서 낙찰받고 강제집행을 해서 명도했다. 기존 임차인이 고시원 시설을 그대로 두고 나간 상태여서 직접 고시원 영업을 하려고 한다. 문제가 없는지?

답) 2011년 6월 건축법 시행령 개정으로 인해 건축물 용도가 2종근린생활시설에서 신규로 고시원 영업을 하려면 바닥면적이 500제곱미터 미만이어야 한다. 낙찰받은 4층과 5층 바닥면적 합계가 800제곱미터이고 건축물의 용도가 2종근린생활시설이므로 건축물의 용도를 숙박시설로 용도변경을 한 후 영업신고증을 발급받아 4층과 5층 모두를 고시원으로 운영할 수 있을 것이다. 숙박시설로 용도변경을 하려면 현재의 건축법이나 소방법 적용을 받게 될 것이다. 안전시설완비증명서도 다시 받아야 하고, 고시원 영업을 위한 복도 면적이나 스프링클러, 화재경보기도 다시 설치해야 할 것이다. 잘못하면 배보다 배꼽이 더 클 수 있다.

너. 제조업소, 수리점 등 물품의 제조·가공·수리 등을 위한 시설로써 같은 건축물에 해당 용도로 쓰는 바닥면적의 합계가 500제곱미터 미만이고, 다음 요건 중 어느 하나에 해당하는 것.

  1) '대기환경보전법', '수질 및 수생태계 보전에 관한 법률' 또는 '소음·진동관리법'에 따른 배출시설의 설치 허가 또는 신고의 대상이 아닌 것

  2) '대기환경보전법', '수질 및 수생태계 보전에 관한 법률' 또는 '소

음·진동관리법'에 따른 배출시설의 설치 허가 또는 신고의 대상 시설이나 귀금속·장신구 및 관련 제품 제조시설로써 발생되는 폐수를 전량 위탁처리하는 것

더. 단란주점으로써 같은 건축물에 해당 용도로 쓰는 바닥면적의 합계가 150제곱미터 미만인 것

◆ **사례 분석**

문) 구분등기된 6층 집합건물이 있다. 용도지역은 근린상업지역(택지개발지구, 지구단위계획구역)이고, 연면적은 2,300제곱미터다. 건물 4층에 현재 100제곱미터 면적을 단란주점으로 영업 중인 상태에서 건축물의 용도가 2종근린생활시설인 3층(바닥면적 180제곱미터)이 경매로 나와 낙찰받고 단란주점을 하겠다는 사람에게 임대를 주려고 한다. 문제가 없는지?

답) 현행법상 단란주점은 허가업종으로 상업지역에 입점이 가능하며 바닥면적 150제곱미터 기준으로 미만이면 2종근린생활시설, 이상이면 위락시설로 건축물 용도를 규정하고 있다.
낙찰받은 3층 상가의 바닥면적이 180제곱미터이고, 건축물의 용도는 2종근린생활시설이므로 건축물의 용도를 위락시설로 용도변경해야 임대를 놓을 수 있다. 용도변경 허가대상인데 정말로 쉽지 않다.

러. 안마시술소, 노래연습장

학교환경위생정화구역과 상가 경매

학교환경위생정화구역이란 학교의 보건·위생 및 학습환경을 보호하기 위해 지정하는 제도로써 '학교보건법'의 제정과 함께 도입되었다. 경매 시장에 나온 상가가 학교환경위생정화구역 안에 있는 경우라면 학교보건법에서 규정한 유해업종은 임대를 줄 수 없다. 따라서 입찰자는 입찰대상 상가가 정화구역에 포함되어 있으면 어떤 업종으로 임대가 가능한지를 입찰 전에 고민한 후 입찰을 해야 한다. 사전에 준비하지 않고 정화구역 안에 있는 상가를 낙찰받으면 입찰자가 예상한대로 임대가 안 될 가능성이 매우 높다.

1. 정화구역

(1) 절대정화구역

학교출입문(학교설립예정지의 경우에는 설립될 학교의 출입문 설치 예정 위치

를 말한다)으로부터 직선거리로 50미터까지인 지역을 말하고, 출입문은 학
생들이 등·하교 시 이용하는 모든 출입문을 의미한다.

⑵ 상대정화구역

학교경계선 또는 학교설립예정지경계선으로부터 직선거리로 200미터까
지인 지역 중 절대정화구역을 제외한 지역이다(학교보건법 제6조 제1항 : 유해
시설의 설치가 원칙적으로 금지되나, 교육청 학교환경위생정화위원회의 심의를 거
쳐 '해제'된 경우 제한적으로 설치 가능).

2. 정화구역 내 금지행위 및 시설(학교보건법 제6조 제1항 및 동법 시행령 제6조)

⑴ 금지행위 및 시설

절대정화구역 내에 절대로 입점할 수 없는 시설 및 업종이다.

① '대기환경보전법', '악취방지법' 및 '수질 및 수생태계 보전에 관한 법
   률'에 따른 배출허용기준 또는 '소음·진동관리법'에 따른 규제기준을
   초과해 학습과 학교보건위생에 지장을 주는 행위 및 시설
② '영화 및 비디오물의 진흥에 관한 법률' 제2조 제11호의 제한상영관
③ 도축장, 화장장 또는 납골시설
④ 폐기물처리시설, 폐수종말처리시설, 축산폐수배출시설, 축산폐수처리
   시설 및 분뇨처리시설
⑤ 가축의 사체처리장 및 동물의 가죽을 가공·처리하는 시설

⑥ 감염병원, 감염병격리병사, 격리소

⑦ 가축시장

⑧ '청소년보호법' 제2조 제5호가목(5)에 해당하는 업소와 같은 호 가목
　(6) 및 같은 호 나목(7)에 따라 여성가족부장관이 고시한 영업에 해당
　하는 업소 : 전화방, 화상대화방, 성기구취급업소

(2) 심의 대상 행위 및 시설

상대정화구역 내에 관할 학교환경위생정화위원회의 심의를 통과하면 들
어올 수 있는 시설과 업종이다. 그러나 현실적으로 심의를 통과하기는 쉽지
않다. 형평성의 문제 등이 발생할 수 있기 때문에 입찰 시 심의 통과를 낙관
하고 입찰하면 임대를 놓을 때 예상치 못한 어려움을 겪을 수 있다.

① 총포화약류(총포화약류)의 제조장 및 저장소, 고압가스·천연가스·액화
　석유가스 제조소 및 저장소

② 폐기물수집장소

③ 감염병요양소, 진료소

④ 주로 주류를 판매하면서 손님이 노래를 부르는 행위가 허용되는 영업
　과 위와 같은 행위 외에 유흥종사자를 두거나 유흥시설을 설치할 수 있
　고 손님이 춤을 추는 행위가 허용되는 영업 : 유흥주점, 단란주점

⑤ 호텔, 여관, 여인숙

⑥ 당구장('유아교육법' 제2조 제2호에 따른 유치원 및 '고등교육법' 제2조 각
　호에 따른 학교의 학교환경위생 정화구역은 제외)

⑦ 사행행위장·경마장·경륜장 및 경정장(각 시설의 장외발매소를 포함)

⑧ '게임산업진흥에 관한 법률' 제2조 제6호에 따른 게임제공업 및 같은
  조 제7호에 따른 인터넷컴퓨터게임시설제공업('유아교육법' 제2조 제2
  호에 따른 유치원 및 '고등교육법' 제2조 각 호에 따른 학교의 학교환경위생
  정화구역은 제외) : PC방

⑨ '게임산업진흥에 관한 법률' 제2조 제6호다목에 따라 제공되는 게임물
  시설('고등교육법' 제2조 각 호에 따른 학교의 학교환경위생 정화구역은 제
  외) 및 '게임산업진흥에 관한 법률' 제2조 제8호에 따른 복합유통게임
  제공업 : 오락실, 오락실+PC방

⑩ '영화 및 비디오물의 진흥에 관한 법률' 제2조 제16호 가목 및 나목에
  따른 비디오물감상실업 및 비디오물소극장업의 시설 : DVD방

⑪ 특수목욕장 중 증기탕

⑫ 만화가게

⑬ 담배자동판매기

⑭ '체육시설의 설치·이용에 관한 법률 시행령' 별표 1에 따른 무도학원·
  무도장

⑮ '음악산업진흥에 관한 법률' 제2조 제13호에 따른 노래연습장업 시설

(3) 대상학교

① 초·중·고등학교, 대학교, 산업대학, 전문대학, 공민학교, 고등공민학교,
  고등기술학교, 유치원

② 대학과 유치원의 정화구역 제외업종(학교보건법 제6조 제1항 및 동법 시
  행령 제6조)

⑷ 유치원과 대학교의 정화구역에 입점할 수 있는 업소

아래 업종은 유치원과 대학교의 정화구역 내에 자유로이 입점해 영업을
할 수 있다.

① 당구장

② '게임산업진흥에 관한 법률' 제2조 제6호에 따른 게임제공업 : 오락실

③ '게임산업진흥에 관한 법률' 제2조 제7호에 따른 인터넷컴퓨터게임
   시설제공업 : PC방

④ '게임산업진흥에 관한 법률' 제2조 제6호 다목에 따라 제공되는 게임
   물 시설

⑤ 만화가게

⑥ '음악산업진흥에 관한 법률' 제2조 제13호에 따른 노래연습장업 시설

⑦ '영화 및 비디오물의 진흥에 관한 법률' 제2조 제16호 가목 및 나목에
   따른 비디오물감상실업 및 비디오물소극장업의 시설 : DVD방

3. 정화구역 해당 여부 확인

⑴ 토지이용계획확인서

건물이 정화구역에 해당되면 토지이용계획확인서에 기재되어 있다.

⑵ 정화구역도

정화구역도는 학교보건법 시행령 제3조 제2항 및 제3항 규정에 의해 관할

교육청 홈페이지에 학교환경위생 정화구역도를 공개하고 있다.

◎ 대법원 2011.2.10. 선고 2010두17946 판결 【학교환경위생구역내금지행위및시설금지
  처분취소】

【판결요지】
[1] 인터넷컴퓨터게임시설제공업(피시방) 시설이 학교환경위생정화구역 내에
있는지의 여부를 판단하는 기준은 해당 피시방 전용시설(피시방 전용 출입구 등)
의 경계선으로 보아야 하고, 이러한 전용시설의 경계선이 학교환경위생정화구역
밖에 있다면 해당 시설을 학교환경위생정화구역 내의 금지시설로 보아 설치를
금지할 수 없다고 할 것이다. 나아가 학교보건법 제5조 제1항과 같은 법 시행령
제3조 제1항의 규정은 같은 법 제6조 제1항 각 호의 행위 및 시설로부터 학교의
보건 · 위생 및 학습환경을 보호함으로써 궁극적으로 학교교육의 능률화를 기하
려는 데 그 취지가 있고 학교교육은 실질적으로 그 교사와 운동장 및 강당 등 학
교의 시설 내에서 이루어지므로, 위 법령에서 학교환경위생정화구역의 범위를
설정하는 기준으로 삼고 있는 '학교 경계선'은 지적공부상 학교용지의 경계선이
아니라 '학교교육이 실질적으로 이루어지는 공간의 경계선'이라고 보아야 한다.
[2] 갑이 인터넷컴퓨터게임시설제공업(피시방)을 운영하기 위하여 학교환경위
생정화구역 내 금지행위 및 시설의 해제신청을 하였으나, 위 피시방이 인근 초등
학교 등의 학교경계선으로부터 200미터까지인 상대정화구역 내에 있다는 이유
로 관할 교육청이 신청을 거부하는 처분을 한 사안에서, 피시방 이용객이 상가
건물의 출입구, 주차장, 승강기, 화장실 등 공용시설을 이용한다고 하더라도 이
를 피시방의 시설이라고 할 수 없고, 위 피시방이 상대정화구역에 포함되는지 여
부를 판단하는 기준이 되는 경계선은 해당 피시방의 전용출입구로 보아야 하며,
위 피시방은 그 전용출입구에서 인근 학교 경계선까지의 최단직선거리가 200미
터 초과하므로 상대정화구역에 포함되지 않는다고 판단한 사례

학원정화구역과 상가 경매

학원설립법에 의하면 청소년 대상 학원과 학교보건법에서 규정한 유해업종은 같은 건축물에 입점할 수 없다. 따라서 임장을 갔을 때 입찰대상 상가가 있는 건물에 청소년 대상 학원이 있는지 아니면 학교보건법에서 규정한 유해업종이 있는지의 여부를 확인하고 향후 낙찰을 받았을 때 어떤 업종으로만 임대가 가능한지를 사전에 파악한 후 입찰을 해야 할 것이다. 이 부분을 사전에 예측하지 않고 낙찰을 받으면 생각보다 임대가 안 될 수 있다.

1. 교육환경의 정화('학원의 설립·운영 및 과외교습에 관한 법률' 제5조)

(1) 학원설립·운영자 또는 교습자는 학원이나 교습소의 교육환경과 위생시설을 깨끗하게 유지·관리해야 한다.

(2) 학교교과교습학원을 설립·운영하는 자 또는 교습자는 교육환경을 해

칠 우려가 있는 영업소(이하 '유해업소'라 한다)와 동일한 건축물 안에서 학교교과교습학원이나 교습소를 설립·운영해서는 안 된다.

(3) 학교교과교습학원이나 교습소와 동일한 건축물 안에 유해업소를 설치하는 경우 그 영업에 관해 허가·인가 등을 하는 행정기관의 장은 미리 관할 교육감과 협의해야 한다.

(4) 제2항 및 제3항에 따른 유해업소의 종류는 '학교보건법' 제6조 제1항 각 호의 어느 하나에 해당하는 행위를 하거나 시설(당구장, 만화가게 및 '게임산업진흥에 관한 법률' 제2조 제7호에 따른 인터넷컴퓨터게임시설제공업을 하는 영업소는 제외)을 갖춘 영업소를 말한다.

2. 유해업소 종류(학교보건법 제6조 제1항)

영화관, 유흥주점, 단란주점, 호텔, 여관, 여인숙, 특수목욕장 중 증기탕, 액화가스저장소 및 제조소, 무도장, 무도학원, 전화방, 비디오감상실, 오락실, 노래연습장, 안마시술소, 기타 청소년의 학습 환경에 영향을 미치는 업소(제외업소 : 만화방, 당구장, PC방)

◈ 사례 분석

문) 5층 구분등기된 집합건물이 있다. 각 층 바닥면적은 250제곱미터이고, 건축물의 용도는 2종근린생활이다. 이 건물 3층에 영어학원이 입점해 있는데, 5층에는 당구장이 있고, 4층 공실이 경매로 나와서 낙찰받고 임대를 주려고 하는데 PC방 또는 노래연습장

◈ 사례 분석

3. 예외규정(학원의설립운영및과외교습에관한법률 제5조 제5항)

학원설립법 제5조(2011.7.25. 개정 및 신설)의 규정에 의해 학교교과교습학
원(교습소를 포함한다. 이하 이 항에서 같다)은 유해업소와 동일한 건축물 안
에 있어서는 안 된다. 다만, 연면적 1,650제곱미터 이상의 건축물이고 다음
각 호의 경우에는 당해 건축물 안에 학원과 유해업소가 같이 있을 수 있다.

(1) 학원이 유해업소로부터 수평거리 20미터 이상의 같은 층에 있는 경우

(2) 학원이 유해업소로부터 수평거리 6미터 이상의 바로 위층 또는 바로
아래층에 있는 경우

(3) 학원이 (1), (2) 이외의 층에 있는 경우

계단의 개수와 상가 임대 가능 여부

경매를 통해 상가를 낙찰받기 위해 임장을 하는 경우 그 건물에 계단이 1개인지 아니면 2개인지를 확인해야 한다. 계단이 1개만 있는 건물인 경우에는 건축법에 의해 임대를 줄 수 없는 업종이 있다. 역시 이 부분도 사전에 확인하고 입찰 여부를 결정해야 할 것이다.

건축법 제49조(건축물의 피난시설 및 용도제한 등) 제1항에 따라 피난층 외의 층이 다음 각 호의 어느 하나에 해당하는 용도 및 규모의 건축물에는 국토교통부령으로 정하는 기준에 따라 피난층 또는 지상으로 통하는 직통계단을 2개소 이상 설치해야 한다. 〈개정 2009.7.16〉

① 문화 및 집회시설(전시장 및 동·식물원은 제외한다), 종교시설, 위락시설 중 주점영업 또는 장례식장의 용도로 쓰는 층으로써 그 층에서 해당 용도로 쓰는 바닥면적의 합계가 200제곱미터 이상인 것

문) 층별로 구분등기된 6층 신축건물이 있다. 용도지역은 일반상업지역이며 건축물의 용도는 2종근린생활시설이고, 각 층 바닥면적은 450제곱미터다. 직통계단은 1개가 있고, 현재 4층은 고시원, 3층과 2층은 공실, 1층은 강릉집 회무침 전문점이다.

① 이 경우 3층 공실을 경매로 낙찰받았을 경우 유흥주점에게 임대를 줄 수 있는가?

② 2층 공실을 경매로 낙찰받고 DVD방에 임대를 줄 수 있는가?

답) ① 3층이고, 바닥면적이 450제곱미터이므로 건축물의 용도가 위락시설이 되어야 한다. 즉 2종근린생활시설을 위락시설로 용도변경해야 유흥주점으로 영업허가를 받을 수 있다. 하지만 계단이 1개이므로 계단을 1개 더 설치해야 위락시설로 용도변경이 된다. 따라서 낙찰받은 상태로는 유흥주점으로 임대를 줄 수 없다.

② 건축물의 용도가 2종근린생활시설이고, 바닥면적이 450제곱미터이므로 DVD방으로 임대를 주려면 건축물의 용도를 집회 및 문화시설로 용도를 변경해야 한다. 그런데 용도변경을 하려면 2층 이상이고, 바닥면적의 합계가 200제곱미터 이상인 450제곱미터이므로 계단이 2개 있어야 용도변경이 가능할 것이다. 따라서 낙찰받은 현 상태로는 DVD방 업종으로 바로 임대를 줄 수 없다.

② 제2종 근린생활시설 중 학원·독서실, 교육연구시설 중 학원의 용도로 쓰는 3층 이상의 층으로써 그 층의 해당 용도로 쓰는 거실의 바닥면적의 합계가 200제곱미터 이상인 것

문) 구분등기된 6층 신축건물이 있다. 용도지역은 3종일반주거지역이고, 건축물의 용도는 2종근린생활시설이고, 각 층 거실 바닥면적은 350제곱미터다. 직통계단은 1개가 있다. 건물 전체가 층별로 개별물건으로 경매가 나왔다.

① 이 경우 2층 공실을 낙찰받았을 경우 영어학원에게 임대를 줄 수 있는가?

② 3층 공실을 낙찰받았다. 3층에 수학학원을 신규로 입점시킬 수 있는가?

③ 이 건물 5층을 낙찰받았을 경우 낙찰자가 직접 독서실을 운영할 수 있는가?

답) ① 2층이기 때문에 계단은 1개만 있어도 된다. 임대 가능하다.

② 3층이고, 거실 바닥면적이 350제곱미터이므로 계단이 2개 있어야 임대가 가능하다. 임대를 주어도 계단이 1개만 있으면 학원 등록증이 나오지 않기 때문에 학원 운영을 하지 못한다.

③ 3층 이상이고, 거실 바닥면적이 200제곱미터를 초과하므로 계단이 2개 있어야 독서실 등록증을 발급받고 영업할 수 있다.

③ 공동주택(층당 4세대 이하인 것은 제외한다) 또는 업무시설 중 오피스텔의 용도로 쓰는 층으로써 그 층의 해당 용도로 쓰는 거실의 바닥면적의 합계가 300제곱미터 이상인 것.

④ 제1호부터 제3호까지의 용도로 쓰지 아니하는 3층 이상의 층으로써 그 층 거실의 바닥면적의 합계가 400제곱미터 이상인 것(예 : 의원, 체육도장, 탁구장, 미용실, 조산원, 산후조리원, 잡화, 의류, 일반음식점, 휴게음식점, 서점, 헬스크럽, 에어로빅장, 볼링장, 당구장, 교회, 금융기관, 사무소, 청소년오락실, PC방, 노래연습장, 안마시술소, 고시원 등)

문) 층별로 구분등기된 5층 상가 건물을 신축했다. 용도지역은 3종일반주거지역이고, 건축물의 용도는 모두 2종근린생활시설이며, 직통계단은 1개소 있다. 거실 바닥면적은 각층 420제곱미터, 바닥면적은 480제곱미터다.
① 3층을 낙찰받고 회센터에 임대줄 수 있는가?
② 4층을 낙찰받고 헬스크럽에게 임대줄 수 있는지?
③ 5층을 낙찰받고 노래연습장에게 임대줄 수 있는지?

답) ① 3층 이상이고, 거실 바닥면적이 400제곱미터를 초과하므로 계단이 2개 있어야 회센터로 임대를 줄 수 있다.
② 4층이고, 거실 바닥면적이 400제곱미터를 초과하므로 계단이 2개 있어야 헬스클럽으로 임대를 줄 수 있다.
③ 5층이고, 거실 바닥면적이 400제곱미터를 초과하므로 계단이 2개 있어야 노래연습장으로 임대를 줄 수 있다.

⑤ 지하층으로써 그 층 거실의 바닥면적의 합계가 200제곱미터 이상인 것

문) 층별로 구분등기된 지상 7층, 지하 3층 건물의 지하 1층을 경매로 낙찰받았다. 낙찰받은 지역에 오피스 건물이 많아서 지하에 골프연습장을 직접 운영하려고 한다. 지하 1층 건축물 용도는 2종근린생활시설이고, 바닥면적은 950제곱미터다. 이 건물에는 비상계단이 1개 있고 엘리베이터가 1개 있다. 지하 1층에 골프연습장이 입점하려면 바닥면적이 500제곱미터 이상이므로 2종근린생활시설에서 운동시설로 용도변경을 해야 하는데 용도변경을 위해 건축법에 의한 직통계단이 1개 더 필요한지?

답) 지하층이고, 거실 바닥면적이 200제곱미터 이상인 곳에 골프연습장을 하려
면 무조건 계단이 2개 있어야 한다.

업종 제한 약정과 상가 경매

상가를 낙찰받기 위해 임장을 갈 때 분양 당시에 업종이 지정되어 있는 상가인지를 확인해야 한다. 특히 단지내 상가의 경우에는 업종이 지정되어 있는 경우가 많은데 업종 지정 여부를 확인하지 않고 낙찰받았을 경우, 예상치 못한 임대의 어려움을 겪을 수 있다.

보통 영업하는 업종을 지정하는 경우는 두 가지 있는데, 첫째, 분양 시 분양계약서에 업종을 제한하는 특약을 기재하는 경우, 둘째, 집합건물의 소유및관리에관한법률에 의한 관리단 규약에 의해 업종을 지정하는 경우가 있다.

1. 분양계약서상 업종 제한 약정

상가 분양계약 시에 계약서상 기재된 지정업종을 수분양자는 그 약정을 이행해야 한다. 만약 수분양자가 분양 시 지정된 업종을 무단변경한 경우에는 분양회사는 수분양자의 무단업종변경금지의무 불이행을 이유로 계약을 해제할 수 있다. 그리고 분양 당시 수분양자가 아니라 임차인이 다른 업종을 영업하거나 분양받은 상가를 매수한 매수자, 경매로 낙찰받은 낙찰자가 다른 업종을 운영해도 역시 업종 제한 약정을 위반하는 것이라고 판례는 말하고 있다.

◆ **중요 판례**

◎ 대법원 2010.5.27. 선고 2007다8044 판결【손해배상(기)】
【판결요지】
[1] 건축회사가 상가를 건축하여 각 점포별로 업종을 지정하여 분양한 경우 그 수분양자나 수분양자의 지위를 양수한 자는 특별한 사정이 없는 한 그 상가의 점포 입주자들에 대한 관계에서 상호간에 명시적이거나 또는 묵시적으로 분양계약에서 약정한 업종제한 등의 의무를 수인하기로 동의하였다고 봄이 상당하므로, 상호간의 업종제한에 관한 약정을 준수할 의무가 있다. 그리고 이때 전체 점포 중 일부 점포에 대해서만 업종이 지정된 경우라고 하더라도, 특별한 사정이 없는 한 적어도 업종이 지정된 점포의 수분양자나 그 지위를 양수한 자들 사이에서는 여전히 같은 법리가 적용된다고 보아야 한다.

◎ 대법원 2009.12.24. 선고 2009다61179 판결【손해배상(기)】
【판시사항】
[1] 분양회사가 수분양자에게 특정 영업을 분양하는 것이 수분양자들에게 그 업종을 독점적으로 운영하도록 보장하는 의미가 내포되어 있는지 여부(적극)

[2] 점포별로 업종을 지정하여 분양한 상가 내 점포에 관한 수분양자의 지위를 양수한 자 등이 분양계약에서 정한 업종제한약정을 위반할 경우, 영업상의 이익을 침해당할 처지에 있는 자가 동종업종의 영업금지를 청구할 수 있는지 여부(적극)

2. 관리단 규약에 의한 업종 제한

(1) 관리단 규약에 업종 제한 효력

집합건물의소유및관리에관한법률에 의해 구분소유자는 관리단으로 구성되고, 관리단은 집합건물의 관리 또는 사용을 위해 규약을 만들 수 있는데, 이 규약에서 업종 제한에 대한 규정을 둘 수 있다. 이러한 규약에 의해 업종의 지정 내지 변경은 집합건물의소유및관리에의한법률에서 정한 효력에 의해 규약 제정에 동의하지 않은 소유자나 임차인 모두에게 적용된다. 하지만 특정 업종을 지정받은 사람의 동의 없이는 관리단의 규약에 의하더라도 판례는 분양과정에서 특정 업종 지정을 받은 구분소유자의 동의를 얻어야 한다고 판시했다.

◈ **중요 판례**

◎ 대법원 2006.7.4. 자 2006마164,165 결정 【가처분이의】
【결정요지】
[3] 건물의 구분소유자로 구성된 관리단의 규약에서, 관리단 집회의 의결 내용이

⑵ 번영회나 상인회 자치 회칙에 의한 업종 제한

구분소유자들로 구성된 관리단이 아니라 영업 중인 상인들로 구성된 상가 번영회나 상인 자치회에서 정한 회칙에 의해서도 업종을 제한할 수 있는가에 대해 특별한 경우 외에는 업종을 제한할 수 없다는 것이 대법원 판례의 태도다. 집합건물의소유및관리에의한법률상 관리단 규약은 법에서 정한 효력에 의해 규약 제정에 동의하지 않은 소유자나 임차인 모두에게 적용되지만, 상가 번영회와 같은 자치단체의 회칙은 동의한 사람에게만 적용된다고 볼 수 있다.

◎ 대법원 2006.10.12. 선고 2006다36004 판결 【영업행위금지】

【판결요지】

[1] 집합건물의 소유 및 관리에 관한 법률상의 관리단이 정한 규약의 위임규정에 근거하여 작성된 층별 번영회의 회칙이 같은 법 제29조 제1항 전문에 따라 해당 층 구분소유자 및 의결권의 4분의 3 이상의 찬성을 얻은 점, 관리단 규약에서 업종제한에 관한 자세한 사항을 층별 번영회에서 정하도록 위임한 것은 해당 층 구분소유자들의 이해관계 조정을 위한 층별 번영회의 회칙에 대하여 다른 층의 구분소유자들이 동의하여 이를 관리단 규약의 내용으로 받아들이겠다는 취지인 점 등에 비추어 볼 때, 층별 번영회의 회칙의 업종제한규정이 같은 법 제42조에 정한 '규약'의 일부로서 효력을 가지므로 해당 층의 구분소유자의 특별승계인 및 임차인 등에 대하여 효력을 미친다고 본 사례

[2] 업종제한에 관한 관리단 규약을 새로 설정하는 경우, 그로 인하여 구분소유자들이 소유권 행사에 다소 제약을 받는 등 그 권리에 영향을 미친다고 하더라도 이는 모든 구분소유자들에게 동일하게 영향을 미치는 것이고, 특별한 사정이 없는 한 집합건물의 소유 및 관리에 관한 법률 제29조 제1항 후문의 '일부의 구분소유자의 권리에 특별한 영향을 미칠 때'에 해당하지 않는다.

유흥주점 영업 중인 상가를
낙찰받을 경우 임대수익의 함정

상층부의 상가를 투자 대상으로 할 때에는 권리금이 있는 업종이 영업 중인 상가를 낙찰받으면 권리금 때문에 현재 영업 중인 임차인과 계약을 맺을 확률이 매우 높다. 따라서 상층부의 상가는 권리금이 있는 업종이 영업 중인 상가, 즉 노래방, PC방, DVD방, 단란주점, 유흥주점, 학원, 안마시술소 등이 영업 중인 상가를 입찰 대상으로 하는 것이 상가 투자에서 실패를 줄일 수 있다.

다음 사례의 물건은 유흥주점이 영업 중인 상가인데, 역시 권리금이 높게 형성되어 있는 물건이다. 따라서 이러한 물건을 낙찰받으면 현재 영업 중인 임차인과 계약 가능성이 매우 높다고 할 수 있다.

그러나 여기에 함정이 있다. 낙찰받고 현재 영업 중인 임차인과 계약을 맺으면 향후 생각지도 못한 비용이 과다하게 발생한다.

첫 번째는 취득세 중과다. 고급오락장용 건물은 취득세가 현재 12%다. 보통 상가는 취득세가 4%인데, 건축물의 용도가 위락시설이고 현재 유흥주점

2010타경10▒▒ (3)　　　· 대구지방법원 안동지원 · 매각기일 : 2010.11.08(月)(10:00) · 경매 2계(전화:054-850-▒▒▒▒)

소 재 지	경상북도 영주시 영주동 365-9, 상가 3층 ▒▒호　도로명주소검색				
물건종별	근린상가	감 정 가	280,000,000원	기일입찰	[입찰진행내용]
대 지 권	68㎡(20.57평)	최 저 가	(49%) 137,200,000원		
건물면적	227.42㎡(68.795평)	보 증 금	(10%) 13,720,000원		
매각물건	토지·건물 일괄매각	소 유 자	유▒연		
사건접수	2010-03-10	채 무 자	변▒경		
사 건 명	임의경매	채 권 자	푸른상호저축은행		

기일입찰 [입찰진행내용]

구분	입찰기일	최저매각가격	결과
1차	2010-09-06	280,000,000원	유찰
2차	2010-10-04	196,000,000원	유찰
3차	2010-11-08	137,200,000원	

낙찰 : 145,111,000원 (51.83%)

(입찰3명, 낙찰:▒▒▒개발)

매각결정기일 : 2010.11.15 - 매각허가결정

대금지급기한 : 2010.12.17

대금납부 2010.12.27

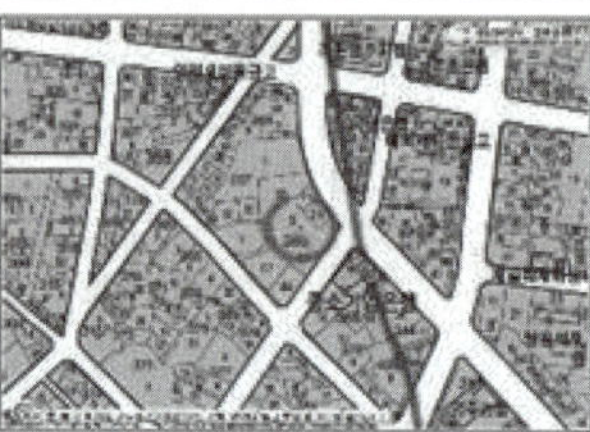

지적도	위치도	개황도	사진	사진	전자지도	전자지적도	로드뷰

• 매각물건현황 (감정원 : 성문감정평가 / 가격시점 : 2010.03.18)

목록	구분	사용승인	면적	이용상태	감정가격	기타
건물	3층중 3층		227.42㎡ (68.79평)	유흥주점(▒▒▒유흥주점)	196,000,000원	
토지	대지권		737㎡ 중 68㎡		84,000,000원	
현황 위치						

현황위치
* "국민은행" 남측 인근에 위치
* 주위는 시장,금융기관,병원,음식점,의류판매점,휴대폰판매점등의 각종 노선 상가지대임
* 본건까지 제반차량의 출입이 자유로우며, 인근에 시내버스정류장이 소재하고 있고, 지역적위치, 주변 도로상태, 대중교통여건 등을 고려할 때 제반교통상황은 양호함
* 인접필지와 등고평탄한 부정형의 토지로서, '상가점포용건부지'로 이용중임
* 남측으로 폭 약 12m의 보행자전용 아스팔트포장도로와 동측으로 폭 약 15m의 아스팔트포장도로와 각각 접하여, 본건 상가는 동측 도로를 통해 출입함

• 임차인현황 (말소기준권리 : 2007.06.27 / 배당요구종기일 : 2010.06.09)

임차인	점유부분	전입/확정/배당	보증금/차임	대항력	배당예상금액	기타
강▒옥	점포 전부	사업자등록: 미상 확 정 일 : 미상 배당요구일: 없음	보50,000,000원 월1,500,000원 환산20,000만원		배당금 없음	배당요구없음,2010.3.15-

• 등기부현황 (채권액합계 : 2,890,000,000원)

No	접수	권리종류	권리자	채권금액	비고	소멸여부
1	2006.05.17	공유자전원지분전부이전	강▒옥		매매	
2	2007.06.27	근저당	푸른상호저축은행	2,730,000,000원	말소기준등기	소멸
3	2009.06.24	압류	경주세무서			소멸
4	2009.11.16	압류	영주시		세무과-626	소멸
5	2009.11.17	소유권이전(매매)	유▒연			
6	2010.03.11	임의경매	푸른상호저축은행	청구금액: 1,964,210,447원	2010타경10▒▒	소멸
7	2010.04.09	가압류	박▒숙	160,000,000원		소멸

주의사항	대법원문건처리내역상 2010.10.29 유치권자 다인인테리어 유치권 신고가 있으나 물건번호(1,3)중 특정 물건이 지정되어 있지 않으므로 차후에 물건내역서를 확인하시기 바랍니다.

으로 영업을 하고 있으면 고급오락장용 건축물에 해당하기 때문에 취득세를 12% 납부해야 한다. 이 사례의 경우 현재 임차인과 계약하지 않고 명도한 후 다른 업종으로 임대를 주었을 경우 취득세를 계산하면 145,111,000원 ×4%=5,884,440원이다. 하지만 현재 유흥주점으로 영업하고 있는 임차인과 계약을 했을 때 취득세를 계산하면 고급오락장용 건축물에 해당되므로 145,111,000×12%=17,413,320원이다. 계약 시 월차임이 얼마인지는 모르겠지만 낙찰자가 생각했던 임대수익률이 훨씬 떨어질 것이다.

두 번째는 재산세 중과다. 재산세는 건물분이 0.25%이고, 토지분이 0.2~0.45% 정도 된다. 그러나 고급오락장용 건축물을 소유하고 있는 경우 재산세는 건물분이 4%이고, 토지분도 4%다. 즉, 일반건축물에 비해 약 16배의 재산세를 납부해야 한다. 이 부분을 생각지 않고 낙찰받으면 임대수익률이 입찰할 때 생각했던 수익률에 비해 현저히 감소할 것이다.

행정처분과 승계

┃ 행정처분의 승계

1. 행정처분

(1) 행정처분이란

행정처분은 식품위생법이나 공중위생관리법, 풍속영업의 규제에 관한 법률 등 개별법에 다양하게 규정되어 있어 그 내용을 모두 이해하고 있기가 현실적으로 어렵고 불가능하다. 그러나 상가 낙찰 시 영업자지위 승계와 관련된 행정처분의 확인은 필수사항이라고 할 수 있다. 낙찰을 받고 동일업종으로 임대를 주거나 낙찰자가 직접 직영을 할 경우에는 입찰 전에 반드시 관할 관청에서 확인을 하는 절차를 거친 후 입찰을 해야 한다.

(2) 행정처분의 종류

① 대물처분

대물처분은 일반적인 의미로 건축물이나 시설에 내려지는 처분이다. 영업정지와 영업장 폐쇄가 있는데 낙찰받았을 경우 대물처분은 낙찰받은 상가에 그대로 존속해 현 영업주의 업종을 승계하는 경우 행정처분도 승계하게 된다.

대물처분에서 영업정지는 제척기간이 1년이므로 1년 이전의 행정처분(행정처분만료일)은 승계되지 않고 1년 이내의 행정처분만 승계하며, 영업장폐쇄는 6개월간 동일 장소에서 동종 업종을 누구나 영업할 수 없다. 다만, 기존 시설물을 철거하고 새로운 업종으로는 영업할 수 있는데, 이 경우는 신규영업으로 간주하기 때문이다. 그러나 새로운 인·허가 문제가 발생할 수 있다.

② 대인처분

대인처분은 영업자인 사람에게 내려지는 처분으로 벌금형과 영업취소가 있다. 대인처분은 당사자 책임으로 승계되지 않고, 다만 영업취소 명령을 받은 양도인은 보통 1년 동안 다른 영업장에서도 동일 영업을 신규로 하지 못한다. 따라서 대인 처분은 낙찰받은 상가에 승계되지 않는다.

2. 행정처분 확인 순서

행정처분은 개별법에 따라 다소 다르지만 일반적으로 다음과 같은 순서로 행정처분이 내려진다. 경고 또는 시정명령 → 영업정지(7일~6개월) → 영업취소 → 영업장폐쇄 순서로 내려지는데 입찰자는 상가를 낙찰받을 때 예상치 못한 피해를 줄이기 위해서는 다음과 같은 순서로 행정처분 여부를 확인하면 된다.

⑴ 사전 관할 관청 확인

홈페이지나 유선상으로 사전에 관할 관청에 문의해 입찰대상 상가에 행정처분이 내려졌는지 확인하는 노력을 해야 한다. 하지만 입찰 전에 확인하는 것은 어려움이 있을 뿐더러 경우에 따라서는 시간과 노력 낭비라고 생각할 수 있다. 하지만 미리 확인할 수 있는 데까지는 확인하는 것이 낙찰받은 후 임대를 놓거나 직영을 할 때 유리할 수 있다.

⑵ 현 영업자 확인

입찰하기 전에 현 영업자에게 행정처분 받은 사항에 대해 확인을 하면 좋겠지만 현실적으로 불가능한 일이다. 경매 당한 상가에서 영업하는 사람이 자기의 행정처분 받은 사실을 이야기해주겠는가?

⑶ 낙찰 후 직접 확인

상가를 낙찰받은 경우 관할 관청에 가서 소유자임을 나타내면서 낙찰받은 상가의 행정처분 여부를 확인해야 한다. 그래야 향후 임대를 줄 때 예상치 않은 손해를 방지할 수 있다.

II 행정처분과 관련된 법률

1. 행정제재처분 승계조항이 있는 법률

⑴ 식품위생법

① 영업허가나 신고 제한(법 제38조)

　㉠ 단란주점과 휴흥주점

　　㉮ 대물처분

　　　ⓐ 일반사유로 인한 영업허가 취소 시 : 허가 취소 이후 6개월

　　　ⓑ 청소년 유흥접대원 고용 관련 영업허가 취소 시 : 허가 취소 이후 1년간

　　㉯ 대인처분

　　　ⓐ 일반사유로 인한 허가 취소 시 : 허가 취소 이후 2년간

　　　ⓑ 청소년 유흥접대원 고용 관련 영업허가 취소 시 : 허가 취소 이후 3년간

　㉡ 일반음식점, 휴게음식점, 제과점

　　㉮ 대물처분

　　　ⓐ 일반사유로 인한 영업장 폐쇄 시 : 영업장 폐쇄 명령 이후 6개월

　　　ⓑ 청소년 유흥접대원 고용 관련 영업허가 취소 시 : 1년간

　　㉯ 대인처분

　　　ⓐ 일반사유로 인한 영업장 폐쇄 시 : 영업장 폐쇄 명령 이후 1년간

　　　ⓑ 청소년 유흥접대원 고용 관련 영업허가 취소 시 : 허가 취소 이후 2년간

문) 저는 최근 점포를 얻은 후 단란주점영업을 하려고 관할구청에 영업허가신청을 했으나 3개월 전 같은 장소에서 같은 업종의 영업허가가 취소되었기 때문에 3개월이 더 지나야 허가가 날 수 있다고 한다. 저는 영업허가취소를 받은 당사자도 아닌데 바로 허가를 받을 수 없는지?

답) '식품위생법' 제58조 제1항 및 제2항은 "식품의약품안전청장 또는 특별자치도지사·시장·군수·구청장은 영업자가 식품위생법의 일정 규정을 위반한 때에는 대통령령이 정하는 바에 따라 영업허가를 취소하거나 6월 이내의 기간을 정해 그 영업의 전부 또는 일부를 정지하거나, 영업소의 폐쇄를 명할 수 있고, 영업자가 위 규정에 의한 영업의 정지명령에 위반해 계속 영업행위를 하는 때에는 그 영업의 허가를 취소하거나 영업소의 폐쇄를 명할 수 있다"고 규정하고 있고, 같은 법 제38조 제1항 제2호는 "제75조 제1항 또는 제2항에 따라 영업허가가 취소(제44조 제2항 제1호를 위반해 영업허가가 취소된 경우와 제75조 제1항 제18호에 따라 영업허가가 취소된 경우는 제외한다.)되고 6개월이 지나기 전에 같은 장소에서 같은 종류의 영업을 하려는 경우. 다만, 영업시설 전부를 철거해 영업허가가 취소된 경우에는 그러하지 아니하다"고 규정하고 있다.

따라서 이 경우는 영업시설의 전부를 철거한 경우가 아니므로 위 규정의 단서사항에 속하지 않고, 결국 3개월 전에 영업허가가 취소된 영업과 동일한 장소에서 동종의 영업을 하고자 하는 한 3개월이 더 지나야 허가를 받을 수 있다.

참고로 이와 같은 영업허가 취소 등의 대인적 효력을 보면, '식품위생법' 제75조 제1항 또는 제2항에 따라 영업허가가 취소(제4조부터 제6조까지, 제8조 또는 제44조 제2항 제1호를 위반해 영업허가가 취소된 경우와 제75조 제1항 제18호에 따라 영업허가가 취소된 경우는 제외한다.)되고 2년이 지나기 전에 같은 자(법인인 경우에는 그 대표자를 포함한다.)가 취소된 영업과 같은 종류의 영업을 하고자 하는 때에도 영업허가를 할 수 없다(같은 법 제38조 제1항 제4호).

② 행정 제재처분 효과의 승계(법 제78조)

영업자가 영업을 양도하거나 법인이 합병되는 경우에는 제75조 제1항 각 호, 같은 조 제2항 또는 제76조 제1항 각 호를 위반한 사유로 종전의 영업자에게 행한 행정 제재처분의 효과는 그 처분기간이 끝난 날부터 1년간 양수인이나 합병 후 존속하는 법인에 승계되며, 행정 제재처분 절차가 진행 중인 경우에는 양수인이나 합병 후 존속하는 법인에 대해 행정 제재처분 절차를 계속할 수 있다. 다만, 양수인이나 합병 후 존속하는 법인이 양수하거나 합병할 때에 그 처분 또는 위반사실을 알지 못했음을 증명하는 때에는 그렇지 않다.

◎ 대법원 1995.2.24. 선고 94누9146 판결 【일반유흥음식점허가취소처분취소】
【판결요지】
가. 식품위생법 제25조 제3항에 의한 영업양도에 따른 지위승계신고를 수리하는 허가관청의 행위는 단순히 양도 · 양수인 사이에 이미 발생한 사법상의 사업양도의 법률효과에 의하여 양수인이 그 영업을 승계하였다는 사실의 신고를 접수하는 행위에 그치는 것이 아니라, 영업허가자의 변경이라는 법률효과를 발생시키는 행위라고 할 것이다.
나. 사실상 영업이 양도 · 양수되었지만 아직 승계신고 및 그 수리처분이 있기 이전에는 여전히 종전의 영업자인 양도인이 영업허가자이고, 양수인은 영업허가자가 되지 못한다 할 것이어서 행정제재처분의 사유가 있는지 여부 및 그 사유가 있다고 하여 행하는 행정제재처분은 영업허가자인 양도인을 기준으로 판단하여 그 양도인에 대하여 행하여야 할 것이고, 한편 양도인이 그의 의사에 따라 양수인에게 영업을 양도하면서 양수인으로 하여금 영업을 하도록 허락하였다면 그 양수인의 영업 중 발생한 위반행위에 대한 행정적인 책임은 영업허가자인 양도

(2) 음악산업진흥에 관한 법률

① 영업 제한(법 제19조)

제16조 및 제18조에 따라 신고 또는 등록하고자 하는 자가 다음 각 호의 어느 하나에 해당하는 때에는 제16조 및 제18조의 규정에 따른 신고 또는 등록을 할 수 없다.

ㄱ 제27조 제1항의 규정에 따라 영업의 폐쇄명령 또는 등록의 취소처분을 받은 후 1년이 경과되지 아니하거나 영업정지처분을 받은 후 그 기간이 종료되지 아니한 자(법인의 경우에는 그 대표자 또는 임원을 포함한다.) 가 같은 업종을 다시 영위하고자 하는 때

ㄴ 노래연습장업자가 제27조 제1항의 규정에 따라 영업의 폐쇄명령 또는 등록의 취소처분을 받은 후 1년이 경과되지 아니하거나 영업정지처분을 받은 후 그 기간이 종료되지 아니한 경우에 같은 장소에서 같은 업종을 다시 영위하고자 하는 때

② 행정 제재처분 효과의 승계(법 제23조)

㉠ 음악산업진흥에관한법률 제23조 제1항의 규정에 따라 영업자의 지위를 승계하는 경우 종전의 영업자에게 제27조 제1항 각 호의 위반을 사유로 행한 행정제재처분의 효과는 그 행정제재처분일로부터 1년간 영업자의 지위를 승계 받은 자에게 승계되며, 행정제재처분의 절차가 진행 중인 때에는 영업자의 지위를 승계 받은 자에게 행정제재처분의 절차를 속행할 수 있다. 다만, 영업자의 지위를 승계 받은 자가 승계 시에 그 처분 또는 위반사실을 알지 못한 경우에는 그러하지 아니하다. 〈개정 2009.3.18〉

㉡ 영업자가 그 영업을 폐지한 후에 종전의 영업자, 그 배우자 또는 직계혈족(이하 '친족등'이라 한다)이 그 영업장소에서 같은 업종을 영위하는 때에는 종전의 영업자에게 제27조 제1항 각 호의 위반사유로 행한 행정제재처분의 효과는 그 행정제재처분일로부터 1년간 친족등에게 승계되며, 행정제재처분의 절차가 진행 중인 때에는 친족등에 대해 행정제재처분의 절차를 속행할 수 있다. 다만, 친족등이 그 영업을 영위하는 때에 그 처분 또는 위반사실을 알지 못한 경우에는 그러하지 아니하다.

◈ **사례 분석**

문) 노래연습장 영업 중인 상가를 낙찰받고 현 영업주에게 일정 금액의 합의금을 지급하고 권리양수도계약을 할 때 기존에 영업정지 2번 당한 것이 있는 상태에서 양도받으면 2번 영업정지 받은 것이 낙찰자인에게 그대로 승계되는 것인지? 그리고 영업정지 당한 내용을 확인하려면 어떻게 해야 하는지?

답) 행정처분은 개별 법규마다 다르다. 영업과 관련한 행정처분 사항이 제3자에게 승계되는 경우도 있고, 그렇지 않는 경우도 있다. 노래연습장은 '음악산업진흥에관한법률' 규정상 행정처분의 내용이 제3자에게 승계되도록 규정하고 있지만, '의료법'과 '학원의설립운영및과외교습에관한법률'는 행정처분 관련 내용은 규정되어 있으나 제3자 승계 규정은 없다.

따라서 노래연습장을 양도·양수하는 경우에는 낙찰자(양수인)에게 이전 영업과 관련한 행정처분의 내용이 그대로 승계되어진다. 다만, 모든 행정처분은 그 제척기간이 1년으로 정해져 있어서 1년이 경과하면 해당 행정처분의 기록은 소멸되어 차수별 가중처벌의 산정에 있어서 제외되고 노래연습장에 대한 행정처분 확인은 관할관청 위생과에 가면 확인할 수 있다.

◈ **사례 분석**

문)

(1) 1차 : 주류 판매·제공, 접대부 알선

· 위반행위 적발일 : 2010. 11. 30

· 행정처분 확정일 : 2011. 2. 25

· 영업정지 40일(2011. 3. 1 ~ 2011. 4. 9)

(2) 2차 : 주류 판매·제공, 접대부 알선

· 위반행위 적발일 : 2011. 07. 22

· 행정처분 확정일 : 2011. 12. 12

· 영업정지 90일(2011. 12. 28 ~ 2012. 3. 26)

(3) (별표 2) 행정처분의 기준에서 1.일반기준 중 "다"의 의거, 같은 위반행위에 대해 최초로 행정처분을 한 날을 기준으로 현 업주는 위의 현황과 같이 2012년 2월 25일부터는(차수적용기간 : 2011. 2. 25 ~ 2012. 2. 24) 같은 위반행위에 대한 차수 적용이 소멸되는 1년이다. 그래서 현 업주는 차수적용이 끝나는 2012년 2월 25일 이후에 영업자 변

경을 하고자 하며, 양수인은 행정처분을 받은 사실과 현재 진행 중인 상태에 대해 인지하고 있다.

법 제23조(영업의 승계 등)에 의하면, 행정제재처분일(최근 행정처분한 날)을 기준으로 행정처분 2차의 경우는 1년이 지나지 않았으므로, 행정처분 2차는 양수인에게 그대로 승계가 될 것이며, 이때 양수인이 행정처분 2차 기준으로 1년 이내에 같은 행위로 적발이 되었을 경우 행정처분 차수는 몇 차수가 되는 것인지?

답) 음악산업진흥에 관한 법률 제23조(영업의 승계 등) 제3항에 따르면, '행정제재처분일로 부터 1년간 영업자의 지위를 승계 받은 자에게 승계되며, 행정제재처분의 절차가 진행 중인 때에는 영업자의 지위를 승계 받은 자에게 행정제재처분의 절차를 속행할 수 있다.' 라고 되어 있어, 양수자에게 양도자의 행정제재처분의 효과는 승계가 된다. 양도자에게 실시된 1차 처분시점에서 1년이 지났을 경우, 2차 처분을 기준으로 1년간을 산정해야 하는 바 2차 처분 후 1년 내 같은 위반행위 적발 시 당초의 2차 처분이 1차에 해당하게 되어 당해 위반행위는 2차에 해당하게 된다.

⑶ 게임산업진흥에 관한 법률

① 영업 제한(법 제27조)

제25조 및 제26조의 규정에 의한 허가를 받거나 등록 또는 신고를 하고자 하는 자가 다음 각 호의 어느 하나에 해당하는 경우에는 제25조 또는 제26조의 규정에 따른 허가를 받거나 등록 또는 신고를 할 수 없다. 〈개정 2007.1.19, 2011.9.15〉

㉠ 제35조 제1항 및 제2항의 규정에 의해 영업폐쇄명령 또는 허가·등록 취소처분을 받은 후 1년이 경과되지 아니하거나 영업정지처분을 받은 후 그 기간이 종료되지 아니한 자(법인의 경우에는 그 대표자 또는 임

원을 포함한다)가 같은 업종을 다시 영위하고자 하는 경우

ⓒ 제35조 제1항 및 제2항의 규정에 의하여 영업폐쇄명령 또는 허가·등
록 취소처분을 받은 후 1년이 경과되지 아니하거나 영업정지처분을
받은 후 그 기간이 종료되지 아니한 경우에 같은 장소에서 그 영업과
같은 업종을 영위하고자 하는 경우

ⓒ '청소년 보호법' 제2조 제5호의 규정에 의한 청소년유해업소를 영위
하는 자가 복합유통게임제공업을 하고자 하는 경우

② 행정 제재처분 효과의 승계(법 제37조)

㉠ 제29조 제1항의 규정에 의해 영업자의 지위를 승계하는 경우 종전
의 영업자에게 제35조 제1항 각 호 또는 제2항 각 호의 위반을 사
유로 행한 행정제재처분의 효과는 그 행정처분일부터 1년간 영업
자의 지위를 승계받은 자에게 승계되며 행정제재처분의 절차가 진
행 중인 때에는 영업자의 지위를 승계받은 자에게 행정제재처분
의 절차를 속행할 수 있다. 다만, 양수인·상속인 또는 합병 후 존속
하는 법인이 양수 또는 합병 시에 그 처분 또는 위반사실을 알지 못한
경우에는 그러하지 아니하다.

㉡ 제29조 제2항의 규정에 의하여 영업자의 지위를 승계하는 경우 폐업
신고 전에 제35조 제1항 각 호 또는 제2항 각 호의 위반을 사유로 행
한 행정제재처분의 효과는 그 행정처분일부터 1년간 영업자의 지위
를 승계받은 자에게 승계되며 행정제재처분의 절차가 진행 중인 때
에는 영업자의 지위를 승계받은 자에게 행정제재처분의 절차를 속행

할 수 있다.

⑷ 영화및비디오물의 진흥에 관한 법률

① 영업의 제한(법 제59조)

법 제57조 및 제58조의 규정에 의해 신고 또는 등록을 하고자 하는 자가 다음 각 호의 어느 하나에 해당하는 때에는 제57조 또는 제58조의 규정에 의한 신고 또는 등록을 할 수 없다.

   ㉠ 제67조 제1항 또는 제2항의 규정에 의하여 영업의 폐쇄명령 또는 등록의 취소처분을 받은 후 1년이 경과되지 아니하거나 영업정지처분을 받은 후 그 기간이 종료되지 아니한 자(법인의 경우에는 그 대표자 또는 임원을 포함한다.)가 같은 업종을 다시 영위하고자 하는 때

   ㉡ 제67조 제1항 또는 제2항의 규정에 의하여 영업의 폐쇄명령 또는 등록의 취소처분을 받은 후 1년이 경과되지 아니하거나 영업정지처분을 받은 후 그 기간이 종료되지 아니한 경우에 같은 장소에서 같은 업종을 영위하고자 하는 때(비디오물제작업을 제외한다)

② 행정 제재처분 효과의 승계(법 제69조)

   ㉠ 제63조 제1항의 규정에 의하여 영업자의 지위를 승계하는 경우 종전의 영업자에 대하여 제67조 제1항 각 호 또는 제2항 각 호의 위반을 사유로 행한 행정제재처분의 효과는 그 행정처분일부터 1년간 그 양수인·상속인 또는 합병 후 신설되거나 존속하는 법인에 승계되며 행정제재처분의 절차가 진행 중인 때에는 양수인·상

 다만, 양수인·상속인 또는 합병 후
신설되거나 존속하는 법인이 양수 또는 합병시에 그 처분 또는 위반
사실을 알지 못한 경우에는 그러하지 아니하다.

ⓛ 제63조 제2항의 규정에 의하여 영업자의 지위를 승계하는 경우 폐
업신고 전에 제67조 제1항 각 호 또는 제2항 각 호의 위반을 사유
로 행한 행정제제처분의 효과는 그 행정처분일부터 1년간 영업자의
지위를 승계받은 자에게 승계되며 행정제재처분의 절차가 진행 중
인 때에는 영업자의 지위를 승계받은 자에게 행정제재처분의 절차
를 속행할 수 있다.

(5) 공중위생관리법

① 영업의 제한(법 제11조)

시장·군수·구청장은 공중위생영업자가 이 법 또는 이 법에 의한 명령에
위반하거나 또는 '성매매알선 등 행위의 처벌에 관한 법률'·'풍속영업의 규
제에 관한 법률'·'청소년 보호법'·'의료법'에 위반해 관계행정기관의 장의 요
청이 있는 때에는 6월 이내의 기간을 정하여 영업의 정지 또는 일부 시설의
사용중지를 명하거나 영업소폐쇄 등을 명할 수 있다.

② 행정 제재처분 효과의 승계(법 제11조의3)

반을 사유로 행한 행정제재처분의 효과는 그 처분기간이 만료된 날부터 1년간 양수인·상속인 또는 합병후 존속하는 법인에 승계된다.

ⓛ 공중위생영업자가 그 영업을 양도하거나 사망한 때 또는 법인의 합병이 있는 때에는 제11조 제1항의 위반을 사유로 하여 종전의 영업자에 대해 진행중인 행정제재처분 절차를 양수인·상속인 또는 합병 후 존속하는 법인에 대해 속행할 수 있다

◈ **사례분석**

문) 甲으로부터 이용업소를 양수해 상호를 변경한 후 관할 지방자치단체에 이용업소 개설통보를 했다. 그런데 甲이 이 업소의 양도 전에 '공중위생관리법' 위반사실이 있어 영업을 정지할 위법사유가 있었다는 이유로 이 업소에 대해 영업정지처분이 부과되었다. 이것이 타당한지?

답) '공중위생관리법' 제11조 제1항은 '시장·군수·구청장은 공중위생영업자가 이 법 또는 이 법에 의한 명령에 위반하거나 또는 '성매매알선 등 행위의 처벌에 관한 법률'·'풍속영업의 규제에 관한 법률'·'청소년보호법'·'의료법'에 위반해 관계행정기관의 장의 요청이 있는 때에는 6월 이내의 기간을 정해 영업의 정지 또는 일부 시설의 사용중지를 명하거나 영업소폐쇄 등을 명할 수 있다. 다만, 관광숙박업의 경우에는 당해 관광숙박업의 관할행정기관의 장과 미리 협의해야 한다'라고 규정하고 있고, 같은 법 제11조의4 제4항은 "성매매알선 등 행위의 처벌에 관한 법률' 등 외의 법률의 위반으로 제11조 제1항에 따른 폐쇄명령이 있은 후 6개월이 경과하지 아니한 때에는 누구든지 그 폐쇄명령이 이루어진 영업장소에서 같은 종류의 영업을 할 수 없다'라고 규정하고 있다.
그런데 공중위생영업에 있어 그 영업을 정지할 위법사유가 있는 경우, 그 영

업이 양도·양수되었다 하더라도 양수인에 대하여 영업정지처분을 할 수 있는지에 관하여 판례는 "구 공중위생관리법(2000. 1. 12. 법률 제6155호로 개정되기 전의 것)공중위생관리법 제11조 제5항에서 영업소 폐쇄명령을 받은 후 6개월이 지나지 아니한 경우에는 동일한 장소에서는 그 폐쇄명령을 받은 영업과 같은 종류의 영업을 할 수 없다고 규정하고 있는 점 등을 고려해 볼 때 영업정지나 영업장 폐쇄명령은 모두 대물적 처분으로 보아야 할 것이므로, 양수인이 그 양수 후 행정청에 새로운 영업소 개설통보를 하였다 하더라도, 그로 인해 영업양도·양수로 영업소에 관한 권리·의무가 양수인에게 이전하는 법률효과까지 부정되는 것은 아니므로, 만일 어떠한 공중위생영업에 대해 그 영업을 정지할 위법사유가 있다면, 관할행정청은 그 영업이 양도·양수되었다 하더라도 그 업소의 양수인에 대해 영업정지처분을 할 수 있다"라고 했다(대법원 2001. 6. 29. 선고 2001두1611 판결, 대법원 2003. 10. 23. 선고 2003두8005 판결).

따라서 위 경우에도 비록 양도인 甲이 위 업소의 양도 전에 '공중위생관리법' 위반사실이 있어 영업을 정지할 위법사유가 있었던 경우일지라도 양수인인 귀하에 대해 영업정지처분이 가능하다고 할 것이다.

◆ **중요 판례**

◎ 대법원 2001. 6. 29. 선고 2001두1611 판결【영업정지처분취소】
【판시사항】
공중위생영업에 있어 그 영업을 정지할 위법사유가 있는 경우, 그 영업이 양도·양수되었다 하더라도 양수인에 대해 영업정지처분을 할 수 있는지 여부(적극)
【판결요지】
구 공중위생관리법(2000. 1. 12. 법률 제6155호로 개정되기 전의 것) 제11조 제5항에서, 영업소폐쇄명령을 받은 후 6월이 지나지 아니한 경우에는 동일한 장소에서는 그 폐쇄명령을 받은 영업과 같은 종류의 영업을 할 수 없다고 규정하고 있고, 같은법 시행규칙 제19조 [별표 7] 행정처분기준 Ⅱ. 개별기준 3. 이용업에서 업주의 위반사항에 대하여 3차 또는 4차 위반시(다만, 영업정지처분을 받고 그 영업정지기간 중 영업을 한 경우는 1차 위반시)에는 영업장폐쇄명령을 하고, 그보다 위반횟수가 적을 경우에는 영업정지, 개선명령 등을 하게 되며, 일정한 경우 하나의 위반행위에 대하여 영업소에 대한 영업정지 또는 영업장폐쇄명령을, 이용사(업주)에 대한 업무정지 또는 면허취소 처분을 동시에 할 수 있다고 규정하고 있는 점 등을 고려하여 볼 때 영업정지나 영업장폐쇄명령 모두 대물적 처분으로 보아야 할 이치이고, 아울러 구 공중위생관리법(2000. 1. 12. 법률 제6155호로 개정되기 전의 것) 제3조 제1항에서 보건복지부장관은 공중위생영업자로 하여금 일정한 시설 및 설비를 갖추고 이를 유지·관리하게 할 수 있으며, 제2항에서 공중위생영업자가 영업소를 개설한 후 시장 등에게 영업소개설사실을 통보하도록 규정하는 외에 공중위생영업에 대한 어떠한 제한규정도 두고 있지 아니한 것은 공중위생영업의 양도가 가능함을 전제로 한 것이라 할 것이므로, 양수인이 그 양수 후 행정청에 새로운 영업소개설통보를 하였다 하더라도, 그로 인하여 영업양도·양수로 영업소에 관한 권리의무가 양수인에게 이전하는 법률효과까지 부정되는 것은 아니라 할 것인바, 만일 어떠한 공중위생영업에 대하여 그 영업을 정지할 위법사유가 있다면, 관할 행정청은 그 영업이 양도·양수되었다 하더라도 그 업소의 양수인에 대하여 영업정지처분을 할 수 있다고 봄이 상당하다.

2. 행정처분 승계 조항이 없는 법률

(1) 의료법

의사, 한의사의 행정처분은 대인처분이다.

⑵ 학원 설립 운영 및 과외교습에 관한 법률

학원장이나 교습소 원장의 행정처분과 독서실 원장의 행정처분은 대인처분이다.

⑶ 체육시설의 설치 · 이용에 관한 법률

당구장이나 헬스장, 골프연습장을 운영하다가 행정처분을 받은 경우에는 체육시설법에 양수인의 승계조항이 없으므로 양도인이 받은 행정처분은 승계되지 않는다.

◆ 사례 분석

문) A라는 업주가 체육시설업 영업 중 위반사항이 발견되어 행정처분 영업정지 10일에 처해질 상황이고 사전통지가 나간 후 의견제출이 없어, 영업정지 처분이 내려질 시에 A는 제3자인 B에게 대표자명의를 인수하려고 한다. 이럴 경우 B에게 행정처분이 승계되는지? 다만, A에게 내려질 행정처분인 영업정지 10일의 처분이 끝난 다음에 대표자변경을 받는 것이 타당한지? 아니면 영업정지 10일 처분과 관계없이 명의변경을 받는 것이 타당한지?

답) 체육시설의 설치 이용에 관한 법령상 행정처분의 승계에 대해서는 별도로 규정하고 있지 않다. 또한 행정처분은 법규를 위반한 당해 체육시설업자에 대한 처분이라 할 것인 바, 행정처분 기간 중 실질적으로 제3자에 대한 양도양수를 거쳐 이에 대한 영업자 변경신고가 있을 시에는 이를 접수 처리해야 한다.

문) 영업정지 3일(준수사항위반) 처분을 받은 업주가 제3자에게 명의를 양도했을 경우 1년 내에 동일위반행위 장소가 적용되지 않는 대인처분으로 행위자 기준이 맞다면, 행정 처분을 피할 목적으로 제2자에게 명의를 변경하더라도 행정청에서는 변경신고처리를 해줘야 맞는지? 그리고 영업장소제한이 없어 등록취소된 당구장에 새로운 사람명의 로 신규신고가 가능한지?

답) 체육시설의 설치 이용에 관한 법률 제32조 및 동 시행규칙 27조의 규정은 행 위자에 대한 처분 규정인 바, 영업정지 기간 중이라 하더라도 명백히 제3자와 양도양수를 한 경우라면 관련 증빙자료를 면밀히 검토해 하자가 없을 시에는 이를 처리해야 할 것이며 이는 영업폐쇄의 경우에도 동일하다.

⑷ 안마사에 관한 규칙

안마원이나 안마시술소를 영업하다가 행정처분을 받은 경우 대인처분에 해당하므로 양수인에게 행정처분이 승계되지 않는다.

◎ 안마시술소·안마원에 대해 행정처분을 한 후 개설자가 변경된 경우 종전의 행정처분 효과가 승계되는지의 여부

문) 안마시술소·안마원의 개설자가 해당 안마시술소·안마원에서 퇴폐·음란행위를 하게 하거나 이를 하도록 내버려 둔 위반행위로 안마시술소·안마원에 경고의 행정처분이 내려진 후 개설자가 변경되었는데 해당 안마시술소·안마원에서 종전의 행정처분을 받은 날부터 1년 이내에 종전의 행정처분 사유와 같은 사항의 위반행위가 있는 경우, 해당 위반행위에 대하여 행정처분의 기준인 '안마사에 관한 규칙' 별표 2를 적용할 때 종전의 위반사항을 거듭 위반한 경우로 보아 영업정지 처분을 할 수 있는지?

답) '의료법' 및 '안마사에 관한 규칙'에서 안마시술소·안마원의 개설자가 안마업을 양도한 경우에 양도인의 지위를 승계한다는 명시적인 규정이 없고, 또한 안마시술소·안마원의 개설자를 소정의 자격인정을 받은 안마사로 제한하고 있으며, 안마사에 대한 결격 사유 규정이 있는 것 등을 고려하면 안마시술소·안마원의 개설신고의 수리를 순수한 대물적 처분으로 보기도 어려우므로 안마시술소·안마원의 개설자로부터 해당 안마시술소·안마원 시설을 양수한 자가 당연히 종전의 안마시술소·안마원의 개설자의 지위를 승계한다고 볼 수 없고, 양수인에게 그 지위가 승계되지 않는다면 종전의 개설자가 '의료법' 및 '안마사에 관한 규칙'을 위반해 받은 행정처분의 효과 역시 새로운 개설자인 양수인에게 승계될 수 없다 할 것이다.

더구나 '의료법' 제64조·제82조에 따르면 같은 법 제64조 제1항에 따라 안마시술소·안마원의 폐쇄 명령을 받은 자는 그 폐쇄 명령을 받은 날부터 6개월 이내에, 안마업의 정지처분을 받은 자는 그 업무 정지기간 중에 각각 안마시술소·안마원을 개설·운영하지 못하도록 하고 있고, 개설자의 인적인 위반행위로 사업의 전부나 일부에 대해서는 행정처분의 경우에는 대인적인 요소가 전혀 없다고 할 수 없는 점, 영업소에 대한 폐쇄명령을 받은 경우 그 장소에서 같은 종류의 영업을 할 수 없도록 하는 규정을 두고 있지 않은 점 등에 비추어 볼 때, 시설기준 위반과 같이 물적 시설에만 관련된 위반사항에 대해서는 행정처분이 아니라 안마시술소·안마원에서 퇴폐·음란행위를 하게 하거나 이를 하도록 내버려 둔 위반행위 등 개설자의 인적인 위반행위로 행해지는 안마시술소·안마원에 대한 처분에 대해서는 순수한 대물적 처분의 성격을 갖는 것으로 단정할 수 없으므로 해당 행정처분의 효과가 새로운 개설자에게 승계된다고 볼 수 없다.

영업자지위승계(영업승계)

낙찰받은 상가에서 낙찰자가 직접 영업을 하려고 할 때 낙찰자는 현 영업자의 지위를 승계할 수 있는 경우가 있다. 그러나 영업자지위승계(영업승계)는 모든 업종이 가능한 것이 아니다.

영업자지위승계가 가능한 업종은 각각의 개별법령에 규정되어 있다. 영업자지위승계가 규정된 업종을 양도인과 합의한 권리금을 지급하고 인수한 양수인은 개별 법령(식품위생법, 공중위생관리법 등)에 의해 양도인과 같이 영업자지위승계신고를 관할관청에 하여야 한다.

이때 관할관청에서 담당 공무원이 양수인에게 양도인이 받은 행정처분 내용(1년 이내 행정처분)이나 진행 중인 행정처분을 고지하도록 되어 있으므로 최종적으로 영업자지위승계 신고 시에 행정처분에 대한 사항을 알게 된다.

｜ 영업승계 가능 업종

1. 식품위생법상 식품접객업

식품위생법상 식품접객업은 유흥주점, 단란주점, 일반음식점, 휴게음식점, 제과점이 있다. 이러한 업종은 식품위생법 규정에 의해 승계가 된다.

(1) 권리양수도 시 영업승계(법 제39조 제1항)

영업자가 영업을 양도하거나 사망한 경우 또는 법인이 합병한 경우에는 그 양수인·상속인 또는 합병 후 존속하는 법인이나 합병에 따라 설립되는 법인은 그 영업자의 지위를 승계한다.

(2) 경매나 공매 시 영업승계(법 제39조 제2항)

법 제29조 제2항 각 호의 어느 하나에 해당하는 절차에 따라 영업 시설의 전부를 인수한 자는 그 영업자의 지위를 승계한다. 이 경우 종전의 영업자에 대한 영업 허가·등록 또는 그가 한 신고는 그 효력을 잃는다.〈개정 2011.6.7〉

① '민사집행법'에 따른 경매
② '채무자 회생 및 파산에 관한 법률'에 따른 환가
③ '국세징수법', '관세법' 또는 '지방세기본법'에 따른 압류재산의 매각
④ 그밖에 제1호부터 제3호까지의 절차에 준하는 절차

⑶ **영업승계 신고의무(법 제39조 제3항)**

법 제39조 제1항 또는 제2항에 따라 그 영업자의 지위를 승계한 자는 보건복지부령으로 정하는 바에 따라 1개월 이내에 그 사실을 식품의약품안전청장 또는 특별자치도지사·시장·군수·구청장에게 신고해야 한다. 〈개정 2010.1.18〉 영업자지위승계 시 제출서류는 다음과 같다.

① 영업자 지위승계 신고서

② 영업신고증이나 영업허가증

③ 다음 각 목에 따른 권리의 이전을 증명하는 서류

　㉠ 양도의 경우에는 양도·양수를 증명할 수 있는 서류 사본

　㉡ 상속의 경우에는 '가족관계의 등록 등에 관한 법률' 제15조 제1항 제1호의 가족관계증명서와 상속인임을 증명하는 서류

　㉢ 그밖에 해당 사유별로 영업자의 지위를 승계하였음을 증명할 수 있는 서류

◈ **사례 분석**

문) 소유주가 종래에 단란주점 용도로 사용되어 왔던 소유주 건물 지하부분을 甲에게 임대해줬고, 당시 甲은 임대차기간 중에 임차인 甲명의로 단란주점영업허가를 받아 단란주점영업을 경영하되 임대차기간 만료 시에는 그 허가명의를 임대인인 소유주 명의로 변경해 주기로 약정했다. 그후 임대차기간이 만료되어 甲은 위 건물을 명도했으나 단란주점 영업허가명의를 소유주 명의로 변경하는 절차를 이행하지 않고 있다. 단란주점 영업허가를 소유주 명의로 바꾸기 위해 소유주는 어떠한 조치를 취할 수 있는지?

답) '식품위생법' 제39조는 "① 영업자가 영업을 양도하거나 사망한 경우 또는 법인이 합병한 경우에는 그 양수인·상속인 또는 합병 후 존속하는 법인이나 합병에 따라 설립되는 법인은 그 영업자의 지위를 승계한다. ② 제29조제2항 각 호의 어느 하나에 해당하는 절차에 따라 영업 시설의 전부를 인수한 자는 그 영업자의 지위를 승계한다. 이 경우 종전의 영업자에 대한 영업허가 또는 그가 한 신고는 그 효력을 잃는다. ③ 제1항 또는 제2항에 따라 그 영업자의 지위를 승계한 자는 보건복지부령으로 정하는 바에 따라 1개월 이내에 그 사실을 식품의약품안전청장 또는 특별자치도지사·시장·군수·구청장에게 신고해야 한다. 〈개정 2010.1.18〉"라고 규정하고 있다.

제1항에 따라 양도 또는 상속으로 인한 신고서를 제출받은 허가관청 또는 신고관청은 '전자정부법' 제36조 제1항에 따른 행정정보의 공동이용을 통해 양도의 경우에는 인감증명서를 확인해야 한다. 다만, 신고인이 이에 동의하지 아니하는 경우에는 해당 서류를 제출하게 해야 하고, 양도인과 양수인이 허가관청 또는 신고관청에 함께 방문해 영업자 지위승계 신고를 하는 경우에는 인감증명서를 확인하지 않을 수 있다. 〈개정 2010.9.1〉

그러므로 영업자지위승계 신고를 하고자 하는 양수인은 영업자지위승계서에 권리이전을 증빙하는 서류(양도·양수를 증빙할 수 있는 서류 사본 및 양도인의 인감증명서)를 첨부해 허가 또는 신고 관청에 제출해야 한다.

그런데 위 사안의 경우와 같이 임대차기간의 만료 시 영업허가명의를 임차인에서 임대인으로 변경할 것을 약정했으나 임차인이 명의변경에 협조하지 않는 경우에도 위 규정이 적용되어 양도인지위승계 신고를 할 수 있는지 등이 문제된다.

이에 관해 판례는 "식품위생법과 식품위생법시행규칙의 여러 관계 규정을 종합하여 고려하면, 임차인이 임대인으로부터 종래 다방 용도로 사용되어 왔던 임대인 소유인 건물의 지하 부분을 임차함에 있어 임대차기간 중에 임차인 명의로 다방영업허가를 받아 다방업을 경영하되 임대차기간 만료 시에는 그 허가명의를 임대인 명의로 변경하여 주기로 약정하고 다방영업허가를 받아 다방업을 영위하다가 임대차기간이 만료되어 임대인에게 건물부분을 명도한 경우, 이는 임차인이 그 영업을 양도한 때에 준한다고 봄이 상당하여 임대인이 다방의 영업자의 지위를 승계 하는 경우라고 할 것이므로, 임차인은 임대인에게 다방영업허가명의의 변경절차를 이행할 의무가 있고, 임대인은 이를 소구할 수 있다"라고 했다(대법원 1997. 4. 25. 선고 95다19591 판결). 사안에서 임대차계약 만료 시 임차인인 甲이 소유주에게 그 영업을 양도하는 경우에 준한다고 볼 수 있으므로, '식품위생법' 및 같은 법 시행규칙에 따라 권리이전을 증빙할 수 있는 서류를 지참해 영업자지위승계 신고를 하면 될 것이며, 만약 甲이 행방불명되었거나 고의로 인감증명서 등을 떼어주지 않아 양도·양수 사실을 인정받기 곤란한 경우에는 소유주가 甲을 상대로 단란주점 영업허가명의의 변경절차를 이행하라는 민사소송을 제기해 승소한 후, 그 판결문 사본을 첨부해 영업자지위승계 신고를 할 수 있을 것이다.

◆ **중요판례**

대법원2001. 2. 9.선고2000도2050판결【식품위생법위반】
【판시사항】
[1] 구 식품위생법상 영업자로부터 영업을 양수하여 영업자의 지위를 승계한 경우, 그 대가의 지급 여부 또는 양도인의 인감증명서 교부 여부와 무관하게 영업자지위승계신고를 할 의무가 있는지 여부(적극)
[2] 전 영업허가자로부터 영업을 완전히 양수하여 영업을 계속하면서도 양수대금을 지급하지 아니하여 양도인의 인감증명서를 교부받을 수 없다는 이유로 구 식품위생법상의 영업자지위승계신고를 하지 않은 경우, 양도인이 영업승계에 필요한 서류를 교부해 주지 않는다고 하여 영업자의 지위승계를 신고하는 것이 불가능하다든가 또는 그 미신고행위가 정당화된다든가 할 수 없다고 본 사례
【판결요지】
[1] 구 식품위생법(1997. 12. 13. 법률 제5453호로 개정되기 전의 것) 제25조 제1항, 제3항에 의하여 영업양도에 따른 지위승계신고를 수리하는 허가관청의 행위는,

단순히 양도·양수인 사이에 이미 발생한 사법상의 사업양도의 법률효과에 의하여 양수인이 그 영업을 승계하였다는 사실의 신고를 접수하는 행위에 그치는 것이 아니라, 실질에 있어서 양도자의 사업허가를 취소함과 아울러 양수자에게 적법히 사업을 할 수 있는 권리를 설정하여 주는 행위로서 사업허가자의 변경이라는 법률효과를 발생시키는 행위라고 할 것이고, 한편 구 식품위생법시행규칙(1998. 10. 19. 보건복지부령 제83호로 개정되기 전의 것) 제33조에 의하면, 위 법 제25조 제3항에 따라 영업자의 지위승계신고를 하고자 하는 자는 [별지 제33호 서식]에 의한 영업자지위승계신고서에 권리의 이전을 증빙하는 서류 및 양도인의 인감증명서 등을 첨부하여 허가 또는 신고관청에 제출하여야 한다고 하면서, 행방불명(주민등록법상 무단전출을 포함한다) 등으로 양도인의 인감증명서를 첨부하지 못하는 경우에는 허가 또는 신고관청이 사실확인 등을 통하여 양도·양수가 이루어졌다고 인정할 수 있는 때에는 이를 제출하지 아니할 수 있다고 규정되어 있음을 알 수 있는바, 이러한 법리와 관계 법령의 취지에 비추어 보면 구 식품위생법(1997. 12. 13. 법률 제5453호로 개정되기 전의 것)상 영업자로부터 영업을 양수하여 영업자의 지위를 승계한 자는, 그 대가의 지급여부 또는 양도인의 인감증명서 교부 여부와는 무관하게, 영업을 실제로 양수한 날부터 1월 이내에 소정의 절차에 따른 지위승계신고를 하여야 하고, 그러한 신고를 하지 아니한 채 양수받은 영업을 계속하였다면 위 식품위생법 소정의 신고의무를 다하지 아니한 것으로 해석하여야 한다.

[2] 전 영업허가자로부터 영업을 완전히 양수하여 영업을 계속하면서도 양수대금을 지급하지 아니하여 양도인의 인감증명서를 교부받을 수 없다는 이유로 구 식품위생법(1997. 12. 13. 법률 제5453호로 개정되기 전의 것)상의 영업자지위승계신고를 하지 않은 경우, 양도인이 영업승계에 필요한 서류를 교부해주지 않는다고 하여 영업자의 지위승계를 신고하는 것이 불가능하다든가 또는 그 미신고행위가 정당화된다든가 할 수 없다고 본 사례

2. 공중위생관리법상 공중위생영업

공중위생관리법은 공중위생영업으로 숙박업, 목욕장업, 이용업, 미용업, 세탁업을 규정하고 있다. 이러한 업종은 공중위생관리법 규정에 의해 영업승계가 된다.

(1) 권리양수도 시 영업승계(법 제3조 2제1항)

공중위생영업자가 그 공중위생영업을 양도하거나 사망한 때 또는 법인의 합병이 있는 때에는 그 양수인·상속인 또는 합병후 존속하는 법인이나 합병에 의해 설립되는 법인은 그 공중위생영업자의 지위를 승계한다. 〈개정 2005.3.31〉

(2) 경매나 공매 시 영업승계(법 제3조 2제2항)

민사집행법에 의한 경매, '채무자 회생 및 파산에 관한 법률'에 의한 환가나 국세징수법·관세법 또는 '지방세기본법'에 의한 압류재산의 매각 그밖에 이에 준하는 절차에 따라 공중위생영업 관련시설 및 설비의 전부를 인수한 자는 이 법에 의한 그 공중위생영업자의 지위를 승계한다. 〈개정 2005.3.31, 2010.3.31〉

(3) 영업승계 신고의무(법 제3조2제4항)

① 제1항 또는 제2항의 규정에 의해 공중위생영업자의 지위를 승계한 자는 1월 이내에 보건복지부령이 정하는 바에 따라 시장·군수 또는 구청장에게 신고해야 한다. 〈개정 2008.2.29, 2010.1.18〉

② 법 제3조의2 제1항 또는 제2항의 규정에 불구하고 이용업 또는 미용업의 경우에는 제6조의 규정에 의한 면허를 소지한 자에 한해 공중위생영업자의 지위를 승계할 수 있다.

3. 음악산업진흥에관한법률의 노래연습장

음악산업진흥에관한법률에서 노래연습장업을 규정하고 있는데, 노래연습장업종은 음악산업진흥에관한법률 규정에 의해 영업승계가 된다.

(1) 권리양수도 시 영업승계(법 제23조 제1항)

법 제16조 또는 제18조의 규정에 따라 신고 또는 등록을 한 영업자가 그 영업을 양도하거나 사망한 때 또는 그 법인의 합병이 있는 때에는 그 양수인·상속인 또는 합병 후 존속하는 법인이나 합병에 의해 설립되는 법인은 그 영업자의 지위를 승계한다.

(2) 경매나 공매 시 영업승계(법 제23조 제2항)

'민사집행법'에 따른 경매, '채무자 회생 및 파산에 관한 법률'에 따른 환가나 '국세징수법'·'관세법' 또는 '지방세기본법'에 따른 압류재산의 매각 그밖에 이에 준하는 절차에 따라 영업자의 시설·기구(대통령령이 정하는 주요시설·기구를 말한다)의 전부를 인수한 자는 그 영업자의 지위를 승계한다. '대통령령이 정하는 주요시설·기구'라 함은 다음 각 호에 규정된 것을 말한다.

① 음반·음악영상물제작업 : 음반·음악영상물 제작기기

② 온라인음악서비스제공업 : 도메인 이름, 영업 관련 자료·정보 등이 저
장된 컴퓨터 등 정보처리장치·전자기록매체 또는 호스트서버

② 노래연습장업 : 노래반주장치

4. 게임산업진흥에관한법률의 오락실과 PC방

게임산업진흥에관한법률에서 오락실과 PC방을 규정하고 있는데, 오락실
과 PC방 업종은 게임산업진흥에관한법률 규정에 의해 영업승계가 된다.

⑴ 권리양수도 시 영업승계(법 제29조 제1항)

법 제25조 또는 제26조의 규정에 의해 허가를 받은 영업자 또는 등록·신
고를 한 영업자가 그 영업을 양도하거나 사망한 때 또는 그 법인의 합병이
있는 때에는 그 양수인·상속인 또는 합병 후 존속하는 법인이나 합병에 의
해 설립되는 법인은 그 영업자의 지위를 승계한다.

⑵ 경매나 공매 시 영업승계(법 제29조 제3항)

'민사집행법'에 의한 경매, '채무자 회생 및 파산에 관한 법률'에 의한 환가
나 '국세징수법'·'관세법' 또는 '지방세기본법'에 의한 압류재산의 매각 그밖
에 이에 준하는 절차에 따라 영업자의 시설·기구(대통령령이 정하는 주요시설
및 기구를 말한다)의 전부를 인수한 자는 그 영업자의 지위를 승계한다. '대통
령령이 정하는 주요시설 및 기구'라 함은 다음 각 호와 같다.

① 게임제작업 및 게임배급업 : 영업소, 영업설비와 기구

② 게임제공업 : 영업소, 게임물

③ 복합유통게임제공업 : 영업소, 게임물, 다른 영업을 영위하는 데 필요
   한 설비와 기구

5. 체육시설의 설치·이용에 관한 법률의 당구장, 헬스장 등

체육시설의 설치·이용에 관한 법률에서 당구장, 골프연습장, 체력단련장,
무도장 등을 규정하고 있는데, 이러한 업종은 체육시설의 설치·이용에 관한
법률 규정에 의해 영업승계가 된다.

⑴ 권리양수도 시 영업승계(법 제27조 제1항)

체육시설업자가 사망하거나 그 영업을 양도한 때 또는 법인인 체육시설업
자가 합병한 때에는 그 상속인, 영업을 양수한 자 또는 합병 후 존속하는 법
인이나 합병(합병)에 따라 설립되는 법인은 그 체육시설업의 등록 또는 신고
에 따른 권리·의무(제17조에 따라 회원을 모집한 경우에는 그 체육시설업자와 회
원 간에 약정한 사항을 포함한다.)를 승계한다.

⑵ 경매나 공매 시 영업승계(법 제27조 제2항)

다음 각 호의 어느 하나에 해당하는 절차에 따라 문화체육관광부령으로
정하는 체육시설업의 시설 기준에 따른 필수시설을 인수한 자에게는 제1
항을 준용한다.

① '민사집행법'에 따른 경매

② '채무자 회생 및 파산에 관한 법률'에 의한 환가

③ '국세징수법'·'관세법' 또는 '지방세법'에 따른 압류 재산의 매각

④ 그밖에 제1호부터 제3호까지의 규정에 준하는 절차

◈ **필수시설 예시**

체력단련장업	* 바닥면은 운동 중 발생하는 충격을 흡수할 수 있어야 한다. * 신장기·체중기 등 필요한 기구를 갖춰야 한다.
당구장	* 당구대 1대당 16제곱미터 이상의 면적을 확보해야 한다
체육도장업	* 운동전용면적 3.3제곱미터당 수용인원은 1명 이하가 되도록 해야 한다. * 바닥면은 운동 중 발생하는 충격의 흡수가 가능하게 해야 한다. * 해당 종목의 운동에 필요한 기구와 설비를 갖춰야 한다.
골프연습장업	* 실내 또는 실외 연습에 필요한 타석을 갖추거나, 실외 연습에 필요한 2홀 이하의 골프 코스(각 홀의 부지면적은 1만 3천제곱미터 이하이어야 한다) 또는 18홀 이하의 피칭연습용 코스(각 피칭연습용 코스의 폭과 길이는 100미터 이하이어야 한다)를 갖추어야 한다. 다만, 타구의 원리를 응용한 연습 또는 교습이 아닌 별도의 오락·게임 등을 할 수 있는 타석을 설치해서는 안 된다. * 타석 간의 간격이 2.5미터 이상이어야 하며, 타석의 주변에는 이용자가 연습을 위해 휘두르는 골프채에 벽면·천장과 그밖에 다른 설비 등이 부딪치지 않도록 충분한 공간이 있어야 한다. * 연습 중 타구에 의해 안전사고가 발생하지 않도록 그물·보호망 등을 설치해야 한다. 다만, 실외 골프연습장으로서 위치 및 지형상 안전사고의 위험이 없는 경우에는 그러하지 않는다.

문)

① 골프장 토지 및 시설물이 경매로 나와 낙찰받은 상태입니다. 아직 잔금은 납부하지 않았으나 잔금을 납부하면 회원제 골프장 사업허가권 및 영업권 승계가 가능한지?

② 회원권 승계는 어떻게 되고, 승계한 회원권을 주중 회원권으로 해서 새로이 회원권을 발급하려고 하는데 가능한지?

답) 체육시설법 제27조 제2항 다음 각 호의 어느 하나에 해당하는 절차에 따라 문화체육관광부령으로 정하는 체육시설업의 시설 기준에 따른 필수시설을 인수한 자에게는 체육시설업의 등록 또는 신고에 따른 권리·의무(제17조에 따라 회원을 모집한 경우에는 그 체육시설업자와 회원 간에 약정한 사항을 포함한다.)를 승계한다고 규정하고 있다.

① '민사집행법'에 따른 경매

② '채무자 회생 및 파산에 관한 법률'에 의한 환가

③ '국세징수법'·'관세법' 또는 '지방세법'에 따른 압류 재산의 매각

④ 그밖에 제1호부터 제3호까지의 규정에 준하는 절차

그리고 제3항에서는 법 제12조에 따른 사업계획 승인의 승계에 관해서는 제1항과 제2항을 준용한다고 규정하고 있다.

따라서 '민사집행법'에 따른 경매를 통해 체육시설업의 시설 기준에 따른 필수시설을 인수한 자는 체육시설법 제12조에 따른 사업계획의 승인 및 제17에 따른 회원과 약정한 사항, 제19조에 따른 체육시설업의 등록 및 신고에 관한 권리위무를 모두 승계한다고 봐야 한다.

아울러 동 법 시행령 제19조 제2호에서는 회원으로 가입한 이후 회원 권익에 관한 사항이 변경되는 경우 기존 회원은 탈퇴할 수 있으며, 탈퇴자가 입회금의 반환을 요구하는 경우에는 이를 지체 없이 반환해야 한다고 규정하고 있는 바, 질문과 같이 승계한 회원의 종류 및 약정 내용을 바꾸고자 할 경우에는 당해 회원들의 동의를 거쳐 재약정을 하는 등의 절차가 필요할 것이다.

6. 영화및비디오물진흥에관한법률의 DVD방

영화및비디오물진흥에관한법률에서 DVD방을 규정하고 있는데, DVD방은 영화및비디오물진흥에관한법률 규정에 의해 영업승계가 된다.

(1) 권리양수도 시 영업승계(법 제63조 제1항)

법 제57조 또는 제58조의 규정에 의해 신고 또는 등록한 영업자가 그 영업을 양도하거나 사망한 때 또는 그 법인의 합병이 있는 때에는 그 양수인·상속인 또는 합병 후 존속하는 법인이나 합병에 의해 설립되는 법인은 그 영업자의 지위를 승계한다.

(2) 경매나 공매 시 영업승계(법 제63조 제3항)

'민사집행법'에 의한 경매, '채무자 회생 및 파산에 관한 법률'에 의한 환가나 '국세징수법'·'관세법' 또는 '지방세기본법'에 따른 압류재산의 매각 그밖에 이에 준하는 절차에 따라 비디오물에 관한 영업시설·기구(대통령령이 정하는 주요시설·기구를 말한다)의 전부를 인수한 자는 그 영업자의 지위를 승계한다. '대통령령이 정하는 주요시설·기구'라 함은 다음 각 호에 규정된 것을 말한다.

① 비디오물제작업 : 제작시설 및 장비
② 비디오물시청제공업 : 비디오물의 시청기구와 기기

경매나 공매로 상가를 낙찰받은 경우에 영업자의 지위를 승계할 수 있는가는 다음과 같이 구분된다.

1. 합의명도한 경우

낙찰자와 영업자가 합의해 일정금액의 합의금이나 이사비 등을 지급하고 영업시설 전부를 낙찰자가 인수한 후 영업자지위승계를 하게 되면 영업시설·기구(대통령령이 정하는 주요시설·기구를 말한다)의 전부를 인수한 자에 해당하게 되므로 영업승계를 인정받는다.

2. 강제집행한 경우

낙찰받은 상가의 영업자(이전 임차인)와 협의가 되지 않거나 낙찰자가 직접 영업을 할 목적으로 강제집행을 하게 되면 점유자나 임차인이 영업시설 전부를 철거하고 시설 등을 가져가게 되므로 이 경우는 영업자 지위 승계가 되지 않는다. 즉 영업시설·기구(대통령령이 정하는 주요시설·기구를 말한다)의 전부를 인수한 자에 해당되지 않아 영업승계가 되지 않으므로 새로운 임차인이나 낙찰자가 영업을 하려면 신규로 영업허가, 등록, 신고 등을 해야 한다. 이럴 경우 현재의 소방법이나 주차장법, 기타 법령이 적용되므로 영업신고증이나 등록증, 허가증을 발급받지 못하게 되거나 예상하지 못한 추가적인 비용이 발생할 수 있다. 그러므로 경매나 공매로 영업 중인 상가를 낙찰받을 경우에는 이 부분에 대한 대응방안을 사전에 준비하고 입찰을 해야 할 것이다.

[별지 제6호서식] <개정 2008.6.13>　　　　　　　　　　　　　　　　　　　　　　　　(앞 면)

<table>
<tr><td colspan="4" rowspan="2">
영업자지위승계신고서

※ 신고안내를 참고하시기 바라며, □는 ∨표를 합니다.</td><td>처리기간</td></tr>
<tr><td>즉시</td></tr>
<tr><td rowspan="2">① 승계를 하는
사람</td><td>성　명</td><td>주민등록번호</td><td colspan="2"></td></tr>
<tr><td>주　소</td><td colspan="3">(전화 :　　　　　　)</td></tr>
<tr><td rowspan="2">② 승계를 받는
사람</td><td>성　명</td><td>주민등록번호</td><td colspan="2"></td></tr>
<tr><td>주　소</td><td colspan="3">(전화 :　　　　　　)</td></tr>
<tr><td rowspan="3">③ 영 업 소</td><td>명칭(상호)</td><td>변 경 전</td><td colspan="2">변 경 후</td></tr>
<tr><td>영업의종류</td><td></td><td colspan="2"></td></tr>
<tr><td>소 재 지</td><td colspan="3">(전화 :　　　　　　)</td></tr>
<tr><td>④ 신 고 번 호</td><td></td><td>⑤ 승계사유</td><td colspan="2">□ 영업양도　□ 상속
□ 기타(　　　　　　)</td></tr>
</table>

　「공중위생관리법」 제3조의2 및 같은 법 시행규칙 제3조의4에 따라 위와 같이 신고합니다.

년　　　　월　　　　일

신고인　　　　　　　(서명 또는 날인)

시장·군수·구청장　귀하

<table>
<tr><td colspan="2">구 분</td><td>신고인(대표자) 제출서류</td></tr>
<tr><td rowspan="3">구
비
서
류</td><td>영업양도의
경우</td><td>양도·양수를 증명할 수 있는 서류 사본 및 양도인의 인감증명서[다만, 양도인의 행방불명(주민등록법상 무단전출을 포함합니다.) 등으로 양도인의 인감증명서를 첨부하지 못하는 경우로서 시장·군수·구청장이 사실확인 등을 통하여 양도·양수가 이루어졌다고 인정할 수 있는 경우 또는 양도인과 양수인이 신고관청에 함께 방문하여 신고를 하는 경우에는 이를 생략할 수 있습니다.]</td></tr>
<tr><td>상속의 경우</td><td>「가족관계의 등록 등에 관한 법률」 제15조제1항에 따른 가족관계증명서 및 상속인임을 증명할 수 있는 서류</td></tr>
<tr><td>그 외의 경우</td><td>해당 사유별로 영업자의 지위를 승계하였음을 증명할 수 있는 서류</td></tr>
</table>

행정처분 등의 내용고지 및 가중처분대상업소 확인서

1. 양도인은 최근 1년 이내에 다음과 같이 「공중위생관리법」 제7조 및 제
   10조, 제11조, 같은 법 시행규칙 제19조 및 별표 7에 따라 행정처분을 받
   았다는 사실 및 행정제재처분의 절차가 진행 중인 사실(최근 1년 이내에
   행정처분을 받은 사실이 없는 경우에는 없다는 사실)을 양수인에게 알려주
   었습니다.
   가. 최근 1년 이내에 양도인이 받은 행정처분

처분받은 일자	행정처분내용	행정처분사유

   나. 행정제재처분 절차 진행사항

적발일자	공중위생관리법령 위반내용	진행 중인 내용

   (1) 최근 1년 이내에 행정처분을 받은 사실이 없는 경우에는 위표의 처분
       받은 일자란에 "없음"이라고 적어 넣어야 합니다.
   (2) 양도·양수 담당공무원은 위 행정처분의 내용을 행정처분대장과 대조하
       여 일치하는지의 여부를 확인하여야 하며, 일치하지 아니하는 경우에
       는 양도인 및 양수인에게 그 사실을 알리고 위 난을 보완하도록 하여야 합니
       다.
2. 양수인은 위 행정처분에서 지정된 기간 내에 행정처분의 내용대로 이행
   하지 아니하거나, 행정처분을 받은 위반사항이 다시 적발된 때에는 「공중
   위생관리법 시행규칙」 제19조 및 별표 7에 따라 양도인이 받은 행정처분
   의 효과가 양수인에게 승계되어 가중처분된다는 사실을 알고 있음을 확인
   합니다.

년   월   일

양도인 성명   (인) 또는 서명(직접
    주소   방문하여 신고한
             경우에만 해당됩
             니다.)

양수인 성명
    주소   (서명 또는 날인)

상가 경매
실전

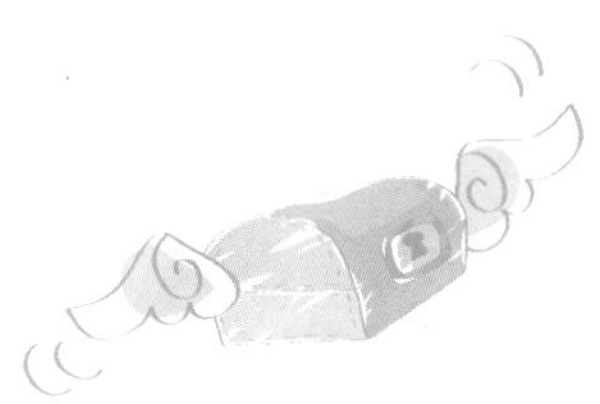

CHAPTER 01

입찰 물건 선정

입찰대상 상가 경매 물건 찾기

1. 신건이나 1회 유찰된 물건을 찾아라

경매나 공매를 통해 상가 물건을 검색할 때 신건을 볼 것인지, 1회 유찰된 물건을 볼 것인지 아니면 2회 이상 유찰된 물건 중에서 대출을 포함한 투자자의 보유 자금과 비슷한 물건을 볼 것인지를 투자자 개인의 성향에 맞게 정해야 한다. 보통 경매를 통해 상가를 투자하려고 하는 투자자들은 2회 이상 유찰된 물건 중에서 대출금과 본인의 자금을 합해 입찰이 가능한 물건을 검색해 임장을 하고 입찰 여부를 결정한다.

그러나 그 방법은 다음과 같은 문제점이 있다. 2회 이상 유찰된 상가 물건을 검색해 현장답사를 가거나, 점유자를 만나거나, 관공서를 방문하거나, 중개업소에 가서 시세조사를 하는 경우 이미 매우 많은 예비 입찰자들이 답사를 다녀 간 경우가 대부분이다. 따라서 시세조사를 위해 중개업소에 가면 그 동안 왔던 다른 투자자들 때문에 중개사가 짜증을 내거나 제대로 된 시세를 말해주는 것이 아니고 건성으로 대답하는 경우가 거의 대부분이다.

그래서 필자는 신건 위주로 물건을 검색하고 신건이나 늦어도 1회 유찰된 시점에 임장을 한다. 그 시점에는 아직 예비 입찰자들이 답사를 하지 않아서 중개업소나 관공서 기타 점유자들을 만나면 어느 정도는 성의 있는 답변을 들을 수 있다. 그렇게 미리 임장을 한 후에 투자 가능한 금액으로 유찰되면 입찰 전에 최종적으로 임장을 해 놓친 부분이나 변화가 있는 부분을 확인하고, 이전에 갔던 중개업소나 관공서 등에 다시 찾아가서(중개업소나 점유자 등을 두 번째 방문할 때는 절대로 빈손으로 가지 않는다. 특히 요즘 같은 부동산 불황기에는 더욱더 빈손으로 가면 안 된다) '그동안 몇 명이나 왔다 갔는지' 혹시 '다른 변동 사항을 아는 것이 있는지' 등을 문의한다. 경험상 이미 얼굴을 익힌 후에 다시 가는 것이므로 문전박대는 하지 않는다.

만약 신건이나 1회 유찰된 후에 물건의 투자 가치가 좋아서 다른 입찰자가 낙찰을 받으면 그 지역에 대한 시세나 상권을 조사하고 자료 정리한 것으로 만족한다. 언젠가는 그 지역에서 상가 경매 물건이 다시 나올 것이므로.

보유하고 있는 투자 자금이 1억 원이고, 경락잔금대출은 40~50% 받을 것으로 가정하고 신건 물건의 선택의 예를 들어보겠다.

저감율 20%인 경매 물건		저감율 30%인 경매 물건	
1회차	2억 5천만 원	1회차	3억 원
2회차(80%)	2억 원	2회차(70%)	2억 1천만 원
3회차(64%)	1억 6천만 원	3회차(49%)	1억 4천7백만 원
입찰시점	3회차	입찰시점	3회차

다시 말하면 신건일 때 임장을 통해 시세조사를 한 후 보유하고 있는 투자자금만큼 유찰되면 임대시세와 요구수익률을 역산해 보통 3회차나 4회차에 입찰을 하면 된다.

2. 지역에 관계없이 물건을 찾아라

보통 경매나 공매로 부동산을 투자할 때 투자자가 잘 아는 지역에 있는 물건부터 검색해 입찰하는 것이 좋다고 이야기하는 전문가들이 많이 있다. 지극히 맞는 말이다. 거주지역이나 직장 인근 지역의 상권에 대해서는 이미 알고 있고, 향후 낙찰받은 후 관리측면에서도 매우 유리하다.

하지만 대부분의 소액 투자자들은 서울과 수도권에서 본인이 보유하고 있는 자금과 비슷한 투자가치 있는 상가를 찾기가 너무나 어렵다. 물론 자금의 여력이 있는 투자자들은 서울이나 수도권 신도시의 상가를 투자하는 것이 맞겠지만, 투자자금이 1억 원 이하인 투자자들은 서울이나 수도권 신도시의 상가들은 그림의 떡이다.

따라서 1억 원 이하 소액투자자들이 경매를 통해 진정으로 상가를 투자하고 싶다면 모든 지역의 물건을 검색하고 찾아야 한다. 본인 자금으로 투자 가능한 물건을 검색해야 의욕을 가지고 투자를 할 것이 아닌가. 지방마다 상권이 활성화된 중심지역이 있어서 서울이나 수도권보다도 오히려 투자가치가 더 있고, 수익률도 높은 상가가 의외로 많다. 하지만 시간이 없고 타 지역에 대한 상권은 잘 모른다고 범위를 좁히면 상대적으로 손해다. 그렇다면 주말이나 일요일에 집에 있거나 놀러 가지 말고 임장을 가거나, 입찰기일에는 휴가를 내면 될 것이다. 공짜는 없다는 것을 아시고 투자에 임하길. 그것도 어려우면 전문가에게 컨설팅 의뢰를 하든지.

3. 도로에 접한 1층 상가만 찾아라

필자는 도로에 접한 1층 상가 신봉자다. 1층 상가 중에서도 반드시 도로에 접한 상가만 찾아라. 후면부에 있거나 1층 중간에 있는 속칭 먹통 상가는 입찰 대상 물건을 찾을 때 제외하는 것이 현명하다.

다음 물건은 양재역에서 가까운 강남대로변에 있는 건물의 1층 상가다. 하지만 1층 상가의 위치가 105호는 먹통 상가로 사무실로 사용하고 있고, 101호, 102호, 103호는 후면부 상가이며 이면도로와도 접하지 않았다. 개황도나 구조도를 보고 이런 상가는 투자 대상에서 제외해야 한다.

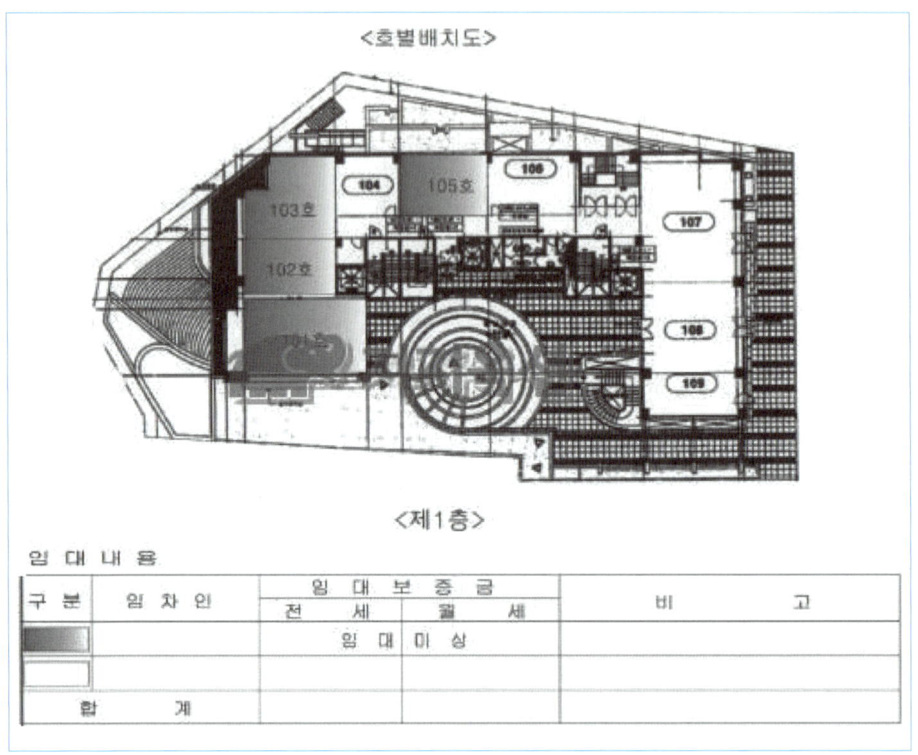

경험이 없는 투자자들은 실패하지 않는 상가 투자를 하려면 철저하게 도로에 접한 1층 상가만 투자하는 것이 현명한 방법이다.

상가 투자 초보자들이 자금이 부족해 후면부 상가나 상층부 상가를 투자해 임대수익도 적절하게 얻고 차후에 처분해 수익을 얻는 경우를 본 적이 없다. 아니 수익을 얻는 것이 아니라 손실을 보는 경우를 너무나 많이 봐왔기 때문이다. 상가를 투자해 수익을 얻으려고 하는 투자자들에게는 더욱 더 도로에 접한 1층 상가만 찾아서 투자하는 것이 현명한 투자 방법이다.

도로에 접한 1층 상가의 장점은 우리가 이미 알고 있는 대로 접근성과 가시성이 좋다. 접근성과 가시성이 좋은 상가는 임대가 쉬어 공실의 위험성이 현저하게 낮아지며, 임대료도 더 받을 수 있다.

접근성	내가 투자한 상가에 고객들이 물리적으로나 심리적으로 얼마나 쉽게 올수 있는가를 의미한다. 상가에 대한 접근성은 물리적 요인에 의해 접근을 어렵게 하는 것도 있고, 심리적 요인에 의해 소비자들의 접근을 어렵게 하는 경우도 있다. 예를 들면, 물리적 요인으로는 하천, 6차선 이상 도로, 철로, 언덕 등이 있고, 심리적 요인으로는 금융기관, 관공서, 학교 등이 있어서 저녁에 어두운 경우와 투자한 상가 옆에 카센터나 철물점 등이 있는 경우이다.
가시성	내가 투자한 상가를 고객들이 얼마나 쉽게 볼 수 있는가를 의미한다. 가시성은 인도 폭이나 층수, 접면 수와 상가 전면 길이 등에 의해 좌우되고, 상가 앞에 나무가 있으면 가시성이 낮아진다.

그리고 1층 상가를 투자해야 또 다른 이유는 임대 업종의 다양성에 있다. 1층 상가에는 다른 층에 들어가는 업종들처럼 법적 제한을 받지 않고 다양한 업종이 자유롭게 입점해 영업을 할 수 있다. 창업자가 영업하는 업종은 자유업종과 비자유업종으로 실무에서 구분한다. 자유업종은 세무서에서 사업자등록만 내고 영업을 할 수 있는 업종을 말하고, 비자유업종은 사업자등록 외에 관할관청에서 허가나 등록, 신고를 해야 하는 업종이다. 이러한 비자유업종은 건축법이나 주차장법 등에 의한 제한을 많이 받는데, 주로 상층부나 지하층에 입점을 하는 업종들이다.

자유업종		문구점, 팬시점, 휴대폰점, 가구점, 의류점, 가방점, 신발점, 편의점, 슈퍼마켓, 서점, 조명가게, 화장품점, 악세사리점, 자동차대리점, 철물점 등 완제품을 판매하는 업종
비자유업종	허가업종	단란주점, 유흥주점, 성인오락실, 신용정보업, 직업소개소
	등록업종	공인중개사사무소, 독서실, 노래연습장, PC방, DVD방, 청소년오락실, 약국, 의원, 학원, 안경점, 여행사, 출판사 등
	신고업종	일반음식점, 휴게음식점, 제과점, 당구장, 스크린골프장, 체육도장, 결혼상담소, 고시원, 교습소, 동물병원, 만화방, 목욕탕, 미용실, 세탁소, 숙박시설, 헬스장, 무도장, 건강원, 정육점 등

대략 업종들을 나열했는데 1층에 입점하는 업종이 얼마나 되는지 직접 확인할 수 있을 것이다. 우리가 알고 있는 거의 모든 업종들이 1층 상가에 입점을 한다. 즉 많은 임차인들과 임대계약을 할 가능성이 매우 높다는 것이다. 따라서 상가 투자는 절대적으로 1층을 해야 한다.

4. 권리금 있는 업종이 영업하고 있는 상층부 상가를 찾아라

만약에 상층부에 권리금이 있는 업종이 영업하고 있는 상가 경매 물건이 있으면 임장을 통해 인테리어나 영업 여부 등을 확인한 후 입찰 여부를 고민해도 된다. 그 이유는 현 임차인이 권리금을 주고 영업을 하고 있거나 직접 인테리어 시설을 한 경우라면 권리금 때문에 낙찰자와 계약을 하려고 하기 때문이다. 그리고 투자자가 직접 상층부에 있는 상가를 투자해 PC방, 노래연습장, 고시원 등을 직영할 생각이거나, 조망이 좋은 최상층이나 금융기관 또는 유명 프랜차이즈가 입점할 만한 2층 상가는 경우에 따라 예외가 될 수 있다.

5. 쇼핑몰과 테마 상가는 투자 대상에서 제외하라

경매를 하는 투자자들은 다 아는 것이지만 쇼핑몰이나 테마 상가는 투자 금액이 적고 유찰도 많이 되어 낙찰가가 매우 낮다. 현재 경매 시장에 가장 많이 나오는 상가 물건이다. 아무리 최저가가 내려가더라도 기본적으로 입찰대상에서 제외하는 것이 좋다. 투자 대상에서 제외할 쇼핑몰이나 테마 상가 예를 들어보겠다. 동대문에 있는 밀리오레, 굿모닝시티, 패션TV, 라모도, 헬로우APM, 창동역의 와우, 영등포의 에쉐르, 점프밀라노, 신림역의 르네상스, 모란역의 과거 니즈몰, 강변역의 테크노마트, 남부터미널역의 국제전자센터, 황학동의 동의보감, 한방천하, 장지역의 가든파이브, 천호동의 나비 등 이루 헤아릴 수 없이 많다. 경우에 따라서는 몇 년의 세월이 흘러 상권이 활성화 되는 쇼핑몰이나 테마 상가도 있을 수도 있겠지만, 그동안 자금이 묶이고, 수익은 발생하지 않고, 마음고생만 하게 된다.

예외적으로 동대문에 있는 1층 상가 같은 경우 최저가가 3회 이상 유찰된다면 투자 여부를 고려해볼 수 있다. 1층 상가는 현재 상권이 활성화 되어 있고 일정액의 권리금도 형성되어 있기 때문이다.

6. 지하층 상가는 아무리 가격이 저렴해도 투자대상에서 제외하라

지금은 지하층 상가를 투자하는 상가 투자자를 보기 힘들다. 하지만 과거에는 공급되는 가격이 저렴하다 보니 지하층 상가를 투자하는 사람이 종종 있었다. 지하 상가는 처분은 고사하고 임대를 놓기도 정말 어렵다. 예외적으로 강남구나 서초구 등지의 지하층은 투자 가치가 있는 경우가 있다. 매우 저렴하게 낙찰받아 소호사무실로 임대를 놓거나, 면적을 많이 차지하는 스크린골프장이나 휘트니스 클럽과 같은 업종으로 임대를 놓을 수 있다.

7. 1층은 7평 이하, 2층 이상은 15평 이하(실평수)는 투자 대상에서 제외하라

면적이 너무 적어 임대를 놓기가 어렵다. 기본적으로 1층에 입점하는 업종들은 7평 이상은 되어야 영업을 할 수 있는 공간이 나오기 때문이다. 1층에 입점하는 중개사 사무실도 기본적으로 7평 이상은 되어야 책상 2개 놓고, 탕비실도 만들고, 테이블도 하나 놓을 수 있다. 즉 실면적이 7평 이하인 1층 상가는 영업을 할 수 있는 업종이 제한적이므로 임대 놓기가 어렵다는 것이다. 단, 입지가 매우 좋아 테이크아웃이나 간이 분식점으로 임대가 가능하다고 판단이 되는 경우에는 낙찰받아도 된다.

보통 상층부에는 면적을 많이 차지하는 업종이 임대를 얻어 입점하게 된다. 따라서 실평수 15평 이하 2층 이상 상가도 임대 놓기가 어려우므로 입찰 대상에서 제외하는 것이 좋다.

인터넷으로 물건 분석

투자 대상 물건을 선정한 후에 다음과 같은 순서로 인터넷을 통해 분석한다. 손품을 얼마나 잘 파느냐에 따라 시간도 절약되고 투자 가치가 좋은 물건을 사전에 선정할 수 있다.

1. 상권 및 입지조건 판단

상가 경매 물건을 선정할 때 상권분석은 매우 중요하다. 왜냐하면 낙찰받고 임대 놓을 때의 임대수익과 향후 상권의 변화에 따른 처분 여부를 사전에 결정해야 하기 때문이다. 경우에 따라서는 현재는 상권이 활성화 되지 않았지만 지하철 개통 등 개발계획이 있거나 개발 중인 경우에 미리 저렴하게 낙찰받으면 요구수익률에 맞는 임대수익을 얻을 수 있고, 개발이 완료되면 상권 활성화와 더불어 상가 가치가 상승하게 된다. 당연히 처분수익도 얻을 수 있다.

하지만 상권을 판단한다는 것은 이미 앞에서도 말했지만 상권을 계량적, 통계적으로 분석하고 예측하는 것은 현실적으로 어렵다. 기본적으로 인터넷을 통해 신설 지하철 계획이 있는지, 대형상업시설이 인근에 들어오는지, 재건축이나 뉴타운 계획이 있는지 등을 사전에 확인만 하면 된다. 그래서 경매가 진행 중인 상가가 있는 지역이 향후 상권이 활성화될 것인지 또는 변화가 없을 것인지, 아니면 쇠락할 것인지를 나름대로 느껴보고 고민해야 한다. 실질적인 판단은 임장을 갔다 온 후에 하면 된다.

(1) 미래철도 DB의 활용

미래철도 DB 홈페이지를 보면 현재 서울과 수도권에 지하철이 공사 중이거나 개발계획이 나와 있는 노선이 약 56개 정도 되고, 신설역도 대략 500개 정도 된다. 따라서 신설역이 향후 개통되면 그와 더불어 역세권도 일정 수준 형성될 것이다. 입찰 대상 물건이 있는 지역에 신설 지하철 노선계획이나 공사 중인 신설 지하철 노선이 있는지 확인하고, 만약 있으면 향후 현장답사 때 구체적인 위치를 확인하기 위해 대략적인 위치와 출구를 확인하고, 개통 시점을 확인해 입찰 여부를 결정해야 할 것이다. 경우에 따라서는 신설 지하철 노선이 발표되어 있지만 예산 문제 등으로 인해 예상했던 것보다 늦게 착공될 수 있으므로 착공이 들어가고(보통 지하철 공사는 평균 5~6년 정도 소요되므로) 현재 공사가 진행 중인 인근의 상가를 입찰하는 것이 향후 처분 수익을 얻는 가장 좋은 투자 방법이라고 할 수 있다.

⑵ **다음지도의 로드뷰와 스카이뷰, 네이버지도의 거리뷰와 항공뷰 활용**

요즘은 다음지도나 네이버지도가 너무 잘 되어 있어서 임장을 가기 전에 입찰 대상 물건 지역을 대략적으로 확인할 수 있다. 따라서 현장에 가기 전에 먼저 다음지도나 네이버지도로 입지와 주변 환경을 확인하고, 지도상으로 입지가 좋지 않으면 투자 대상 물건에서 제외한다. 단, 다음지도와 네이버지도에 나타나 있는 그 지역 현황이 다소 오래 전의 모습일 수도 있으므로 주의해야 한다.

⑶ **개황도와 구조도로 위치 확인**

감정평가서나 유료경매정보사이트에 나와 있는 개황도나 구조도를 보고 입찰대상 물건의 위치를 확인한다. 개황도나 구조도에 나와 있는 출입문 위치나 주차장 램프를 보면 전면부 상가인지, 아니면 먹 상가나 후면부 상가인지 판단할 수 있다. 확인하기 어려우면 임장을 가서 확인해봐야 한다.

⑷ **소상공인 진흥원 홈페이지 활용**

소상공인 진흥원 홈페이지에 접속하면 어떤 지역의 배후 세대와 업종들을 기본적으로 알 수 있고, 상권조사보고서를 통해 대략적인 상권 분석에 대한 내용들을 얻을 수 있다. 입찰 대상 물건을 임장가기 전에 먼저 기본적인 상권과 배후, 분포 업종들을 확인한 후 임장을 하게 되면 상권을 판단하는데 큰 도움이 된다. 하지만 어디까지나 기본적인 내용이라는 것을 염두에 두어야 한다.

소상공인 진흥원 홈페이지 → 상권 정보 → 상권 분석를 통해 입찰대상 상가 지역의 상권 정보를 확인하고, 상권 정보 → 정보 마당 → 상권 정보 보고서를 통해 그 지역 유동인구 현황과 점포 임대 시세를 대략적으로 확인한다.

⑸ 유료경매정보사이트 활용

굿옥션이나 지지옥션 같은 유료경매정보사이트를 보면 인근 개발사항에 대해 상세히 나와 있으므로 입찰대상 물건 주변에 뉴타운, 재개발, 재건축, 대형상업시설 개발 등을 확인할 수 있다. 이러한 상권 변화 가능성이 있는 내용들이 있으면 향후 개발이 되었을 때 입찰대상 물건 지역 상권에 좋은 영향을 주게 될지, 아니면 악영향을 주게 될지 나름대로 판단해 볼 수 있다.

2. 공적 장부 분석

⑴ 건축물대장 열람

① 건축법 시행령 별표1에 의한 건축물 용도 확인

건축물대장상 건축물 용도를 보면 낙찰받은 상가를 임대 놓을 때 입점할 수 있는 업종이 어느 정도 판단된다. 예를 들면 용도가 2종근린생활시설이면 용도변경 없이 입점할 수 있는 업종이 일반음식점(술과 음식 : 거의 모든 음식점, 삼겹살점, 한정식, 호프점, 주점, 와바 등 셀 수 없이 많다), 휴게음식점(음식 : 분식점, 커피전문점, 테이크아웃, 피자전문점, 스테이크 전문점, 햄버거전문점 등), 제과점, 당구장, 에어로빅, 금융업소, 부동산 중개소, DVD방, 오락실, PC방,

학원(500제곱미터 미만), 동물병원, 독서실, 단란주점(150제곱미터 미만), 노래연습장, 안마시술소, 편의점, 의류매장, 잡화, 문구점 등 셀 수 없이 많다. 즉, 그만큼 임대 놓기가 쉽다는 얘기다.

② 주차대수 확인

입찰받고자 하는 상가에 주차 가능대수도 확인해야 한다. 물론 임대 업종에 따라 거의 영향을 주지 않는 경우도 있지만, 되도록 주차 가능대수가 많은 것이 좋은 것은 당연한 것이다. 예를 들면 스크린골프장으로 임대를 할 경우 1타석당 1대의 주차 공간이 주차장법에 의해 필요하다. 그리고 업종별 필요 주차대수는 지자체별로 다르므로 입찰하고자 하는 지자체의 '부설주차장의 설치대상시설물 종류 및 설치기준'을 참고해야 한다.

③ 위반건축물 등재 여부 확인

만약에 입찰대상 물건에 위반건축물이 있으면 낙찰자가 위반건축물을 승계하게 되므로 임대를 놓기가 어렵다. 상가 건물을 입찰하고자 할 때에는 위반건축물이 있으면 원상복구를 하기 전까지는 모든 층이 임대가 어렵지만, 구분소유된 상가를 입찰하고자 할 때에는 구분소유된 상가에만 위반건축물이 없으면 임대가 가능하다.

그리고 사업자가 영업을 위해 영업증이 필요 없는 자유업종은 위반건축물이 있어도 관할관청에서 영업을 위한 절차를 밟지 않아도 되므로 임대가 가능하지만, 신고업종, 등록업종이나 허가업종은 위반건축물이 있으면 신고증, 등록증, 허가증이 관할관청으로부터 나오지 않으므로 임대가 어렵다. 따라서 위반건축물이 있으면 향후 원상복구할 생각을 갖고 투자대상 물건으로 정해야 한다.

또 이행강제금 납부 여부도 염두에 두어야 한다. 전 소유자에게 부과된 이행강제금은 낙찰자가 인수하지 않지만, 대금 납부 후 소유권을 취득한 이후 부과된 이행강제금은 낙찰자가 원상복구 할 때까지 부담해야 한다.

④ 정화조 여부와 용량 확인

건축물대장에서 정화조가 있는지를 확인하고, 정화조가 있으면 정화조 용량을 확인한 후 건물에 입점해 있는 업종들의 정화조 용량을 대략 계산한다. 낙찰받고 임대를 놓았을 경우에 정화조 용량이 부족해 임대가 되지 않거나 추가적인 비용이 발생할 수도 있기 때문이다. 만약 정화조 사용량을 계산하기 어려우면 관할관청 청소과에 문의하면 원하는 답을 얻을 수 있다.

(2) 토지이용계획확인원 확인(관할 교육청 홈페이지 정화구역도 확인)

학교보건법에 의해 정화구역은 절대정화구역과 상대정화구역으로 나누어져 있다. '절대정화구역'은 학교출입문으로부터 직선거리로 50미터까지의 지역인데 금지업종은 입점이 불가능하고, '상대정화구역'은 학교경계선으로부터 직선거리로 200미터까지의 지역인데 일정한 업종을 학교환경위생정화위원회의 심의를 통과해 입점시키는 지역을 말한다. 현실적으로 상대정화구역 내에서 심의업종이 심의를 통과하는 경우는 없다고 봐도 무방하다.

따라서 만약 입찰하고자 하는 상가 물건이 정화구역 내에 포함되어 있으면 학교보건법에 의해 상당히 많은 업종이 입점 불가하다. 따라서 정화구역 내에 있는 상가 물건은 특별히 1층이 아니면 투자 시 임대가 어려울 수 있다는 것을 염두에 두어야 한다(입점 불가 업종 : 단란주점, 유흥주점, 숙박업소, PC방, 만화가게, 노래연습장, 담배자판기, DVD방, 당구장, 오락실, 안마시술소, 성인용품점 등).

단, 대학과 유치원의 정화구역에는 거의 모든 업종이 입점할 수 있다고 보면 된다. 따라서 대학과 유치원 이외의 정화구역 내에 상가가 경매로 나오면 임대 업종이 한정되어 있으므로 임대가 어렵고, 임대를 놓더라도 일반적으로 매출액이 적은 업종이 입점할 수 있으므로 높은 임대료를 받기가 어렵다. 다만 학원이나 의원으로 임대할 생각을 갖고 입찰하는 것은 관계없다.

또 관할교육청 홈페이지에 있는 정화구역도를 보고 입찰대상 물건이 정화구역 경계선에 가까이 있으면 오히려 투자 물건으로 매우 좋다. 학생들의 등하교길 주동선에서 정화구역을 지나 처음으로 만나는 건물은 임대 놓기가 매우 수월하고 임대료도 다소 높다고 볼 수 있다. 예를 들면 PC방이나 노래연습장 같은 업종의 경우 독점이 될 가능성이 매우 높아 매출이 높게 나오므로 임대가도 높을 수밖에 없다.

3. 법원 공지 서류 분석

(1) 등기부등본

말소기준권리와 상가 임차인의 대항력 여부를 판단하기 위해 등기부등본을 분석한다. 그리고 공동담보 여부와 토지별도등기, 대지권 미등기, 가처분이나 가등기 등이 등기부에 있는지를 확인해 인수되는 권리인지, 소멸되는 권리인지를 판단해야 한다.

(2) 매각물건명세서

매각물건명세서에 특별매각조건(보증금 20% 등)이나 점유자 현황, 인수되는 권리 여부, 유치권 신고 여부, 공유자우선매수 신고 여부 등이 있는지 확인하고 향후에 낙찰받았을 때 대응을 어떻게 할 것인지를 미리 생각해 둬야 한다.

(3) 감정평가서

상가에 대한 감정평가 금액은 입찰 금액을 결정할 때 크게 영향을 주는 것은 아니다. 다른 부동산도 마찬가지이지만 상가의 입찰금액은 감정가 대비 얼마에 낙찰받았는가가 중요한 것이 아니라 입찰하려고 하는 상가의 현재 보증금과 월차임이 얼마인지를 확인해 본인의 요구수익률을 기준으로 입찰 금액을 결정하는 것이 중요하다. 아무리 감정가 대비 낙찰가가 낮더라도 임대가 되지 않거나 거래되는 월차임이 낮다면 투자에 실패한 것이다.

다만, 감정평가서에 나와 있는 면적이나 제시외건물 등을 확인해 향후 처리방안을 미리 세워두는 것이 필요한 경우가 있다.

(4) 현황조사보고서

현황조사보고서에 나와 있는 점유자나 임차인 등을 확인해 인수해야 할 보증금이 있는지 또는 임차인이 배당을 얼마나 받을 수 있는지를 분석한다. 혹시 유치권이 신고된 경우 점유자와 유치권 신고자가 동일 인물인지 등도 미리 확인한 후 임장을 하면 현재 점유자를 확인할 수 있다.

4. 입찰 대상 주변 시세 파악(시세조사와 입찰가 결정을 위해)

이 부분에 대한 내용은 중개사들에게 미안한 부분도 없지 않지만 경매를 통해 상가를 투자하려고 하는 사람에게는 개인적인 생각으로는 반드시 해야 할 일이라고 생각한다. 어설픈 시세 조사를 해 상가를 낙찰받고 임대가 되지 않아 고생을 하는 투자자들을 정말로 많이 보았기 때문이다. 이렇게까지 할 생각이 없다면 경매를 통해 상가를 투자할 생각은 하지 않는 것이 좋다. 마음 편하게 분양을 받거나 중개사를 통해 일반매매로 상가를 투자하는 것이 더 낫다고 생각한다.

(1) 벼룩시장 파인드올이나 교차로의 아이크로스에서 시세 조사

① 입찰대상 물건과 같은 시, 구, 동에 있는 ㉠ 비슷한 면적, ㉡ 같은 층의 물건을 찾아서 임대로 나와 있는 물건의 보증금과 월세, 매매로 나와 있

는 물건의 매매가를 확인해 대략적인 보증금과 월세, 매매가를 판단한다. 물론 위치에 따라 정확하게 시세 파악은 하기 힘들고, 속칭 미끼 매물이 많아 실제 보증금과 월세보다 낮은 물건들이 올라와 있다고 감안하고 대략적인 시세를 판단한다.

② 매물을 올려놓은 공인중개사 전화번호 확인 후 기본적으로 2곳 정도 전화해서 '벼룩시장 보고 전화했습니다'라는 멘트와 함께 벼룩시장에 나와 있는 물건이 아직 있는지 물어보면, 거의 대부분 그 물건은 이미 임대가 되었다고 하면서 다른 물건도 있으니 일단 중개업소로 나오라고 할 것이다. 그러면 약속일정을 잡고, 그 날을 입찰 대상 물건의 임장하는 날로 정한다. 이렇게 장사를 하려고 하는 사람의 입장으로 물건을 안내받게 되면 상당히 시세와 가까운 정보를 알게 된다.

⑵ 중개업소 방문 시 사전 준비 내용

① 임차인 입장으로 약속한 일자에 중개업소를 방문할 때는 되도록이면 커플로 가거나 아니면 여자 둘이나 셋이서 가는 것이 남자 혼자나 남자 둘이서 가는 것보다 여러 가지 알아보는 데 유리하다.

② 입찰하려는 물건의 층수와 면적 등을 보고 장사하려는 업종을 사전에 정해서 중개업자를 만나야 대화가 가능하다. 보통 중개업자가 다음과 같은 질문을 하므로 어느 정도 답변을 준비하고 가는 것이 중개업자와 이야기하는 데 편할 것이다.

- 어떤 업종의 장사를 하려고 하는지
- 자금은 어느 정도 준비가 되었는지
- 장사는 어디서 얼마나 했는지
- 어떤 업종의 장사를 했는지
- 이쪽 지역에 대해 아는지
- 왜 이쪽 지역에서 영업을 하려고 하는지 등

(3) 신도시나 택지개발지구 등에 경매 물건이 있는 경우

신도시나 택지개발지구에 상가가 경매 물건으로 나와 있는 경우의 인터넷 상 시세조사는 하기 힘들다. 벼룩시장이나 교차로에 매물이 거의 없기 때문이다. 이런 경우에는 경매 물건이 나와 있는 지역에 임장을 가서 분양사무실과 중개업소에서 투자자 입장으로, 임차인 입장으로 분양가나 임대가를 직접 확인하는 방법밖에 없다.

상가 경매 물건의 임장

중개업소와 분양사무실 방문

1. 사전에 중개업소와 약속한 경우

보통 경매 물건이 나와 있는 인근 중개업소 2군데 정도에서 다음의 내용 대로만 한다면 시세 파악은 어렵지 않다.

(1) 중개사의 안내

사전에 약속한 중개업소에 가면 중개사가 자신이 보유하고 있는 물건이나 공동중개 물건을 2~3개 정도 보여 준다(A, B, C급으로). 물건을 보여주면서 중개업자는 여러 가지 질문을 한다. 자금은 얼마나 있는지, 어떤 업종을 하려고 하는지, 장사경력은 있는지 등

(2) 질문해야 할 내용

중개사의 안내를 받아 임대로 나온 물건을 보면서 다음과 같은 내용들을

질문해 상권을 판단하게 되고, 낙찰받고 임대를 놓게 될 때 어느 정도의 보증금과 월차임을 받을 수 있는지 등을 판단하게 된다.

2. 중개업소와 약속이 없는 경우

경매 물건이 나온 인근에 인터넷상으로 물건이 없거나, 신도시나 택지개발지구 같은 곳은 사전에 중개업소와 약속을 하지 못하고 임장을 하게 된다. 그럴 경우에는 중개업소뿐만 아니라 상가를 분양하고 있는 분양사무실도 그 지역에 대부분 있으므로 직접 가서 시세 조사를 해야 한다.

(1) 중개업소 방문

① 접근 방법

중개업소에 갈 때는 장사를 할 사람처럼 가장해서 갈 수도 있고, 경매 물건 때문에 왔다고 사실대로 말하고 궁금한 것을 물어볼 수 있다. 어느 것이 더 시세 파악을 위해 좋은 방법인지는 상황에 따라 다르지만 개인적인 생각으로는 장사할 사람처럼 중개업소에 가서 현재 임대가 나와 있는 물건을 보면서 시세 파악을 하는 것이 더 정확하게 시세 파악을 할 수 있다고 생각한다.

경우에 따라서는 중개업소 한 군데서는 경매 물건 때문에 왔다고 사실대로 말하고 임대 가능성이나 보증금과 월차임을 묻고, 다른 중개업소에 가서는 장사할 사람처럼 접근해 시세 파악을 하는 것도 하나의 방법일 것이다.

그동안 개인적인 경험으로는 장사할 사람처럼 해서 궁금한 것을 물어보는 것이 훨씬 더 현실적인 시세 파악이 가능했다.

② 질문 내용

중개업자의 안내를 받아 임대로 나온 물건을 보면서 앞에서 언급한 내용(① ~⑧)들을 질문해 상권을 판단하게 되고, 낙찰받고 임대를 놓게 될 때 어느 정도의 보증금과 월차임을 받을 수 있는지 등을 판단하게 된다.

⑵ 분양사무실 방문

경매 물건이 나온 지역에 분양사무실이 있으면 투자자의 관점으로 접근해 분양가를 알아보는 것도 필수사항이다. 현재 그 지역에 분양하고 있는 상가 가격과 내가 입찰하고자 하는 상가의 최저매각가격을 비교하면 향후 상가 매도가 형성을 어느 정도 예측할 수 있다. 그리고 분양사무실도 한 곳만 가지 말고 다른 분양사무실도 있으면 두 군데 정도는 가서 투자 상담을 받아 보는 것이 좋다. 물론 입지나 동선 여부에 따라 분양가가 다르겠지만 분양상담사가 하는 이야기를 잘 들으면 그 지역에 향후 개발 호재나 상권의 범위 등을 어느 정도 파악할 수 있다. 물론 100% 신뢰할 수는 없지만 입찰 여부를 판단하는 데 큰 도움이 된다.

그리고 장사를 할 임차인의 입장으로 분양사무실에 가서 상가 임대를 상담하는 것도 임대가 시세를 파악하는 데 좋다.

입찰 대상 물건의 임장

중개사의 안내를 받고 헤어진 후 입찰대상 물건을 답사한다. 답사할 때 무엇을 봐야 할지 막연하므로 다음의 체크리스트를 갖고 가서 기재하면 나중에 물건을 다시 분석할 때 상당한 도움이 된다.

그리고 입찰대상 물건이 영업 중이면, 예를 들면 호프점이거나 식당이면 반드시 들어가서 마셔보거나 음식을 먹고 카드결제를 한다. 그 이유는 향후 낙찰받고 실질적인 점유자 여부를 판단하는 데 근거 자료로 사용할 수 있기 때문이다. 만약 유치권이 신고되어 있는 경우 향후 유치권자를 대상으로 인도명령을 신청할 때 유치권자와 카드 전표상의 점유자가 서로 다르므로 유치권자가 점유하고 있지 않다고 주장할 수 있는 근거 자료가 된다.

최종적으로 입찰대상 물건이 있는 건물이나 옆 건물에 중개업소가 있으면 들어가서 이번에는 솔직하게 경매 물건 때문에 왔는데 낙찰받으면 보증금과 월세를 얼마나 받을 수 있는지와 임대가능성 등을 물어보고, 매도 가능 여부와 급매가가 얼마인지도 물어볼 수 있는 데까지 최대한 물어본다.

물론 이 부분에 대한 체크는 상당히 주관적일 수 있다. 하지만 준비 없이 가서 경매 물건을 보는 것보다는 여기에 있는 항목을 확인하면서 체크하면 나름대로 입찰 대상 물건의 가치를 느끼게 된다. 물론 처음부터 느낄 수는 없겠지만.

현장조사 시 점검 사항 – 입찰대상 물건 점검

점검항목	점검내용	점검항목	점검내용
상가의 종류		건물 층수	
입찰대상 층수		공급면적	
전용면적		전용률	
상가위치		상가형태	
전면부 길이		인도의 넓이	
상가접근 시 방해물		기둥 존재 여부	
층고		간판 설치 여건	
주차장 여건		화장실 위치	
E/V 위치		E/C 위치	
계단 위치와 개수		출구 위치와 크기	
창문 위치와 크기		인테리어 수준	
전기용량		도시가스 여부	
상가 전면 활용 여부		원상복구 난이도	
연체관리비 여부		점유자 확인	
업종 지정 여부		위반건축물 여부	
건물 업종 구성	지하층		
	1층		
	2층		
	3층		
	4층		
	5층		
	6층		
	7층		

현장조사 시 점검 사항 – 입지조건 점검

점검항목		점검내용
전면도로	차선수	
	종류	
교차로	유무	
	거리	
횡단보도	유무	
	거리	
동선	종류	
	거리	
버스정류장	유무	
	거리	
	노선수	
	종류	
지하철 역	유무	
	노선 역	
	출구와의 거리	
고객집객시설	종류	
	거리	
인기 업종 입점 여부	유무	
	종류	
	거리	

조사항목	조사내용		
상권의 종류	신흥	신도시	
		택지개발지구	
		뉴타운	
	기존	역세권	
		지역	
		주택가	
상권 배후	아파트		
	오피스		
	대학가		
	주택가		
상권 활성화 시간	오전		
	오후		
	저녁		
상권 이용 주요 세대	10~20대		
	30~40대		
	50대 이후		
상권 변화와 요인	활성		
	고착		
	쇠퇴		

현장조사 시 점검 사항 – 시세조사

방문장소	조사자 입장	전용/공급면적	조사된 시세	
중개업소	임차인		보증금	
			월차임	
			권리금	
	입찰자		보증금	
			월차임	
			권리금	
중개업소	임차인		보증금	
			월차임	
			권리금	
	입찰자		보증금	
			월차임	
			권리금	
분양사무실	임차인		보증금	
			월차임	
			권리금	
	투자자		분양가	
			할인가	
분양사무실	임차인		보증금	
			월차임	
			권리금	
	투자자		분양가	
			할인가	

CHAPTER 03
입찰가격 결정

입찰가격 결정 기준

보통 아파트를 입찰하기 위해 ① 국토교통부 실거래가, ② 답사 시 중개업소 매물가, ③ 그 단지의 과거 낙찰가율 등을 가지고 아파트 입찰가격을 결정할 수 있고, 실제로 그렇게 하고 있다.

하지만 상가는 실거래가도 없고, 답사해도 중개업소에 매물로 나와 있는 물건도 드물다. 과거 상가의 낙찰가율도 상가를 입찰하기 위한 가격을 결정할 때 정확한 기준이 안 된다. 그 이유는 상가의 개별성이 너무 강하기 때문이다.

상가의 입찰가격을 결정할 때 정말 중요하고 기준이 되는 것은 임장할 때 조사한 경매 물건 지역의 보증금과 월세이고, 그 다음으로 판단의 기준이 되는 것은 전용 1평당 낙찰금액이다. 감정평가금액은 건물분 가액과 대지권 가액으로 구성되는데 상가 투자 시 대지권은 임대에 영향을 주지 않는다. 실질적으로 임차인이 장사할 수 있는 공간이 넓어야 다른 상가보다 월 차임을 더 받을 수 있고 임대 시 유리하다. 따라서 전용면적 1평당 금액 대비 낙찰가가 낮아야 임대하기도 유리하고 임대수익률도 높게 되는 것이다.

다시 말하면 상가의 입찰가격 결정은 감정가 대비 얼마에 낙찰받았는지가 중요한 것이 아니라 조사한 보증금과 월세를 기준으로 해서 전용면적당 얼마에 낙찰받았느냐가 중요하므로 임장 시 확인한 보증금과 월차임이 일차적으로 기준이 되고 다음으로 전용면적 1평당 입찰금액이 얼마인지를 계산해봐야 한다. 두 가지 중에서 더 중요한 것은 입찰 지역 상가의 보증금과 월차임이다. 경우에 따라서는 입지가 좋아 전용면적이 작아도 임대가가 높거나, 전용면적이 넓어도 임대가가 낮은 곳이 있기 때문이다.

입찰가격의 계산

두 군데 이상의 중개업소나 분양사무실에서 알아본 보증금과 월차임을 근거로 과연 낙찰을 받고 임대를 놓을 때 보증금과 월차임을 얼마 받을 수 있는지를 판단한다. 만약 입찰 대상 물건이 있는 동일 건물 동일 층의 상가(전용면적이 같거나 비슷하다는 가정 하에)가 보증금 3,000만 원에 150만 원이라고 한다면 1년분 월세는 1,800만 원(150×12개월)이 된다. 또는 입찰대상 물건이 있는 건물의 시세를 조사하지 못하고 인근에 있는 상가의 보증금과 월차임을 확인했다면 보통 상가의 시세는 같은 동선에 있으면 거의 비슷하므로 다소 보수적으로 판단하면 된다. 물론 입지나 실면적에 따라 다르겠지만 보증금과 월차임을 어느 정도 유추할 수 있다. 그리고 권리금이 형성되어 있어도 권리금은 입찰가격 결정에서 제외한다. 입찰자와는 일단 관계없는 부분으로 생각한다.

입찰가격을 계산할 때 입찰자의 임대에 대한 요구수익률을 기준으로 해 역산해서 계산한다. 요구수익률은 투자자 개인의 투자 성향과 지역 특성에 따라 다르므로 필자의 기준으로 예를 들어보겠다.

1. 임대 요구수익률 9%

상권이 이미 안정된 구상권이나 특히 1기 신도시 같은 경우 필자는 요구수익률을 9%로 잡는다. 너무 지나치다고 생각하는 사람도 있겠지만 재산세 등과 같은 기타비용을 공제하면 실질적인 임대수익율은 낮아진다. 보증금과 월세를 기준으로 요구수익률 9%로 계산해서 입찰가를 역산하면

항목	금액(만 원)	계산내역
예상 보증금	3,000	
예상 월차임	150	
예상 연수입	1,800	예상 월차임×12개월
입찰가	23,000	보증금+예상 연수입×100÷9
취득세	1,058	입찰가×4.6%
예상 명도비	200	상황마다 다름.
총투자금액	24,258	입찰가+취득세+예상 명도비
총투자 대비 수익률	7.4%	예상 연수입×100÷총투자금액
경락잔금대출	6,900	낙찰가의 30%
연 대출 이자액	448.5	경락잔금대출금액×5.5%
월 대출 이자액	37.3	연 대출 이자액÷12개월

9% 임대 요구수익률을 기준으로 입찰가를 계산하면 2억 3,000만 원이 나온다. 물론 여기세 취득세와 명도비 등을 감안하면 수익률은 7.4%로 더 낮아지게 되고, 경락잔금대출을 활용하면 수익률은 다소 올라가게 된다. 필자는 이렇게 계산한 후에 실질적으로 입찰하기 전에 취득세와 예상명도비, 경락잔금대출 등을 고려해 입찰가를 약간 조정해 입찰한다.

2. 임대 요구수익률 7%

신흥상권이나 신도시, 택지개발지구에 상가가 경매로 나오는 시점은 일반적으로 상권이 아직 활성화 되지 않은 때에 나오는 경우가 대부분이다. 따

항목	금액(만 원)	계산내역
예상 보증금	3,000	
예상 월차임	150	
예상 연수입	1,800	예상 월차임×12개월
입찰가	28,714	보증금+예상 연수입×100÷7
취득세	1,320.8	입찰가×4.6%
예상 명도비	200	
총투자금액	30,234.8	입찰가+취득세+예상 명도비
총투자 대비 수익률	5.95%	예상 연수입×100÷총투자금액
경락잔금대출	8,614.2	낙찰가의 30%
연 대출 이자액	559.9	경락잔금대출금액×5.5%
월 대출 이자액	46.66	연 대출 이자액÷12개월

라서 이런 곳의 상업지역이나 준주거지역 내에 있는 상가를 입찰하려면 요구수익률을 7% 정도로 낮추어서 입찰가를 산정해야, 실패하지 않는 투자가 되고 향후 시세차익도 얻을 수 있다. 절대로 욕심내면 안 되는 지역의 상가 물건이다.

　7% 임대 요구수익률을 기준으로 입찰가를 계산하면 2억 8,714만 원이 나온다. 물론 여기세 취득세와 명도비 등을 더하게 되면 수익률은 5.95%로 더 낮아지게 되고, 경락잔금대출을 활용하면 수익률은 다소 올라가게 된다. 상권이 아직 활성화 되지 않은 신도시나 택지개발지구의 경우에는 실질 수익률이 약 6% 정도 나온다고 판단되면 투자해도 된다. 다만, 반드시 조사해야 할 것은 향후 상권의 활성화 여부다.

CHAPTER 04

상가 종류별 투자분석

상가의 일반적 분류

우리나라는 상가의 종류에 대해 아직 체계화된 정의와 구분이 없다는 것이 일반적인 견해다. 여기서 설명하는 상가의 종류는 현재 상가 시장에서 일반적으로 통용되어 부르는 상가를 정리한 것인데, 상가를 공급하는 입장에서 마케팅을 위해 사용하거나, 상가 투자자들이 인식해 사용하고 있거나 또는 언론매체에서 사용하는 상가의 분류로써 실제 부동산 시장에서 사용하는 용어라고 이해하면 된다.

상가 종류를 나열하면 근린 상가, 아파트단지내 상가, 주상복합 상가, 쇼핑몰과 테마 상가, 민자역사 상가, 지식산업센터내 지원시설 상가, 파생 상가, 상가 주택 등이 있다. 물론 이외에도 부동산 시장에서 부르는 다른 상가도 있지만 투자자 입장에서 이정도의 종류만 분류하고 분석해도 충분하다고 생각하고 하나씩 투자 분석과 주의점에 대해 설명하겠다.

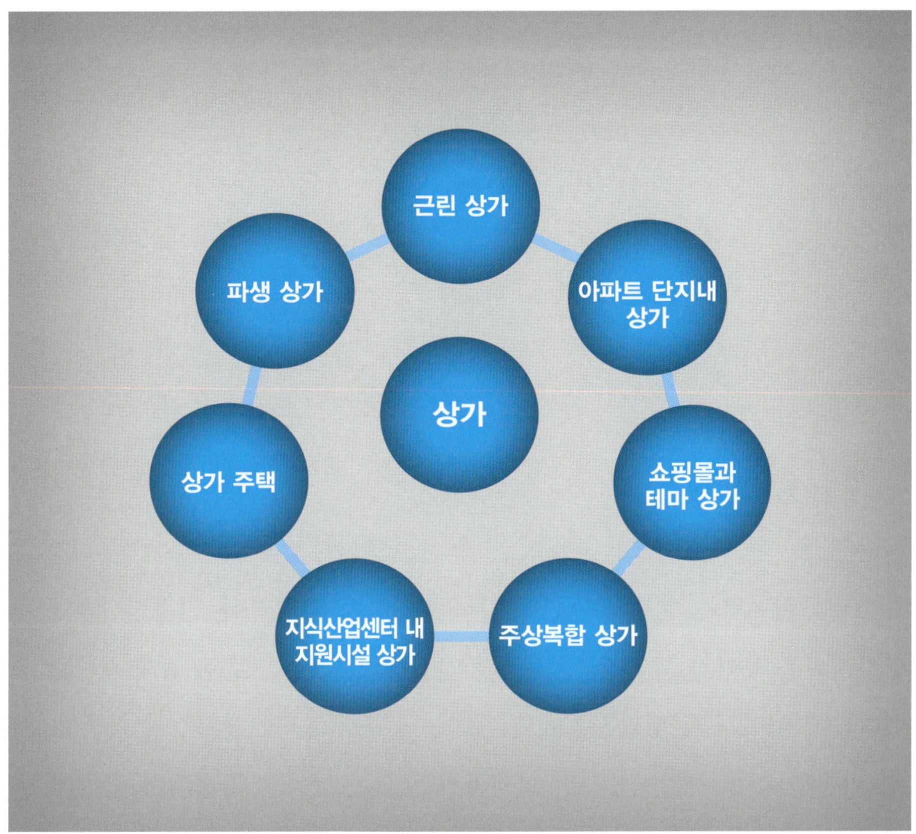
근린 상가
파생 상가
아파트 단지내
상가
상가
상가 주택
쇼핑몰과
테마 상가
지식산업센터 내
지원시설 상가
주상복합 상가

근린 상가

1. 근린 상가의 개념

먼저 근린이라는 말은 생활권에 인접해 있음을 의미한다. 건축법상의 근린 생활시설은 우리가 살고 있는 지역과 인접해 있으며, 도보로 쉽게 접근할 수 있다는 말이다. 근린생활시설에 입점하는 업종도 슈퍼, 제과점과 약국, 세탁소, 미장원, 학원, 병원 등 우리 실생활과 밀접한 것들로 구성되어 있는데, 우리가 집 밖에서 보게 되는 거의 모든 상가들을 근린 상가라고 보면 된다. 상가 투자를 하려고 할 때 가장 많이 검토하는 상가 중 하나가 근린 상가다.

보통 근린 상가의 규모는 3~10층 정도의 규모이고, 전용율은 45~70% 수준이며, 규모가 클수록 전용율이 낮아진다고 보면 된다.

근린 상가의 공급은 전체 상가 공급의 주류일 정도로 풍부하게 공급되고 있으며, 특히 전국적으로 신도시나 택지개발지구, 혁신도시 등을 중심으로 공급물량이 정말 많다.

2. 근린 상가의 투자전략

(1) 택지개발지구 면적과 대비해 상업용지 비율이 낮은 지역을 우선 투자대상 지역으로 삼자.

상업용지의 공급면적이 과도할 경우 공급되는 상가의 총량이 늘어남에 따라 경쟁 점포의 규모도 증가해, 결국 상권이 형성된 이후에도 상가 공급량이 많기 때문에 임대료가 낮거나 공실이 될 가능성이 있다.

단순히 상업용지 비율이 낮다고 해서 무조건 투자가치가 있는 상가는 아니다. 전체 개발면적 대비 상업용지 면적 비율은 낮지만 개발지역에 녹지지역, 관공서지역이나 도로 등이 차지하는 면적이 많으면, 실질적으로는 배후 세대수가 적게 되기 때문에 상가의 투자가치는 낮다고 볼 수 있다. 주거용 부동산은 녹지가 많아 쾌적성이 좋으면 주거환경이 좋아 투자가치가 있으나, 상가는 밀도가 높아 쾌적성이 좋지 않는 지역의 상가가 임대료도 높고 상권 활성화도 빠른 시간 내에 이루어진다.

즉 전체 택지개발지구 면적 대비 상업용지 면적이 낮은 지역의 상가가 투자가치가 있는 것이 아니라, 도시계획을 보고 주거용지 면적과 상업용지 면적 비율을 비교해 상업용지 면적이 낮은 지역의 상가를 투자하는 것이 성공한 상가 투자가 된다.

(2) 수익률 저하를 예상하고 무리한 대출을 하지 말자.

택지개발지구나 신도시를 중심으로 공급되고 있는 근린 상가의 경우, 토지개발 후 업체에 공급되는 상업용지를 입찰자가 고가로 낙찰받기 때문에 상가 분양가가 기본적으로 높아진다. 분양을 통해 투자하려고 하는 투자자가 기대수익을 높게 잡고 대출을 많이 받은 경우에는 생각보다 임대수익이 적게 나오기 때문에 자금 압박을 받는 경우가 많다. 따라서 신도시나 택지개발지구의 상가를 분양을 통해 투자하려고 할 때에는 기대수익을 너무 높게 잡지 말고, 대출도 분양가의 30% 정도를 받는 것이 예상치 못한 상권 형성과 임대료 하락에 의한 자금압박을 피할 수 있는 방법이다.

경매나 공매를 통해 투자하려고 할 경우에도 상권이 형성되기 전에 입찰을 하려고 할 때에는 임장을 통해 임대가 조사를 한 후 현실적인 입찰가를 정해 입찰하는 것이 실패하지 않는 상가 투자가 될 수 있고, 역시 예상하지 못했던 자금 압박을 피할 수 있다.

⑶ 상권 형성시기와 관련해 투자 타이밍을 조절해야 한다.

택지개발지구나 신도시는 상권 형성에서 기존의 구도심처럼 이미 형성된 상권에 상가가 조성되는 것이 아니고 상권 형성도 기본적으로 3년 이상 소요되므로 가능한 한 택지지구나 신도시의 입주시기나 입주율을 보고 투자해야 한다. 아직 입주시기도 1년 이상 남았거나 입주율도 20에서 30% 미만이라면 투자시기를 조금 더 늦게 가져가는 것이 좋은 상가 투자 방법이다.

경우에 따라 좋은 입지의 상가를 선점하지 못할 수도 있겠지만 지금까지 상가 투자를 해서 실패한 대부분의 경우는 지나치게 빨리 투자한 경우라고 보면 된다. 상가는 정말 많이 공급되고 있고 앞으로도 신도시나 택지개발지구, 혁신도시나 뉴타운 지역에서 계속 공급될 것이므로 투자할 상가는 얼마든지 있다는 마음가짐으로 투자를 해야 한다. 투자할 돈이 없지, 투자할 상가는 얼마든지 있다는 것을 상가 투자자는 잊지 않았으면 한다.

단, 입지가 좋은데 상권이 아직 형성이 되지 않아 감정가 대비 60%선으로 유찰이 되면 향후 상권 형성기를 진지하게 고민해 입찰 여부를 결정할 수는 있다. 인근에 분양하는 상가의 분양가에 비해 30~40% 정도 낮은 금액으로 유찰되면 일단 가격 경쟁력이 좋기 때문에 임대를 놓거나 향후 처분수익도 얻을 수 있기 때문이다.

⑷ 주동선상에 있는 상가를 투자해야 한다.

동선이란 소비자들의 흐름이나 차량의 흐름을 하나의 선으로 나타내는 개념이라고 했다. 상가는 소비자들의 동선상에 위치하게 되는데 투자 대상 상가 앞으로 소비자들의 동선이 어떠한지를 알아보는 것은 정말 중요하다. 이러한 동선 파악은 이론적으로 판단할 수 있는 것이 아니고 투자 대상 상가와 그 지역 임장을 통해서만 확인할 수 있는데, 신도시나 택지개발지구의 동선을 초기 투자시점에 파악하는 것은 정말로 어렵다.

따라서 계발계획도나 지형도면을 보고 과연 거주자들이나 소비자들이 어느 동선을 따라 향후 움직이게 될 것인지를 고민하고 투자대상 상가가 주동선상에 있는지를 분석해야 한다.

만약 혼자서 판단하기 어려우면 전문가의 객관적인 자문을 반드시 받아야 한다. 다시 강조하지만 동선과 입지는 상가 투자에서 결정적이므로 아직 상권 형성이 되지 않는 지역의 상가를 투자할 때는 주동선이 어떻게 형성될 것인지를 고민하고 또 고민해야 한다. 보통 버스정류장이 있거나 지하철 출구가 예상되는 지역이거나 아파트 주 출입구 맞은편에 있거나 횡단보도 등이 있으면 기본적으로 동선이 형성되는 곳이라고 보면 된다.

(5) 도로에 접한 상가만 투자해야 한다.

보통 근린 상가는 건물 내 위치에 따라 도로에 접한 전면부 상가와 내부로 들어가면 안쪽에 있는 후면부 상가, 그리고 먹통 상가라고 불리는 전면부도 아니고 후면부도 아닌 가운데에 있는 상가로 분류한다.

강의할 때나 상담을 할 때 필자가 항상 하는 말인데, 반드시 전면부 상가만 투자하라고 한다. 우리가 식사를 하거나 쇼핑을 하거나 커피를 마시기 위해 많은 상가를 이용하고 있는데, 이때 도로에 접한 상가는 공실을 보기 어렵지만 상가 내부에 있는 후면부 상가나 먹통 상가는 공실상태로 오랫동안 있는 것을 많이 봤을 것이다. 코너에 있는 상가는 아니더라도 무조건 도로에 접한 상가만 투자해야 한다. 갖고 있는 자금이 부족해 도로에 접한 상가를 투자하기가 어려우면 투자를 하지 말고 그 돈을 은행에 예치하는 것이 훨씬 좋다. 건물 내부에 있는 상가는 처분수익은 물론이고 기본적인 임대수익도 얻기가 어렵기 때문이다.

상업용지 비율이 낮은 지역 상가를 투자하자.
무리한 대출을 피한 투자를 하자.
상권이 형성되는 것을 보고 투자하자.
주동선상에 있는 상가를 투자하자.
무조건 도로에 접한 상가만 투자하자.

(1) 매각물건 개요

2011타경15■■ (16) ● 의정부지법 고양지원 ● 매각기일 : **2011.10.20(木) (10:00)** ● 경매 6계(전화:031-920-6316)

소재지	경기도 고양시 일산동구 풍동 1279-4, 샘터■ 7층 7■호 도로명주소검색			
물건종별	근린상가	감정가	160,000,000원	오늘조회: 1 2주누적: 0 2주평균: 0 조회동향

구분	입찰기일	최저매각가격	결과
1차	2011-08-25	160,000,000원	유찰
2차	2011-09-22	112,000,000원	유찰
3차	**2011-10-20**	**78,400,000원**	

항목	내용	항목	내용
대지권	미등기감정가격포함	최저가	(49%) 78,400,000원
건물면적	79.755㎡(24.126평)	보증금	(10%) 7,840,000원
매각물건	토지·건물 일괄매각	소유자	(주)■인베스트
개시결정	2011-01-19	채무자	(주)■인베스트
사건명	임의경매	채권자	회생회사 ■종합건설(주)

낙찰 : **86,469,000원** (54.04%)

(입찰3명, 낙찰:김■성외5 / 2등입찰가 86,460,000원)

매각결정기일 : 2011.10.27 - 매각허가결정

대금지급기한 : 2011.11.25

대금납부 2011.11.24 / 배당종결 2012.01.09

이 물건은 고양시 풍동택지개발 지구 내 근린상업지 내에 소재한 상층부 공실 상가다. 10층으로 구성된 근린 상가로 3층부터 10층까지 물건 38개가 동시에 경매로 나와서 진행된 물건이다. 1995년 12월 31일 준공되었으며, 지하 3층~지상 10층으로, 총 점포수는 76개(1층 13개 점포 그외 2~9층은 7개 호실)로 구성되어 있다. 전용률은 56.5%로 2005년 분양 당시 1층은 평당 2천 9백만 원부터 3천 5백만 원에 분양되었으며, 3층 이상 상층부는 평당 540만 원부터 560만 원에 분양되었다.

경매가 진행되는 곳 외에는 임대가 완료되어 있었으며, 경매 진행 중인 물건 중에도 몇 개 호실은 임대가 되어 있는 것도 있었다.

　1층은 유명 프랜차이즈업체가 입점해 있고, 2층은 대형은행이 입점, 다른 상층부에는 문화센터와 병원이 입점해 있어 상가를 이용하는 유동인구는 많은 편이었다. 풍동 전체적으로 봤을 때 상가가 과잉 공급되었지만 입지적으로 제일 좋은 상권이므로 시간이 걸려도 임대가 맞춰질 것으로 예상되었다. 2회 유찰 된 물건으로 3회 차에 모두 낙찰을 받았다. 이 중 7층의 4개 호실을 낙찰받았다. 비록 입찰하고자 하는 물건이 7층이었지만 입지적으로 좋고 가격 경쟁력이 있으므로 입찰을 하기로 결정했다.

　7층에서 측면에 위치한 1호, 2호를 제외하고 승강기 바로 앞이고 건물 전면에 위치한 3호~7호까지 임대 시 유리할 것으로 판단했다. 규모도 크고 상가 입찰이 처음이라 공동입찰을 하면 관리나 자금적으로 부담이 없을 것 같아서 공동투자로 입찰하기로 결정했다.

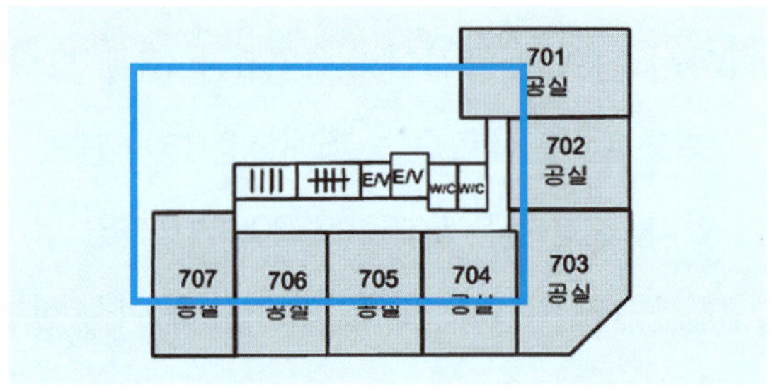

　각 호실당 전용 면적은 79.755제곱미터이고, 4개 호실을 합치면 97평 정도 된다. 평균 낙찰가율은 56%로 평당 368만 원에 받은 격이다. 각 호실별로 임대를 놓거나 대형 프랜차이즈 업체가 들어오면 어느 정도 수익률을 보장 될 것으로 판단했다. 인근 상층부 학원의 임대료가 보수적으로 산정했을 때 보증금 1,000만 원에 월세가 100만 원선이었으므로 수익률은 상당히 좋을 것으로 생각했다.

신도시 택지개발지구 내 상층부 상가의 경우 분양이나 임대에 어려움이 있으므로 오랫동안 공실을 유지하다가 경매로 나오는 경우를 종종 볼 수 있다. 상층부의 공실 상가는 투자 시 유의해야 한다. 상층부의 경우 주로 학원이나 병원을 임대를 놓는 경우가 많다. 하지만 건물에 유해업소가 먼저 입점이 되어 있거나, 입찰 물건보다 학원설립법에 있는 유해업소가 먼저 입점이 되는 경우 학원으로 임대를 놓는 데 어려움이 있을 수도 있다. 또한 병원도 먼저 다른 층에 입점이 되면 업종 중복으로 인해 임대 놓기가 어려운 경우가 많다.

물건 하층부에는 문화센터 및 병원이 입점해 있었으며, 건물의 입지가 좋아 영업이 잘 되고 있었다. 본인 생각으로는 입찰 당시 낙찰을 받게 되면 대형학원이나 키즈까페로 임대를 놓으면 괜찮겠다는 생각이 들었다.

⑵ 상권 분석

이 입찰 대상 물건은 고양시 풍동택지개발 1지구 내에 소재해 있으며, 상업지역으로 풍동 지구 내 입주민을 주요 수요층으로 볼 수 있는 지역이다. 풍동택지개발지구는 준주거지역의 근린 상가와 상업지역 내의 중심 상가를 제외하고는 단지 내 상가만 소재하고 있다. 배후세대는 11,304세대, 학교는 초등학교 4개, 중학교 2개, 고등학교 2개가 소재해 있다. 상권의 수요층은 배후 아파트 단지 입주민들이라고 볼 수 있다. 지역적으로 볼 때 항아리 상권과 같아 보이지만, 인근에 일산의 대표상권인 정발산역 상권이 소재해 있어 정발산역 상권을 이용하는 주민들이 많다.

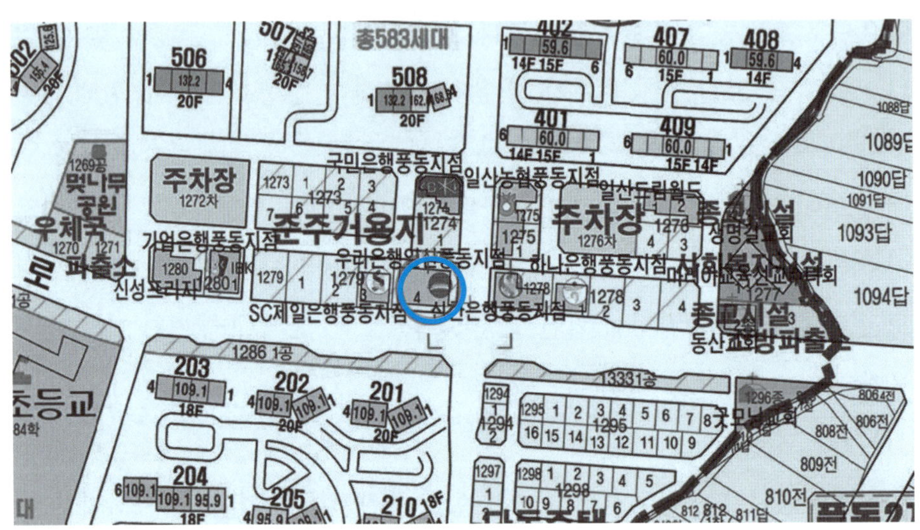

상권 범위에 포함한 입주민들이 입찰 대상 지역을 이용하기보다는 인근의 애니골 까페촌, 라페스타, 웨스턴돔 상권을 주로 이용하고 있다. 11,304 세대 수에 비해 28개 필지에 상가가 공급되었으므로, 인구 대비 상가가 과잉 공급되었다고 볼 수 있다. 정발산역 주변의 대체상권이 소재해 있으므로 후면부 상가의 상층부에는 다소 공실이 있고, 오랜 공실이었던 상층부 상가들이 경매로 처리되고 있는 상황이었다.

이 지역은 외부에서 유입되는 상권이 아닌 고립된 상권으로 주로 배후세
대 주민들의 이용 상권으로 볼 수 있다.

⑶ 입지분석

건물의 입지는 준주거용지 한 가운데 사거리 코너에 있고, 앞에 횡단보도
가 있어 입지적으로 매우 우수하다고 판단했다.

상가 입점 업종은 전면도로를 기준으로 전면은 은행, 브랜드제과, 안경점,
부동산 업종, 2층은 전문음식점, 3층은 병원과 의원, 4층 이상은 학원 등으
로 구성되어 있다.

전면부 상가의 경우 특수한 상황이 아닌 이상 공실이 없는 상태였다. 인근 상가의 상층부에도 학원이나 병원으로 임대가 되고 있었다. 학교가 많아서인지 인근건물에 학원이 성업 중에 있으며, 학생들의 유동인구가 많은 편이다.

(4) 매각물건의 권리분석

• 임차인현황 (배당요구종기일 : 2011.08.10)

	===== 조사된 임차내역 없음 =====
기타사항	☞제 3 자점유 ☞현재 의정부지방법원 고양지원 2010타기 9▪▪호와 같은지원 2010타기 11▪호에 의하여 같은지원 집행관실 2010본 26▪호로 대표 집행관 김▪실에 의하여 강제관리중에 있는 부동산임 /강제관리를 담당하고 있는 집행관은 강제관리 채권자 마스타이십일종합관리(주)를 위한 점포임대, 건물관리 등를 하고 있으며 임대 되지 않은 점포는 공실로 되어 있으며 그외 나머지는 임대추진중에 있거나 공실로 되어 있음

• 등기부현황

No	접수	권리종류	권리자	채권금액	비고	소멸여부
1	2011.01.19	임의경매	제일종합건설(주)	청구금액: 5,586,584,822원	2011타경15▪	
기타사항	☞등기부상 최초설정일 :2007.4.23.근저당					
주의사항	☞[임금채권자]2011.03.16 배당요구권자 (선정당사자)이▪호 배당요구신청 제출					

이 경매물건의 경우 의정부지방법원 고양지원에서 강제관리 중에 있는 건물이었다. 강제관리(强制管理)란 민사집행법상의 강제집행의 한 방법으로, 채무자의 부동산을 법원에서 압류해 관리인을 선임, 그 부동산을 관리·수익하게 해 그 수익으로써 채권에 충당시키는 집행절차(민사집행법 163조·171조)를 말한다. 관리인은 그 부동산을 점유·관리해 그 부동산으로부터 얻은 수익에서 조세 등 공과금·관리비용 등을 공제하고 잔액을 채권자에게 배당해야 한다(민사집행법 169조). 즉, 경매가 진행되는 동안 강제관리를 통해 발생한 수익은 비용을 제외하고 채권자에게 배당된다고 보면 된다.

샘터 상가의 경우 강제관리 중으로 건물의 관리는 잘 되어 있었으며, 경매로 진행되는 몇 개 호실은 임대가 되어 있는 것도 있었다. 공실 상가의 경우 미납관리비에 대해서 사전에 파악을 확실하게 해야 한다. 대부분이 공용부분에 대해서 부과됐으므로 낙찰자가 전액을 인수하는 경우가 대부분이다. 이 물건의 경우에도 각 호실 당 평균 900만 원 정도의 미납관리비가 있었다. 장기간의 공실 상가의 미납관리비는 수익률 하락에 영향을 주므로 이를 고려해서 입찰가를 산정해야 한다. 낙찰 후에도 임대가 되기까지도 일정기간 공실이 있으므로 관리비 및 대출에 대한 이자비용 또한 수익률에 반영해야 된다. 공실이므로 명도에 대한 부담감은 없으나 임대 및 관리비에 대한 부담이 있다는 것이 공실 상가를 낙찰 시 고려해야 할 부분 중 하나이다.

(5) 낙찰 후 결과

입찰 당시 의료법인이 6층 이상의 상층부를 최저가에 약 100만 원 정도를 더 써서 입찰을 했다. 개찰이 완료된 후 의료법인 입찰자와 대화를 나눈 결과 현재 일산에서 요양병원을 크게 운영하고 있으며, 추가적으로 요양병원을 확장하고자 입찰했다고 한다. 상가의 경우 법인이 입찰하는 경우에는 직접 사용하려는 목적이 있는 경우가 있으므로 향후 임대인이 될 가능성이 있으므로 입찰목적이나 연락처를 알아두는 것이 좋다.

낙찰 후 남은 문제는 임대와 관리비 협상이었다. 일단 관리비는 낙찰자들과 협의해서 세부사항을 꼼꼼히 따져서 조금이라도 덜 낼 수 있는 방안을 고민했다. 심지어 전기비 부과내역을 세심히 조사해서 관리비를 감액 받는 낙찰자도 있었다. 얼마 지나지 않아 의료법인에서 협상제안이 들어왔다. 우리도 내부적으로 임대방안에 대해서 논의하고 있었다. 의료법인이 제안한 협상조건은 취·등록세 및 등기 이전 비용은 모두 의료법인에서 부담하고 낙찰가에 1,000만 원을 더 주겠다는 조건이었다. 잔금을 치르기 전이라 계산을 해보니 들어간 보증금만큼 수익이 나는 금액이었다. 감정가의 50%대에 낙찰받은 상황에서 향후 그 이상의 매도차익도 볼 수 있을 것 같은 생각이 들어서 일단 거절했다. 이후 한 번의 협상이 더 있었지만 요구하는 금액이 맞지 않아서 거래는 성사되지 않았다. 학원을 전문으로 중개하는 중개사와 병원을 전문으로 중개하는 중개사를 통해 임대홍보를 했으나, 생각보다 쉽게 성사되지 않았다.

그리고 이 물건은 공동투자 물건이었는데, 공동투자를 하는 경우 각자의 역할을 명확하게 분담해야 향후 운영하는 데 문제가 발생하지 않는다. 수익이 발생되고 잘 운영되는 경우 큰 문제는 발생하지 않으나 장기간 손실이나 비용이 발생하면 그때부터는 내부적인 의견 충돌이 일어날 수 있다. 공투협약서라는 것을 작성은 하지만 막상 그런 상황이 되면 별다른 효과를 발휘하지 못하는 것 같다.

임대문의는 꾸준히 들어 왔지만은 내부적 의견이 맞지 않아서 매번 계약이 성사되지 않았다. 임대인의 입장에서는 좀 더 많은 임대료를 받고 이왕이면 한 명의 임차인에게 통으로 임대하는 것이 좋을 것으로 생각해 그 조건을 충족시켜줄 임차인을 찾았지만 쉽지 않았다.

지금 와서 돌이켜보면 일단 분할을 해서라도 임대를 채워 넣는 것이 공실 상가에 대한 손실을 줄이는 방법인 것 같다. 옆 상가에 어떤 업종이라도 들어와 있어야지 다른 임차인에게 임대 놓기가 유리하다는 것을 배울 수 있었다. 따라서 공실 상가를 낙찰받았을 경우에 처음에는 임대료를 할인해주고 임대를 맞춘 후에 향후 재계약 시점에 임대료를 올리는 방법으로 진행하는 것이 올바른 투자 전략이라고 생각된다.

매도를 제안한 의료법인은 다른 층도 쉽게 협상이 되지 않아서 낙찰받은 곳을 다른 요양병원 의료법인에게 양도를 했다. 낙찰 후 1년 6개월이 지난 시점에서는 우리층만 공실이었다. 건축물의 용도가 의원 및 교육연구시설이 어서 대형학원을 유치하려고 노력했으나 낙찰받고 시간이 지남에 따라 일산 의 학원 경기가 안 좋아져 오히려 학원들이 규모를 줄이고 임대가가 낮아지 면서 학원매물이 많이 있는 상황으로 바뀌어 갔다.

우리가 생각했던 임대가를 고수하기에는 상황이 너무 안 좋아지고, 낙찰 받은 우리층만 공실이라는 것은 우리의 투자전략이 잘못되었다는 생각을 하게 되었다. 공동투자자들과 논의를 해 낙찰받고 1년 6개월이 지난 현 시 점에서 손실을 줄이기 위해서는 매도를 하는 것이 최선의 방법이라는 결론 을 내렸다.

결국 매도희망 금액보다 5천만 원 정도 저렴하게 매도를 했는데, 양도차익 은 약 9천만 원이 발생했으나, 인수 관리비, 공실기간의 관리비 및 이자비용, 세금을 제하면 결과적으로는 손실을 본 투자였다. 만약에 법인 명의로 낙찰 받았다면 관리비 및 이자비용 등에 대해 비용처리가 가능하므로 입찰 전에 법인명의로 받는 것도 고려해볼 만하다고 생각하였다. 이 물건의 매수인은 의료법인으로 요양병원으로 운영할 계획이라고 했다.

이 물건을 낙찰받은 후에 공동투자는 쉽지 않다는 것을 배웠지만, 신도시 공실 상가도 임대와 매도전략만 확실하다면 도전해볼 만하다는 생각이 들었다.

◆ **이 물건을 통한 교훈**

1. 공실의 경우 입찰 전에 임대 가능한 업종을 파악하라!

2. 개별 상가 분석도 중요하지만 신도시 전체 상권 및 입지를 파악하라!

3. 미납관리비 확인은 필수!

4. 공실인 경우 되도록 임대를 맞춰 놓고 입찰할 것!

5. 1년 정도의 공실은 감수하고 수익계산을 할 것!

6. 한 층에 여러 개 호실을 낙찰받는 경우 개별 임대도 고려할 것!

7. 공동투자는 신중히!

아파트단지내 상가

1. 단지내 상가의 개념

단지내 상가는 아파트를 신축해서 공급할 때 입주자들의 생활편의를 위해 시행사에서 공급하는 상가인데, 아파트 입주민들을 대상으로 독점적인 영업을 할 수 있는 상가다. 대부분 근린 상가보다 상권의 범위가 작지만, 아파트 입주자들의 생활권에 가장 근접해 있는 상가이고, 이런 단지내 상가에 입점하는 업종은 아파트단지에 입주하는 입주자들에게 필요한 중개사무소와 슈퍼마켓, 제과점, 약국, 세탁소, 미용실, 치킨점, 학원, 병원 등 실생활과 아주 밀접한 업종들이 주류를 이룬다.

단지내 상가는 세대 규모에 따라 차이가 있지만 보통 1층에서 5층 정도의 규모로 공급이 되고, 전용률은 근린 상가나 쇼핑몰에 비해 높다. 근린 상가의 전용률은 50~60%, 쇼핑몰은 25~30% 정도인데 단지내 상가는 적게는 50%이고, 많게는 90%까지 전용률이 나오는 곳도 있다. 예를 들면 잠실 신천역 인근의 트리지움이나 리센츠 단지내 상가 같은 경우는 5층의 대규모로 공급되어 있는데, 전용률은 50% 정도다. 단지내 상가도 역시 규모가 클수록 전용률이 낮다.

2. 단지내 상가의 공급 형태

단지내 상가는 아파트를 건설해 공급할 때 항상 입주자들을 위해 단지내 상가도 같이 신축해 공급하고 있다. 공급주체에 따라 두 가지 형태로 나뉜다.

먼저 LH에서 공급하는 단지내 상가는 공개경쟁입찰 형태로 한다. LH에서 내정가를 정해놓고 공개경쟁입찰을 해서 가장 높은 입찰가를 써서 제출한 입찰자에게 낙찰시키는 방법이어서, 일면 경매하고 비슷하다.

민간건설회사에서 공급하는 단지내 상가는 내정가를 정해놓고 공개경쟁입찰에 의해 공급하는 경우도 있고, 선착순 수의계약에 의한 분양형태로 공급도 하고 있는데, 아무래도 민간건설회사에서 공급하는 단지내 상가는 분양형태로 공급하는 경우가 많다.

3. 단지내 상가의 장점과 단점

일단 고정적인 상권이 배후에 있어서 투자 후 공실이 되는 염려는 다른 상가에 비해 낮다는 것이 가장 큰 장점이라고 할 수 있고, 입지가 아파트 입주자들과 가장 근접해 있어 아파트 입주자들을 위한 업종이 필수적으로 입점을 하게 되므로 공실의 위험이 매우 낮다.

그리고 단지내 상가의 공급시기가 아파트 입주시기와 크게 차이가 나지 않는다는 것이 하나의 장점이라고 할 수 있다. 따라서 투자자금에 대한 회수가 다른 상가에 비해 짧다고 할 수 있으며, 또 하나의 장점은 단지내 상가 공급 당시 업종을 지정해 공급하는 경우가 많은데, 업종이 지정된 단지내 상가를 투자하게 되면 업종 독점성으로 인해 임대료도 높게 받을 수 있고, 임차인을 구하기가 쉽다는 것도 하나의 장점이다.

마지막 장점은 아파트 단지내 상가의 공급주체가 다른 상가의 공급주체보다 규모나 자금면에서 안정적이므로 투자한 후 공급주체의 부도 등으로 인한 투자 위험이 상대적으로 낮다는 것도 하나의 장점이다.

단지내 상가의 단점은 배후 세대수가 고정되어 있으므로 향후 상권이 더 활성화 되는 것은 기대하기 어렵다. 물론 고정된 배후로 인해 임대수익은 안정적으로 얻을 수 있지만 상권이 더 확장될 수 있는 구조가 아니기 때문에 경기가 좋아지더라도 시세 상승으로 인한 처분수익을 얻기는 어렵다.

두 번째 단점은 아파트 단지 맞은편에 근린 상가의 공급으로 인해 경우에 따라서는 상권이 위축될 수도 있다. 보통 아파트가 공급되고 단지내 상가가 공급되면 도로 맞은편에 근린 상가들이 향후에 공급되어서 단지내 상가와 상권의 경쟁관계에 있게 되므로 아파트단지 맞은편에 근린 상가의 규모가 더 크거나 시설이 좋으면 배후 아파트 입주자들의 이탈이 생길 수 있는 점이 단점이다.

세 번째 단점은 장점이자 단점일 수도 있는데, 업종이 독점으로 지정된 경우 오히려 업종 제한으로 인하여 업종을 변경할 수가 없어서 임대를 놓기가 어려울 수도 있다.

4. 단지내 상가의 투자전략

(1) 공개경쟁입찰 형태의 단지내 상가는 지나치게 높은 입찰가로 낙찰받는 것을 피해야 한다.

낙찰받겠다는 과도한 욕심이나 분위기에 편승해 내정가 대비 지나치게 높은 금액으로 낙찰을 받게 되면 본인이 생각한 요구수익률에 미치지 못할 수 있기 때문이다. 지금까지 통계를 보면 예외는 있지만, LH에서 공급하는 단지내 상가의 경우 내정가 대비 150%선에서 낙찰을 받으면 기본적인 임대수익을 얻을 수 있는 것으로 나와 있다. 그러나 민간 건설회사에서 공급하는 단지내 상가의 경우는 150% 이하에서 낙찰을 받아야 기본적인 임대수익을 얻을 수 있는데, 그 이유는 민간 건설회사는 높은 수익을 얻기 위하여 내정가를 높게 책정하고, 상가 공급량도 많기 때문에 150%선에서 낙찰을 받더라도 예상보다 임대수익이 적은 경우가 많기 때문이다.

(2) 30평형대 이하의 중소형 평형 위주로 공급된 단지내 상가를 투자하는 것이 좋다.

대형 평형대의 아파트 입주자들은 중소형 평형대의 입주자들에 비해 상대적으로 단지내 상가에 대한 소비 의존도가 낮고, 세대구성원도 일반적으로 중장년층이 많기 때문에 아무래도 단지내 상가에 대한 소비력이 약하다.

(3) 배후세대수 대비 상가 공급량을 확인해 적은 상가를 공급한 단지내 상가를 투자해야 한다.

당연히 말이지만, 배후세대에 비해 단지내 상가 공급량이 많으면, 업종의 중복으로 임대수익이 적게 나오거나 공실의 위험성이 높다. LH공사의 단지내 상가는 평균적으로 100가구당 1개 점포를 구성하는 규모 정책으로 인해 민간 건설회사보다 단지내 상가 공급과잉이 상대적으로 적어 공실의 위험성이 낮고, 임대수익이 높게 나오기 때문에 LH 단지내 상가를 투자대상으로 정하는 것이 실패할 확률이 적다.

(4) 단지내 상가 주변에 근린 상가가 대량으로 공급되는 지역은 투자 시 주의해야 한다.

단지내 상가 주변으로 업종 침해가 있을 수 있는 경쟁상대가 될 수 있는 근린 상가들이 공급되어 상권이 형성되어 있거나, 향후 그럴 가능성이 높다고 판단되면 투자 시 신중하게 고려해야 한다. 근린 상가의 업종이 더 다양하고, 규모면에서도 더 크다면 단지내 상가의 상권 이탈, 즉 소비자 이탈이 발생될 수 있기 때문이다.

예를 든다면 단지내 상가에 투자할 때 베이커리 업종으로 업종 지정을 받고 투자했는데, 단지내 상가 맞은 편에 면적이 훨씬 큰 근린 상가에 브랜드 있는 베이커리가 들어온다면 아파트 입주자들이 면적이 크고 시설이 좋은 근린 상가에 가서 소비할 것이 예상되므로 주변에 근린 상가 공급에 대해 신중하게 검토해야 한다.

⑸ **단지내 상가 후면부 상가나 후문에 있는 상가는 투자대상에서 제외해야 한다.**

같은 단지내 상가라고 하여도 후면부에 있는 상가는 보통 단지내 상가를 이용할 고객들을 위한 주차장을 설치하기 때문에 고객 접근성이나 가시성이 좋지 않다. 따라서 임대도 잘 나가지 않고, 임대가 되더라도 임대료가 낮은 업종들이 입점하는 경우가 대부분이므로 단지내 상가를 투자할 때는 임장을 통해 전면부에 있는 상가를 투자해야 하고, 아파트 단지의 주출입구에 있는 즉, 차량이나 아파트 입주자들이 아파트로 들어오기 위한 주동선상에 있는 상가를 투자해야 실패하지 않는 상가 투자가 된다.

단지내 상가 투자전략

입찰 시 과도한 입찰금액 자제
중소형 평형대 아파트 단지내 상가 투자
배후세대수 대비 상가 공급량 확인
주변 근린상가 대량 공급지역 주의
후면부 상가나 단지 후문 상가 투자 제외

5. 경매 물건 투자 분석

(1) 매각 물건 개요

2012타경15195 · 인천지방법원 부천지원 · 매각기일 : 2012.11.22(木) (10:00) · 경매 8계(전화:032-320-1138)

소재지	경기도 부천시 원미구 중동 1037, 은하마을 상가동 1층 101호 도로명주소검색						
물건종별	근린상가	감정가	520,000,000원	기일입찰	[입찰진행내용]		입찰 18일전
대지권	23.66m²(7.157평)	최저가	(70%) 364,000,000원	구분	입찰기일	최저매각가격	결과
건물면적	29.97m²(9.066평)	보증금	(10%) 36,400,000원	1차	2012-10-18	520,000,000원	유찰
매각물건	토지·건물 일괄매각	소유자	여점숙	2차	2012-11-22	364,000,000원	
사건접수	2012-07-03	채무자	여점숙				
사건명	임의경매	채권자	융창상호저축은행				

부천시 원미구에 있는 1층 상가이고, 코너 자리에 있는 은하마을 단지내 상가다. 건물면적은 29.97제곱미터, 즉 9평 정도 되는데, 이미 앞에서 언급했듯이 1층 상가를 투자할 때는 최소한 실면적이 7평 이상은 되어야 임대를 놓기가 쉽다. 이 물건은 실면적이 29.97제곱미터 약 9평이므로 면적이 크지 않지만 단지내 상가에 입점하는 웬만한 업종에 임대를 놓을 수 있는 면적이다.

감정가는 5억 2천만 원이고, 1회 유찰되어 현재 3억 6,400만 원, 감정가 대비 70%까지 저감된 상태인데, 보통 1기 신도시에서 새로 공급되는 단지내 상가 1층 전면부 상가 가격은 공급면적 3.3제곱미터당 3,500만 원 정도 하는데, 이것을 실면적으로 계산하면 실면적 제곱미터당 즉 1평당 7천만 원 정도라 생각하면 된다. 이 경매 물건은 실면적 제곱미터당 현재 가격은 4천만 원 정도이므로 일단 신규로 공급하는 단지내 상가에 비해서는 가격 경쟁력이 있다. 물론 한 번 더 유찰이 되면 신규로 공급되는 것보다 가격 경쟁력이 더 좋아서 임대수익이나 처분수익도 쉽게 얻을 수 있다.

⑵ 상권 분석

이 경매 대상 물건은 대우동부 아파트의 단지내 상가인데 배후 세대수는 632세대다. 평형대는 33평 180세대, 41평 315세대, 49평 100세대로 구성되어 있는데, 이 세대가 경매 대상 상가의 상권이다. 단지내 상가를 투자할 때는 되도록 중소형 평형대 아파트 단지내 상가를 투자하는 것이 좋다고 했다.

하지만 이 경매 물건의 배후는 중대형 아파트이므로 투자가치를 판단하는데 있어 마이너스 요소다.

상권의 확장 가능성을 보면, 이 경매 대상은 다른 곳에서 소비자들이 오거나 상권이 확장될 요인은 크지 않지만, 동선을 볼 때 2012년 10월 27일에 개통된 7호선 연장선의 부천시청역 4번 출구를 통해서 이 단지내 상가 뒤쪽에 있는 아파트 거주자들이 출퇴근 동선이 되었다.

그리고 단지내 상가 맞은 편이 근린공원이 있어 경쟁관계에 있을 근린 상가는 없어서 배후 세대 거주자들의 이탈이 없는 상권이다.

그러나 거주자 동선을 보면 경매 대상 상가의 아래쪽 2차선 맞은편에 근린 상가들이 있어 배후 아파트 거주자들의 분산 요소가 되고 있다. 비록 경매 물건 단지내 상가 맞은편에는 경쟁관계가 될 근린 상가는 없지만, 다른 출구에 경쟁관계가 되는 근린 상가가 있어 상권의 범위를 상당히 많이 축소시키고 있다.

⑶ 입지분석

입지는 중동신도시 은하마을 동부아파트의 정문에 있는, 즉 주출입구에 있으므로 이 부분은 투자 여부를 판단하는데, 플러스 요소이고, 경매 대상 상가가 코너 자리에 있어서 간판을 양쪽으로 달 수 있고, 아파트로 들어가는 주동선에 있으므로 입지가 좋아 이 부분도 투자여부를 판단하는 데 플러스 요소다. 현재 단지내 상가의 업종 구성도 중복되지 않고, 입점해 있는 모든 업종이 독점 형태로 영업 중이다. 그 상황을 볼 때 이 단지내 상가는 세대 수에 비해 많은 상가가 공급되지 않은 것으로 판단된다.

(4) 매각물건 권리분석

• 임차인현황 (말소기준권리 : 2010.11.12 / 배당요구종기일 : 2012.09.07)

===== 임차인이 없으며 전부를 소유자가 점유 사용합니다. =====
기타참고 ㅁ진술자:소유자 여○○

• 등기부현황 (채권액합계 : 455,000,000원)

No	접수	권리종류	권리자	채권금액	비고	소멸여부
1	2010.03.26	소유권이전(매매)	여○○		거래가액 금450,000,000원	
2	2010.11.12	근저당	융창상호저축은행	429,000,000원	말소기준등기	소멸
3	2011.05.27	근저당	미래2상호저축은행	26,000,000원		소멸
4	2012.07.04	임의경매	융창상호저축은행	청구금액: 375,923,342원	2012타경15	소멸

현재 점유자는 소유자겸 채무자 여○○가 인테리어 영업을 하고 있다고 매
각물건명세서에 나오므로 임차인에 대한 부분은 문제가 없다. 등기부상 권

리관계도 융창상호저축은행이 최초 근저당권자로서 말소기준권리에 해당하고, 경매 신청도 융창상호저축은행이 했으므로 등기부상 권리들도 낙찰받은 후 말소가 되고 낙찰자가 인수할 권리가 없는 경매 물건이다.

정리하면, 이 상가 경매 물건은 현재 금액에서 한 번 더 유찰되면 충분히 투자가치가 있는 물건으로 판단되는데, 그 이유는 상권은 단지내 상가로서 기본적으로 변화가 없는 고착화된 상권이고, 현재 공실도 전혀 없기 때문이다.

낙찰을 받는다면 임대 가능성에 대해 고민을 해야 하는데, 현재 인테리어 영업을 하고 있는 소유자 겸 채무자와의 계약 가능성을 먼저 생각해봐야 할 것이다. 만약 그동안 이 자리에서 인테리어 영업을 하면서 어느 정도 수입이 발생했다면 낮은 보증금과 약간 높은 월차임으로 임대계약이 성사될 가능성이 상당히 높다. 장사를 하던 사람은 계속 장사를 하는 것이 일반적이므로 어느 정도 매출이 있는 곳이라면 굳이 자리를 옮겨 장사하지 않는다. 왜냐하면 다른 곳 1층에서 다시 영업을 하려면 웬만한 1층은 권리금이 있기 때문에 보증금 이외 권리금을 줘야 하거나 권리금이 없으면 영업을 위해 직접 인테리어를 해야 하므로 이미 영업하던 자리에서 계속 장사를 하는 것이 임차인에게 경제적인 면에서 유리하기 때문이다. 따라서 낙찰을 받고 현재 인테리어 영업을 하고 있는 소유자 겸 채무자에게 나하고 계약을 맺으면 향후 계약기간이 만료가 되어 나가려고 할 때 새로운 임차인에게 권리금 받는 것을 인정해주겠다고 하고, 계약서에 특약으로 기재해주겠다고 하면, 계약 가능성이 매우 높다.

만약에 현재 점유자와 계약이 되지 않더라도 실면적이 29.97제곱미터, 약 9평이므로 독립적으로도 임대가 가능한 상가이고, 1층 상가이고, 코너 자리에 입지하고 있으므로 영업을 위한 간판을 설치하기도 좋고 접근성과 가시성이 좋으므로 임대 가능성도 매우 높은 물건으로 판단된다.

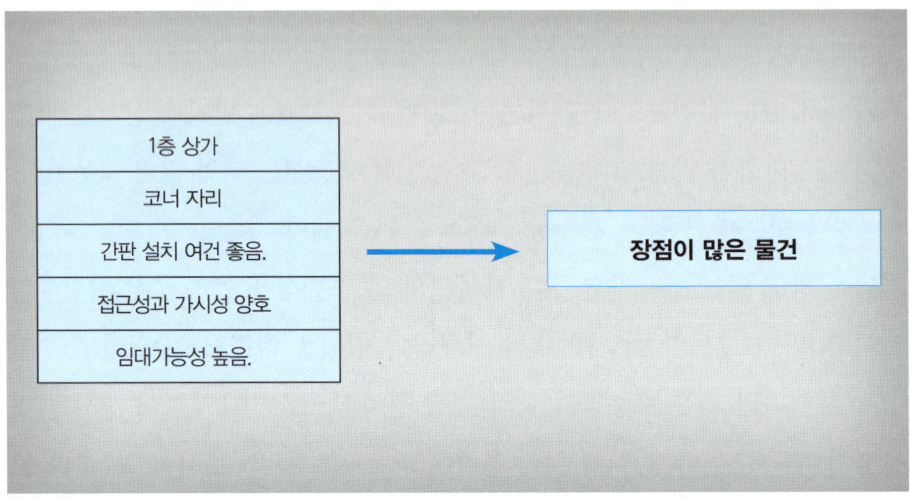

6. 너무나 쉬운 단지내 상가 낙찰기(정우영 연구원)

(1) 매각 물건 개요

2012타경40[ ] · 청주지방법원 충주지원 · 매각기일 : 2012.09.17(月) (10:00) · 경매 2계(전화:043-841-9122)

소재지	충청북도 음성군 감곡면 오향리 560-10 외 2필지, 감곡덕일한마음아파트 1[ ]동 1층 1[ ]호 도로명주소검색		
새 주 소	충청북도 음성군 감곡면 거일길 26, 감곡덕일한마음아파트 1[ ]동 1층 1[ ]호		

오늘조회: 1 2주누적: 1 2주평균: 0 조회동향

물건종별	아파트	감 정 가	50,000,000원
대 지 권	95.75m²(28.964평)	최 저 가	(100%) 50,000,000원
건물면적	40.5m²(12.251평)	보 증 금	(10%) 5,000,000원
매각물건	토지·건물 일괄매각	소 유 자	윤[ ]순
개시결정	2012-05-18	채 무 자	해동방수(주)
사 건 명		채 권 자	(주)아해

구분	입찰기일	최저매각가격	결과
1차	2012-09-17	50,000,000원	

낙찰 : 63,178,000원 (126.36%)
(입찰5명, 낙찰:정[ ]영외2 / 2등입찰가 57,800,000원)
매각결정기일 : 2012.09.24 - 매각허가결정
대금지급기한 : 2012.10.25
대금지급기한 : 2012.10.25 - 기한후납부
배당기일 : 2012.11.20
배당종결 2012.11.20

단지내 상가로 1층 102호 물건이다. 전용면적은 40.5제곱미터(12.25평)이며, 분양면적은 55.69제곱미터(16.85평)로 전용률은 약 73% 수준이다.

감정가는 5,000만 원으로 이를 전용면적으로 환산해보면 평당 약 408만 원으로 비록 지방에 소재한 중소규모의 아파트 단지내의 상가라는 점을 감안하더라도 감정가는 다소 저평가된 것으로 보여지는 물건이다.

대상 물건은 경매 진행 당시 세탁소로 이용 중이었으며, 임차인은 2006년 12월경부터 영업을 지속 중이었다.

(2) 상권 분석

한마음아파트는 2003년 4월 준공된 총563세대의 아파트 단지로 72제곱미터(22평)형 266세대, 61제곱미터(18평)형 297세대로 구성되어 있다. 인근에는 부강아파트(195세대)와 국민임대아파트인 휴먼시아(566세대)가 있는데, 이 일대 아파트 대부분이 30평형대 이하의 중소형 평형 위주로 분포되어 있다.

상권을 분석하면 한마음아파트 단지 주변으로는 마땅한 근린 상가가 없는 상태이기 때문에 거주민들 대부분은 주로 아파트 단지내 상가를 이용하고 있으며, 향후에도 인근에 근린 상가가 신규로 공급될 가능성은 낮아 보이는 지역이라고 할 수 있다.

따라서 상권의 범위를 한마음아파트 거주민으로 한정해서 본다면 단지내 상가에서 주민들이 필수적으로 이용할 수밖에 없는 업종들의 경우에는 향후에도 지속적이고 안정적인 영업이 유지될 가능성이 높다고 판단되는 곳이라고 할 수 있다.

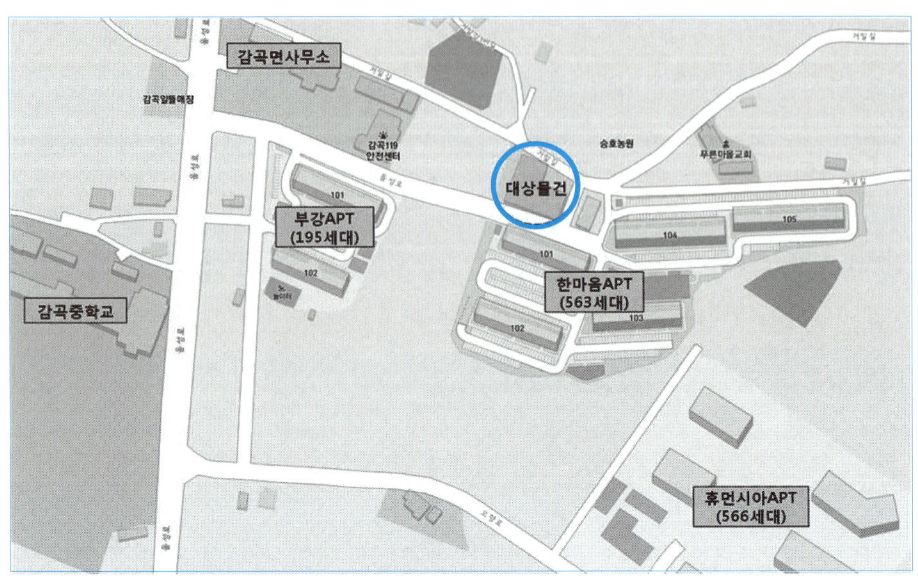

(3) 입지 분석

한마음아파트 단지내 상가는 아파트 진입로 초입에 위치해 있으며, 경매 물건은 코너 자리의 바로 옆 점포다. 전면으로 간판을 부착할 경우 거주민들이 아파트로 진입 시 노출 효과를 기대할 수 있으며, 점포의 전면은 나대지 상태이기 때문에 경우에 따라서는 여유 공간으로 활용이 가능하다.

참고로 경매 진행 당시 코너 자리에는 음식점이 있었으나 현재는 단지내 상가에 기존에 있던 중개업소가 확장 이전한 상태이며, 현재 코너 자리의 중개업소 점포는 출입문을 나대지 방향 쪽으로도 추가로 만들어서 방문객의 접근성을 더욱 향상시킨 상태다. 대상물건 또한 이와 같이 출입문을 건물 외부 쪽으로 개설한다면 점포의 가치를 보다 향상시킬 수 있을 것이다.

(4) 매각물건 권리분석

● **임차인현황** (말소기준권리 : 2007.08.08 / 배당요구종기일 : 2012.07.23)

임차인	점유부분	전입/확정/배당	보증금/차임	대항력	배당예상금액	기타
김▨옥	점포 전체	사업자등록: 2006.12.13 확 정 일: 2006.12.29 배당요구일: 2012.07.04	보20,000,000원 월350,000원 환산5,500만원	있음	배당순위있음	
임차인분석 :	▶매수인에게 대항할 수 있는 임차인 있으며, 보증금이 전액 변제되지 아니하면 잔액을 매수인이 인수함					

● **등기부현황** (채권액합계 : 80,000,000원)

No	접수	권리종류	권리자	채권금액	비고	소멸여부
1	2004.11.23	소유권이전(매매)	윤▨순			
2	2007.08.08	근저당	(주)아▨	80,000,000원	말소기준등기	소멸
3	2011.03.17	압류	안산시단원구			소멸
4	2011.04.08	압류	수원시팔달구			소멸
5	2011.10.21	압류	음성군			소멸
6	2012.04.09	압류	서울특별시금천구			소멸
7	2012.05.18	임의경매	(주)아▨	청구금액: 82,932,356원	2012타경40▨	소멸

경매 당시 임차인은 2006년 12월 13일 사업자등록을 하고, 2006년 12월 29일 확정일자를 받은 것으로 신고 되어 있으며, 보증금 2,000만 원에 월세는 35만 원으로 임대차계약을 체결한 것으로 나타나 있었다.

임차인은 대항력을 갖추고 있기 때문에 만약 보증금이 전액 변제되지 않는다면 그 잔액을 매수인이 인수해야 한다. 그러나 임차인은 말소기준권리인 근저당 설정일자(2007년 8월 8일)보다 앞서 대항력을 갖추어서 우선적으로 전액 배당이 가능했기에 결과적으로 낙찰자가 인수할 금액은 없는 셈이다.

따라서 낙찰자는 낙찰 후 권리관계에 있어서는 염려할 것이 없는 물건이며, 다만 기존 임차인과의 재계약 여부 및 공실 가능성 등에 대해서만 주의 깊게 살펴보면 되는 물건이라고 할 수 있다.

(5) 투자가치분석

우선 낙찰자는 해당 경매 물건의 감정가인 5,000만 원보다 높은 6,317만 원에 낙찰을 받았다. 상가 경매 물건의 경우 대부분 몇 차례 유찰을 거듭하여 감정가 이하로 낙찰이 되는 것을 감안한다면 낙찰자의 투자 수익성에 의문이 제기될 수 있을 것이다.

그럼 먼저 해당 물건의 감정가는 어떻게 산정이 된 것인지 살펴보도록 하겠다. 해당 물건의 감정평가서를 보면 "본건은 집합건물로서 부근 상황, 입지조건, 건물의 층, 향, 위치별 효용도, 구조, 용재(用材), 시공 및 관리 상태와 인근 동류형(同類形) 유사물건의 정상적인 거래시세 및 분양가격 등을 종합 참작해 토지(소유권, 대지권)와 건물을 일체로 하여 감정평가했음"이라고 기재되어 있다.

그렇다면 유사물건의 정상적인 거래시세 및 분양가격 등은 무엇을 기준으로 한 것이었을까? 이와 관련해 감정평가서에는 특별한 내용을 담고 있지 않았으나, 입찰 전에 해당 물건의 조사 당시 단지내 중개업소로부터는 다음과 같은 사실을 확인할 수 있었다.

과거 시행사가 자금을 조달하기 위해 단지내 상가를 저렴하게 매도한 적이 있었으며, 그 이후에 거래된 물건들의 경우 세금 문제 등으로 인해 계약서상 금액과 실제 매매대금 사이에 차이가 있을 수 있다는 것이었다. 따라서 그러한 사정을 감안해보면 이 물건의 감정가는 이 물건의 실제 가치보다는 저평가되었다고 판단할 수 있었다. 이에 입찰가격 산정 시 감정가는 배제하고 1차에 낙찰을 받았으며, 낙찰 이후 기존 임차인과는 보증금 2,000만 원, 월세 40만 원에 재계약을 체결했다. 또한 향후에 수익률 8%에 맞춰서 매도를 할 수 있다면 매도가는 약 8,000만 원이 될 것으로 예상이 되고 있다.

수익률 산정표

구분	금액(원)	비고
낙찰가	63,178,000	
부대비용	3,158,900	낙찰가 x 5%
취득비용	66,336,900	낙찰가 + 부대비용
보증금	20,000,000	
대출금	40,000,000	감정가 x 80%
실투자금액	6,336,900	
연간 임대수익	4,800,000	월세 40만 원 x 12개월
연간 대출이자	2,000,000	대출금 x 5%
연간 순수익	2,800,000	연간 임대수익 – 연간 대출이자
연간 임대수익률	44.2%	

테마 상가(쇼핑몰)

1. 테마 쇼핑몰 개념

전문가들에 따라서는 테마 상가와 쇼핑몰을 구분하여 설명하기도 하지만, 투자자 입장에서는 같은 개념으로 봐도 무방하다. 테마 상가란 종로의 귀금속 상가, 남대문이나 동대문의 혼수 전문 상가, 제기동의 한방 전문 상가 및 용산의 전자 전문 상가 등과 같이 특화된 특정 테마 위주로 업종이 구성되어 있는 집합 상가를 말하고, 쇼핑몰은 동대문 밀리오레나 두타와 같이 의류와 잡화 모든 업종을 한 상업시설에 입점시키는 집합 상가를 말한다.

쇼핑몰은 수천 평에서 수만 평 단위의 대형으로 공급되었는데, 고밀도 상업발달지역이나 역세권 상업발달지역 등에 공급했으므로, 어느 누가 봐도 상권이 좋은 곳에 위치해 있다고 할 수 있다.

전용률은 쇼핑몰별로 다소 차이가 있지만, 구좌제로 분양되는 쇼핑몰이나 테마 상가의 경우 보통 전용률이 20~30% 정도이고 실면적은 적게는 4제곱미터에서 15제곱미터 정도, 약 1.2평에서 4평 정도로 공급되는 것이 일반적이다. 점포 크기는 매우 작지만 하나의 점포 역할은 제대로 한다고 할 수 있다. 전용률이 낮은 이유는 보통 일반 근린 상가보다 복도, 통로, 푸드코트 등 공용면적 비율이 높기 때문이다.

2. 테마 쇼핑몰 투자의 장점과 단점

근린 상가는 1억 원 이하의 투자자금을 갖고 투자할 수 있는 상가는 없다고 해도 과언이 아니다. 하지만 쇼핑몰은 비교적 적은 규모로 공급하고 있어 대출을 받으면 5천만 원에서 1억 원 정도의 소액 투자자금으로 충분히 투자할 수 있다는 것이 가장 큰 장점이다. 과거에 많은 상가 투자자들이 쇼핑몰에 투자를 했다.

그 다음 장점은 복잡한 임대차관계나 관리 등을 직접 하지 않고 통상 쇼핑몰은 전문 관리업체에게 위탁관리를 하기 때문에 투자자가 임대료 수납이나 임대 등을 신경쓰지 않아도 된다는 점이다.

테마 쇼핑몰의 근본적인 단점은 지나치게 많은 점포의 공급이라 하겠다. 고객이나 임차인을 유입할만한 어떤 테넌트는 부족한 상태에서 시행사의 개발 이익을 위해 쇼핑몰 하나에 적게는 천여 개 점포 이상 예를 들면 동대문 굿모닝시티와 같은 경우에는 4천 6백여 개의 점포가 한 건물에 있다. 이것은 쇼핑몰을 개발하는 시행사나 개발업체가 수요에 대한 합리적인 예측 없이 최대한의 개발이익을 얻기 위해 좁은 토지 위에 상가를 최대한 분할해 공급하기 때문인데, 쇼핑몰의 최대의 단점이다.

그다음 단점으로는 점포 소유자들이 너무 많아 통일되고 추진력 있는 기획행사나 상권활성화를 위한 마케팅 기획력이 떨어지는 경우가 많다는 점이다. 또한 보세상품을 주로 취급해 백화점이나 대형 할인점에 비해 제품의 품질이 떨어지고, 고객에 대한 서비스나 쇼핑의 쾌적성도 상당히 떨어지는 것이 하나의 단점이다.

마지막 단점은 쇼핑몰 전체의 상권이 쇠락하면 아무리 마케팅 능력이 뛰어나거나 좋은 품질의 물건을 판매해도 개별 점포 혼자서는 살아남을 수 없다는 것이다.

3. 쇼핑몰 투자 전략

2000년대 초반에는 적은 금액을 쇼핑몰에 투자해서 임대수익도 얻고, 경우에 따라서는 처분수익도 얻을 수 있던 시절이 있었다. 특히 동대문 지역과 같이 초광역 상권에 해당하는 지역의 쇼핑몰 투자는 성공했지만, 이제는 쇼핑몰 투자는 절대 금물이라고 감히 말하고 싶다. 특정 지역의 쇼핑몰을 구체적으로 말하기는 어렵지만, 현재 역세권에 개발되어 있는 모든 쇼핑몰의 상권이 완전히 쇠락했다고 해도 과언이 아니다. 쇼핑몰에 투자해서 성공하려면 쇼핑몰 전체의 상권이 활성화 되어야 하는데, 사회적 구조가 쇼핑몰 상권이 활성화 되기 어려운 구조이기 때문이다.

그 이유는 첫째, 인터넷 쇼핑몰의 발달로 인한 젊은층 소비자의 이탈이다. 인터넷 쇼핑몰이 발달되지 않았을 과거에는 젊은층 소비자들이 동대문 지역 쇼핑몰이나 역세권에 개발되어 있는 쇼핑몰에 와서 소비하는 경우가 상당히 많았지만 지금은 젊은 소비자들이 인터넷을 통해 쇼핑하는 경우가 많아서 소비자들의 이탈이 상당히 많아지고 있다.

두 번째 이유는 백화점과 대형 할인점 증가를 들 수 있다. 역시 2000년 중반에 비해 지금은 웬만한 역세권이나 유동인구가 많은 지역에는 백화점과 대형 할인점이 없는 곳이 없다. 의류처럼 백화점과 쇼핑몰의 업종이 경쟁관계인 경우에는 백화점의 서비스, 쇼핑의 쾌적성, 뛰어난 마케팅 능력을 쇼핑몰이 이길 수가 없다.

세 번째는 홈쇼핑 활성화도 역시 쇼핑몰이 쇠락하는 하나의 이유다.

따라서 혹시 향후에 쇼핑몰을 개발업체가 개발해 공급을 하게 되면 투자를 자제하는 것이 낫다.

4. 동대문 상권과 경매 물건 분석

기본적으로 쇼핑몰은 투자 대상 종목에서 제외하는 것이 좋다고 했다. 그러나 동대문 지역에 있는 쇼핑몰은 경우에 따라서 입찰 대상 물건으로 고민할 필요가 있다.

상권이란 소비자들이 오는 지리공간적 범위라고 하였는데, 동대문 상권을 분석한다는 것은 동대문 상업지역에 오는 소비자들의 지리공간적 범위를 분석하는 것이다.

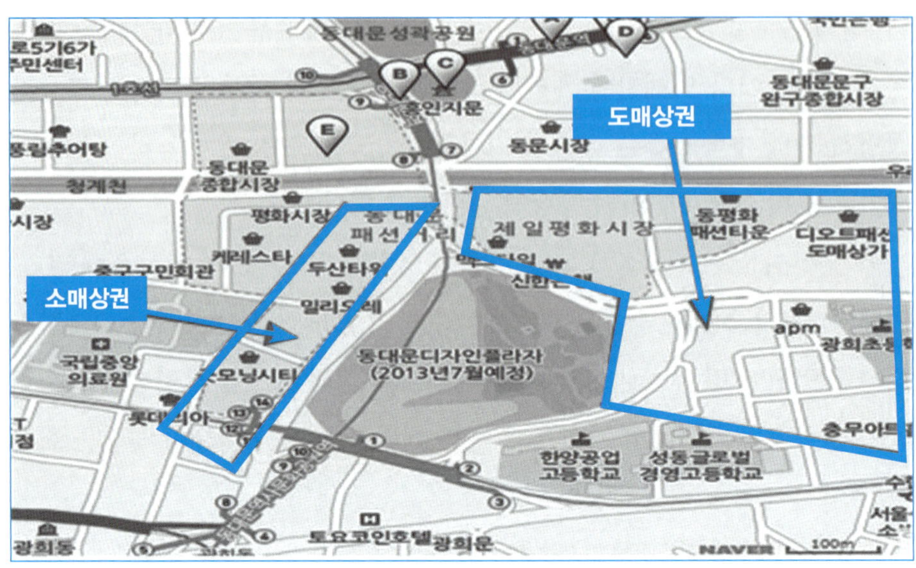

동대문은 소매와 도매 상가들이 밀집되어 있는 지역이어서 소비자들이 전국에서 온다. 자료에서 왼쪽 지역의 두타나 밀리오레 상가는 대개 소매로 판매하는 상가들이고, 오른쪽은 도매로 판매하는 상가들이 모여 있다. 그래서 보통 동대문 지역을 초광역 상권이라 표현한다. 더구나 과거에도 외국 관광객들이 방문해 동대문에 와서 소비했지만, 지금은 한류 때문에 훨씬 많은 외국 관광객들이 소비하고 있다. 이제 동대문 상권은 범 아시아 상권이라고 할 수 있다.

현재 동대문 지역의 상권은 변화하고 있다. 과연 이렇게 변화할 때 투자를 해도 될까?

첫째. 동대문디자인플라자가 2013년 7월 준공 예정이다. 동대문디자인플라자가 준공되면 컨벤션과 전시관 등이 입점하게 되므로 고정인구와 유동 인구가 증가하게 될 것으로 분석된다. 그러면 상권이 지금에 비해 확장될 것이다.

둘째, 한류 열풍에 의한 외국 관광객이 증가하고 있다. 남대문이나 명동과 마찬가지로 동대문지역도 한류에 의한 외국관광객들 증가로 인해 상권의 범위가 더 확장되고 있다.

셋째, 동대문문화역사공원역 옆에 있는 패션TV가 최근 동대문롯데패션타운을 오픈했다. 롯데는 2012년 1월 패션TV와 20년 장기 임대차 계약을 체결한 후 내외부 리모델링 공사를 시작했다. 패션TV는 2007년 5월에 준공되었으나 분양형 쇼핑몰의 구조적 문제와 상권의 약화, 쇼핑몰의 과다 공급 등으로 인해 지금까지 영업을 하지 못하고 있었다. 롯데패션타운으로 오픈을 해서 새로운 MD구성으로 인해 상권이 확장될 것으로 예측된다.

넷째, 신도시나 혁신도시 등에 소매 상가가 계속 공급되고 있고, 그 소매 상가에 의류나 잡화 영업을 할 창업자가 증가하는 추세이므로 동대문 도매 상권의 확장에도 일정부분 기여할 것으로 판단된다.

따라서 동대문상권은 현재보다 더욱 더 확장될 것으로 보이고, 특히 도매 상권은 더욱 확장될 것으로 판단되므로 향후 동대문 상업지역 내에 있는 상가도 입지 여부를 조사해야겠지만, 소매상업지역에 있는 1층 상가와 도매상업지역 내에 있는 2층 이하 상가는 경매에 나왔을 때 입찰 대상 물건으로 진지하게 고민해야 할 것이다.

5. 그들만의 리그, 동대문 도매 상가 낙찰기(서선정 연구원)

(1) 기피하는 물건 속에도 기회는 있다

한때 적은 투자금액으로 쏠쏠한 이익을 약속했던 패션몰, 테마몰 등은 1990년대부터 지하철 역을 중심으로 우후죽순으로 세워지며 투자자들을 유혹했다. 그러나 공급과잉과 심각한 경제불황으로 인해 분양된 지 몇 년이 지났음에도 불구하고 단 한 번도 영업을 못한 패션몰이 생겨날 정도로 심각한 침체의 늪에 빠지게 되었다. 경매 시장에서도 근래 몇 년 동안 끊임없이 올라오는 단골손님이 되었고 일부 상가 초보 투자자들은 하염없이 유찰되는 저렴한 가격의 유혹에 빠져 덜컥 낙찰받았다가 임대도 안 되고 매매도 안 되고 높은 관리비에 다시 경매로 나오는 악순환을 겪는 물건도 허다했다. 이러한 학습효과로 인해 경매인들 사이에 패션몰, 테마몰 물건은 아무리 싸도 결코 먹을 수 없는 물건으로 전락했다.

하지만 이러한 물건 사이에서도 수익을 낼 수 있는 기회는 있는 법! 매매로 가져가기에는 부담스럽지만 훌륭한 임대수익을 낼 수 있는 보석같은 숨은 물건도 있다. 물론 처음부터 보석을 찾아낼 능력이 나의 깜냥에는 없었다. 최원철 교수님의 상가 수업이 물건을 새롭게 보는 능력을 찾게 해준 소중한 시간이 되었다.

(2) 최원철 교수님과 O2SC와의 만남

2010년 9월, 몇 건의 낙찰경험과 달콤한 수익에 빠져 잘 다니던 직장을 말 그대로 때려치우고 전업투자로 들어설 당시만 해도 나는 참 자신만만했다.

이게 바로 나의 길이라고 기뻐워했다. 하지만 전업투자자의 길은 생각만큼 장밋빛은 아니었다. 언제나 단타 위주의 투자를 선호했었지만 부동산 장기 침체로 인해 매매는 어려워지고 임대를 놔도 왜 내 물건의 임차인은 매번 월세를 밀리는지, 월세 재촉에도 점점 힘이 빠졌다. 점유이전가처분, 관리사무소와의 관리비 싸움으로 채무부존재 소송에 형사고발, 배당금가압류, 명도소송 등 이래저래 소송 등으로 법원이 내 직장이 된 것 같았다. 물론 중간중간에 짜릿한 돈맛을 준 물건도 있었지만 정말 단 번도 쉽게 넘어가지를 않는 게 바로 경매였다.

혹자는 명도가 가장 어렵다고들 하지만 나에게 명도는 차라리 쉬웠고 마지막 수익을 내는 부분이 가장 어려웠다. 명도를 어려워하지 않았던 이유는 내가 명도의 대왕(?)이라서가 아니라 아예 처음부터 명도가 쉬울 것 같은 물건만 선별했기 때문이다. 물론 이러한 물건은 나에게만 만만한 게 아니고 다른 경매인에게도 쉬울 수밖에 없다. 그래서 언제나 치열한 낙찰가 싸움을 벌여야만 했고 나의 수익률을 가지고는 그네들을 이길 수가 없었다. 당시 단타하기 쉬운 물건은 아파트였고 좋은 입지에, 좋은 층에, 대단위 메이커 아파트는 언제나 15명에서 20명이 들어왔다. 내 나름대로 저층이나 대형평수 위주로 투자물건을 선회하기도 했지만 역시 주택은 수익률에 있어서 한계가 있을 수밖에 없었다.

그래서 눈을 돌리게 된 투자 대상이 상가다. 아파트보다 낙찰가나 낙찰률도 낮고 입지만 잘 분석한다면 훌륭한 수익률을 올릴 수 있을 거라고 기대했고 마침내 최원철 교수님의 '실패하지 않는 상가 경매' 수업을 듣게 되었다. 상가, 상권, 입지라는 것이 얼마나 살아있는 생물과 같은 존재들인지 정말 1

시간, 1분, 1초가 새롭고 경이로웠다. 또 얼마나 배우고 공부할 게 많은지 다시 의지를 북돋울 수 있는 시간이었다.

감사하게도 최원철 교수님과 함께 상권을 공부할 수 있는 O2SI의 일원이 되어 매주 목요일마다 신도시를 중심으로 상권을 임장하는 소중한 시간을 갖게 되었다. 매주 목요일 상권 임장도 이제 1년이 가까워오는데 이 시간들은 소중한 사람들, 소중한 경험들, 소중한 경험들로 인해 앞으로 나의 투자 인생에 있어 커다란 획이 되지 않았나 싶다.

(3) 훌륭한 수익률 속에 반전

① 동대문 상권 탐방

2013년 8월 말, 한여름의 막바지에 최원철 교수님과 O2SI 회원들과 함께 동대문 도매시장, 소매시장을 임장하는 시간을 갖게 되었다. 소매시장은 몇몇 업체를 제외하고는 거의 개점 휴업상태인 듯 썰렁하기만 했다. 한창 막바지 공사 중이던 동대문디자인플라자, DDP라고 불리는 거대한 우주선 같은 건물은 그 거리에 맞지 않게 겉도는 느낌이었다. 하지만 활성화된 몇몇 소매시장 패션몰을 중심으로 유동인구의 흐름이 보였고 중국, 일본, 동남아 각국의 관광객과 국내 쇼핑객이 뒤섞인 보행도로는 활기차 보였다. 언론지상을 통해 한때 침체의 길을 걸었던 동대문 소매시장이 한류로 인해 활기를 되찾다 전 세계적인 금융위기와 한류에 대한 꺾임으로 다시 정체기를 걷고 있다는 뉴스를 보았지만 내가 본 동대문 소매시장은 희망차 보였다.

특히 늦은 저녁이 될수록 도매시장은 더욱 인상깊게 남았다. 전국 각지에서 올라온 소매 사장님들의 고군분투와 함께 뜨거운 삶의 현장은 한여름의

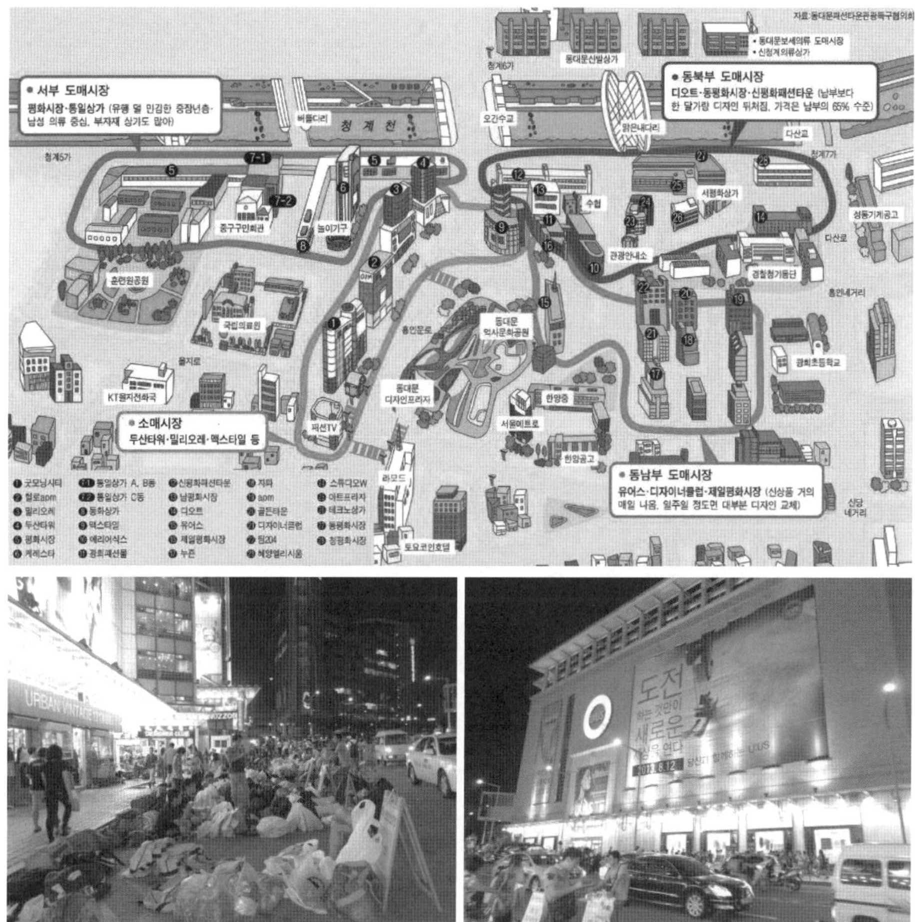

더위를 무색하게 만들었다.

현재 대표적인 의류도매시장은 DDP 우측의 유어스, 디자이너클럽, 뉴존 등의 쇼핑몰을 꼽을 수 있다. 이외에도 몇몇 의류도매시장이 있지만 가장 유행에 민감하고 빠르게 물건을 뽑아내는 도매시장은 바로 이 세 개의 쇼핑몰이라고 한다. 홈쇼핑, 인터넷쇼핑 등 각종 의류 쇼핑몰 창업이 폭발적으로 늘어나고 있고 동대문 시장 내에서 의류 부문 도매시장의 공급이 더 이상 어려워 보이는 상황에서 소매시장과 비교할 때 초광역 상권인 도매시장은 장기적으로도 나쁘지 않는 투자처로 보였다. 하지만 당시 임장했던 유어스 1층 권리금만 1평 1개 구좌가 1억 원! 그것도 대기자가 줄을 선다고 하니 경매 나올 일은 없어 보였다. 쇼핑몰이라고 다 끝난 게 아니구나 하는 감탄이 절로 나왔다.

특화된 대상의, 광역상권으로써 희소성이 있는 상권의 특징 때문에 앞으로 이 시장은 큰 변수만 없다면 쭉 가겠구나 하는 생각에 동대문 도매시장을 중심으로 경매 및 공매를 살펴보기 시작했다.

② 매각물건 분석

경매와 공매에서 동대문 물건을 찾아 보던 중 공매에서 계속 유찰되고 있는 한 도매시장 상가를 발견하게 되었다. 이미 유찰에, 유찰을 거듭해서 7천만 원 감정가의 45%인 31,500,000원까지 내려와 있었다. 아쉬웠던 점은 지하1층이라는 것과 대지권이 없다는 것이었지만 한 번 조사해보고 싶은 욕구가 생기는 물건이었다.

소재지(지번)	서울 중구 신당동		빌딩 제지하1층 제1█호
소재지(도로명)	서울특별시 중구 을지로45길		빌딩 제지하1층 제1█호(신당동, █████빌딩)
물건관리번호	2012-	재산종류	압류재산
위임기관	서울중구청		
물건용도/세부용도	판매및영업시설/판매시설	입찰방식	일반경쟁
면적	건물 5.04㎡		
배분요구종기	2013/06/24	최초공고일자	2013/05/08

* 최초공고일자가 조회되지 않을 경우 담당자에게 확인하시기 바랍니다

감정정보

감정평가금액	70,000,000 원	감정평가일자	2013/03/27	감정평가기관	(주)정일감정평가법인
위치 및 부근현황	본건은 광희초등학교 서측 인근에 위치하며, 인근에 버스정류장 및 지하철역 등이 소재하여 대중교통 이용편익은 보통임.				
이용현황	본건(1█호,1█호)은 일괄로 판매시설(의류매장)로 이용중임.				
기타사항	해당사항 없음.				

임대차정보

임대차내용	이 름	보증금	차임(월세)	환산보증금	확정(설정)일	전입일
전입세대주	최█순	0 원	0 원	0 원		2013/02/22

- 임대차정보는 감정서상 표시내용 또는 신고된 임대차 내용등으로서 누락, 추가, 변동 될 수 있사오니 참고 자료로만 활용하여야 하며 이에 따른 모든 책임은 입찰자에게 있습니다.

등기사항증명서 주요 정보

※아래정보는 공사에 공매의뢰된 시점의 정보로 현행 등기사항증명서과 다를 수 있으며, 일부 정보의 표시가 누락, 오기될 수 있습니다. 또한, 아래 순번은 등기사항증명서 순위번호와 무관하며, 이해관계자별 2개 이상의 권리내용이 있는 경우 편의상 그 내용을 하나의 권리로 표시한 경우도 있습니다. 따라서 아래정보는 참고용 자료로만 활용하시고 정확한 정보 확인을 위해서는 반드시 등기사항증명서 관련 공부를 확인하시기 바랍니다.

1	위임기관	서울중구청		미표시
2	근저당권	문█진	2002/12/14	3,009,156,440 원
3	근저당권	유█수	2009/01/13	88,000,000 원
4	압류	국민건강보험공단 성동지사		미표시

| 명도책임 | 매수인 |

공매재산에 대하여 등기된권리 또는 가처분으로서 매각으로 효력을 잃지 아니하는 것

공매재산의 매수인으로서 일정한 자격을 필요로 하는 경우 그 사실

| 유의사항 | 본건은 대지권을 수반하지 않은 건물만의 감정가액으로서 토지사용권은 최초입주일로 부터 30년간 임차하는 것으로 관리사무소로 부터 탐문 조사됨 |

등기부등본을 살펴보니 권리분석상 크게 문제될 것은 없어 보였다. 대지권이 없지만 대지권이 없기 때문에 더 저렴하게 낙찰받을 수 있을 거라고 생각할 수 있었다. 또한 당장 매매하지 않고 임대 수익만 생각한다면 대지권이 크게 문제될 것은 없어 보였다.

도매시장은 대개 저녁 8시부터 다음날 아침 8시까지 운영한다. 가장 번화한 시간은 새벽 1시 이후이므로 좀 한가하다 할 수 있는 저녁 10시에 해당 물건을 임장했다. 당시 처음 봤을 때에는 에스컬레이터 바로 옆이기 때문에 나쁜 자리라고 생각하지 않았다. 일반적으로 쇼핑몰에서 A급지라 할 수 있는 곳은 에스컬레이터 주변 상가라고 인식되었기 때문이었다. 나중에 안 사실이지만 일반적으로 쇼핑몰은 에스컬레이터가 당연 A급지이지만 이 쇼핑몰 지하1층의 경우에는 에스컬레이터 주변이 A급지가 아니고 지하 1층에서 지상으로 올라가는 계단 주변의 상가들이 A급으로 꼽혔다. 지상에서 지하 1층으로 바로 들어가는 유동인구가 꽤 많았기 때문에 이 주변으로 자연스럽게 동선이 잡혔던 것이다.

빌딩 지하 1층은 다른 여타 패션몰에 비해 A급 상가로 보이지는 않았다. 특히 지하 2층은 완전 죽은 자리같이 보였고 후에 과거 경매 기록을 살펴보니 경매에 나오지 않은 호수를 찾는 게 더 쉬울 정도였다. 그나마 지하 1층은 벽쪽 외에는 공실이 없었고 동선이 잡힌 곳 중심으로 꽤 활성화 되어 보였다. 어차피 도매는 단골장사이기 때문에 지하 1층까지는 장사하는 데 무난해보였고 또한 이러한 물건이기 때문에 저렴하게 낙찰받을 수 있지 않을까 싶었다. 어차피 임대 수익을 목표로 했기 때문에 임대 수익률만 높다면 저렴하게 낙찰을 받아야겠다는 결심을 하게 됐다.

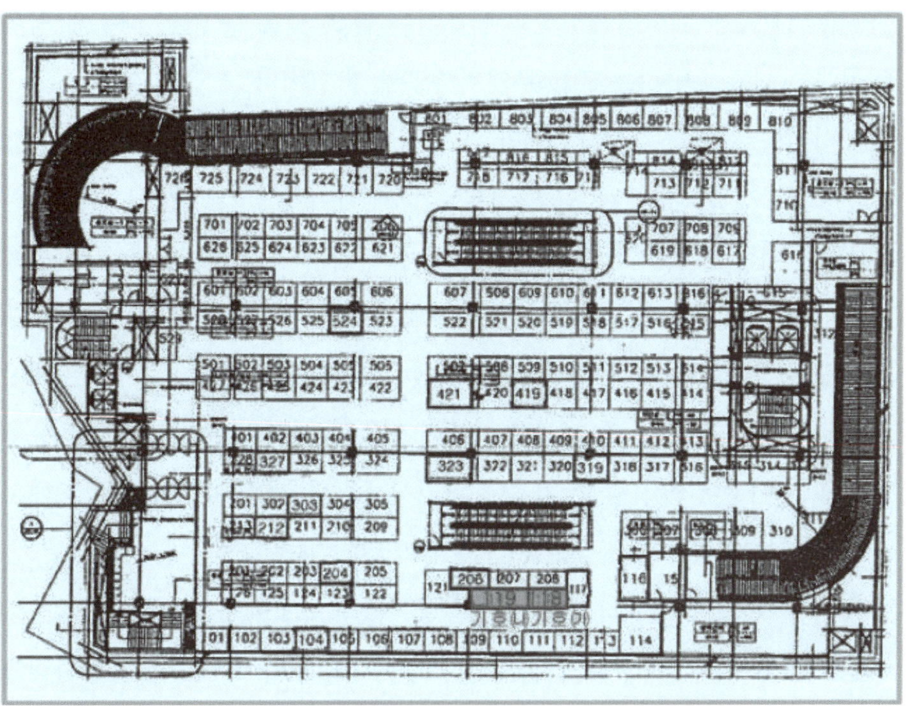

공매 나온 호수를 찾아가보니 117호부터 119호까지 넓게 물건을 쌓아두고 영업에 여념이 없었다. 압류재산 공매 재산명세서에는 118호부터 119호까지 총 3명이 임차인으로 신고됐지만 현황상 117호 한 명이 통으로 쓰는 것으로 파악됐다. 이 정도 크기로 도매시장에서 장사한다는 것은 꽤 규모가 된다는 것으로 여겨졌고 낙찰받고 재임대하기에는 문제 없어 보였다. 에스컬레이터 바로 앞쪽 호수로 넓혀갈 수도 있지만 앞쪽 호수는 영업이 꽤 잘 되는 것으로 보여 117호에 임대할 여지가 없어 보였다. 특히 패션몰에서 에스컬레이터 앞과 뒤의 임대가격은 차이가 크기 때문에 지금 임대가격으로 절대 얻을 수 없으리라 확신했다.

압류재산 공매 재산명세서상의 임대가는 절대 믿을 수 없기 때문에 정확한 임대 시세를 파악하는 일은 무엇보다 중요한 일이다. 쇼핑몰은 한 층 내에서도 입지별로 1구좌 월세가 10만 원인 곳도 있고 100만 원인 곳도 있는 등 금액이 천차만별이다. 그만큼 입지별로 월세 차이가 크기 때문에 정확한 임대가를 알아내는 것이 관건이다. 주위를 돌아다니며 장사하시는 분을 통해 계속 임대가를 알아보고자 했지만 모두 약속이나 한 듯이 절대 임대가에 대해 함구한다. 중개업소를 가면 되지 않겠냐고 생각하겠지만 동대문 도매시장은 부동산을 통해 매매, 임대가 이루어지지 않고 오직 관리사무소를 통해 모든 일이 이루어진다. 물론 처음에 관리사무소도 방문하긴 했었다. 도매시장 내 장사는 일반 소매시장하고 다른 점이 많기 때문에 어설픈 거짓말은 통하지 않을 것 같아 정직하게 임대가를 물어봤다. 그러나! 낙찰받고 오란다.

입찰 전에 매매가나 임대가를 확인하고 수익률에 따라 낙찰가를 산정해야 하는 나의 입장에서 이런 말이 정말 제일 싫다. 그러나 어쩌랴. 어쩔 수 없이 여기저기 인터넷과 아는 인맥을 동원하며 임대가를 파악하고자 했다. 정확하지는 않았지만 대략 임대가는 1,000만 원에 60만 원, 또는 30만 원으로 예상됐고 매매가는 5,000만 원 이상은 받을 수 있을 거라 여겨졌다. 한 번 더 유찰하고 입찰할까도 생각했지만 3,200만 원에 낙찰을 받아도 결코 손해는 보지 않을 거라고 여겨졌다. 또한 나에게 어려운 벽으로 느껴졌던 도매시장을 한번 경험해보고 싶었다. 좀 무모하기는 했지만 우선 낙찰받아 보고 잔금 치르기 전까지 열심히 조사하고 정 안되면 최악의 상황으로 보증금 300만 원을 수업료로 생각하자고 결심했다.

처음 입찰할 때 나의 예상 수익은 다음과 같았다.

○○빌딩 118호

	금액	비고
감정가	70,000,000	
최저가	31,500,000	
*총 소요비용(A)	35,754,500	
낙찰가	33,250,000	47.50%
취·등록세	1,529,500	낙찰가의 4.6%
법무사비	700,000	
금융비용	275,000	3개월
*총 회수금(B)	30,000,000	
대출금	20,000,000	
보증금	10,000,000	
월세	500,000	
*임대 시 실투입금	5,754,500	(A) − (B)
*매매 시 실투입금	15,754,500	(A) − 대출금
*월세 시		
대출금리	5.5%	
대출연이자	1,100,000	
대출월이자	91,667	
월세 수익	408,333	
연 월세 수익	4,900,000	
월세 시 연 수익률	85.2%	
*매매 시		
매매가	55,000,000	
매매 시 수익금	19,245,500	
양도소득세 후	9,622,750	단타 시 50%
매매 시 수익률	61.1%	

③ 낙찰과 그 이후

크지 않은 금액이지만 수익률은 나에게 더할 나위 없이 훌륭해보였기에 바로 입찰에 들어갔고 결과는 단독으로 낙찰이었다.

입찰결과			
물건관리번호	2012·	조회수	92
물건명	서울 중구 신당동	빌딩 제지하1층 제1▩호	
입찰자수	유효 1 명 / 무효 0 명 (인터넷)		
입찰금액	33,250,000원		
개찰결과	낙찰	낙찰금액	33,250,000원
물건누적상태	유찰 7 회 / 취소 0 회 [입찰이력보기]		
감정가격 (최초 최저입찰가)	70,000,000원	낙찰가율 (감정가격 대비)	47.5%
최저입찰가	31,500,000원	낙찰가율 (최저입찰가 대비)	105.6%

최저가에 1명이라도 입찰을 들어왔으면 기분이 더 좋았겠지만 이제 단독 입찰도 나에게는 맛있게 느껴진다.

해당 물건의 이해관계자가 되었으므로 매각결정통지서를 받자마자 당당하게 해당 빌딩 관리사무소에 입성했다. 동대문 도매시장의 관리사무소는 앞에서도 얘기했듯이 매매 및 임대가 등을 계약하는 데 있어 강력한 힘을 발휘하고 있다. 부동산 역할을 하며 임대가를 일률적으로 인상하고 계약하는 데 있어서도 절대적인 영향력을 갖고 있으며 명도에 있어서도 관리사무소의 도움만 있으면 한 번에 끝이 난다.

관리사무소로 올라가기 전에 내 점포 임차인에게 현재 신고된 임대가 1,000만 원에 월세 30만 원을 월 50만 원으로 인상하겠다고 통보했고 임차인은 재계약을 하지 않겠다고 사나운 어조로 말씀하신다. '어라, 재계약해야 하는데' 뜨끔했지만 또 당당하게 잔금일 전까지 비워달라고 만용 아닌 만용을 부린다. 관리사무소에 이 상황을 얘기하니 명도부터 계약까지 모든 상황을 관리사무소에 일임해달라고 하니 나야말로 고마운 일이다. 공매로 낙찰받았기 때문에 명도가 잘 안 되면 바로 명도소송으로 가야 하는 부담감을 덜게 된 것이다. 처음에는 '이렇게 쉬운 물건이 있나, 앞으로 동대문 도매시장만 낙찰받아야 하나' 심각한 고민에 빠지기도 했다.

하지만 모든 세상만사 일이 그렇듯 계약까지 진행하는 데 있어 그리 녹록치는 않았고 나는 다시 한 번 관리사무소의 영향력이 크다는 것을 느끼게 되었다. 결국 임차인과 계약까지 지면상으로 다 쓸 수 없는 어려운 상황들에 계속 직면하게 됐다. 내가 원했던 금액은 2013년 말까지는 무리였던 금액이었고 처음 들어오는 임대인에게 관리사무소는 그리 호의적이지 않았고 대출은 어려웠고 기타 등등 쉬운 일은 없었다.

결론만 말한다면 이 물건은 기존 임차인과 내가 원하는 금액으로 재계약됐다. 하지만 나에게 다시 도매시장 쇼핑몰에 입찰해보겠냐고 하면 난 노우(No)라고 고개를 저을 것 같다. 훌륭한 수익률, 대기자가 있는 도매시장 상권 자체로는 훌륭하지만 그 내적인 면에서 만족스럽지 못하다고 할 수 있다. 만족스럽지 못한 몇 가지 이유를 꼽자고 하면 첫째, 내 물건임에도 불구하고 내 마음대로 컨트롤할 수 없다는 것이다. 내 마음대로 임차인을 들이지도 못하고 내 마음대로 매매를 하지도 못하고 관리사무소의 처분만 기다

려야 한다. 둘째, 대출이 어렵다는 점이다. 물론 대출해주는 곳도 있지만 이율도 너무 비싸고 법무사비도 일반 아파트의 2배 이상을 요구한다. 나도 어쩔 수 없이 전부 현금으로 납부하고 셀프등기를 했지만 보증금이 나오기까지 그만큼 기회비용을 활용하지 못한 점은 많이 아쉬웠다. 그럼에도 불구하고 훌륭한 임대 수익률과 도매시장 상권을 경험해봤다는 점에 있어서는 만족스러운 투자라 할 수 있겠다.

오직 수익률만 목표로 다른 부가적인 문제점은 가볍게 수용할 수 있다고 여기는 투자자들에게는 나쁘지 않은 물건이다. 그러나 입찰하기 전 임대가 및 매매가, 관리사무소 및 상권 특성 등을 확실하게 파악해야 할 것으로 보인다.

주상복합 상가

1. 주상복합 상가의 개념

우리가 보통 주상복합 상가라고 부르는 것은 주상복합시설의 한 종류다. 주상복합시설은 상층부에는 주거시설과 업무시설을 두고 하층부에는 상업시설을 복합적으로 하나의 건물 안에서 건축하는 시설을 말하고 상가 주택과 주상복합, 두 가지 유형이 있다. 이들의 구분은 20세대를 기준으로 주택법상의 분양승인대상 여부에 따라 구분이 되는데, 보통 실무에서는 주상복합 상가라고 부르며 특별히 구분하지 않고 있다.

주상복합 상가는 건축법에 따라 다르지만, 보통 지하 4층 내외에서 지상 10~20층 내외의 규모가 일반적이며, 전용률은 40~50% 정도, 공급되는 지역은 근린상업지역이나 일반상업지역과 같은 상업지역이다. 즉, 역세권이나 상가가 밀집된 지역에 공급하고, 입점하는 업종은 보통 1층에는 편의점, 중개업소, 베이커리, 커피점 등이, 2층에는 금융기관이나 병원 등이 일반적으로 입점한다.

2. 주상복합 상가의 상가 비율

주상복합 상가는 건축법상 상업시설의 의무공급 비율을 맞추도록 되어 있다. 기본적으로 주상복합시설을 건축할 때 30%는 상가로 공급하도록 규정되어 있고 지자체 조례에 의하여 조정을 할 수 있도록 정해져 있다.

현재 서울 4대문 안에는 상가 비율을 10%로 적용하도록, 부도심으로 육성하고 있는 용산권, 영등포권, 청량리권, 영동권 및 상암권 등 5개 권역은 10% 상가 비율을 적용하는 방안을 검토 중이며, 인천은 30% 상가 비율이, 송도신도시와 같은 경제자유구역에는 10% 상가 비율을 적용하고 있다.

아무래도 낮은 상가 비율이 적용되어 상층부 주거에 비해 상가 공급량이 적으면 그만큼 공실 위험성이 적어지고, 임대 가능성이 높을 것이다. 주상복합건물을 볼 때 1층만 상가이면 10% 비율이 적용된 것이고, 지하1층과 지상 1,2층이 상가인 주상복합건물은 30% 상가 비율이 적용되었다고 보면 된다.

3. 주상복합 상가의 장점과 단점

(1) 장점

주상복합 상가는 유동인구가 어느 정도 있는 상업지역에 공급되기 때문에 기본적인 상권이 형성되고, 상층부에는 주거나 오피스텔이 있으므로 입주가 완료되면 세대수에 따라 차이는 있지만 역시 기본적인 상권이 형성된다는 것이 장점이라고 할 수 있다. 기본적인 상권이 형성되므로 공실의 위험성이 매우 적다.

두 번째 장점은 입점 업종도 상층부 거주자들을 위한 생활밀착형 업종이 보통 입점을 한다는 점이다. 예를 든다면, 편의점, 중개업소, 세탁소, 베이커리, 커피전문점, 금융기관, 의원 등이 입점을 하게 되는데 이러한 생활밀착형 업종이 입점한다는 것은 그만큼 임대가 쉽게 된다는 것이다.

세 번째 장점은 상가의 공급시기가 상층부 주거시설과 오피스텔의 공급이 일정 수준 완료되거나 어느 정도 공사를 진척시킨 후 공급되는 것이 보통으로 최소 배후수요 확보와 준공안정성이 일반 근린 상가보다 다소 안정적이라고 할 수 있다.

(2) 단점

첫 번째 단점은 상업지역에 주상복합 상가가 공급되므로 이미 상권이 활성화된 주변의 상가들과 경쟁관계에 있게 되어 상층부 거주자들을 위한 생활밀착형 업종이 들어오는 상가들 이외에는 상권이 약하여 공실 가능성 높은 것이 단점이라고 할 수 있다.

두 번째 단점은 다른 상가보다 전용률이 낮은 것이 또 하나의 단점이고, 실 면적 대비 높은 분양가로 인해 기대했던 수익이 나오지 않는 것도 하나의 단점이다.

세 번째 단점은 주상복합 상가는 이미 기술한대로 상업시설 면적 비율을

10~30% 범위에서 지자체 조례로 정하도록 되어 있는데 상권의 범위와 관계없이 무조건 조례에 의하여 정해진 상업시설의 면적을 공급해야 하므로 상가의 공급과잉으로 인한 공실 가능성이 매우 높은 것이 단점이라고 할 수 있다. 향후 이 상가 비율을 상권의 범위와 활성화 여부에 따라 탄력적으로 적용할 수 있도록 법을 개정하는 것이 합리적이라고 생각된다.

4. 주상복합 상가의 투자전략

(1) 주거면적 대비 상가 면적 비율을 확인한다.

주상복합 상가는 주거면적과 상가 면적 비율이 법과 조례에 의해 정하여져 있다. 따라서 상가 비율이 10%인 상가가 상가 공급도 적고, 주거비율이 90%이므로 그만큼 고정 수요도 많다고 할 수 있으므로 주상복합 상가를 투자하려고 할 때는 상가 비율이 10%인 상가를 투자하는 것이 실패할 확률이 적다.

(2) 후면부 상가나 먹 상가는 투자대상에서 제외해야 한다.

후면부 상가나 먹 상가는 상권이 상층부에 있는 거주자들만 상권의 범위에 포함되므로 상권이 매우 취약하다.

매우 좋은 입지에 주상복합 상가가 있더라도 도로에 접한 전면부 상가는 공실을 볼 수 없지만, 후면부 상가나 먹 상가는 오래 기간 동안 공실인 경우를 많이 보았을 것이다. 절대적으로 투자대상에서 제외해야 한다고 생각한다. 경우에 따라서는 투자자가 직접 사무실로 사용하거나 다른 특이한 업종에게 임대를 줄 경우는 예외지만.

(3) 시공사의 브랜드에 현혹되어서는 안된다.

보통 역세권이나 좋은 입지의 주상복합 상가의 공급자는 우리가 이미 알고 있는 유명 건설회사의 브랜드를 사용하는 경우가 많다. 그러나 주상복합 상가는 시공사의 브랜드가 투자 대상 상가의 가치를 대변해주는 것은 아니라는 것을 분명히 인식해야 한다.

시공사의 브랜드가 좋으면 상층부의 주거 부분은 일반적으로 분양이 잘 되지만, 하층부에 있는 상가는 시공사의 브랜드가 임대를 보장하는 것은 아니다. 임대는 향후 우리가 투자한 상가에 들어올 임차인, 즉 영업주들에 의하여 결정되는데, 영업을 할 임차인들은 시공사의 브랜드를 보고 임대차계약을 하는 것이 아니라, 본인들이 영업을 할 경우 영업이 잘 될 장소인지, 좋은 입지인지, 상권이 좋은지 등을 분석하고 임대차계약을 체결한다.

그러나 간혹 상가 투자자들은 시공사의 브랜드만 보고 상가 가치가 높은 것으로 판단하고 투자하는 경우를 너무나 많이 봤다. 누가 나에게 어디 건설회사가 지은 주상복합 상가의 상가를 투자해도 되겠습니까는 질문을 하면 필자는 이러저러한 이유로 좋지 않는 것 같습니다고 답변을 한다. 그러면 질문을 한 사람 열에 아홉은 '아니 무슨 건설회사가 지은 상가인데 왜 투자가치가 좋지 않습니까?' 항변을 하는 경우를 너무나 많이 봤다. 투자하려고 하는 상가의 임대 가능성과 시공사의 브랜드는 관계가 거의 없다.

(1) 경매 물건 개요

2012타경9▨ · 서울중앙지방법원 본원 · 매각기일 : 2012.11.21(水) (10:00) · 경매 10계(전화:02-530-▨)

소재 지	서울특별시 강남구 논현동 209 외 2필지, 삼환아르누보3 1층 1▨호 도로명주소검색						
물건종별	근린상가	감정가	1,050,000,000원	기일입찰	[입찰진행내용]		입찰 25일전
대 지 권	14.83㎡(4.486평)	최저가	(64%) 672,000,000원	구분	입찰기일	최저매각가격	결과
건물면적	45.22㎡(13.679평)	보증금	(10%) 67,200,000원	1차	2012-07-04	1,050,000,000원	유찰
매각물건	토지·건물 일괄매각	소유자	오▨주[개명전:오▨자]	2차	2012-08-08	840,000,000원	유찰
사건접수	2012-01-10	채무자	오▨주[개명전:오▨자]		2012-09-12	672,000,000원	변경
사 건 명	임의경매	채권자	국민은행	3차	2012-11-21	672,000,000원	

1층 상가다. 필자는 2층 이상 상가는 가격이 아무리 저렴해도 투자를 하지 않는다. 철저하게 1층 상가만 투자대상으로 하는데 2층 이상 상가는 임대수익은 얻을 수 있지만 처분수익을 얻기가 너무나 힘들기 때문이다. 다만 본인이 직접 2층 이상 상가에서 PC방이나 노래방, 또는 학원 등을 운영할 생각이 있는 투자자는 2층 이상의 상가를 투자해도 좋다.

그리고 도로에 접한 전면부 상가다. 건물면적은 45.22제곱미터 즉, 13.67평이다. 상가를 투자대상으로 삼을 때 자금 여력이 있다면 되도록 면적이 넓은 것이 좋다. 그 이유는 면적이 넓으면 그만큼 다양한 업종이 임대를 얻어 입점할 수 있기 때문이다. 실면적이 적으면 넓은 면적이 필요한 업종은 영업을 할 수 없어서 그만큼 임대를 놓기가 어려운 것이 현실이다. 만약에 적은 면적이 필요한 업종, 예를 들면 김밥천국이나 중개업소, 작은 편의점, 꽃

집, 죽전문점 등이 임대를 얻겠다고 하면 면적을 분할해서 얼마든지 임대를 줄 수 있다. 따라서 1층 상가를 투자할 때는 최소한 실면적이 7평 이상은 되어야 임대를 놓기가 쉽다는 것을 기준으로 물건을 선별해야 한다. 이 물건은 실면적이 45.22제곱미터, 즉 13.67평이므로 웬만한 업종에게 임대를 놓을 수 있으므로 기본적인 요건을 갖춘 물건이다.

감정가는 10억 5백만 원이고, 2회 유찰되어 현재 6억 7,200만 원, 감정가 대비 64%까지 저감된 상태다. 강남 3구에서 신규로 분양하는 1층 전면부 근린 상가의 공급가격은 3.3제곱미터 즉 1평당 5천만 원이 넘는다. 실면적 공급가격은 3.3제곱미터당 1억 원이 넘는다. 이 경매물건은 실면적 3.3제곱미터당 현재 가격이 5천만 원 정도이므로 일단 신규로 분양하는 상가에 비해서는 가격 경쟁력이 분명히 있다.

(2) 상권 및 입지분석

상권을 보면 7호선 학동역 1번 출구에서 나오자마자 바로 앞에 있는 주상복합건물의 1층 상가다. 상권은 지하철 역세권으로 지역 상권이라 할 수 있다. 7호선 학동역을 이용하는 승객, 인근 사무실 직장인과 배후 주택지에 거주하는 거주자를 기본 상권으로 볼 수 있고, 대로 맞은편에는 퇴근길에 가볍게 한잔 할 수 있는 밀집된 음식점이 없어 10번 출구 앞에 있는 횡단보도를 건너 고객들이 입찰대상 상가로 건너오는 것이 임장 시 확인되었으므로 상권의 범위가 학동역 9번출구와 10번 출구 배후지까지 포함된다.

3층부터 7층까지는 15평과 10평 오피스텔 139세대가 있는데, 상층부 거주자들도 기본적인 상권의 범위에 포함될 수 있다.

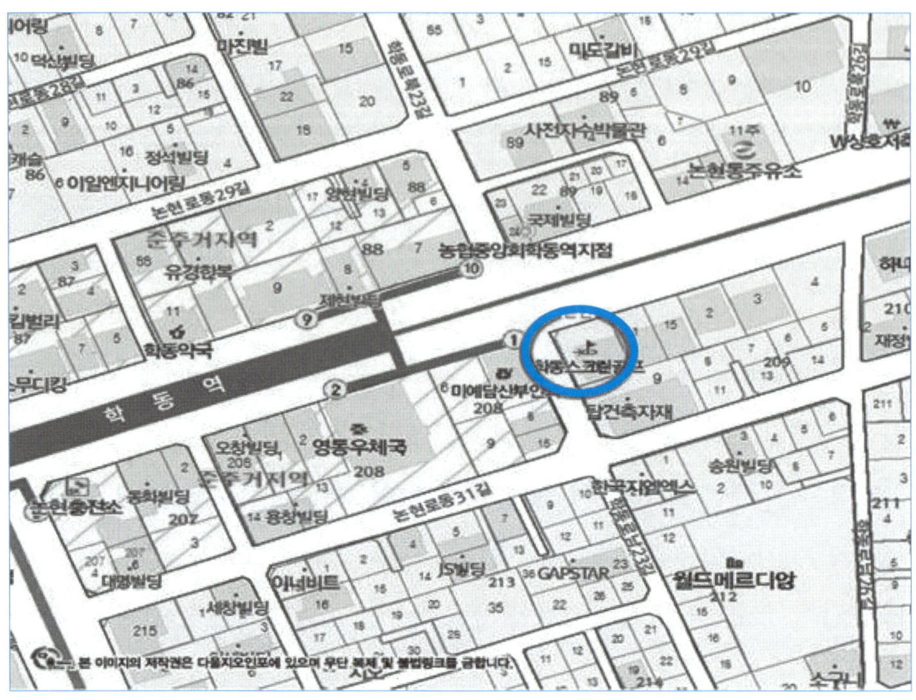

　　상권의 범위가 더 확장될 개발호재가 없고, 상권이 쇠락할 요인도 없는 전형적인 고착화된 지역 상권에 있는 경매 물건이다.

(3) 매각물건 현황

* 매각물건현황(감정원 : 삼창감정평가 / 가격시점 : 2012.01.17 / 보존등기일 : 2005.04.29)

목록	구분	사용승인	면적	이용상태	감정가격	기타
건물	7층중 1층	05.03.02	45.22㎡ (13.68평)	근린생활시설[	735,000,000원	
토지	대지권		1413.2㎡ 중 14.83㎡		315,000,000원	

건물의 보존등기는 2005년 4월 29일이고, 7층 중 1층이다. 건축물 용도는 2종근린생활시설로써 현재 일반음식점 양대창이 경매 대상 상가인 108호와 107호, 2개 점포를 임차해 하나의 점포로 영업 중이다. 1층 전체가 일반음식점이 입점해 영업 중이고, 모든 영업장이 점포 2개씩을 임차해 영업하고 있으며, 상가들 전면에 여유 공간이 있어 날씨가 좋을 때에는 상가 앞에 이동식 간이 테이블을 6개 정도 놓고 영업을 할 수 있는 장점이 있다. 2층에는 스크린골프장과 성형외과가 영업 중이다.

(4) 매각물건의 권리분석

• 임차인현황 (말소기준권리 : 2008.06.20 / 배당요구종기일 : 2012.04.06)

임차인	점유부분	전입/확정/배당	보증금/차임	대항력	배당예상금액	기타
진덕형	점포 1█호	사업자등록: 2010.05.18 확 정 일: 없음 배당요구일: 2012.04.04	보45,000,000원 월3,500,000원 환산39,500만원	없음	배당금 없음	현황상 주거
기타참고	▣본건 부동산은 `양█`음식점으로 운영되고 있고, 현지 직원 진술에 의하면, 임차인 진█형이 `고█`상호로 등록하고, `양██`음식점을 운영하고 있다고 함. ▣본건 부동산(1층10█호)은 1█호와 통합하여 `양█`음식점으로 사용하고 있다고 함.					

• 등기부현황 (채권액합계 : 1,250,049,502원)

No	접수	권리종류	권리자	채권금액	비고	소멸여부
1	2008.04.29	소유권이전(매매)	오█주		거래가액 금595,000,000원	
2	2008.06.20	근저당	국민은행 (언주로지점)	975,000,000원	말소기준등기	소멸
3	2009.07.07	근저당	유한회사█	65,000,000원		소멸
4	2011.07.19	근저당	(주)진명주류	30,000,000원		소멸
5	2011.11.16	가압류	서울신용보증재단	23,868,000원		소멸
6	2011.12.06	가압류	미래저축은행	16,181,502원		소멸
7	2011.12.14	가압류	허█규	20,000,000원		소멸
8	2012.01.11	임의경매	국민은행	청구금액: 807,368,925원	2012타경9█	소멸
9	2012.01.19	가압류	최█식	120,000,000원		소멸
10	2012.05.23	압류	서울특별시강남구			소멸

주의사항	▣유치권신고 있음.-2012.04.06 유치권자 주식회사█으로부터 가맹비 16,500,000원 및 상품대금 100,000,000원의 유치권신고가, 진█형으로부터 권리금 200,000,000원 및 인테리어비용 86,422,567원의 유치권신고가 있으나, 그 성립여부는 불분명함. 2012.07.26 채권자 케이알유동화전문유한회사(주식회사국민은행의 양수인) 유치권배제신청서 제출

임차인은 최초 근저당권자인 국민은행보다 늦게 사업자등록을 했고, 환산 보증금이 3억 9,500만 원으로 서울의 지역별 환상보증금을 초과하므로 대항력이 없어 낙찰자가 인수할 금액이 없고, 등기부상 등기된 권리들도 낙찰받으면 모두 말소가 되므로 낙찰자가 인수할 권리가 없다.

유치권 신고가 2건이 있는데 하나는 토성에프시가 가맹비 1,650만 원 및 상품대금 1억 원이 신고되어 있는데, 프랜차이즈 본사가 유치권 신고를 한 것으로 판단된다. 프랜차이즈 본사의 가맹비와 상품대금은 유치권이 성립되지 않는 것으로 보인다.

또 하나의 유치권은 임차인 진덕형이 권리금 2억 원 및 인테리어비용 8,600만 원을 유치권으로 신고했으나 대법원 판례에 의하면 권리금 및 개인 영업을 위한 인테리어 비용은 유치권으로 인정되지 않는다는 판례가 다수 있으므로 역시 유치권 인정을 받기 어려울 것으로 판단된다.

(5) 삼환 아르누보 낙찰 사례

매각일	매각호수	면적	감정가	낙찰가	낙찰가율	입찰자수
08.12.24	105호	45.22㎡ (13.679평)	12억 원	5억 2백만 원	41.83%	2명
09.01.08	110호	45.22㎡ (13.679평)	12억 1,100만 원	6억 2,510만 원	51.66%	1명
09.02.12	109호	45.22㎡ (13.679평)	11억 8,000만 원	6억 1,260만 원	51.92%	5명
09.03.10	101호	45.22㎡ (13.679평)	12억 6,000만 원	6억 5,126만 원	51.69%	1명

삼환아르누보 주상복합 1층 상가는 지금까지 4건이 경매로 나왔다. 약 3년 반 전에 집중적으로 4건의 경매 물건이 나와서 평균 51%에 낙찰이 되었다. 3년 반 전의 낙찰 사례로 비교분석하기는 어렵지만 참고는 될 것이다. 3년 반 전에는 지금처럼 수익형 부동산에 관심이 많지 않았다. 다소 낙찰가도 낮고 입찰자도 적었던 것으로 기억된다. 참고할 것은 3년 반 전보다, 같은

면적이고 옆의 상가임에도 불구하고, 감정평가액이 1억 5,000만 원 정도 감소했다는 것은 현재 시세에 어느 정도 부합해서 감정평가한 것으로 보인다.

삼환 아르누보 1층 상가의 임대료는 현재 경매 대상 물건의 임대료와 거의 유사한데 기본적으로 보증금 5,000만 원에 300만 원의 임차료를 받을 수 있는 물건으로 조사되었다. 따라서 얼마의 입찰가를 써낼지는 투자자의 요구수익률을 생각해 결정해야 할 것이다.

정리하면 이 상가 경매물건은 투자가치가 있는 물건으로 판단된다. 상권은 기본적으로 변화가 없는 고착화된 상권이고, 현재 공실도 전혀 없으며, 낙찰을 받아도 기존 임차인과 임대차계약 가능성이 있을 뿐만 아니라, 계약이 되지 않더라도 실면적이 45.22제곱미터, 13.679평이므로 독립적으로도 임대가 가능한 상가로 보인다. 그리고 1층 상가이고, 상가 전면에 이동식 간이 테이블을 놓을 수 있는 여유 공간이 있다는 것도 임대 놓을 때 유리한 점이고, 권리분석상 낙찰자가 인수할 금액은 없는 것으로 분석되고, 매각물건명세서상에 나온 내용으로만 판단한다면 유치권이 성립되지 않을 것으로 판단된다.

다만, 유치권이 두 건이나 신고가 되어 있으므로 비록 성립되지 않는 유치권으로 보이더라도 유치권이 해결되지 않으면 대출을 해주지 않는 금융기관이 대부분이므로 자금 계획을 세울 때 대출은 생각하지 말고 일단 입찰금액 전액을 준비해야 향후 낙찰받고 자금 문제 때문에 곤란을 겪지 않을 것이다.

물건의 특징을 정리하면 다음과 같다.

· 상권의 변화가 없는 고착화된 상권
· 공실 없음.
· 현 임차인과 재계약 가능성 높음.
· 실면적이 독립적으로도 임대가 가능한 정도임.
· 1층 상가
· 상가 전면에 여유 공간 활용 가능
· 낙찰자가 인수할 금액 없음.
· 유치권이 성립되지 않아 보임.
· 다만 경낙잔금대출은 유치권 신고로 곤란할 수도 있음.

지식산업센터 상가

1. 지식산업센터 상가 개념

지식산업센터란 동일 건축물에 제조업, 지식산업 및 정보통신사업을 영위하는 자와 지원시설이 복합적으로 입주할 수 있는 다층형(3층 이상) 집합건축물로써 6개 이상의 공장이 입주할 수 있는 건축물을 말한다. 지식산업센터에 입주할 수 있는 시설은 ① 제조업, 지식기반산업, 정보통신산업, 그밖에 특정 산업의 집단화와 지역경제의 발전을 위해 산업단지관리기관 또는 시장, 군수, 구청장이 인정하는 사업을 운영하기 위한 시설, ② 벤처기업을 운영하기 위한 시설, ③ 그밖에 입주업체의 생산 활동을 지원하기 위한 시설로써 금융, 보험업 시설, 기숙사, 근린생활시설 등의 시설이다.

이러한 지식산업센터는 도시지역의 토지를 효율적으로 이용하기 위해 건립된 아파트 형태의 기업용 건물인데, 2010년 전에는 아파트형 공장이라고 불리었다.

　지식산업센터 상가란 이러한 지식산업센터의 공장시설에 입주하는 기업을 지원하기 위한 지원시설이 있는데 이러한 지원시설에 입주한 상가를 말한다. 다시 말하면 지식산업센터 입주기업에 근무하는 근로자들의 편익을 위해 공급되는 편익시설 상가로, 건물 전체의 업무 공간 외에 연면적의 30~50% 정도를 휴게실과 구내식당, 상가 등의 지원시설 형태로 공급된다. 이 지원시설의 상가 비율은 전체의 10% 미만이고, 입점하는 업종은 편의점, 문구점, 금융기관, 전문식당, 클리닉센터, 중개업소 등이 주를 이루고 있다.

지원시설	금융기관, 병원, 운동시설, 학원, 일반음식점, 휴게음식점, 구내식당, 제1종근린생활시설, 제2종근린생활시설

　지식산업센터의 규모는 해당 사업지에 적용되는 건축법규에 따라 다르지만, 보통 지상 10~20층 내외의 규모이고, 전용률은 45~55% 수준으로 주상복합 상가와 전용률이 비슷하다고 보면 된다.

2. 장점과 단점

(1) 장점

먼저 지식산업센터 상가의 기본적인 장점은 입주시기가 주상복합 상가나 오피스텔 상가보다 빠르다는 것이다. 상층부에 입주하는 기업들은 실질 수요자이고, 입주 기업에 대한 정부의 세제혜택과 지원책으로 비교적 빠른 시간에 상층부 입주가 진행되어 상층부의 상권 형성이 조기에 이루어질 수 있다.

그 다음 장점은 단지내 상가 공급 시 업종을 지정하는 것처럼 지식산업센터 상가도 입점 업종을 지정해 영업의 독점성이 보장되게 한다. 업종 보장으로 인해 임대 수요가 많다는 것은 앞에서 이미 기술했다.

마지막 장점은 주상복합 상가에 비해 상가 비율이 적다는 것이다. 주상복합 상가는 지자체 조례에 따라 다르지만 상가 비율이 30%인 경우가 많지만, 지식산업센터 상가는 상가 비율이 10% 정도이므로 상가 공급량이 적다는 것도 하나의 장점이다.

(2) 단점

지식산업센터 상가의 가장 큰 단점은 주 5일제 근무로 인한 토요일과 일요일 공동화 현상이다. 평일에는 근무자들로 인해 상권이 활성화 되지만 휴일에는 거의 상권이 없다고 해도 과언이 아니다.

3. 지식산업센터(아파트형공장) 상가 투자 주의

2009년 8월 7일 이전에는 임대사업자의 경우에 매매나 경매 등을 통해 아파트형공장을 취득할 수 있었다. 일반적으로 다른 상가보다 수익률도 좋고 인기도 좋았다. 수익률도 평균 9% 이상이었지만 현재는 개인사업자이거나 법인이거나 그 업종(출판단지, 제조업체, 부품소재 업체 등으로 구분이 되어 있음)에 맞는 사업자등록을 반드시 내야 하고 동시에 입주도 반드시 해야 한다. 이제는 '산업집적활성화 및 공장설립에 관한 법률'의 적용을 받는다. 지식산업센터 내의 공장을 낙찰받아 임대사업자만으로 등록할 수 없다.

즉 이제는 지식산업센터의 취득은 사업장 목적으로만 취득이 가능하고, 투자용이 아니라는 말이다. 낙찰받아 매매는 가능하지만 임대는 불가하다. 그리고 매매도 사업에 적합한 사람을 찾기가 쉬운 일은 아닐 것이다. 법이 개정되기 전에는 임대사업자 수요가 많아 매매물건이 나오자마자 거래가 잘 되었지만, 법이 개정된 이후로는 취득요건이 까다로워 거래가 거의 없다.

◆ **근거법률**

산업집적활성화 및 공장설립에 관한 법률

제40조(경매 등에 의한 산업용지 등의 취득)
① 경매나 그 밖의 법률에 따라 입주기업체의 산업용지 또는 공장 등을 취득한 자가 그 취득한 날부터 지식경제부령으로 정하는 기간 내에 입주계약을 체결하지 못한 경우에는 그 기간이 지난 날부터 지식경제부령으로 정하는 기간 내에 이를 제3자에게 양도하여야 한다.
② 제1항에 따라 산업용지 및 공장등을 취득한 자가 이를 제3자에게 양도하려는 경우에는 대통령령으로 정하는 바에 따라 관리기관에 신고하여야 한다. 다만, 산업용지 및 공장 등을 입주기업체에 처분하려는 경우에는 그러하지 아니한다.
③ 제1항에 따라 산업용지 및 공장 등을 취득한 자가 기존 입주기업체가 아닌 경우에는 미리 제38조 제1항 또는 제3항에 따라 입주계약을 체결하여야 한다. 다만, 취득하려는 자가 유관기관인 경우에는 그러하지 아니한다.

제40조의2(입주계약 미체결 산업용지 등의 처분)

① 분양에 의하여 산업용지 또는 공장 등을 취득한 자(제39조제2항·제3항 및 제40조제1항에 따라 양도받은 자를 포함한다)가 그 취득한 날부터 3개월에서 6개월의 범위에서 지식경제부령으로 정하는 기간 내에 입주계약을 체결하지 못하는 경우에는 그 기간이 지난 날부터 6개월에서 1년의 범위에서 지식경제부령으로 정하는 기간 내에 이를 관리기관에 양도하여야 하고 관리기관이 매수할 수 없을 때에는 대통령령으로 정하는 바에 따라 관리기관이 매수신청을 받아 선정한 다른 기업체나 유관기관에 양도하여야 한다.

② 제1항에 따라 산업용지 또는 공장 등을 양도하는 경우에는 제39조 제5항에 따라 정하는 가격으로 양도하여야 한다.

산업집적활성화 및 공장설립에 관한 법률 시행령

제52조의4(경매 등에 의하여 취득한 산업용지 등의 처분신고)

법 제40조 제2항 또는 제43조 제2항에 따라 산업용지 및 공장 등을 양도하는 경우에 관하여는 제50조를 준용한다

산업집적활성화 및 공장설립에 관한 법률 시행규칙

제40조(경매 등에 따른 산업용지 등의 양도기간 등)

① 법 제40조 제1항에 따라 입주기업체의 산업용지 또는 공장 등을 취득한 자가 입주계약을 체결하여야 하는 기간은 취득한 날부터 6개월 이내로 한다.

② 법 제40조 제1항에 따라 입주기업체의 산업용지 또는 공장 등을 취득한 자가 제3자에게 이를 양도하여야 하는 기간은 다음 각 호의 구분에 따른다.

1. 법 제39조 제1항에 따른 유관기관의 경우: 영 제52조의2 제2항에 규정된 기간
2. 제1호 외의 자의 경우: 제1항에 따른 기간이 경과한 날부터 1년

상가 주택

(김보규 연구원)

1. 상가 주택의 개념

상가 주택은 점포 겸용 주택으로도 불린다. 이 책에서는 상가 주택의 명칭으로 통일하겠다.

상가 주택은 점포와 주거용으로 쓰이는 부분이 결합해 세워진 주택을 말한다. 3층 또는 4층까지 지을 수 있으며 이 중 1층은 상가로 쓰이고, 2층부터 4층까지는 주택의 용도로 쓰인다.

일반적으로 상가는 1층이 선호되고 주택은 1층보다는 상층부가 선호되기 때문에 토지를 이에 맞춰서 활용한 형태라고 볼 수 있다. 이 개념이 확장된 형태의 건물로는 주상복합이 있다. 1층 상가의 크기는 30~40평 정도이며, 주로 택지지구의 먹자골목이나 카페거리로 조성된다.

2. 상가 주택의 공급 형태

택지지구의 단독주택지는 점포겸용과 주거전용으로 나뉘는데, 점포 겸용 단독주택지는 1층이 상가이고 2층과 3층은 주거용 건물인 이른바 상가 주택을 지을 수 있는 땅을 말한다(가구 수, 층수 제한이 완화 적용된 곳에서는 4층까지 주거용 건물을 지을 수 있다).

택지지구 개발을 발표하고 그 지역에 살고 있는 사람들을 이주시키면서 이들에게 보상해 주는 것이 이주자 택지다. 이주자 택지는 한국토지주택공사(LH공사)에서 토지를 조성하는 데 들인 비용, 즉 원가의 80% 선에서 공급하기 때문에 향후 일반인들에게 공급하는 택지보다 무척 저렴하다. 그래서 이주자택지에는 프리미엄이 조성되는 경우가 대부분이다.

이주자택지를 공급하고 남은 물량은 실수요자택지로 공급되는데, 보통 이주자 택지에 비해서 50% 정도 높게 분양된다.

3. 상가 주택의 투자전략

택지지구의 개발 초기에는 흙과 풀이 무성한 곳이라 사람들이 거들떠보지도 않는 편이나, 도시의 형태가 갖춰져 가면서 주택의 수요가 늘어나고 상권이 형성되면서 토지의 가격도 상승하게 된다. 따라서, 상가 주택은 택지개발 초기에 토지를 구입해서 건물을 짓고 도시의 인프라가 완성될 때까지 기다리는 게 좋은 투자전략이 될 수 있다.

택지지구의 개발 초기에 토지를 매입하는 방법은 이주자택지를 프리미엄을 주고 구입하거나, LH 공사에서 실수요자택지를 분양할 때 분양을 받는 방법이 있다. 또한 실수요자택지를 분양받은 사람으로부터 매매를 통해서 살 수도 있다.

실수요자택지의 경우에도 시세보다 1억 원 정도 저렴하게 분양하는 경우가 많기 때문에 좋은 기회가 될 수 있다. 분양을 받는 방법은 한국토지주택공사 홈페이지(http://www.lh.or.kr)의 토지 공급 공고를 통해서 원하는 택지 분양을 확인하고, 청약을 하면 된다.

미분양이 된 토지는 수의계약 대상으로 선착순으로 분양이 된다. 따라서 분석력만 있으면, 수의계약 대상 토지도 좋은 투자 수단이 될 수 있다.

한국토지주택공사에서 토지를 분양받는 방법

① 한국토지주택공사(http://www.lh.or.kr) 홈페이지에 접속해 '토지청약 시스템' 메뉴를 클릭한다.

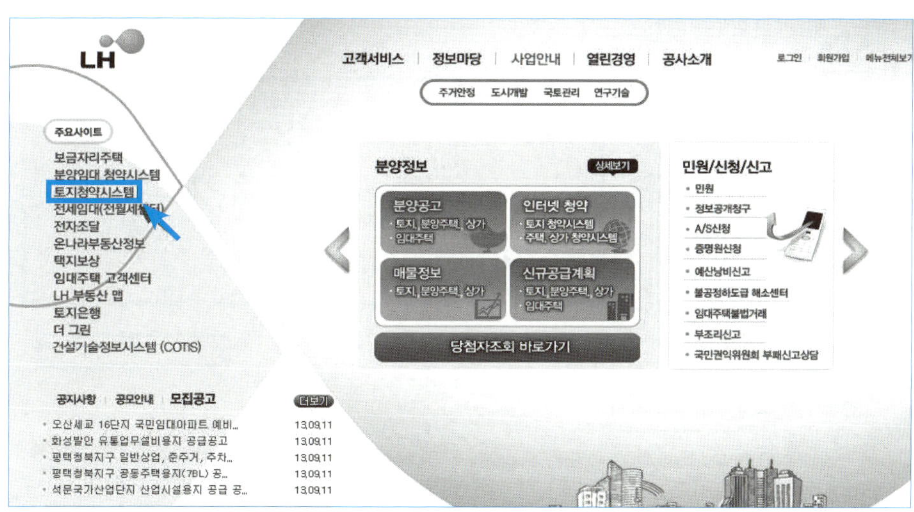

② 토지청약시스템 페이지가 열리면 왼쪽 상단의 '매물정보'를 클릭한다.

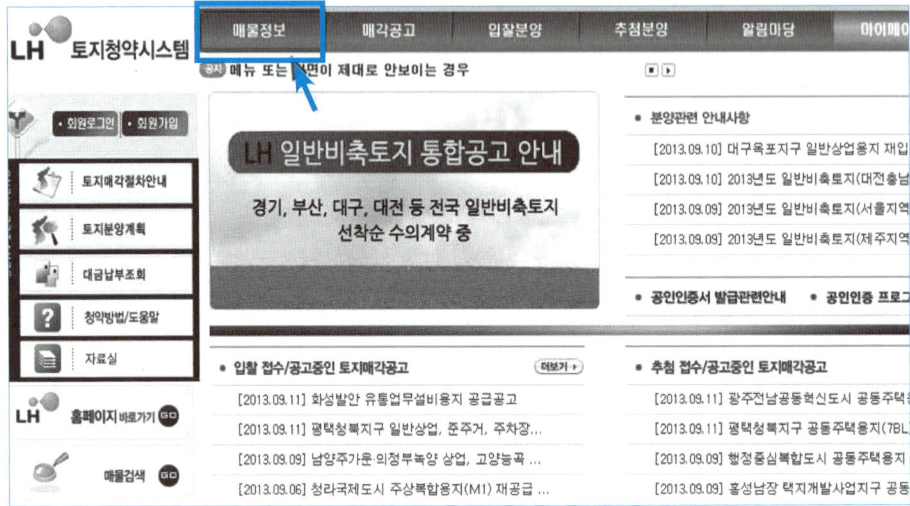

③ 전국에서 분양 중이거나 분양 예정인 택지지구를 모두 볼 수 있다.

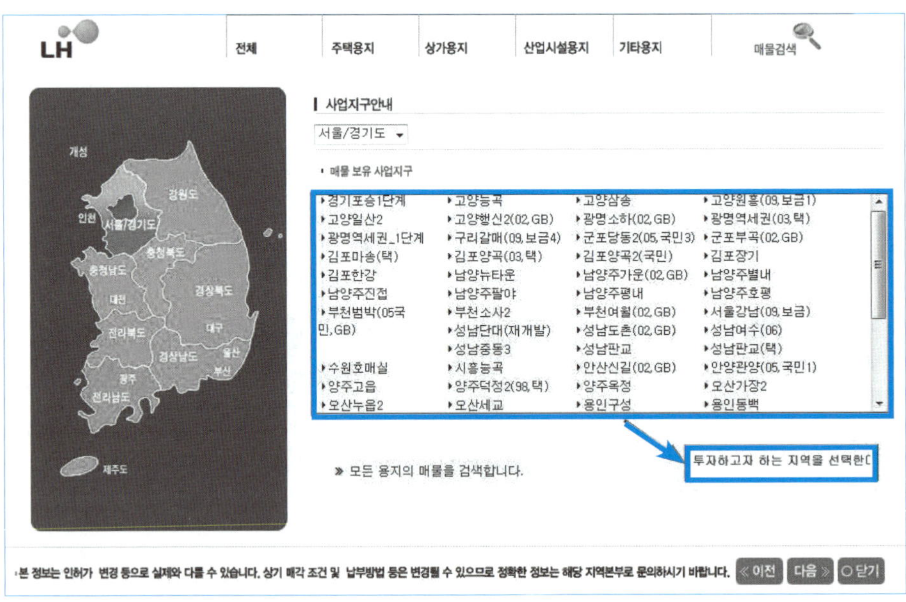

④ 왼쪽 상단의 '분양계획'을 보면 향후 분양계획을 알 수 있다. 분양계획
에 따라 추첨 분양하는 날이 오면 상단 중앙의 '추첨분양'을 클릭해 들
어간 뒤【일반 실수요자 대상 택지분양 참가하기】를 클릭해 추첨분양
에 참가할 수 있다.

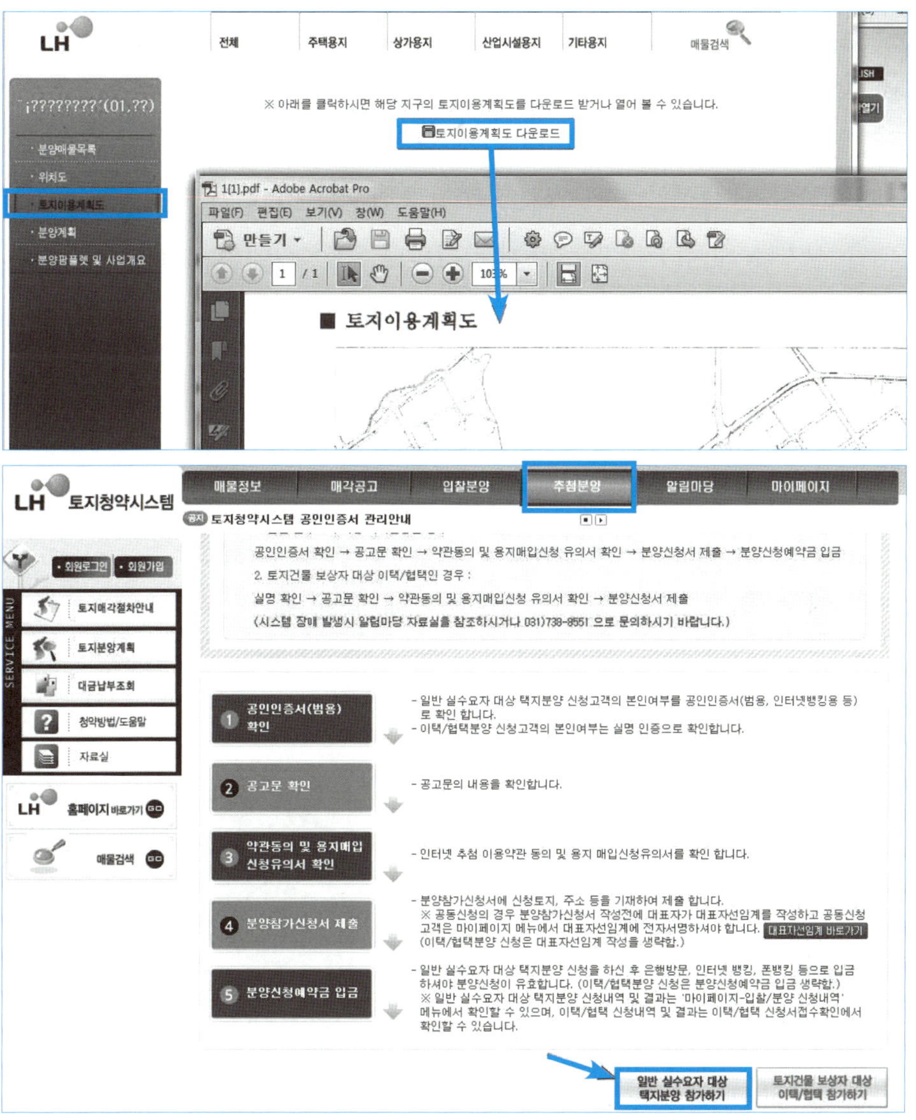

4. 상가 주택의 입지 선택

상가 주택의 2층과 3층은 주거용이며 2, 3층에서 나오는 세는 한 택지지구 안에서는 위치가 달라도 비슷한 편이다. 공실의 위험도도 거의 같다. 그러므로 점포겸용 단독주택지의 가치를 결정하는 것은 '1층 상가에서 얼마나 받을 수 있는가'에 달려 있고, 이에 따라서 건물의 가격이 결정된다.

(1) A급 입지 : 중심상업지구 또는 아파트와 마주보는 도로변

1층 상가를 셋이나 넷으로 쪼개서 하나당 80만 원에서 120만 원을 받는 편이므로 1층을 넷으로 쪼개었다고 가정하면 320만 원에서 480만 원의 세를 받는다. 이렇게 쪼개서 세를 놓을 수 있는 곳은 다음의 조건을 충족한 도로변이어야 한다.

① 중심상업지구 또는 아파트와 마주보고 있는 곳

② 대로(8차선 이상)를 접하지 않고, 중로나 소로를 접한 곳

③ 완충녹지가 없는 대로변(토지이용계획도에 완충녹지 표시됨)

중심 상가와 마주보는 도로변 상가 주택

(2) A급 입지 : 중심상업지구와 연계된 지역 진입로 코너

1층 상가를 쪼갤 수 없는 위치인 경우에 통으로 세를 줄 때 가장 세를 높게 받는 곳은 단독주택지 초입에 위치한 진입로 코너이며, 다음은 중앙 진입로를 좌우로 마주보고 있는 필지들이다. 이러한 위치의 1층 상가는 보통 250만 원에서 300만 원 정도에 공실 없이 채워진다. 어차피 대로변에는 주차단속 때문에 차를 대기 어려우므로, 진입하는 길은 유동성이 많은 편이다.

(3) B급 입지 : 중심상업지구와 연계되는 나머지 단독주택지

단독주택지 진입로가 아니더라도 중심상업지구 근처 블록은 공실이 없는 편이고 소위 먹자골목이 형성된다. 장사가 많은 곳에 가서 장사를 해야 성공한다는 말이 있듯이 이런 지역은 시너지 효과를 내어 번화가가 된다. 이 중에서도 코너는 두 도로와 접해 있어 광고 효과가 크므로 세를 더 받는 편이다. 특히 보행자도로를 접하고 있는 곳은 야상을 펼 수 있어서 더 선호된다.

코너가 아닌 곳까지 포함하여 이쪽 지역은 세가 150만 원에서 200만 원 사이에서 형성된다.

보행자 도로를 접하고 있어서 야상 또는 테라스를 이용할 수 있는 곳

(4) C급 입지 : 중심상업지구와 연계가 안 되는 외진 곳, 블록의 구석진 위치에 있는 곳

맛집으로 소문이 나도 찾아가기가 힘든 곳이다. 찾아가다가 지쳐서 다른 식당에 들어가는 사람들이 생긴다. 이러한 곳은 공실의 우려가 높은 곳이다. 보통 100만 원 내외의 월세가 형성된다.

CHAPTER 05

낙찰 후 사후 처리

매각허가결정 후 처리사항

아직 대금 납부 전이므로 다음과 같은 사항은 상황에 따라 할 수도 있고
하지 않을 수도 있다.

1. 관할 구청/시청 방문

(1) 영업자 명의 확인

현재 영업을 하고 있는 상가이거나 공실이라도 영업자 명의를 확인하게
되면 매각대금 납부 후 인도명령 신청 시 점유자 즉 인도명령 대상자를 정
할 수 있고 강제집행 후 직권 말소를 하기 위한 대상자를 확정할 수 있다.
그리고 강제집행 했을 경우 직권말소 절차와 대략적인 소요기간을 알아보
는 것이 좋다.

⑵ **용도변경 가능 여부 확인**

상위군에서 하위군으로 용도변경은 다소 쉽고, 하위군에서 상위군으로 용도변경은 거의 불가능하지만, 향후 임대를 놓을 때 들어올 수 있는 업종을 사전에 확인하기 위해 용도변경이 가능한지 담당자를 통해 확인해야 한다. 1층은 자유업종이 들어오므로 거의 문제가 없으나, 2층 이상은 임대업종에 따라 용도변경 문제가 자주 발생한다.

2. 관할 세무서 방문

현재 사업자등록 명의자를 확인하고 향후 사업자등록 직권말소 가능 여부와 소요기간을 문의해 알아두는 것이 좋다.

3. 경매기록조서 복사

⑴ 유치권 신고서

유치권 신고서 내용을 보고 유치권 성립요건에 해당하는지를 분석해 인도명령이 가능한지 등을 사전에 판단한다(유익비에 해당하는지, 점유는 경매개시 전에 시작했는지, 세금계산서는 첨부되었는지, 계좌이체 확인서가 첨부되었는지 등). 유치권자 주소와 연락처를 확인해 미리 잔금 납부 전에 유치권자를 찾아가 나름대로 진위 여부를 판단하고, 점유를 어떻게 하고 있는지 등도 알아본다.

(2) 임대차계약서

영업 중인 상가를 낙찰받았을 때 임차인이 제출한 임대차계약서에 원상복구의무 조항이 있는지(유치권 배제특약)와 간접점유 여부 판단을 위하여 임대차계약서상 임대인이 누구 명의로 되어 있는지를 확인한다.

(3) 다른 입찰자의 입찰표

다른 입찰자가 있으면 입찰표를 복사해 혹시 소유자나 유치권자, 또는 이해관계인이 입찰했는지를 분석해보고, 그런 징후가 보인다면 향후 명도나 협의 시 적절하게 활용할 수 있는 방안을 준비하는 것이 좋다.

4. 점유자와 협의 시도

(1) 임차인이 점유하고 있는 경우
① 영업장소 방문
② 상대방이 주장하는 내용 청취(녹취)
  - 듣기만 하고 향후 내용증명을 보내기 위한 자료로 활용한다.

(2) 제3자가 유치권 신고하고 점유한 경우
① 주소지 또는 영업장소 방문

② 상대방이 주장하는 내용 청취(녹취)

   – 듣기만 하고 향후 내용증명으로 보내기 위한 자료로 활용한다.

(3) 점유자 방문 시점

향후 명도를 위하거나 협의를 하기 위해 점유자를 방문하는 시점은 대금 납부 후가 좋다. 그 이유는 낙찰자가 소유자가 되지 않는 상태에서의 점유자 방문은 점유자의 감정을 상하게 해 오히려 웬만한 협의를 하는 데 방해가 되기 때문이다.

그러나 점유자들의 점유 상태가 어딘지 모르게 의심스럽거나, 선순위 임차인의 점유에 대해 의심이 가거나, 유치권자의 점유가 의심스러울 경우에는 매각허가결정 후에 점유자를 방문하여 탐문하는 것이 향후 협의를 하는 과정에서 유리할 수도 있다. 상황에 따라 판단해야 할 문제다.

대금납부 후 협의 과정

1. 점유자에게 내용증명을

대금을 납부한 후에는 소유권을 취득했으므로 명도에 대한 협의를 진행하면서 상황에 따라 점유자에게 심리적으로 압박을 주기 위해 내용증명을 보내기도 한다. 내용증명은 정해진 틀이 있는 것이 아니므로 상황에 따라 작성하면 된다.

2. 임차인 구하기

(1) 중개업소

입찰하기 전에 시세 파악을 위해 임장 시 갔던 중개업소를 찾아가서 사실대로 이야기하고 요구수익률보다 다소 높게 임대를 부탁한다. 보증금은 조정 가능으로 하고, 시세 조사 시 바닥권리금이 있으면 바닥권리금도 얘기한다. 만약 2층 이상의 상가를 낙찰받았을 경우에는 '권리금 무'라고 매물로 올려 달라고 얘기한다.

⑵ 인터넷과 생활정보지에 매물 등재

생활정보지와 벼룩시장의 파인드몰이나 교차로의 아이크로스에 매물로 올린다. 요새는 인터넷이나 앱으로 물건들을 많이 보므로 약간의 비용이 들더라도 반드시 매물로 올리는 것이 좋다.

광고 예시

(3) 프랜차이즈 본사와 연락

낙찰받은 상가의 층과 실면적을 바탕으로 입점이 가능한 업종을 생각해, 입점 가능한 프랜차이즈 본사 홈페이지에서 전화번호를 확인한다. 확인한 전화번호로 프랜차이즈 본사에 전화해 창업을 할 수 있는 상가를 확보했는데, 창업할 임차인이 있는지에 대해 문의한다. 10여 곳에 전화하면 2~3곳에서 낙찰받은 상가에 와서 상권 및 입지를 보고 간다. 프랜차이즈 회사에 예비 창업자가 있으면 임대차계약을 할 확률이 상당히 높다.

3. 점유자와 협의

(1) 임차인이 영업하면서 점유 중인 경우

① 중개업소에 임대 놓은 것을 이야기해주면서 낙찰자와의 계약 여부에 대해 협의한다.

② 만약에 계약이 안 되면 '본인이 부담한 시설비나 이전 임차인에게 권리금을 주고 인수하였던 부분에 대해 전혀 인정받지 못하게 되므로 낙찰자와 계약을 하고 향후 계약기간이 만료되는 시점에 제3자에게 권리양수도계약을 체결해 권리금을 받고 나가는 것이 임차인에게도 유리하다'고 설명하면서 계약을 하는 쪽으로 유도한다.

(2) 유치권자가 점유 중인 경우

유치권 신고된 내용을 보고 성립 여부를 나름대로 판단해 유치권자의 이

야기를 주로 듣기만 하고 유치권자가 원하는 내용을 알아내야 한다. 유치권
자가 점유하는 경우에는 불가피하게 서류를 통해 의사표시를 하는 것이 효
과면에서 좋다. 유치권이 성립 안되는 부분과 계속 유치권을 주장하면 민사
상·형사상으로 유치권을 주장하는 사람에게 문제가 될 수 있음을 주지시키
고, 한편으로 인도명령 신청과 점유이전금지가처분 신청을 통해 압박을 가
하는 방법으로 접근해야 한다.

인도명령과 점유이전금지가처분

1. 인도명령

(1) 인도명령이란

매수인이 대금을 모두 지급하면 목적물에 대한 소유권을 취득하지만, 만약 채무자 등 목적물을 점유하고 있는 자들이 점유를 이전해주지 않는다면, 매수인은 어떻게 대처할 수 있는가. 통상적인 방법으로는 소유권에 기한 목적물인도청구소송을 제기해 인도를 받을 수 있지만, 이는 점유의 이전을 고대하고 있는 매수인에게는 너무도 먼 길이어서 적절한 방법이라고 할 수 없다. 이와 같은 경우에 매수인의 입장을 고려해 통상적인 방법보다 훨씬 간편하게 점유를 확보할 수 있도록 도와주는 제도가 바로 '부동산인도명령제도'다.

인도란 물건의 사실상 지배를 이전하는 것을 뜻하며, 이것은 원래 동산물건 변동의 공시방법이고, 명도는 토지나 건물 또는 선박을 점유하고 있는 자가 그 점유를 타인의 지배 하에 옮기는 것을 말한다. 그러나 경매에서의 인도명령이란 매각대금을 모두 납부함으로써 매각 부동산의 소유권을 취득한 매수자가 매각부동산으로부터 퇴거를 거부한 채무자, 소유자 및 대항력 없는 임차인 등 매각 부동산의 점유자를 대상으로 경매 법원에 인도명령을 신청해오면 경매 법원이 심사해 결정으로써 낙찰자(위임 시는 집행관)로 하여금 해당 점유자를 매각부동산으로부터 강제로 퇴거시킬 수 있도록 명하는 법원의 명령을 말하며, 주문의 형식은 "피신청인은 신청인에게 별지 목록기재 부동산을 인도하라"이다. 인도명령은 매각대금을 납부하였음을 요하며 매수인 명의로 소유권이전등기가 되었음을 요하지 않는다.

◆ **관련조문**

◎ 제136조(부동산의 인도명령 등)
① 법원은 매수인이 대금을 낸 뒤 6월 이내에 신청하면 채무자·소유자 또는 부동산 점유자에 대하여 부동산을 매수인에게 인도하도록 명할 수 있다. 다만, 점유자가 매수인에게 대항할 수 있는 권원에 의하여 점유하고 있는 것으로 인정되는 경우에는 그러하지 아니하다.
② 법원은 매수인 또는 채권자가 신청하면 매각허가가 결정된 뒤 인도할 때까지 관리인에게 부동산을 관리하게 할 것을 명할 수 있다.
③ 제2항의 경우 부동산의 관리를 위하여 필요하면 법원은 매수인 또는 채권자의 신청에 따라 담보를 제공하게 하거나 제공하게 하지 아니하고 제1항의 규정에 준하는 명령을 할 수 있다.
④ 법원이 채무자 및 소유자 외의 점유자에 대하여 제1항 또는 제3항의 규정에 따른 인도명령을 하려면 그 점유자를 심문하여야 한다. 다만, 그 점유자가 매수인에게 대항할 수 있는 권원에 의하여 점유하고 있지 아니함이 명백한 때 또는 이미 그 점유자를 심문한 때에는 그러하지 아니하다.

(2) 부동산 인도명령 신청 시 필요서류

① 부동산 인도명령 신청서(부동산목록 · 인지1,000원 · 송달료 납부 영수
증 첨부)

② 매각대금완납증명원

③ 위임장, 인감증명서 : 대리인 신청 시

④ 점유자의 호적등본, 법인등기부등본 : 채무자 또는 소유자의 일반승
계인(상속인, 합병으로 승계한 법인)이 점유자인 경우

특히 입찰기록 서류에 기록이 없는 점유자를 상대방으로 인도명령을 신
청하는 경우는 주민등록등본이나 사업자등록증, 영업명의 확인서를 첨부해
야 하거나, 거주사실확인서(이는 낙찰자가 작성한 후 그 자의 확인을 받아야 하
는데, 예로써 '본인은 현재 어디에 소재하는 상가에 소유자와는 어떤 관계가 있어
점유하는 누구이다'라고 작성하면 된다) 등을 받아 이를 첨부해 인도명령신청
을 해야 한다.

(3) 인도명령의 신청인과 상대방

① 인도명령을 신청할 수 있는 자

ⓐ 낙찰자, 낙찰자로부터 낙찰부동산을 상속받은 자 등의 일반승계인
ⓑ 낙찰자가 법인인 경우 법인합병에 의해 승계한 법인

매매, 증여 등의 원인으로 하여 낙찰자로부터 낙찰 부동산을 양수 받은 매수인, 수증자 등의 특정승계인은 인도명령을 신청할 수 없다. 이는 인도명령 신청권을 일신전속권(권리의 성질상 특정 권리주체만이 향유할 수 있는 권리)과 유사한 권리로 보기 때문이다. 공동낙찰자는 전원이 또는 각자가 단독으로 인도명령을 신청할 수 있다.

② 인도명령의 상대방

인도명령의 상대방은 채무자, 소유자, 대항력 없는 임차인과 부동산 점유자가 되며(민사집행법 제136조 제1항), 채무자나 소유자의 일반승계인도 인도명령의 상대방이 될 수 있다. 법원은 채무자 및 소유자 이외의 점유자에 대해 인도명령을 하려면 심문기일을 지정해 점유자를 심문해야 한다(동법 제136조 제4항).

◈ 판례

◎ 대법원 1973.11.30. 자 73마734 결정【부동산인도명령에대한재항고】
【결정요지】
인도명령의 상대방은 경매목적물의 소유자나 채무자 이외에도 경락허가결정후의 일반승계인, 경매개시결정에 인한 압류의 효력발생후의 특정승계인 및 불법점유자를 포함한다.

ⓐ 채무자

여기서 채무자는 경매개시결정에 표시된 채무자를 말하고, 그 일반승계인도 포함된다. 상속인이 다수일 때에는 각자가 개별적으로 인도명령의 상대방이 된다. 채무자가 임차인의 지위를 겸하고 있는 경우에는 매수자에게 대항할 수 있는지의 여부에 따라 인도명령 여부를 판단한다.

ⓑ 소유자

경매개시결정 당시의 소유자로서 경매개시결정 후의 제3취득자도 포함시킨다.

ⓒ 부동산점유자

현행 민사집행법은 단순히 부동산 점유자로 규정함으로써 압류효력 발생 전후를 불문하고 매수인에게 대항할 수 없는 점유자라면 최선순위 담보권이나 가압류보다 먼저 점유를 시작한 점유자라도 인도명령의 상대방이 될 수 있다. 여기서의 부동산점유자는 직접 점유자만을 의미한다.

ⓓ 그밖의 인도명령 대상자
- 채무자와 동거가족
- 채무자의 근친관계(직계존비속)
- 채무자의 피고용인
- 채무자가 법인일 때 같은 법인의 점유보조자
- 채무자와 공모하여 집행을 방해할 목적으로 점유한 자

◎ 대법원 1998. 4. 24. 선고 96다30786 판결 【건물명도 등】
【판결요지】
[1] 부동산 인도명령의 상대방이 채무자인 경우에 그 인도명령의 집행력은 당해 채무자는 물론 채무자와 한 세대를 구성하며 독립된 생계를 영위하지 아니하는 가족과 같이 그 채무자와 동일시되는 자에게도 미친다.
[2] 근저당권의 채무자인 처에 대한 적법한 부동산 인도명령의 집행 당시 대항력을 갖춘 임차권자가 아니고 또한 처와 같은 세대를 구성하면서 그 부동산을 공동점유하고 있었던 남편의 공동점유를 본인의 의사에 반하여 배제하였다고 하여 이를 곧 점유의 위법한 침탈이라고 할 수는 없다.

③ 인도명령의 상대방이 될 수 없는 자

부동산 점유자 중 낙찰자에게 대항 할 수 있는 권원에 의해 점유하고 있는 자(민사집행법 제136조 제1항 단서)는 인도명령의 상대방이 될 수 없고, 명도소송을 제기해야 한다.

ⓐ 낙찰자에게 인수되는 권리

경매 시 매각으로 소멸하는 저당권·압류·가압류 등에 우선하는 대항력 있는 용익권(타인의 소유물을 변경하지 않고 일정기간 사용·수익하는 물권)으로써 임차권자와 지상권자 및 유치권자가 해당된다.

ⓑ 매각 후 낙찰자와의 사이에 성립한 점유권

낙찰자와 점유자의 합의에 의해 성립된 용익권은 인도명령의 대상이 될 수 없다. 예로써, 낙찰자에게 대항할 수 없는 임차인과 낙찰자간 임대차계약을 체결했다면 임차인은 적법한 점유권원에 의한 점유이기에 임차인이 채무불이행을 할 경우, 낙찰자는 명도소송에 의한 권리행사를 해야 한다.

ⓒ 대항력 있는 주택 및 상가 임차인

주택임대차보호법 또는 상가건물임대차보호법상의 대항력과 우선변제권을 가지고 있는 임차인이 우선변제권을 선택해 경매 절차에서 배당요구를 한 경우, 그 임차인이 인도명령의 상대방이 되는가에 대하여 임차인은 배당표가 확정될 때까지는 매수인에 대하여 임차주택 또는 상가 건물의 명도를 거절할 수 있기에, 낙찰자에게 대항할 수 있는 권원에 점유하고 있는 것으로 보아야 한다.

ⓓ 재침입한 임차인

매수자가 일단(임의인도, 인도집행에 의한 인도 등) 부동산의 점유를 인도받은 후에는 제3자가 불법으로 점유해도 인도명령 신청이 안 되고, 인도명령의 강제집행에 의해 퇴거당한 채무자, 소유자 등의 인도명령의 상대방이 재침입해 점유해도 그 자를 상대방으로 해서 인도명령을 신청할 수 없다. 단, 강제집행으로 퇴거한 자가 재침입하였을 경우에는 형법 제140조의2(부동산강제집행효용침해)에 의해 5년 이하의 징역 또는 700만 원 이하의 벌금에 처하게 된다. 그 밖에 주거침입죄나 퇴거불응죄 등이 추가로 적용될 수 있다.

◎ 대법원 1997. 8. 29. 선고 97다11195 판결【건물명도 등】
【판결요지】
[1] 주택임대차보호법 제3조, 제3조의2, 제4조의 규정에서 임차인에게 대항력과 우선변제권의 두 가지 권리를 인정하고 있는 취지가 보증금을 반환받을 수 있도록 보장하기 위한 데에 있는 점, 경매절차의 안정성, 경매 이해관계인들의 예측가능성 등을 아울러 고려하여 볼 때, 두 가지 권리를 겸유하고 있는 임차인이 우선변제권을 선택하여 임차주택에 대하여 진행되고 있는 경매절차에서 보증금에 대하여 배당요구를 하였다고 하더라도, 순위에 따른 배당이 실시될 경우 보증금 전액을 배당받을 수 없는 때에는 보증금 중 경매절차에서 배당받을 수 있는 금액을 공제한 잔액에 관하여 경락인에게 대항하여 이를 반환받을 때까지 임대차관계의 존속을 주장할 수 있고, 보증금 전액을 배당받을 수 있는 때에는 경락인에게 대항하여 보증금을 반환받을 때까지 임대차관계의 존속을 주장할 수는 없다고 하더라도 다른 특별한 사정이 없는 한 임차인이 경매절차에서 보증금 상당의 배당금을 지급받을 수 있는 때, 즉 임차인에 대한 배당표가 확정될 때까지는 경락인에 대하여 임차주택의 명도를 거절할 수 있는바, 경락인의 임차주택의 명도청구에 대하여 임차인이 동시이행의 항변을 한 경우 동시이행의 항변 속에는 임차인에 대한 배당표가 확정될 때까지 경락인의 명도청구에 응할 수 없다는 주장이 포함되어 있는 것으로 볼 수 있다.
[2] 변론종결일 현재 임차인을 상대로 한 배당이의소송이 계속 중이어서 임차인에 대한 배당표가 확정되지 아니한 경우에는 임차인에 대한 배당표가 확정되는 때에 명도할 것을 명하는 판결을 하여야 한다.

⑷ 인도범위

인도해야 할 부동산의 범위는 매각으로 인해 취득한 부동산의 범위로 매각허가결정에 기록되어 있는 부동산과 동일성이 인정되는 범위 내에서 인도의 대상이 된다.

즉, 제시외건물, 건물의 증축부분, 정원수, 정원석, 보일러시설 등 경매 목적물의 구성부분이든 부합물·종물로 인정되는 것이든 법률상 별개의 소유권이 성립되지 못하는 것인 이상은 모두 경매 매수인이 소유권을 취득하는 것이고 동시에 모두 인도의 대상이 되는 것이다.

따라서 매각대금이 완납된 후에 점유자가 점유물이나 그 부속된 물건을 파손하거나 탈착해 가져가는 경우에는 매수자에 대한 형사책임이 성립할 것이다. 부속된 물건에는 김치냉장고, 섀시, 보일러, 싱크대, 고급 전등 등이 있을 것이다. 원리적으로 법적 책임을 논할 수 있는 부속물들은 점유자가 자신의 필요나 사치에 의해 특별히 임의로 부착하거나 장치한 것이 아닌, 처음부터 기본사양으로 부착된 것이어야 할 것이다.

민사적으로는 손해배상의 책임이, 형사적으로는 재물손괴나 절도 등의 책임이 성립될 수 있을 것이다.

⑸ 인도명령의 신청과 결정(재판)

① 인도명령 신청기간

인도명령은 대금을 낸 뒤 6월 이내에 신청해야 한다. 즉 잔금납부일로부터 6개월이 경과하면 매수인은 인도명령 신청권을 상실한다. 따라서 위 인도명령의 상대방도 잔금납부 후 6개월이 경과하면 인도명령에 기한 강제집행을 받지 아니한다. 즉, 명도소송의 상대방이 된다.

인도명령 신청은 되도록 대금 납부 후 즉시 하는 것이 좋다. 그 이유는 인도명령 신청을 하고 협상을 진행하는 것이 시간과 비용을 절감하는 경우가 많기 때문이다. 다시 말해 점유자와 명도에 관한 협상이 원만하게 되지 않아 그때서야 인도명령을 신청하면 그만큼 시간이 길어지고, 협상 전에 인도명령 결정문이 점유자에게 송달되면 심리적으로 상대방이 압박감을 갖게 되므로 협상에서 유리할 수도 있기 때문이다.

또 하나 인도명령 신청시 인도명령 신청과 동시에 점유이전금지가처분을 신청하는 것이 좋다. 왜냐하면 점유이전금지가처분 신청을 했을 경우 점유자가 다른 제3자에게 건물을 인도해도 새로운 점유자에 대해서도 인도명령의 효력이 미치므로 다시 그 점유자를 상대로 인도명령를 신청할 필요 없이 강제집행이 가능하기 때문이다. 점유이전금지가처분에 대해 뒤에서 다시 언급하겠다.

② 인도명령 결정

인도명령을 신청하게 되면 약 5일~2주일이면 결정문이 나온다. 법원은 소유자, 채무자 이외의 자에 대해서는 점유의 내용, 권원 등을 진술할 기회를 주기 위해 점유자를 심문하게 되는데(민사집행법 제136조 제4항), 만일 이미 심문을 했거나 낙찰자에게 대항할 수 없는 권원이 없음이 명백하거나 기타 점유자가 심문에 불응하면 심문 없이 인도를 명령한다.

⑹ 인도명령 결정문의 송달

낙찰자의 인도명령 신청에 의한 인도명령 결정 정본은 낙찰자와 명도대상자에게 송달되며, 결정정본이 송달된 후 낙찰자는 법원으로부터 송달증명원을 첨부 받아 점유자에 대하여 강제로 명도집행을 하면 된다.

따라서 명도집행을 하기 위해서는 상대방에게 결정정본이 송달되어야 하는데, 명도대상자가 결정정본을 고의로 수취거절을 하거나, 폐문부재 등으로 송달이 되지 않아 명도집행이 지연되는 경우가 있다. 실무상 소유자 및 채무자는 낙찰자의 인도명령에 대한 심문기일을 정하지 않고 인도명령 결정을 하기에 비록 우편송달을 했으나 송달되지 않더라도 발송한 것으로써 송달이 된 것으로 본다. 그러나 소유자나 채무자 이외의 자에게 결정정본이 송달되지 않을 경우, 낙찰자는 다음과 같은 절차를 밟아야 한다.

① 주소보정

우편송달 결과 명도대상자의 주소가 변경되어 '이사불명', '폐문부재' 등을 이유로 송달되지 않으면 법원은 낙찰자에게 주소보정명령을 내린다. 이에 낙찰자는 법원으로부터 받은 주소보정명령서를 지참한 후 명도대상자의 주소지 동사무소를 방문해 그 자의 주소를 확인해야 하는데, 만약 주소가 변경되었으면 '주소보정서'를, 주소가 변경되지 않았으면 그 자의 주민등록등본을 첨부해 '재송달신청서'를 법원에 제출한다.

만일 보정명령에 따른 보정을 이행하지 않으면 법원으로부터 소장 각하명령을 받게 되고 이후에는 소장을 다시 접수해야 하는 불이익이 있다.

② 특별송달신청

인도명령결정문을 우편송달에 의해 송달하려 하였으나 상대방의 부재 또는 고의로 수취거절을 해 명도집행절차를 지연시킬 경우, 낙찰자는 법원에 특별송달신청을 해야 한다. 즉, 특별송달신청서를 작성해 법원에 제출하면 법원은 특별송달신청이 타당할 경우, 특별송달결정을 내리며, 낙찰자는 결정문을 가지고 집행관 사무소를 방문해 집행관과 대동해 명도대상자에게 직접 송달하는 절차를 밟아야 한다.

집행관을 대동해 경매 부동산을 방문(야간 또는 공휴일에 방문하는데 이는 집행관과 사전에 일자 및 시간 조정을 해야 한다)했으나, 상대방의 부재 등으로 송달이 되지 않았을 경우, 공시송달에 의한 송달절차를 밟은 후 인도집행절차를 이행해야 한다.

2. 명도소송

(1) 명도소송이란?

인도명령 대상이 아닌 부동산점유자나 인도명령 신청 기한인 대금지급 후 6개월을 경과한 인도명령 대상자 등이 목적부동산의 인도를 거절한 경우 매수인이 이들을 상대방으로 해서 부동산을 명도해달라고 제기하는 소송을 말한다. 즉, 매수인은 소유권에 기한 명도소송을 제기해 법원이 확정판결에 의해 명도를 집행할 수 있다는 것이다.

명도소송을 제기할 경우에는 반드시 점유이전금지가처분 신청을 해 점유이전금지가처분 명령을 받아 이를 집행한 후 명도소송을 수행해야 한다. 왜냐하면 명도소송 중 새로운 불법점유자가 발생한다면 승소를 했더라도, 이 새로운 불법점유자를 상대로 다시 명도소송을 제기해야 되기 때문이다. 이러한 명도소송을 제기할 경우 현장 답사를 통해 확인된 실거주자, 주민등록상 전입되어 있는 임차인, 사업자등록상의 명의인 및 공동사업자 등도 반드시 명도소송의 대상에 포함시켜야 한다.

(2) 명도소송의 신청인과 상대방

① 명도소송 신청인

매수인, 매수인의 포괄승계인과 특별승계인

② 명도소송 상대방

ⓐ 인도명령의 대상이 아닌 점유자

ⓑ 압류 효력 발생 전후 관계없이 유치권자

ⓒ 매수인으로부터 새로 임차한 자

ⓓ 채무자이며 선순위 대항력 있는 임차인

ⓔ 인도명령 대상자였으나 인도명령 대상 기한 6개월이 경과한 점유자

(3) 소장 접수 시 필요서류

소장은 법원 민사신청과에 접수하고 소정의 인지대 및 송달료를 납부해야 한다.

① 매각대금완납 증명원 1부

② 매각허가결정문 1부

③ 매각물건 현황조사서 사본 1부

④ 별지목록(건물 도면) 1부

⑤ 부동산등기부 등본 1통

⑥ 상대방(피고) 주민등록등본 1통

⑦ 소명자료

   ⓐ 대항력 있는 임차인이 목적 부동산의 경매로 존속기간에 대한 권
리가 상실되었다는 사실

   ⓑ 상대방이 정당한 권원 없이 불법으로 점유하고 있다는 사실

   ⓒ 점유권한이 없는 자로부터 양도받아 점유하고 있다는 사실

(4) 명도소송에 대한 항고

항고가 제기되는 경우 항고에 대한 재판이 끝날 때까지 매수인 등은 기다
릴 수밖에 없으며, 대법원에 재항고가 제기되는 경우에는 최장 6개월 정도
가 소요된다(항고 3개월, 재항고 3개월).

항고는 전소유자(채무자), 세입자, 매수인이 제기할 수 있는데, 전소유자(
채무자)나 매수인은 매각대금의 10%를 보증으로 제공해야 한다.

(5) 명도소송 시 유의사항

① 명도소송시 반드시 실제로 점유하고 있는 자가 누구인지를 확인해야
하며, 이때 임대차계약서상이나 사업자등록증상의 명의자가 다른 경우
에는 그 제3자도 명도소송의 상대방으로 해 소송을 해야 한다.

② 건물 전체나 1층 전부, 2층 전부처럼 쉽게 특정할 수 있는 명도목적물
일 경우는 별다른 문제가 없으나, 건물의 일부분을 명도해야 할 때에
는 반드시 명도목적물을 건축물관리대장상의 도면과 대조해 이를 참
조한 후 위치와 면적을 특정 표시해야 한다.

③ 점유부분에 대한 면적, 세대수 등 '상세도면'을 첨부해 다른 사람에게

불법점유시키지 못하도록 '명도소송'과 '점유이전금지가처분신청'을 동시에 해야 하며, 점유이전금지가처분을 병행하지 않은 상태에서 채무자가 제3자에게 점유를 이전시켜버렸을 경우에는 다시 소송을 해야 하는 불이익을 당할 수도 있으므로 반드시 이를 병행해야 한다.

④ 명도소송의 경우 전소유자가 서류송달을 기피하고, 문을 열어주지 않거나 다른 곳으로 피할 경우 재송달 신청이나 특별송달 신청, 공시송달 신청을 해 송달이 되게 해야 한다.

⑤ 대개 명도소송 기간은 약 3~5개월 정도 소요되고, 상대방의 항소나 상소 시에는 약 6~7개월 정도가 소요된다. 보통 1심법원에서 가집행을 할 수 있다는 판결을 득하기 때문에 1심판결 후 즉시 명도집행을 할 수 있다.

⑥ 소송 시 변호사를 선임하면 약 200~300만 원 정도의 선임료가 소요되며, 손해배상 및 임대료 청구 시 상대방의 점유부분에 대한 감정을 해야 하므로 추가로 부동산 감정평가비용이 든다.

또한 소송에서 승소한 후 강제집행 시 인지대, 송달료, 집행관 수수료, 노무비용 등 약 150만 원 정도의 집행비용이 추가된다. 따라서 소송보다는 합의를 도출해 내는 것이 금전적, 시간적으로 유리할 것이라 판단되면 상대방과의 원만한 합의가 성사되도록 하는 것이 좋다.

구분	인도명령	명도소송
신청시기	낙찰대금 납부 후 6개월 이내	낙찰대금 납부 후
신청대상	소유자 및 채무자 압류 이후 점유자 (가족 포함)	압류 이전 점유자(세입자, 무상점유자)
신청방법	인도명령 신청(관할법원 경매계)	명도소송의 소 제기(관할법원)
집행과정	소유자 및 채무자(심문 없음)	소 제기에 의한 심문 후 판결 (입증자료, 증인신청 등)
구비조건	송달확정증명원(송달불능 시 특별송달, 야간송달, 공시송달 → 법률상 진술의 기회를 줌)	집행력 있는 정본(판결확정증명원 + 송달증명원 → 집행력 부여 신청)
주문형식	"피신청인은 신청인에게 별지목록 기재 부동산을 인도하라."	"피고는 원고에게 피고가 점유하고 있는 별지 목록 기재 부동산을 명도하라."
기간	신청 후 2~3주 후(인도명령 신청서+송달확정증명원 → 집행관사무소에 강제집행 위임 : 집행날짜 택일)	명도소송의 제기 후 통상 6개월 소요(항소 및 상고 포함) → 집행력 있는 정본으로 강제집행 위임(집행관과 사전 협의 후 택일)
비용	인지대, 송달료, 강제집행 시 수수료와 비공식 경비 등 약 150만 원 정도 소요	인지대, 송달료 소송경비 및 강제집행 시 경비 등 약 3백만 원 정도 소요(변호사 선임비용 제외)

3. 점유이전금지가처분

(1) 점유이전금지가처분이란?

물건의 인도·명도청구권에 기해 인도명령 결정이나 건물명도 판결을 얻어 명도집행을 하고자 할 때 이미 변론종결 전에 피고가 아닌 다른 사람으로 점유자가 바꾸어져 있으면 집행불능이 되므로 이러한 집행불능을 예방하기 위해 점유상태의 현상을 그대로 유지하는 것이 점유이전금지가처분이다.

특히 경매에서 인도명령에 의한 강제집행 시 점유자 변경을 금지하고, 점유자에게 낙찰자의 힘을 직접적으로 보여줄 수 있는 하나의 방법이다. 점유이전금지가처분은 집행을 필요로 하는 것이고, 집행은 가처분결정문을 신청인이 수령한 날로부터 14일 이내에 집행을 해야 하는데, 집행하는 방법은 상대방의 건물 내에 들어가 점유자를 확인한 후 점유를 이전해서는 안된다는 내용의 A4 용지를 모두에게 잘 보이는 곳에 붙여놓고 나오는 것이다. 결국 점유이전금지가처분을 집행하게 되면 점유자를 만나 협상의 여지가 생기고, 집행하러 갈 때 집행관과 신청인, 입회인(성인 2명)이 함께 가므로 점유자의 심리에 상당한 압박을 주게 된다. 만약 폐문인 경우에는 강제로 개문하고 내부에 가처분결정문을 내부에 부착하기도 한다. 이때 내부 인테리어나 집기 등을 확인할 수 있다.

⑵ 점유이전금지가처분 절차

법원 가처분 신청
① 신청서 1통
② 소명자료
③ 별지목록 6부
④ 대법원 수입증지
⑤ 인지
⑥ 송달료

⇩

법원 보정명령(3~4일 후)
① 소명자료 부족
② 비용부족 등

⇩

법원 담보제공 명령(3~4일 후)
① 보증보험증권
또는
② 현금공탁서사본

⇩

법원 가처분 결정(담보제공 후 3~4일 후)

⇩

집행관사무실에 강제집행 위임(14일 이내)

⑶ **부동산점유이전금지 가처분 신청서**

〈표지〉

부동산점유이전금지 신청서

대한민국수입인지

붙이는 자리

채권자　　홍 길 동
채무자　　성 춘 향

목적물가액	금	5,118,750원정
인 지 대	금	10,000원정
송 달 료	금	18,360원정

서울남부지방법원 귀중

표지-뒷면

송달료(예납·추납) 납부서: 붙이는 자리

부동산점유이전금지 가처분 신청

채권자　홍 길 동(661221-1234567)
　　　　서울 영등포구 여의도동 570 대우(아) 102동 1120호
　　　　연락처 : 010-1234-5678
채무자　최 고 봉
　　　　등기부상 주소 : 인천 남구 도화동 332
　　　　서울 도봉구 쌍문동 237 대명빌라 303호

목적물의 가액
　　금 5,118,750원정
피보전권리의 요지
　　임대차계약 종료를 원인으로 하는 건물명도청구권
목적물의 표시
　　별지 목록 기재와 같음

신청취지

1. 채무자는 별지목록기재 부동산에 대한 점유를 풀고, 채권자가 위임하는 집행관에게 그 보관을
　 명한다.
2. 집행관은 현상을 변경하지 아니할 것을 조건으로 하여 채무자에게 그 사용을 허가할 수 있다.
3. 채무자는 그 점유를 타인에게 이전하거나 또는 점유명의를 변경하여서는 아니된다.
4. 집행관은 위 취지를 공시하기 위해 적당한 방법을 취해야 한다.
　 라는 재판을 구합니다.

신청이유

1. 채권자 소유인 별지목록기재 건물에 대하여 채권자는 채무자와 2007. 1. 21. 임대기간 1년으로,
　 보증금은 1,000만원에 월차임 400,000원으로 하는 임대차계약을 체결했습니다.

2. 그 후 매년 계약만료일에 구두로 재계약을 체결해 오던 중 채권자는 2009. 11. 말경 위 부동산을
　 타에 매도하는 계약을 체결하게 되어 그 즈음 갱신거절의 의사가 담겨진 내용증명우편을 채무자에
　 게 통고한 바 있습니다.

3. 이렇듯 채권자는 2009. 11. 말경 채무자와 더 이상 임대차 계약을 계속할 수 없음의 의사를 밝혔
   는데, 채무자는 부동산이 매수인에게 인도되기까지만 사용하게 해달라고 하여 이를 승낙하였습니다.
   이에 2010. 1. 31. 부동산의 매매잔대금을 받기로 예정되어 채권자는 2010. 1. 초순경 재차 채무자
   에게 부동산을 매수인에게 2010. 1. 31. 인도해주어야 함을 통고하고 그 이전 건물을 명도하여 줄
   것을 요구하였으나 채무자는 이전의 약속과는 달리 이 건 신청하는 2010. 7.이 되어서도 채권자의
   명도요구에 완강히 불응하고 있습니다.

4. 한편 채무자는 2009. 9월분부터 임대료를 지급하지 않고 있으므로 채권자는 채무자에게 월임료를
   2회 이상 연체함으로써 기한의 이익을 상실하였으므로 임대차계약을 해지한다고 최고하고 명도를
   요구했으나 채무자는 소제기하는 현재까지 채권자의 명도요구에 불응하고 있는 것입니다.

5. 따라서 채무자에게 건물명도 소송을 제기하더라도 동 본안 판결시까지는 상당한 시일이 소요될 것
   이 예상되어 그 사이에 채무자가 점유하고 있는 위 부동산의 일부 또는 전부를 타인에게 전대 또는
   기타의 방법으로 점유 이전시킬 우려가 있으므로 채권자는 후일의 집행보전을 위하여 신청취지와
   같은 재판을 구하기 위하여 이건 신청에 이른 것입니다.

6. 가처분의 손해담보제공에 대하여는 보증보험회사와 지급보증위탁계약을 체결한 문서로 제출하고자
   하오니 허가하여 주시기 바랍니다.

소명방법

1. 소갑 제1호증   임대차계약서
1. 소갑 제2호증   건물등기부등본
1. 소갑 제3호증의 1, 2   각 내용증명

첨부서류

1. 위 소명방법   각 1부
1. 송달납부서   1부
1. 가처분신청서   1부
1. 별지목록   6부
1. 건축물대장, 토지대장   각 1부

2010. 7. .

위 채권자   홍 길 동 (인)

서울남부지방법원 귀중

인도명령에 의한 강제집행

낙찰받은 상가가 공실이거나 현재 영업하고 있는 임차인이 계약을 체결하지 않고 과다한 이사비를 요구하는 경우 등에는 불가피하게 강제집행을 해야 한다. 하지만 유의할 점은 만약에 유흥이나 단란주점, 숙박업소나 고시원을 낙찰받았을 경우에는 영업자 명의를 직권으로 말소해야 하는 상황이 발생한다. 만약 영업자 명의를 직권으로 말소하고 새로운 임차인이 동종 영업을 하려고 하는 경우에는 현재 소방법, 건축법, 주차장법 등이 적용되어 영업신고증이나 허가증을 발급받지 못할 수도 있고, 발급받으려면 상당한 비용이 들어갈 수도 있다. 따라서 낙찰받은 상가가 어떤 업종을 영업하고 있는지에 따라 강제집행 여부를 신중하게 고려해야 한다.

그러나 특별한 업종이 아닌 자유업종이나 일반음식점, 휴게음식점 같은 경우에는 협의가 안 되어 강제집행을 해도 새로운 임차인이 입점해 영업을 하는 데 문제되지 않는다.

1. 집행의 목적물

민법상의 부동산, 즉 토지와 그 정착물이 인도명령 집행목적물이 되며, 1개의 부동산의 일부도 물리적으로 다른 부분과 구별할 수 있고 독립된 효용을 가지는 한, 인도집행의 대상이 될 수 있다.

2. 강제집행 신청

부동산 강제집행 기관은 부동산을 관할하는 지방법원에 소속된 집행관이 되며, 구체적인 집행은 집행관에 대한 위임이 있어야 개시된다. 강제집행을 위해서는 인도명령결정정본 등의 서류를 가지고 강제집행신청서를 작성해 해당 법원 집행관 사무실에 접수해야 한다.

◎ 인도명령에 기한 강제집행 신청 시 필요서류
 ① 부동산인도명령 결정문
 ② 송달증명원(점유자에게 인도명령 결정문을 보냈다는 증명서 : 담당 경매계에서 발급)
 ③ 강제집행 예납금(강제집행 접수비, 집행관 수수료, 노무비 등)

(1) 강제집행 신청서 작성

집행관 사무실에 있는 양식에 의해 작성하면 된다.

⑵ **예납금 납부 항목**

예납금은 집행관 수수료 규칙 및 법원공무원 여비규칙을 참고하면 된다. 집행관 사무실 별로 다소 차이가 있을 수 있다. 통상 강제집행 신청 시에 수수료나 여비 정도를 납부하면 집행관이 현장을 방문해 점유자로 하여금 선의적으로 인도할 것을 촉구하고, 그렇지 않을 경우 강제집행을 할 것을 계고하면서 2차 본 집행을 위한 노무비를 산정하게 된다

3. 강제집행 방법

강제집행 시 집행관 사무실에서는 낙찰자에게 통상 전화상으로 집행할 날짜와 시간을 정해주나, 직접 방문해 확인할 수도 있다.

인도집행 위임에 의한 강제집행 절차

송달증명원+인도명령결정문 → 집행관사무실 접수 → 집행을 위한 현장조사 → 집행비용 예납 → 집행관이 집행기일을 정해 매수인에게 고지 → 강제집행 계고 → 강제집행 실시

⑴ **집행방법**

집행관은 직접 실력으로 부동산 등에 대한 채무자의 점유를 배제하고 채권자에게 그 점유를 취득하게 하는 직접 강제의 방법에 의해 집행한다. 채무자가 집행에 저항하는 경우에는 필요한 한도 내에서 위력을 행사해서라도

집행을 수행해야 하고, 필요한 때는 경찰 또는 국군의 원조도 청구할 수 있다(민사집행법 제5조 제2항).

또한 집행관은 집행하는데 저항을 받거나, 채무자의 주거에서 집행을 실시하려는데 채무자나 사리를 분별할 지능이 있는 그 친족·고용인을 만나지 못한 때에는 낙찰자 지인의 성인 두 사람이나, 특별시·광역시의 구 또는 동 직원, 시·읍·면 직원 또는 경찰공무원 중 한 사람을 증인으로 참여하게 해야 한다.

(2) 낙찰자의 출석 여부

부동산을 인도해야 할 때에는 집행관은 채무자(점유자)로부터 점유를 빼앗아 채권자(낙찰자)에게 인도해야 하는데, 낙찰자가 부동산을 인도받기 위해서는 현장에 반드시 출석해야만 집행이 이루어진다.

(3) 가족·동거인이 있는 경우

명도집행에 있어 점유를 하고 있는 채무자가 인도명령 결정문에 표시되어야 함은 당연하지만 채무자와 함께 거주하고 있는 가족이나 동거인 또는 고용인 등에 대해서는 별도의 집행권원 없이도 집행할 수 있다. 왜냐하면 이들은 채무자의 점유보조자로서 독립된 점유자에 해당한다고 볼 수 없기 때문이다.

대판84다카1924(손해배상)
【판결요지】
원고들은 본건 명도집행전부터 위 주택 1층을 소외 이병호로부터 전세를 얻어 입주사용하고 있었는데 마침 위 집행일에는 여수에 출타 부재하였고 원고 김진홍의 모 임선순이 피고에게 원고들의 거주사실을 말하고 또 이를 뒷받침하는 전세계약서(갑 제 8 호증), 주민등록표등본(갑 제 9 호증)을 제시하면서 그 집행의 부당함을 항의하였음에도 불구하고 피고는 원고 김진홍과 채무자 이병호는 처남매부간이라는 점에 착안하여 그 항의를 묵살하고 명도집행을 강행한 사실을 짐작할 수 있으니 사정이 그렇다면 여기에는 집달관인 피고가 주택명도집행에 있어 준수할 집행절차에 위배하였다는 비난을 면할 수 없다고 할 것이다.

⑷ 토지인도를 명한 집행권원의 효력이 그 지상에 건립된 건물이나 식재된 수목에까지 미치는지 여부

토지상에 건물이나 수목이 식재된 경우, 인도대상이 토지라면 지상 건물 등에 대한 철거를 명하는 집행권원이 없고 토지만 인도하라는 집행권원만 있다면 그 지상물에 대해서는 인도집행뿐만 아니라 토지에 대해서조차도 인도집행을 할 수 없다.

대결 86마902
【판결요지】
토지의 인도를 명한 채무명의의 효력은 그 지상에 건립된 건물이나 식재된 수목의 인도에 까지 미치는 것이 아니고 또한 위와 같은 건물이나 수목을 그대로 둔 채 토지에 대한 점유만을 풀어 채권자에게 인도할 수도 없는 것이니, 집달관으로

⑸ 강제집행의 목적물이 아닌 동산의 처리

민법 제358조 규정에 의해 저당권의 효력은 저당목적물의 부합물 및 종물에까지 그 효력이 미치기에 저당권 실행으로 저당목적물인 부동산을 낙찰받으면 그에 부합되는 물건이나 종물에까지도 낙찰자의 소유가 된다.

따라서 강제집행 목적물인 부동산의 부합물이나 종물에 해당되는 것은 집행권원에 기재되어 있지 않더라도 부동산 등과 함께 강제집행의 대상이 되므로 집행관은 이 또한 채권자에게 점유를 이전해야 한다.

그러나 그 이외의 동산에 대해서는 집행권원의 효력이 미치지 않으므로 이는 집행관이 제거해 채무자에게 인도해야 하고, 채무자가 없는 때에는 동거인 중에서 사리를 분별할 지능이 있는 친족 또는 채무자의 대리인이나 고용인에게 그 동산을 인도해야 한다(민사집행법 제258조 제4항).

4. 집행 종료 시기

부동산 명도집행은 부동산 등에 관해 채권자가 현실의 점유를 취득한 때에 종료한다. 채권자(낙찰자)가 점유를 취득한 후에 채무자(점유자)가 다시 침입한 때에는 형법 제140조의2(부동산강제집행효용침해)나 주거침입죄에 처해질 수도 있다.

강제집행 후 동산 처리

1. 점유자 소유의 동산 보관 책임

채무자 소유의 가재도구를 명도집행할 경우, 채무자가 명도현장에 있는 경우와 없는 경우로 나누어 볼 수 있고, 명도집행 후 채무자가 가재도구를 길거리에 방치했을 경우, 낙찰자의 조치사항은 다음과 같다.

(1) 채무자가 있는 상태에서 명도집행하는 경우

명도현장에 채무자가 있어 가재도구를 명도집행했다면 가재도구 등의 처리는 낙찰자가 아닌 채무자가 해야 하나, 명도집행 후 채무자가 가재도구를 다른 곳으로 이전할 경제적 능력이 없거나, 경제적 능력이 있어도 다른 장소로 이전하지 않을 것이 충분히 예상되는 때에는 낙찰자가 보관해야 한다.

⑵ 채무자가 없는 상태에서 명도집행하는 경우

집행관을 대동해 현장을 방문했으나 채무자가 부재 중이거나 또는 집행방해목적으로 문을 열어주지 않음으로써 2회 집행이 불능으로 된 경우에는 집행관과 경찰관 또는 공무원 1인이나 성인 2인의 입회 하에 강제로 문을 열어 명도집행을 해야 한다.

명도집행 후 채무자 소유의 가재도구에 대해서는 낙찰자의 보관책임 하에 보관비용은 채무자의 부담으로 한다(민사집행법 제258조 제5항). 이에 가재도구 등을 보관하는데 비용이 발생한다면 이를 낙찰자가 먼저 부담한 후 나중에 명도대상자가 짐을 찾아가면 그때 반환받으면 되나, 이는 현실적으로 어렵다고 보아야 한다.

명도집행 관련 2000년 5월 3일자 대법원 지침(=법정3601-152)
① 부동산 등의 인도청구의 집행시 민사소송법 제690조(=현 민사집행법 제258조) 각 항이 집행방법을 준수할 것
② 부동산 명도집행시에 채무자가 불출석 또는 퇴장함으로써 목적 부동산 이외의 동산을 인도받지 아니할 경우가 있는 바, 이러한 경우에 대비하여 집행관은 채권자의 협조를 얻어 보관 장소를 예약하거나 채권자에게 보관 장소를 제공받아 동산을 보관하도록 하는 등 사전준비를 철저히 하고, 한편 채무자에게는 일정기간(=1주 내지 3주)을 정하여 인수하여 갈 것을 최고하고, 그 기간 내에 인수하여 가지 않을 때에는 이를 매각하여 그 비용을 공제하고 잔액을 공탁하는 등의 조치를 취할 것
③ 집행관은 채무자가 명도집행시에 출석한 경우라도 채무자가 인도받을 동산을 이전할 경제적 능력이 없거나, 경제적 능력이 있어도 다른 장소로 이전하지 않을 것이 충분히 예상되는 때에는 제2항과 같이 처리할 것
④ 채무자가 집행관으로부터 인도받은 집행목적물 아닌 동산을 집행완료 후 도로에 방치해 버리는 경우가 특히 문제가 되므로, 위 제2, 제3항을 준수하고 공도 상에 위 동산을 적치한 상태에서 채무자에게 인도절차를 밟지 않도록 할 것

2. 유체동산의 경매

명도집행 후 채무자가 가재도구를 공도에 방치하는 등의 일이 발생하면, 가재도구는 낙찰자의 책임 하에 보관해야 하는데, 이에 따른 보관비용이 발생한다. 물론 보관비용은 채무자가 부담을 하나, 보관책임이 낙찰자에게 있기에 채무자가 가재도구를 찾아가지 않을 경우, 낙찰자가 무한정으로 채무자의 가재도구를 보관한다는 것은 문제가 있다.

따라서 채무자가 장기간 가재도구를 찾아가지 않을 경우, 낙찰자는 집행관 사무소에 비치된 '집행목적물이 아닌 유체동산 경매허가신청서' 양식에 인도집행조서 사본을 첨부해 신청하면 법원은 유체동산 경매허가결정을 내려준다.

낙찰자는 법원의 유체동산 경매허가결정문으로 낙찰자가 보관하고 있는 채무자의 가재도구에 대해 유체동산 경매 신청을 집행관에게 해 가재도구를 매각한 후, 매각대금에서 가재도구에 대한 보관비용을 감한 잔여금액은 공탁절차를 밟아야 한다(민사집행법 제258조 제6항).

유체동산의 매각절차는 채권자가 매 절차마다 일일이 신청해야만 하는 번거로움이 있다.

(1) 유체동산의 경매 신청

채권자는 부동산 인도집행조서에 의하여 채무자 명의의 유체동산에 대한 경매 신청을 집행관사무소에 가서 해야 한다.

(2) 유체동산의 압류 신청

채권자의 유체동산 경매 신청이 있으면 집행관은 유체동산에 대한 압류절차를 밟는데, 집행관이 채권자에게 압류집행 날짜 및 시간을 통보하면 채권자는 집행관이 지정한 날짜 및 시간에 현장에 참석해야 한다. 집행관은 가재도구가 보관된 장소에서 압류집행(속칭 '빨간딱지'를 유체동산에 붙이는 행위)을 하고, 압류물 목록표를 작성한다.

(3) 감정평가 신청

유체동산에 대한 압류집행 후 채권자는 집행관 사무소에 가서 압류된 유체동산에 대한 감정평가 신청을 해야 한다. 그래야 압류된 유체동산에 대한 평가금액이 나오고, 이 금액에 의해 유체동산의 경매 진행이 가능한 것이다.

(4) 유체동산 경매기일 신청

유체동산을 감정인이 평가해 그 금액이 나오면 채권자는 또 다시 집행관 사무소에 가서 경매기일 지정신청을 해야 한다. 이 신청을 하면 집행관은 경매기일 및 시간을 채권자에게 통보하는 바, 채권자는 집행관이 지정하는 기일의 시간에 현장에 참석해 채권자 본인이 직접 유체동산을 낙찰받은 후 그간 소요된 보관비용과 낙찰금액간 상계 처리해 보관하고 있는 가재도구를 낙찰자가 취득해 이를 처분하는 등의 처리절차를 밟아야 하는 것이다.

3. 강제집행비용의 회수

집행이 끝나고 집행조서가 발급되면 이제 강제집행에 들어간 비용을 회수하는 절차를 밟아야 한다. 상대방이 다 망해 나가는 소유자라면 그저 세금 계산 시 비용 공제하는 것으로 족해야 하지만, 정말로 재산이 없는지는 아무도 모르는 것이다. 그리고 점유자가 인수하지 않고 낙찰자가 보관하고 있는 유체동산 경매를 하기 위해서도 강제집행 비용을 받을 수 있는 절차를 진행해 두는 것이 좋다. 되도록이면 필요서류를 첨부해 강제집행 비용 확정 신청을 하면 관련 규정에 의해 더하고 감하는 보정 과정을 거쳐 최종적으로 집행 비용 확정 결정문을 받게 된다. 이 집행비용 확정결정문은 상대방으로부터 강제적으로 채권을 추심할 수 있는 권리가 생겼음을 의미하는 것이다. 상대방의 유체동산을 압류할 수도 있고 급여나 예금통장도 압류할 수 있다.

유체동산을 압류하기 전에 내용증명을 보내면 경우에 따라서는 비용을 지급하기도 하지만 내용증명이 도달이 안되는 경우가 다반사이므로, 이 결정문으로 보관하고 있는 채무자의 유체동산을 압류해 경매 절차를 마무리하는 것이다.

영업 명의 직권 말소

1. 영업 명의 직권 말소 신청

부동산인도집행 조서를 발급받아 세무서에 가서 사업자등록 말소를 신청하고, 관할관청(구청, 시청, 보건소, 교육청)에 가서는 영업증 직권말소을 신청한다. 이런 직권말소 기간은 약 2개월에서 3개월 정도 소요되고 비용은 얼마 안 되지만 그 말소기간 동안 임대가 맞추어져도 영업을 할 수가 없어 임대수익 손실이 발생한다. 단, 자유업종은 영업증이 없으므로 사업자등록만 직권으로 말소하면 된다.

2. 직권말소 절차

직권말소 신청 ⇒ 영업자에게 통지 ⇒ 심사(불출석) ⇒ 담당 공무원 현장사실 확인 ⇒ 영업증 취소

상가 낙찰 후 관리

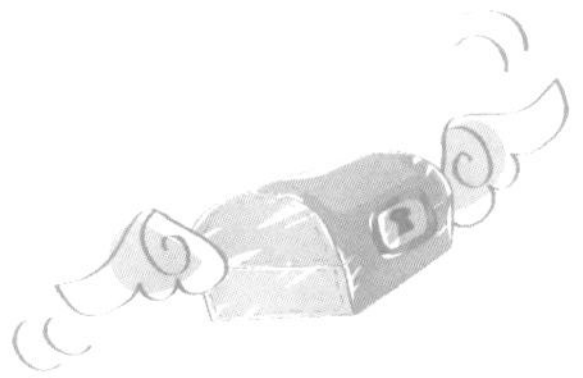

CHAPTER 01

상가 임대 시 계약관계

환산보증금 계산

1. 계산방법

환산보증금은 보증금과 월차임 환산액을 더한 금액이다. 월차임을 보증금으로 환산할 때 월 단위의 차임에 100을 곱한다.

〔보증금 + (월차임 × 100) = 환산보증금〕

예) 보증금 3천만 원에 월차임이 120만 원인 경우
3,000만 원 + (120만 원 × 100) = 1억 5,000만 원

2. 관리비 등

임차인이 월차임 외에 관리비나 홍보비 등을 임대인에게 매월 지급하는 경우 이것도 월차임에 포함되는가에 대해 관리비나 홍보비는 실제 사용되

는 경비라고 할 것이고, 상가 건물의 사용 대가라고 보기 어려워 월차임이라고 볼 수 없다.

3. 부가가치세

상가 임대차계약서 작성 시 계약서상에 임차인이 부가가치세를 별도로 부담하기로 한 경우 부가가치세도 월차임에 포함되는 것일까?

서울에서 2012년 1월에 건물주와 임차인이 보증금 5천만 원/월차임 240만 원(부가가치세 별도)으로 임대차계약을 체결했다.

이 경우 임차인은 월차임 지급일에 임대인에게 부가세를 포함해 264만 원을 지급해야 하는데 임차인은 상가건물임대차보호법 적용대상이 될까? 상가건물임대차보호법 적용대상이 되면 계약갱신요구권 등 상가건물임대차보호법상의 권리를 임차인은 행사할 수 있고, 적용대상이 안 되면 계약갱신요구권 등 상가건물임대차보호법상의 모든 권리를 임대인에게 주장하지 못하게 된다.

(1) 유권해석

보통 상가 임대차계약서를 작성할 때는 월차임에 부가가치세를 포함해 계약서를 작성하는 것이 일반적이므로, 즉 월차임과 부가가치세를 분리해 계약서에 기재하지 않는 것이 일반적이므로, 특별한 사정이 없는 한 월차임은 부가가치세를 포함한 금액이라고 지금까지 해석해 왔다. 하지만 계약서에 월차임 외에 부가가치세 별도라고 기재한 경우에는 어떻게 판단해야 하는 가? 기존 실무에서는 월차임 외에 부가가치세가 별도라고 계약서에 기재한 경우에도 부가가치세를 포함해 환산보증금을 계산해 왔다.

(2) 판례

임차인이 부담하기로 한 부가가치세액이 상가건물임대차보호법 제2조 제2항에 정한 '차임'에 포함되는지 여부에 관해 임대차계약의 당사자들이 차임을 정하면서 '부가세 별도'라는 약정을 했다면 특별한 사정이 없는 한 임대용역에 관한 부가가치세의 납부의무자가 임차인이라는 점, 약정한 차임에 부가가치세액이 포함된 것은 아니라는 점, 나아가 임대인이 임차인으로부터 부가가치세액을 별도로 거래징수할 것이라는 점 등을 확인하는 의미로 해석함이 상당해, 임대인과 임차인이 이러한 약정을 했다면 부가가치세액을 상가건물임대차보호법 제2조 제2항에 정한 '차임'에 포함시킬 이유는 없다고 판결했다.

◆ **중요 판례**

◎ **수원지법 2009.4.29. 선고 2008나27056 판결 【건물명도】 확정**
【판결요지】
임차인이 부담하기로 한 부가가치세액이 상가건물임대차보호법 제2조 제2항에 정한 '차임'에 포함되는지 여부에 관하여 보건데, 부가가치세법 제2조, 제13조, 제15조에 의하면 임차인에게 상가 건물을 임대함으로써 임대용역을 공급하고 차임을 지급받는 임대사업자는 과세관청을 대신하여 임차인으로부터 부가가치세를 징수하여 이를 국가에 납부할 의무가 있는바, 임대차계약의 당사자들이 차임을 정하면서 '부가세 별도'라는 약정을 하였다면 특별한 사정이 없는 한 임대용역에 관한 부가가치세의 납부의무자가 임차인이라는 점, 약정한 차임에 위 부가가치세액이 포함된 것은 아니라는 점, 나아가 임대인이 임차인으로부터 위 부가가치세액을 별도로 거래징수할 것이라는 점 등을 확인하는 의미로 해석함이 상당하고, 임대인과 임차인이 이러한 약정을 하였다고 하여 정해진 차임 외에 위 부가가치세액을 상가건물임대차보호법 제2조 제2항에 정한 '차임'에 포함시킬 이유는 없다.

【이 유】

원고는 이 사건 청구원인으로, 원고로부터 별지 목록 기재 건물을 임대차보증금 5,000만 원, 월차임 90만 원(부가세 별도)에 임차하여 사용하고 있던 피고가 2008. 3. 17. 원고에게 '상가건물임대차보호법 제10조에 따라 위 임대차계약의 갱신을 청구한다'는 취지의 통지서를 보냈으나, 상가건물임대차보호법 제2조 제2항, 같은 법 시행령(2008. 8. 21. 대통령령 제20970호로 개정되기 전의 것) 제2조는 차임의 100배에 해당하는 금액과 임대차보증금액의 합계액이 1억 4,000만 원을 초과하는 건물에 관한 임대차계약에 대하여는 상가건물임대차보호법의 적용이 없다고 정하고 있는바, 여기에서 말하는 차임에는 임차인이 부담하기로 한 부가가치세액도 포함되고, 따라서 원·피고 사이의 임대차계약(이하 '이 사건 임대차'라 한다)은 위 합계액이 1억 4,900만 원[=보증금 5,000만 원+{(차임 90만 원+부가세 9만 원)×100}]에 달하여 상가건물임대차보호법의 적용대상이 아니므로, 피고는 위 임대차기간이 만료되었음을 원인으로 원고에게 별지 목록 기재 건물을 인도할 의무가 있다고 주장한다.

그러므로 임차인이 부담하기로 한 부가가치세액이 상가건물임대차보호법 제2조 제2항에 정한 '차임'에 포함되는지 여부에 관하여 보건대, 부가가치세법 제2조, 제13조, 제15조에 의하면 임차인에게 상가 건물을 임대함으로써 임대용역을 공급하고 차임을 지급받는 임대 사업자는 과세관청을 대신하여 임차인으로부터 부가가치세를 징수(이하 '거래징수'라 한다)하여 이를 국가에 납부할 의무가 있는바, 임대차계약의 당사자들이 차임을 정하면서 '부가세 별도'라는 약정을 하였다면 특별한 사정이 없는 한 이는 임대용역에 관한 부가가치세의 납부의무자가 임차인이라는 점, 약정한 차임에 위 부가가치세액이 포함된 것은 아니라는 점, 나

(3) 일선 세무서에서의 처리

아직 확정된 것은 없지만 일선 세무서에서는 과거 관행대로 부가가치세가
월차임과 별도로 기재되어 있더라도 차임에 포함해 상가건물임대차보호법
을 적용하고 있는 것으로 보여진다. 따라서 이 부분은 실제 임대차계약을 할
때 세무서에서 확인을 해봐야 할 사항이다.

임차인의 계약갱신요구권 행사 가능 여부

1. 민법상 계약갱신요구권

(1) 민법 규정

계약갱신요구권에 관한 법규정은 민법하고 상가건물임대차보호법에만 규정되어 있고, 주택임대차보호법에는 규정되어 있지 않다. 하지만 민법 643조 임차인의 갱신청구권은 강행규정이 아니므로 임대인이 계약갱신을 해야 할 의무는 없고, 이 조항은 토지임차인의 갱신청구권을 규정했다.

건물 기타 공작물의 소유 또는 식목, 채염, 목축을 목적으로 한 토지임대차의 기간이 만료한 경우에 건물, 수목 기타 지상시설이 현존한 때 토지임차인은 토지임대인에게 계약의 갱신을 청구할 수 있다. 하지만 토지임대인이 계약의 갱신을 원하지 않을 때는 토지임차인은 지상의 건물 기타 공작물이나 수목이 현존할 때에는 매수를 청구할 수 있다.

(2) 지상건물을 철거하거나 양도하기로 약정한 경우

토지 임대인과 토지 임차인이 토지에 대한 임대차계약을 체결할 때 향후 계약기간이 만료하면 지상에 있는 건물이나 공작물을 무조건 철거하거나 토지 임대인에게 무상으로 양도하기로 계약서에 특약사항으로 기재한 경우에 토지 임차인은 계약기간 만료 시 민법 제643조에 의해 갱신청구권과 매수청구권을 행사할 수 있는지에 대해 판례는 민법 제283조 제2항은 강행규정으로 철거나 양도하기로 한 약정은 강행규정에 반해 효력이 없다고 판시했다.

◈ **중요 판례**

양도하거나 이를 철거하기로 하는 약정은 특별한 사정이 없는 한 민법 제643조 소정의 임차인의 지상물매수청구권을 배제하기로 하는 약정으로써 임차인에게 불리한 것이므로 민법 제652조의 규정에 의하여 무효라고 보아야 한다.

나. 민법 제643조 소정의 지상물매수청구권은 지상물의 소유자에 한하여 행사할 수 있다.

다. 민법 제644조 소정의 전차인의 임대청구권과 매수청구권은 토지임차인이 토지임대인의 승낙하에 적법하게 그 토지를 전대한 경우에만 인정되는 권리이다.

◎ 대법원 2011.5.26. 선고 2011다1231 판결【매매대금】

【판결요지】

[1] 임차인의 매수청구권에 관한 민법 제643조는 강행규정이므로 이를 위반하는 약정으로써 임차인이나 전차인에게 불리한 것은 효력이 없는데, 임차인 등에게 불리한 약정인지는 우선 당해 계약의 조건 자체에 의하여 가려져야 하지만 계약체결 경위와 제반 사정 등을 종합적으로 고려하여 실질적으로 임차인 등에게 불리하다고 볼 수 없는 특별한 사정을 인정할 수 있을 때에는 강행규정에 저촉되지 않는 것으로 보아야 한다.

2. 상가건물임대차보호법상 계약갱신요구권

(1) 계약갱신요구권 행사 요건

① 계약갱신요구

임차인은 임대차기간 만료되기 6월부터 1월까지 사이에 임대인에게 계약갱신을 요구해야 한다. 요구는 서면이나 구두로 할 수 있고, 대리인에 의해서도 할 수 있다.

② 임차인의 요건

2013년 8월 13일 상가건물임대차보호법 개정안이 시행되기 전에 임차인이 계약갱신요구를 하려면 먼저 환산보증금이 지역별 환산보증금 이하이어야 하고 상가 건물의 임대차계약을 체결해야 한다. 그러나 2013년 8월 13일 상가건물임대차보호법이 개정안이 시행된 이후에는 임차인이 계약갱신을 하기 위한 요건으로 지역별 환산보증금은 삭제되었다. 이제는 모든 상가 임차인은 지역별 환산보증금과 관계없이 임대인에게 5년간 계약갱신을 요구할 수 있다. 다만, 지역별 환산보증금을 초과하는 상가 임차인은 법 시행 이후 새로 계약을 체결한 임차인이거나 재계약을 맺은 상가 임차인에 한한다. 그리고 확정일자는 계약갱신요구권을 행사하기 위한 요건이 아니다.

제10조(계약갱신 요구 등) ① 임대인은 임차인이 임대차기간이 만료되기 6개월 전부터 1개월 전까지 사이에 계약갱신을 요구할 경우 정당한 사유 없이 거절하지 못한다. 다만, 다음 각 호의 어느 하나의 경우에는 그러하지 아니하다. 〈개정 2013.8.13〉

◆ 사례 분석

문) 임대인 甲과 임차인 乙은 2009년 12월 2일에 보증금 1천만 원, 월차임 50만 원에 2년간 상가 임대차계약을 체결하였다. 임차인 乙은 사업자등록을 하지 않고 임차한 상가에서 떡볶기와 오뎅 등을 팔았다. 계약기간이 만료되기 2개월 전에 임차인 乙은 임대인 甲에게 계약갱신요구를 했다. 과연 임대인은 상가건물임대차보호법상의 계약갱신요구권 규정에 따라 계약갱신을 해야 하는가?

답) 사업자등록과 확정일자는 계약갱신요구권을 행사하기 위한 요건이 아니다. 상가건물임대차보호법 제2조(적용범위)에 '이 법은 상가 건물(제3조 제1항에 따른 사업자등록의 대상이 되는 건물을 말한다)의 임대차에 대해 적용한다.

⑵ **계약갱신거절 사유**

상가건물임대차보호법에서는 임차인의 계약갱신요구를 거절할 수 있는 사유를 8가지로 규정하고 있다. 이 사유에 해당되면 임대인은 임차인의 계약갱신요구를 거절할 수 있다.

① **임차인이 3기의 차임에 해당하는 금액에 이르도록 차임을 연체한 사실이 있는 경우**

㉠ 임차인이 매월 지급하는 차임 이외의 관리비나 제세공과금을 3기 이상 연체했을 경우 관리비나 제세공과금은 3기의 차임 연체에 해당하지 않는다. 이 경우는 상가건물임대차보호법 제10조 제8항 "그밖에 임차인이 의무를 현저히 위반한 때"에 해당하는 것으로 보아 거절사유가 된다고 봐야 할 것이다.

㉡ 3기의 연체는 연속해서 3기 차임을 연체한 경우뿐만 아니라 전체적으로 3기 차임을 연체하면 계약갱신요구를 거절할 수 있다.

② **임차인이 거짓이나 그밖의 부정한 방법으로 임차한 경우**

이 경우는 임차인이 임대인과 임대차계약을 체결할 때 지정된 업종만 영업하기로 했는데, 임차인이 약정된 업종이 아닌 다른 업종으로 영업한 경우로, 예를 들면 일반음식점 용도로 임차해 약정한 후 유흥주점으로 영업한 경우를 들 수 있다.

③ 서로 합의해 임대인이 임차인에게 상당한 보상을 제공한 경우

임대인이 임차인에게 시설비나 권리금 등을 지급하면서 당사자간 임대차계약을 종료하기로 합의한 경우에는 임대인은 계약갱신요구를 거절할 수 있다.

④ 임대인의 동의 없이 목적 건물의 전부 또는 일부를 전대한 경우

임대인이 임차인의 전대에 대해 동의한 경우에는 계약갱신요구를 거절할 수 없다.

⑤ 임차인이 임차한 건물의 전부 또는 일부를 고의나 중과실로 파손한 경우

임차인은 계약이나 목적물의 성질에 의해 정해진 용도에 따라 사용·수익해야 하고, 선량한 관리자의 주의로 임차 목적물을 보존해야 하므로, 임차인이 고의나 중과실로 임차 건물을 파손한 경우 임대인은 계약갱신요구를 거절할 수 있다.

⑥ 임차한 건물의 전부 또는 일부가 멸실되어 임대차의 목적을 달성하지 못할 경우

임차 건물의 전부가 멸실된 경우에는 임대차계약은 종료하고, 귀책사유에 따라 손해배상의 문제가 남고, 일부가 멸실된 경우에도 잔존 부분만으로 임대차 목적을 달성할 수 없을 때는 계약갱신요구를 임대인은 거절할 수 있다. 다만 귀책사유에 따라 손해배상의 문제만 남는다.

⑦ 임대인이 다음 어느 하나에 해당하는 사유로 목적 건물의 전부 또는 대부분을 철거하거나 재건축하기 위해 목적 건물의 점유를 회복할 필요가 있는 경우
　㉠ 임대차계약 체결 당시 공사시기 및 소요기간 등을 포함한 철거 또는 재건축 계획을 임차인에게 구체적으로 고지하고 그 계획에 따르는 경우
　㉡ 건물이 노후·훼손 또는 일부 멸실되는 등 안전사고의 우려가 있는 경우
　㉢ 다른 법령에 따라 철거 또는 재건축이 이루어지는 경우

2013년 8월 13일 상가건물임대차보호법이 개정되기 전에는 건물이 노후해 붕괴의 위험이 있거나 도시및주거환경정비법에 의한 재건축 또는 재개발을 위해 철거해야 하는 경우에는 계약갱신요구를 임대인은 거절할 수 있다. 하지만 단순히 임대인이 현존 건물을 철거하고 건물을 신축하려고 하는 경우에는 임차인의 계약갱신요구를 거절할 수 있는지에 대해서 대구지법 2008나8841판결에 의하면, 건물이 노후하거나 안전에 문제가 있는 경우가 아니더라도 임대인이 건물을 철거하거나 재건축하기 위해 임대차계약의 갱신을 거절할 수 있다고 판결했다. 따라서 공익적인 경우뿐만 아니라 개인적인 이유로 건물을 철거하는 경우에도 계약갱신거절을 할 수 있는 것으로 판단한다.

◆ **중요판례**

[대구지법 2008.7.22, 선고, 2008나8841, 판결 : 상고]
【판시사항】

건물이 노후하거나 안전에 문제가 있는 경우가 아니더라도 임대인이 건물을 철거하거나 재건축하기 위하여 임대차계약의 갱신을 거절할 수 있는지 여부(적극)

【판결요지】

상가 건물임차인의 법적 지위를 보호하는 것도 중요하지만, 임대인의 동의가 없어도 임차인의 갱신요구만으로 임대차가 갱신되도록 하는 것은 사법의 대원칙인 계약자유의 원칙을 제한하는 것이므로 원칙적으로 법령에 명시적으로 규정된 경우에만 가능한 점, 상가건물임대차보호법 제10조 제1항 제7호는 '철거하거나 재건축하기 위해'라고만 규정할 뿐 철거나 재건축의 구체적 사유를 규정하고 있지 아니한 점, 같은 법 제10조 제1항은 본문에서 "임대인은 임차인이 임대차기간 만료 전 6월부터 1월까지 사이에 행하는 계약갱신 요구에 대하여 정당한 사유 없이 이를 거절하지 못한다"고 규정하면서 단서에서 "다만, 다음 각 호의 1의 경우에는 그러하지 아니하다"고 규정하고 있으므로 단서에 규정되지 않은 사유라고 하더라도 정당한 사유가 있다고 판단되는 경우에는 본문의 규정에 의하여 임대인이 임차인의 갱신요구를 거절할 수 있는 것으로 해석되는 점 등에 비추어 보면, 비록 건물이 노후하거나 안전에 문제가 있는 경우가 아니더라도 임대인은 건물을 철거하거나 재건축하기 위하여 임대차계약의 갱신을 거절할 수 있다고 해석함이 상당하다.

그러나 2013년 8월 13일 상가건물임대차호법이 개정된 후에는 임대인이 건물을 철거하거나 재건축하려고 하는 경우에는 임대차계약 체결 당시 공사시기 및 소요기간 등을 포함한 철거 또는 재건축 계획을 임차인에게 구체적으로 고지하고 그 계획에 따르는 경우에만 철거나 재건축할 수 있도록 했다. 따라서 향후 임대인이 임대차계약 체결 시 사전에 구체적인 내용을 고지하지 않으면 철거를 할 수 없을 것이고, 대구지법 2008나8841판결도 변경될 것으로 보인다.

⑧ 임차인으로서의 의무를 현저히 위반하거나 임대차를 계속하기 어려운 중대한 사유가 있는 경우

· 임차건물에 대한 선량한 관리자의 주의의무를 위반한 경우
· 건물의 용도 준수에 위반한 경우
· 임대인의 보존행위를 방해한 경우 등

(3) 계약갱신요구권 5년간 행사

임차인의 계약갱신요구권은 최초의 임대차기간을 포함한 전체 임대차기간이 5년을 초과하지 않는 범위에서만 행사할 수 있다고 상가건물임대차보호법에서 규정하고 있다. 여기의 최초의 임대차기간은 상가건물임대차보호법 시행 이후에 체결된 임대차계약에 있어서나 상가건물임대차보호법 시행 이전에 체결되었다가 법 시행 이후에 갱신된 임대차계약에 있어서 모두 당해 상가 건물에 관해 최초로 체결된 임대차계약의 기간을 의미한다(대판 2005다74320). 다만, 2013년 8월 13일 상가건물임대차보호법 개정으로 지역별 환산보증금을 초과한 상가 임차인도 계약갱신을 5년간 행사할 수 있는데, 그 5년의 기산점은 2013년 8월 13일 이후 신규로 계약을 체결한 상가 임차인은 그 계약시점부터 5년을 기산하고, 2013년 8월 13일 이후 재계약을 한 상가 임차인은 최초의 계약일로부터 5년을 계산한다.

◈ **사례 분석**

문) 서울 소재 상가를 소유하고 있는 건물주 A는 임차인 B와 2010년 1월 21일에 보증금 5천만 원에 월차임 200만 원으로 상가 임대차계약을 체결했다. 계약기간은 2년으로 했

◈ **사례 분석**

(4) 계약갱신요구권 행사 효과

임차인이 계약갱신요구권을 행사하면 갱신되는 임대차는 전 임대차와 동일한 조건으로 다시 계약된 것으로 보고, 다만 차임과 보증금은 상가건물임대차보호법 제11조에 따른 범위에서 임대인이 증액을 청구할 수 있다.

그리고 임대차기간은 전 임대차 기간과 동일한지 않으면 기한의 정함이 없는 임대차가 되는지가 문제되는데, 학설은 임차인의 갱신요구에 의해 임대차가 갱신된 경우에는 그 기간은 전 임대차와 동일하다고 한다.

◎ 대법원 2010.9.9. 선고 2010다37905 판결【임대료반환 등】

【판시사항】

상가건물임대차보호법이 적용되는 상가 건물의 공유자인 임대인이 같은 법 제10조 제4항에 의하여 임차인에게 갱신거절의 통지를 하는 것이 공유물의 관리행위인지 여부(적극)

【판결요지】

공유자가 공유물을 타인에게 임대하는 행위 및 그 임대차계약을 해지하는 행위는 공유물의 관리행위에 해당하므로 민법 제265조 본문에 의하여 공유자의 지분의 과반수로써 결정하여야 한다. 상가건물임대차보호법이 적용되는 상가 건물의 공유자인 임대인이 같은 법 제10조 제4항에 의하여 임차인에게 갱신 거절의 통지를 하는 행위는 실질적으로 임대차계약의 해지와 같이 공유물의 임대차를 종료시키는 것이므로 공유물의 관리행위에 해당하여 공유자의 지분의 과반수로써 결정하여야 한다.

(5) 전차인의 계약갱신요구권

임대인의 동의 없이 상가 건물을 전차한 전차인은 임대인에게 대항할 수 없으므로 임대인에게 계약갱신요구권을 행사할 수 없으나, 임대인의 동의를 얻어 전차한 전차인은 임차인의 계약갱신요구권 행사 기간 범위 내에서 임차인을 대위해 임대인에게 계약갱신요구권을 행사할 수 있다(상가건물임대차보호법 제13조 제2항).

묵시적 갱신

1. 민법 제639조의 묵시적 갱신

임대차기간이 만료한 후 임차인이 임차물의 사용, 수익을 계속하는 경우에 임대인이 상당한 기간 내에 이의를 하지 않는 때에는 전 임대차와 동일한 조건으로 다시 임대차한 것으로 본다. 그러나 당사자는 제635조의 규정에 의하여 해지의 통고를 할 수 있다.

따라서 민법 제639조 규정에 의하면 임대인과 임차인은 묵시적 갱신이 된 경우 언제든지 상대방에게 계약 해지 통고를 할 수 있다. 이 해지 통고는 상대방이 통고를 받은 날로부터 임대인이 해지통고를 한 경우는 6개월, 임차인이 해지통고를 한 경우는 1개월이 경과하면 해지의 효력이 생긴다.

2. 주택임대차보호법의 묵시적 갱신

(1) 주택임대차보호법 제6조(계약의 갱신)

① 임대인이 임대차기간이 끝나기 6개월 전부터 1개월 전까지의 기간에 임차인에게 갱신거절의 통지를 하지 않거나 계약조건을 변경하지 않으면 갱신하지 않는다는 뜻의 통지를 하지 않는 경우에는 그 기간이 끝난 때에 전 임대차와 동일한 조건으로 다시 임대차한 것으로 본다. 임차인이 임대차기간이 끝나기 1개월 전까지 통지하지 않는 경우에도 또한 같다.

② 주택임대차보호법의 묵시적 갱신의 경우 임대차의 존속기간은 2년으로 본다.

(2) 주택임대차보호법 제6조의2(묵시적 갱신의 경우 계약의 해지)

① 주택임대차보호법 제6조 제1항에 따라 계약이 갱신된 경우 같은 조 제2항에도 불구하고 임차인은 언제든지 임대인에게 계약해지를 통지할 수 있다.

② 묵시적 갱신의 경우 임차인의 임대인에 대한 해지는 임대인이 그 통지를 받은 날부터 3개월이 지나면 그 효력이 발생한다.

③ 임차인이 차임을 2기 연체한 경우와 그밖에 임차인으로서의 의무를 현저히 위반한 임차인에 대해서는 묵시의 갱신이 적용되지 않는다.

④ 임차인은 묵시적 갱신의 경우에 임대인에 대해 언제든지 계약해지 통고를 할 수 있지만, 임대인은 묵시적 갱신의 경우 임차인에 대해 2기 차

임 연체 등의 경우 외에는 계약해지 통고를 할 수 없다. 즉 임대인은 묵시적 갱신으로 2년이 되어야 계약해지를 할 수 있다.

3. 상가건물임대차보호법의 묵시적 갱신

(1) 상가건물임대차보호법 제10조(계약갱신 요구 등)

① 임대인은 임차인이 임대차기간이 만료되기 6개월 전부터 1개월 전까지 사이에 계약갱신을 요구할 경우 정당한 사유 없이 거절하지 못한다.

② 임대인이 임대차기간이 만료되기 6개월 전부터 1개월 전까지 기간 이내에 임차인에게 갱신 거절의 통지 또는 조건 변경의 통지를 하지 않는 경우에는 그 기간이 만료된 때에 전 임대차와 동일한 조건으로 다시 임대차한 것으로 본다. 이 경우에 임대차의 존속기간은 1년으로 본다.

③ 묵시적 갱신의 경우 임차인은 언제든지 임대인에게 계약해지의 통고를 할 수 있고, 임대인이 통고를 받은 날부터 3개월이 지나면 효력이 발생한다.

(2) 묵시적 갱신 요건

① 임대차기간의 만료

㉠ 기간의 정함이 있는 경우

기간을 정한 상가 임대차의 경우 묵시의 갱신은 기간이 만료했을 때 발생한다. 다만, 임차인이 3기 이상의 차임을 연체하거나 상가건물임대차보호법

제10조 제1항의 계약갱신거절 사유에 해당해 임대차가 계약기간 중 해지된 경우에는 묵시의 갱신을 인정하지 않는다.

ⓛ 기간의 정함이 없는 경우

기간의 정함이 없는 상가 임대차는 그 기간이 1년으로 간주되므로 묵시의 갱신은 1년이 만료되었을 때 발생한다.

② 갱신거절 통지 또는 조건변경 통지를 하지 않았을 것

갱신거절 통지란 상가 임대차기간이 만료되면 더 이상 임대차관계를 유지하지 않겠다는 통지를 말하고, 통지는 명시적이든 묵시적이든 구두나 내용증명의 서면에 의하든 관계없다.

조건변경의 통지는 상가 임대차기간이 만료되면 계약내용을 변경할 것이고, 만약 임차인이 변경된 내용에 동의하지 않으면 더 이상 임대차를 존속시키지 않겠다는 통지를 말한다.

◈ **중요 판례**

◎ **대법원 2002. 6. 28. 선고 2002다23482 판결【건물명도】**
【판결요지】
[3] 임대인이 임대차계약기간 중에 임차인에게 인상된 임대차보증금 및 차임을 납부하면 새로운 임대차계약을 체결하되 만약 이를 납부하지 아니하면 기존의 임대차계약을 해지하고 명도절차를 진행하겠다고 통지한 경우, 그 통지는 기존의 임대차계약 기간 중의 계약해지를 의미하는 외에 장차 기존의 임대차계약상의 임대차보증금과 차임을 인상하는 것으로 그 계약조건을 변경하지 않으면 계약을 갱신하지 않겠다는 의사표시까지 포함된 것으로 본 사례

③ 최대 임대차기간 5년 적용 여부

상가건물임대차보호법상 임차인의 계약갱신요구권은 최초의 임대차기간을 포함해 전체 임대차 기간이 5년을 초과하지 않는 범위 내에서만 행사할 수 있으나, 묵시의 갱신에 관해서는 이러한 규정이 없으므로 임대차 기간이 5년을 초과하더라도 기간 만료 전 6월부터 1월까지 사이에 임대인의 갱신거절 또는 조건변경의 통지가 없으면 임대차는 묵시적으로 갱신된다.

(3) 묵시적 갱신 효력

① 차임

묵시적 갱신이 되면 전 임대차와 같은 조건으로 다시 임대차한 것으로 간주되므로 차임과 보증금도 전 임대차와 동일한 조건으로 다시 임대차한 것이 된다.

② 임대차기간

묵시적 갱신의 경우 임대차의 존속기간은 1년으로 본다고 상가건물임대차보호법 개정에 의해 명문으로 규정했다. 따라서 묵시적 갱신이 되면 그 임대차 존속기간은 1년이다.

(4) 해지통고 주체와 효력

① 임대인의 해지

민법은 묵시적으로 갱신된 임대차에 있어서 임대인도 해지를 할 수 있도록 규정하고 있지만 상가건물임대차보호법에서는 특별한 사유가 있는 경우

를 제외하고는 묵시적 갱신의 기간 만료인 1년이 될 때까지 임대인은 임대
차 계약 해지를 할 수 없다.

② 임차인의 해지

묵시적 갱신에 의한 임대차 기간 중 임차인은 언제든지 임대인에게 해지
통고를 할 수 있고, 임대인이 그 통고를 받은 날로부터 3개월이 지나면 해지
의 효력이 발생한다. 따라서 임차인은 묵시적 갱신 기간 중 해지 통고를 해
임대차계약을 종료시킬 수 있고, 1년 기간 만료에 해지 통고를 할 수도 있다.

◆ **사례 분석**

문) 보증금 3천만 원/월차임 100만 원인 상가 임대차에서 상가 임대차기간 만료 전 법정
갱신기간(6월~1월) 내에 임대인과 임차인이 계약에 대한 아무 말도 없이 계약기간 2
년이 경과해 묵시적 갱신이 되었다. 임차인 B는 3개월째 계속 영업을 하고 있는 상황
에서 더 좋은 입지의 점포가 낮은 임대가로 나와 이전하려고 한다. 이 경우 임차인은
보증금 반환을 청구하면서 계약을 해지할 수 있는가?

답) 이 경우는 상가건물임대차보호법상 묵시적 갱신이다. 상가건물임대차보호법
상 묵시적 갱신 기간 중 임차인은 언제든지 계약을 해지할 수 있으므로 임대
인에게 계약 해지 통고를 하면 된다. 다만 해지의 효력 발생은 임대인이 해지
통고를 받은 날로부터 3개월이 지나야 임대차계약이 해지된다.

차임증감청구권

1. 민법의 차임증감청구권

(1) 민법 제628조(차임증감청구권)

임대물에 대한 공과부담의 증감 기타 경제사정의 변동으로 인해 약정한 차임이 상당하지 않게 된 때에는 당사자는 장래에 대한 차임의 증감을 청구할 수 있다. 이 규정은 사정변경의 원칙을 수용한 규정이라고 할 수 있다.

(2) 민법 제627조(일부멸실 등과 감액청구, 해지권)

① 임차물의 일부가 임차인의 과실 없이 멸실 기타 사유로 인해 사용, 수익할 수 없는 때에는 임차인은 그 부분의 비율에 의한 차임의 감액을 청구할 수 있다.

② 전항의 경우에 그 잔존부분으로 임차의 목적을 달성할 수 없는 때에는

임차인은 계약을 해지할 수 있다.

③ 이 규정은 임대차 목적물의 일부멸실에 관한 규정이라고 할 수 있다.

차 임

차임은 임차물의 사용수익의 대가로써 지급되는 금전 및 기타의 물건을 말한다. 즉 차임은 반드시 금전이어야 하는 것은 아니며, 당사자의 약정으로 자유로이 정할 수 있다. 차임의 액에 관해서는 민법상 아무런 규정이 없다. 따라서 이 또한 당사자의 약정으로 자유로이 정할 수 있다.

이러한 차임의 지급방법은
① 보증금 없고 월세만 매월 지급하는 방법
② 월세 없고 보증금 또는 전세금을 지급하는 방법
③ 보증금 있고, 월세도 매월 지급하는 방법
④ 임차기간 중의 사용대가를 일시에 지급하는 방법이 있다.

2. 주택임대차보호법의 차임증감청구권

(1) 주택임대차보호법 제7조(차임 등의 증감청구권)

당사자는 약정한 차임이나 보증금이 임차주택에 관한 조세, 공과금, 그밖의 부담의 증감이나 경제사정의 변동으로 인해 적절하지 않게 된 때에는 장래에 대해 그 증감을 청구할 수 있다. 다만, 증액의 경우에는 대통령령으로 정하는 기준에 따른 비율을 초과하지 못한다.

(2) 주택임대차보호법 시행령 제2조(차임 등 증액청구의 기준 등)

① 주택임대차보호법 제7조에 따른 차임이나 보증금(이하 '차임 등'이라

한다)의 증액청구는 약정한 차임 등의 20분의 1의 금액을 초과하지 못한다.

② 주택임대차보호법 시행령 제2조 제1항에 따른 증액청구는 임대차계약 또는 약정한 차임 등의 증액이 있은 후 1년 이내에는 하지 못한다.

3. 상가건물임대차보호법상 차임증감청구권

(1) 법 규정

① 상가건물임대차보호법 제11조(차임 등의 증감청구권)

㉠ 차임 또는 보증금이 임차건물에 관한 조세, 공과금, 그밖의 부담의 증감이나 경제 사정의 변동으로 인해 상당하지 않게 된 경우에는 당사자는 장래의 차임 또는 보증금에 대해 증감을 청구할 수 있다. 그러나 증액의 경우에는 대통령령으로 정하는 기준에 따른 비율을 초과하지 못한다.

㉡ 제1항에 따른 증액 청구는 임대차계약 또는 약정한 차임 등의 증액이 있은 후 1년 이내에는 하지 못한다.

② 상가건물임대차보호법 시행령 제4조(차임 등 증액청구의 기준)

상가건물임대차보호법 제11조 제1항의 규정에 의한 차임 또는 보증금의 증액청구는 청구 당시의 차임 또는 보증금의 100분의 9의 금액을 초과하지 못한다.

(2) **차임증감청구권의 요건**

① 부담의 증감이나 경제사정의 변동

임대차계약 체결 후 임차건물에 대한 조세, 공과금 기타 부담의 증감이나 경제사정의 변동이 있어야 한다. 기타 부담의 증감이나 경제사정의 변동은 경기불황과 호황, 건물 및 토지 가격의 상승과 하락, 관리나 수선비용의 증가 등 모든 경제사정의 변동이 차임증감 사유가 된다.

② 이전 차임 등이 상당하지 않을 것

이러한 차임증감 사유는 증감청구권자가 증명해야 한다.

(3) **차임 증액 기간과 금액 제한**

① 기간 제한

상가건물임대차보호법 제11조 제1항에 따른 증액 청구는 임대차계약 또는 는 약정한 차임 등의 증액이 있은 후 1년 이내에는 하지 못한다.

② 금액 제한

상가건물임대차보호법 제11조제1항의 규정에 의한 차임 또는 보증금의 증액청구는 청구 당시의 차임 또는 보증금의 100분의 9의 금액을 초과하지 못한다. 그러나 이 규정은 임대차계약의 존속 중 당사자 일방이 약정한 차임 등의 증감을 청구한 때에 한해 적용되고, 임대차계약이 종료된 후 재계약을 하거나 또는 임대차계약 종료 전이라도 당사자의 합의로 차임 등이 증액된 경우에는 적용되지 않는다.

(4) 차임증감청구 효력발생시기

차임증감청구권은 형성권으로 차임 등 증감청구의 의사표시가 상대방에게 도달한 때에 효력이 발생한다. 임차인이 계약갱신을 요구하자 임대인이 연 9%의 차임 증액을 요구했다. 임차인은 연 9% 증액은 인정할 수 없다고 하여 법원에서 3개월 만에 연 5% 증액으로 조정받았다. 이 경우 차임증감의 효력발생시기는 임대인이 요구한 시점이 된다.

◈ **중요 판례**

◎ 대법원 2002. 6. 28. 선고 2002다23482 판결 【건물명도】
"약정한 차임 또는 보증금이 임차주택에 관한 조세·공과금 기타 부담의 증감이나 경제사정의 변동으로 인하여 상당하지 아니하게 된 때에는 당사자는 장래에 대하여 그 증감을 청구할 수 있다. 그러나 증액의 경우에는 대통령령이 정하는 기준에 따른 비율을 초과하지 못한다"고 정하고 있기는 하나, 위 규정은 임대차계약의 존속중 당사자 일방이 약정한 차임 등의 증감을 청구한 때에 한하여 적용되고, 임대차계약이 종료된 후 재계약을 하거나 또는 임대차계약 종료 전이라도 당사자의 합의로 차임 등이 증액된 경우에는 적용되지 않는다.

(5) 계약갱신요구권 행사 시 차임 증액

임차인이 상가건물임대차보호법 제10조 제1항에 의해 계약갱신요구를 한 경우 임대인은 청구 당시의 차임 또는 보증금의 100분의 9 범위 내에서 차임 증액을 요구할 수 있다. 단, 지역별 환산보증금 이상에 해당하는 임대차계약은 상가건물임대차보호법이 적용되지 않기 때문에 임차인에게 계약갱신요구권이 없을 뿐더러 차임 증액에 대한 제한도 적용되지 않는다는 것을 염두에 둬야 한다.

① 2년 계약기간 만료 후 증액 범위

상가 임대차 계약을 2년 체결하고 2년 만료되기 전 법정갱신기간 내에 임차인이 계약갱신요구를 하자, 임대인은 차임을 증액하려고 한다. 이 경우 임대인이 인상할 수 있는 한도는 이전 차임의 18%인가 아니면 9%인가? 즉 증액한도 범위인 9%가 1년마다의 한도인지, 아니면 이전 임대차기간과는 관계없이 갱신할 때마다 9%인가의 문제다.

상가건물임대차보호법 시행령 제4조는 "상가건물임대차보호법 제11조 제1항의 규정에 의한 차임 또는 보증금의 증액청구는 청구당시의 차임 또는 는 보증금의 100분의 9의 금액을 초과하지 못한다"라고 규정하고 있다. 따라서 임차인이 계약갱신요구를 할 때 즉 임대인의 청구 당시의 차임 또는 보증금의 9%를 초과하지 못한다고 해석해야 한다. 따라서 이전 임대차계약 기간이 2년인 경우에 임대인이 증액할 수 있는 한도는 18%가 아니라 9%다.

② '차임 또는 보증금 9% 금액'의 의미

보증금이나 차임만 있는 임대차의 경우는 각 금액의 9% 범위 내에서 인상할 수 있으나 보증금과 차임이 같이 있는 상가 임대차의 경우 그 기준이 되는 금액은 무엇이며 얼마를 인상할 수 있는가? 서울 소재 상가 임대차의 경우를 사례로 보자.

㉠ 월차임 없이 보증금 2억 원인 상가 임대차인 경우

2억 원× 9/100 = 1,800만 원이다. 따라서 임차인의 계약갱신요구에 의한 임대인의 차임 증액 한도는 보증금 1,800만 원이다.

㉡ 보증금 없이 월차임이 200만 원인 상가 임대차인 경우

200만 원× 9/100 = 18만 원이다. 따라서 임대인이 인상할 수 있는 최대 월차임은 18만 원이다.

㉢ 보증금은 4,000만 원이고 월차임이 200만 원인 상가 임대차인 경우

   ⓐ 보증금과 월차임 모두 인상하는 경우

4,000만 원× 9/100 = 360만 원으로 보증금은 4,360만 원까지 증액할 수 있고, 200만 원× 9/100 = 18만 원이므로 월차임은 218만 원까지 각각 증액할 수 있다.

   ⓑ 월차임만 인상하는 경우

보증금과 월차임을 환산보증금으로 환산하면 2억 4천만 원이다. 2억 4천만 원에 9/100을 곱하면 2,160만 원이 된다. 따라서 인상할 수 있는 한도는 환산보증금으로 2억 6,160만 원(2억 4천만 원+2,160만 원)이다. 보증금 4천만 원은 그대로 두면 월차임으로 환산할 수 있는 환산보증금은 2억 2,160만 원이다. 이것을 월차임으로 전환하면 2,216,000원(2억 2,160만 원/100)이므로 최대한 인상할 수 있는 월차임은 216,000원(2,216,000원-2백만 원)이 된다.

임차인의 차임 연체

1. 민법 제640조

건물 기타 공작물의 임대차 경우 임차인의 차임연체액이 2기의 차임액에 달하는 때에는 임대인은 계약을 해지할 수 있다

2. 주택임대차보호법 제6조

2기의 차임액에 달하도록 임차인이 차임을 연체한 경우 임대인은 주택임대차보호법의 묵시적 갱신 규정이 적용되지 않아 임대인은 계약을 해지할 수 있다.

(1) 3기 차임 연체 사실

임차인이 3기의 차임액에 해당하는 금액에 이르도록 차임을 연체한 사실이 있는 경우 임대인은 임차인의 계약갱신 요구를 거절할 수 있다. 이때의 3기의 차임은 연속적이지 않고 전체적으로 3기 차임 연체에 해당하면 된다. 그리고 임차인이 지급한 보증금으로 연체차임이 충분히 담보되어도 임대인은 계약갱신을 거절할 수 있다.

◈ 사례 분석

문) 보증금 3천만 원에 월차임 100만 원, 계약기간은 2년, 매월 말일에 월차임을 지급하기로 하는 상가 임대차계약을 임대인과 임차인이 체결했다.

① 아래와 같이 월차임을 지급한 경우 계약기간 만료 시 임대인은 임차인의 계약갱신 요구를 거절할 수 있는가? (1.31 : 100만 원 지급 // 2.28 : 미지급 // 3.31 : 60만 원 지급 // 4.30 : 미지급 // 5.31 : 70만 원 지급)

② ①번 조건에 더해 6월 30일에도 월차임을 지급하지 않은 경우 임대인은 계약갱신을 거절할 수 있는가?

③ 임차인이 3기 월차임을 연체하고 있다가 법정갱신기간 내에 연체된 월차임을 전부 임대인의 통장으로 계좌이체를 한 후 임대인에게 계약갱신요구를 했다. 더 이상 연체된 월차임은 없는 상황에서 임대인은 계약갱신을 거절할 수 있는가?

답) ① 3기의 월차임(300만 원)을 연체한 것이 아니므로 임대인은 계약갱신 요구를 거절할 수 없다.

② 3기 월차임을 연체했으므로 임대인은 계약갱신 요구를 거절할 수 있다.

③ 비록 계약기간 만료 전 연체된 차임이 없더라도 이미 계약기간 중에 3기 월차임을 연체한 사실이 있으므로 이 경우에도 임대인은 계약갱신 요구를 거절할 수 있다.

문) 임대인과 임차인이 보증금 3천만 원에 월차임 120만 원으로 임대차계약서를 작성했다. 단, 월차임을 3개월 단위로 한번에 360만 원씩 지급하기로 서로 협의해 특약사항에 기재했다. 이 경우 3기 연체는 360만 원 한 번 지급하지 않는 것인지, 아니면 360만 원씩 3번 연체한 것인지?

답) 계약서에 월 단위로 월차임을 기재하고 지급시기는 3개월 단위로 계약서를 작성한 경우 차임연체는 지급시기로 판단한다. 그러므로 이 경우 협의된 360만 원을 세 번 연체하면 3기 연체가 된다.

⑵ 상가건물임대차보호법 제10조의8(차임연체와 해지)

2015년 5월 13일 상가건물임대차보호법이 개정되기 전에는 민법 제640조(차임연체와 해지) 조항과 상가건물임대차보호법 제10조 제1항 제1호(계약갱신요구 등) 조항의 관계가 문제가 되었다. 학계에서는 "임대인은 차임연체를 이유로 계약기간 중간에 해지권을 행사할 수 없고 계약 종료 시에 계약갱신거절권을 행사할 수 있을 뿐이다. 이러한 이론은 3기 이상의 차임을 연체한 경우에도 마찬가지로 적용된다고 할 것이다"라고 주장하기도 했고, 판례(대법원 2012다28486 판결 건물명도소송)에서는 "상가 임대차계약 갱신 전후로 2회 차임 연체 시에도 임대차계약을 해지할 수 있다"고 판결했다.

그러나 이번 2015년 5월 13일 상가건물임대차보호법 개정에 "제10조의8(차임연체와 해지) 임차인의 차임연체액이 3기의 차임액에 달하는 때에는 임대인은 계약을 해지할 수 있다. [본조 신설 2015.5.13.]"는 규정을 신설해 이 문제를 입법적으로 해결했다.

즉, 앞으로는 임차인이 3기 차임을 연체한 사실이 있으면 임대인은 임차인의 계약갱신을 거절할 수 있고, 임차인의 차임 연체가 3기에 달하면 임대인은 계약을 해지할 수도 있게 된 것이다.

(3) 월차임 및 관리비 연체와 단전·단수

상가 임대차계약서 작성 시 특약 사항으로 임차인이 월차임이나 관리비를 2회 이상 연체하면 단전 단수하겠다는 내용을 기재하거나 집합건물 내에 있는 상가 임대 시 관리규정에 의해 월차임이나 관리비를 몇 회 연체하면 단전 단수하겠다는 규정이 있는데, 그 효력에 대해 정당행위로 인정한 판례와 정당행위가 아닌 불법으로 인정한 판례가 있는데, 단전단수 조치의 정당행위 인정을 엄격하게 요구하고 있는 것이 추세다.

① 정당행위 인정 판례

◎ 대법원 2004. 8. 20. 선고 2003도4732 판결 【업무상횡령·명예훼손·도로교통법위반 (무면허운전)·업무방해·폭행】
시장번영회 회장이 이사회의 결의와 시장번영회의 관리규정에 따라서 관리비 체납자의 점포에 대하여 실시한 단전조치는 정당행위로서 업무방해죄를 구성하지 아니한다고 한 사례

② 정당행위 부정 판례

◎ 대법원 2006.4.27. 선고 2005도8074 판결 【업무방해】

【판시사항】

사무실 임차인이 임대차계약 종료 후 갱신계약 여부에 관한 의사표시나 명도의무를 지체하고 있다는 이유로 임대인이 단전조치를 취하여 업무방해죄로 기소된 사안에서, 피해자의 승낙, 정당행위, 법률의 착오 주장을 모두 배척한 사례

【이 유】

1. 상고이유 제1점(피해자의 승낙의 존재 여부)에 관하여

기록에 의하면, 이 사건 임대차계약서 제16조 제2항은 "제16조 제1항의 경우 임대인이 임차인에게 단전조치 등을 요구할 수 있다"는 취지로 규정되어 있으나, 피해자는 임대차계약의 종료 후 '갱신계약에 관한 의사표시 혹은 명도의무를 지체'하였을 뿐 차임, 관리비의 연체 등과 같은 위 제16조 제1항 각 호의 위반행위를 한 적이 없기 때문에 이 사건의 경우 단전조치에 관한 계약상의 근거가 없고 (가사 계약상의 근거가 있다 하여도 피해자의 승낙은 언제든지 철회할 수 있는 것이므로 이 사건에 있어서와 같이 피해자측이 단전조치에 대해 즉각 항의하였다면 그 승낙은 이미 철회된 것으로 보아야 할 것이다), 피해자가 이 사건 단전조치와 같은 이유로 2003. 12.경에도 피고인에 의한 단전조치를 당한 경험이 있다거나 이 사건 단전조치 전 수십 차례에 걸쳐 피고인으로부터 단전조치를 통지받았다거나, 혹은 피고인에게 기한유예 요청을 하였다는 사정만으로는 이 사건 단전조치를 묵시적으로 승낙하였던 것으로 볼 수도 없으므로, 이 사건 단전조치는 피해자의 승낙에 의한 행위로써 무죄라고 볼 수 없다.

2. 상고이유 제2점(정당행위 해당 여부)에 관하여

차임이나 관리비를 단 1회도 연체한 적이 없는 피해자가 임대차계약의 종료 후 임대료와 관리비를 인상하는 내용의 갱신계약 여부에 관한 의사표시나 명도의무를 지체하고 있다는 이유만으로 그 종료일로부터 16일 만에 피해자의 사무실에 대하여 단전조치를 취한 피고인의 행위는 그 권리를 확보하기 위하여 다른 적법한 절차를 취하는 것이 매우 곤란하였던 것으로 보이지 않아 그 동기와 목적이 정당하다거나 수단이나 방법이 상당하다고 할 수 없고, 또한 그에 관한 피고인의 이익과 피해자가 침해받은 이익 사이에 균형이 있는 것으로도 보이지 않

으므로, 같은 취지의 원심 판단은 정당하고, 이 사건 단전조치가 사회상규에 위배되지 아니하는 정당행위로서 무죄라는 상고이유의 주장도 받아들일 수 없다.

◎ 대법원 2006.6.29. 선고 2004다3598,3604 판결【채무부존재확인및손해배상 · 채무
　부존재확인 등】
【판결요지】
[4] 집합건물의 관리단이 전 구분소유자의 특별승계인에게 특별승계인이 승계한 공용부분 관리비 등 전 구분소유자가 체납한 관리비의 징수를 위해 단전 · 단수 등의 조치를 취한 사안에서, 관리단의 위 사용방해행위가 불법행위를 구성한다고 한 사례
[5] 집합건물의 관리단 등 관리주체의 위법한 단전 · 단수 및 엘리베이터 운행정지 조치 등 불법적인 사용방해행위로 인하여 건물의 구분소유자가 그 건물을 사용 · 수익하지 못하였다면, 그 구분소유자로서는 관리단에 대해 그 기간 동안 발생한 관리비채무를 부담하지 않는다고 보아야 한다.

③ 인정과 부정이 혼재한 판례

◎ 대법원 2007.9.20. 선고 2006도9157 판결【업무방해 · 여신전문금융업법위반】
【판시사항】
[2] 호텔 내 주점의 임대인이 임차인의 차임 연체를 이유로 계약서상 규정에 따라 위 주점에 대하여 단전 · 단수조치를 취한 경우, 약정 기간이 만료되었고 임대차보증금도 차임연체 등으로 공제되어 이미 남아있지 않은 상태에서 미리 예고한 후 단전 · 단수조치를 하였다면 형법 제20조의 정당행위에 해당하지만, 약정 기간이 만료되지 않았고 임대차보증금도 상당한 액수가 남아있는 상태에서 계약해지의 의사표시와 경고만을 한 후 단전 · 단수조치를 하였다면 정당행위로 볼 수 없다고 한 사례

전대차와 임차권 양도

1. 민법의 전대차

(1) 임차권의 양도와 전대의 제한(민법 제629조)

임차인은 임대인의 동의 없이 그 권리를 양도하거나 임차물을 전대하지 못하고 임차인이 위반한 때에는 임대인은 계약을 해지할 수 있다고 규정하고 있다. 민법은 원칙적으로 전대에 관해 임대인의 동의를 얻을 것을 요건으로 하고 있다.

◈ 사례 분석

문) 1층 실평수 30평을 임차한 임차인이 자신이 직접 영업하지 않고 그 상가를 10평씩 악세사리 2개 점포와 네일 아트 1개 점포로 전차인 3명과 전대차계약을 했다. 이 경우 전대차계약의 효력은?,

답) 임대인의 동의 없는 전대차계약은 그 계약 자체가 무효다. 만약 임대인의 동의 없이 전대차계약이 체결된다면 임대인이 동의 없는 전대차를 이유로 임차인과의 임대차계약을 해지할 수 있으며, 또한 전차인을 상대로 불법점유에 기한 점유반환을 요구할 수도 있다. 즉, 임대인의 동의를 얻지 않는 전대차계약은 무효다.

⑵ 전대의 효과(민법 제630조)

임차인이 임대인의 동의를 얻어 임차물을 전대한 때에는 전차인은 직접 임대인에 대해 의무를 부담한다. 이 경우에 전차인은 전대인에 대한 차임의 지급으로써 임대인에게 대항하지 못한다.

⑶ 전차인의 권리(민법 제631조)

임차인이 임대인의 동의를 얻어 임차물을 전대한 경우에는 임대인과 임차인의 합의로 계약을 종료한 때에도 전차인의 권리는 소멸하지 않는다.

⑷ 임차 건물의 소부분을 타인에게 사용케 하는 경우(민법 제632조)

민법 제629조, 630조, 631조 규정은 건물의 임차인이 그 건물의 소부분을 타인에게 사용하게 하는 경우에 적용하지 않는다.

2. 상가건물임대차보호법상 전대차

(1) 상가건물임대차보호법 제13조(전대차관계에 대한 적용 등)

① 상가건물임대차보호법 제10조부터 제12조까지의 규정은 전대인과 전차인의 전대차관계에 적용한다. 즉 전차인은 전대인에게 계약갱신요구, 차임 등의 증감청구, 월차임 산정율 제한 등의 권리를 행사할 수 있다.

② 임대인의 동의를 받고 전대차계약을 체결한 전차인은 임차인의 계약갱신요구권 행사기간 이내에 임차인을 대위해 임대인에게 계약갱신요구권을 행사할 수 있다.

(2) 전차인의 우선변제권

전차인은 제3자에 대한 대항력 및 우선변제권에 대한 권리가 상가건물임대차보호법에 규정되어 있지 않아 확정일자 부여 대상이 아니다. 따라서 만약 업무처리과정에서 전차인과 임차인을 구별하지 못해 관할세무서에서 확정일자를 부여한 경우에도 전차인은 대항력이 없으므로 우선변제권이 없다. 다만, 전차인은 전대인이 임차인으로서 사업자등록 및 확정일자를 부여받아 우선변제권을 취득한 경우 임차인의 임대보증금에 대해 민법 규정의 채권자대위권을 행사해 임차보증금 변제를 받을 수 있을 것이다.

◈ **사례 분석**

> **문)** 乙은 서울 소재 甲 소유의 상가를 보증금 5천만 원, 월차임 2백만 원에 임차해 사업자등록을 했다. 乙은 사정이 생겨 甲의 동의를 얻어 丙에게 보증금 4천만 원, 월차임

230만 원에 상가를 전대했다. 이후 상가가 경매가 진행되었는데 乙은 상가건물임대차보호법상 대항력이 있어 우선변제권을 행사해 배당을 받을 수 있는지?

답) 乙이 상가 소유자 甲의 동의를 얻어 丙에게 전대한 경우, 영업을 하고 있는 전차인 丙이 사업자등록을 적법하게 했다면 임차인 乙은 대항력과 우선변제권을 계속 유지하게 되겠지만, 전차인 丙이 그 명의로 사업자등록을 하지 않은 경우에는 乙은 대항력 및 우선변제권이 없게 되어 배당받을 수 없다.

◈ **중요 판례**

◎ **대법원 2006.1.13. 선고 2005다64002 판결 【배당이의】**

【판결요지】

[1] 상가 건물의 임차인이 임대차보증금 반환채권에 대하여 상가건물임대차보호법 제3조 제1항 소정의 대항력 또는 같은 법 제5조 제2항 소정의 우선변제권을 가지려면 임대차의 목적인 상가 건물의 인도 및 부가가치세법 등에 의한 사업자등록을 구비하고, 관할세무서장으로부터 확정일자를 받아야 하며, 그 중 사업자등록은 대항력 또는 우선변제권의 취득요건일 뿐만 아니라 존속요건이기도 하므로, 배당요구의 종기까지 존속하고 있어야 한다.

[2] 부가가치세법 제5조 제4항, 제5항의 규정 취지에 비추어 보면, 상가 건물을 임차하고 사업자등록을 마친 사업자가 임차 건물의 전대차 등으로 당해 사업을 개시하지 않거나 사실상 폐업한 경우에는 그 사업자등록은 부가가치세법 및 상가건물임대차보호법이 상가 임대차의 공시방법으로 요구하는 적법한 사업자등록이라고 볼 수 없고, 이 경우 임차인이 상가건물임대차보호법상의 대항력 및 우선변제권을 유지하기 위해서는 건물을 직접 점유하면서 사업을 운영하는 전차인이 그 명의로 사업자등록을 하여야 한다.

(3) 보증금 반환청구 상대방

임차인과 전대차계약을 체결한 전차인은 계약 만료 시에 보증금을 임대
인에게 청구할 수 있는가 아니면 전대인(임차인)에게 청구해야 하는가가 문
제인데 이 경우 전차인은 전대인(임차인)에게만 보증금 반환청구할 수 있다.

◈ **사례 분석**

문) 甲은 乙로부터 의류판매대리점의 영업을 양수하면서, 임대차계약서 양식이 아니라 매
매계약서 양식을 이용해 점포도 넘겨받기로 하는 계약을 체결했으며, 임대인 丙의 동
의까지 얻은 후 입점해 영업을 했다. 그런데 계약기간이 만료된 후 甲이 丙에게 임차
보증금의 반환을 청구했으나, 丙은 甲과 乙의 영업양도계약에 포함된 점포에 관한 계
약이 전대차계약이므로 점포의 임차보증금을 乙에게는 반환할 수 있어도 甲에게는 반
환할 수 없다고 한다. 더욱이 乙은 소재불명인 바, 이 경우 甲이 丙에게 직접 위 점포
의 임차보증금을 청구할 수 있는지?

답) 임차인은 임대인의 동의 없이 그 권리를 양도하거나 임차물을 전대하지 못하
지만(민법 제629조), 사안의 경우에는 임대인 丙의 동의를 얻었으므로 규정에

반하는 문제는 없다. 그런데 사안에서 甲과 乙의 영업양도계약에 포함된 점포에 관한 계약이 전대차계약이라면 甲으로서는 丙에게 직접 임차보증금반환청구를 할 수 없을 것이고, 그것이 임차권양도계약이라면 甲은 乙의 임차인으로서의 지위를 승계한 것이므로 丙에게 임차보증금반환청구를 할 수 있을 것이다. 관련 판례를 살펴보면, "의류판매대리점영업을 하던 점포임차인이 그 영업을 양도하면서 점포도 넘겨주기로 한 계약이 영업양도계약에 부수해 이루어졌고, 임대차계약서 양식이 아니라 매매계약서 양식을 이용하여 위 계약을 체결했으며, 양수인과 임차인이 함께 임대인을 찾아가 영업양수인과 새로운 임대차계약을 체결하여 줄 것을 요구하였고, 어느 쪽의 경제적 이해관계를 따져보더라도 영업을 양도한 이후 위 점포에 관한 임차권의 권리관계에서 임차인의 지위를 유지시켜야 할 이익을 인정할 수 없다면, 양수인과 임차인 사이에서 위 점포를 넘겨주기로 한 계약은 전대차계약이 아니라 임차권의 양도계약이다"라고 했다(대법원 2001. 9. 28. 선고 2001다10960 판결). 따라서 사안에서 甲은 乙로부터 점포임차권을 양도받았고, 丙도 그러한 임차권 양도에 동의한 것으로 볼 수 있어 甲은 丙에 대해 직접 임차보증금반환청구를 할 수 있을 듯하다.

◈ 사례 분석

문) 甲은 乙에게 점포를 임대하면서 임차권을 제3자에게 양도할 수 없다는 특약을 했다. 그런데 乙은 점포의 임차보증금반환청구채권을 그의 채권자 丙에게 양도하고 그 양도 사실을 내용증명우편으로 甲에게 통지했다. 이 경우 점포의 임대차기간이 만료된 후 甲은 누구에게 임차보증금을 반환해야 하는지?

답) 임차인이 임대인의 동의 없이 임차권을 양도한 경우에는 임대인이 계약을 해지하고 임차목적물의 반환을 청구할 수 있다.

그런데 임차권의 양도와 임차보증금반환청구채권의 양도는 구별되어야 한다. 즉, 임차권의 양도는 임차보증금반환청구채권만이 아니라 임차목적물의 사용·수익을 포함한 임차인으로서의 모든 권리를 양도하는 것이며, 임차보증금반환청구채권의 양도는 계약이 종료된 후 임차보증금의 반환을 청구할 수 있는 단순한 임차보증금반환청구채권만을 양도하는 것이다.

그리고 임차권양도금지특약이 있는 경우 임차보증금반환채권의 양도까지 금지되는지에 관해 판례는 "임차인과 임대인간의 약정에 의해 임차권의 양도가 금지되어 있다 하더라도 그러한 사정만으로 임대차계약에 따른 임차보증금반환채권의 양도까지 금지되는 것은 아니므로, 乙(임차인 겸 양도인)이 丙(양수인)에게 임차목적물에 대한 임차권뿐만 아니라 임차보증금반환채권을 양도하고, 甲(임대인)에게 임차보증금반환채권이 丙에게 양도되었다는 통지를 한 이상, 그후 甲과 乙간의 임대차계약이 종료되는 경우 丙으로서는 이 사건 임차보증금반환채권의 양수인으로서 甲이 乙과 丙간의 임차권양도에 동의하였는지의 여부에 상관없이 甲에 대해 이 사건 임차보증금의 반환을 구할 수 있다"라고 했다(대법원 2001. 6. 12. 선고 2001다2624 판결).

따라서 이 경우에도 甲은 점포의 임대차계약이 종료된 후 丙에게 임차보증금을 반환해야 할 것이다.

임차인의 원상회복의무

1. 민법 규정

(1) 민법 제615조(차주의 원상회복의무와 철거권)

차주가 차용물을 반환하는 때에는 이를 원상에 회복해야 한다. 이에 부속시킨 물건은 철거할 수 있다.

(2) 민법 제654조(준용규정)

제610조 제1항, 제615조 내지 제617조의 규정은 임대차에 이를 준용한다.

(3) 내용

민법은 임대차가 종료한 때에는 임차물을 반환해야 하고, 반환 시에는 임차 목적물 그 자체를 반환해야 한다고 규정하고 있다. 즉 임차인이 계약기간 만료로 인해 임차물을 반환할 때에는 이를 원상에 회복해 반환해야 한다.

2. 계약서상 원상복구의무 조항

(1) 원상복구의무 조항

실제로 사용하는 임대차 계약서에는 '임차인의 원상복구의무' 조항이 부동문자로 기재되어 있다. 즉 임대차 계약이 종료하면 임대차 목적물을 원상으로 회복해서 임대인에게 반환해야 한다는 계약 조항이다.

(2) 원상회복의무의 범위

계약기간이 만료해 임차인이 원상회복해야 하는 범위는 어디까지인가가 실제적으로 문제가 되는 경우가 많다. 임차인이 원상회복을 하지 않으면 임대인이 보증금을 반환하지 않기 때문에 더욱 분쟁이 빈번하게 발생하는데, 판례는 원상회복의무가 사소한 부분이고, 손해액 역시 적은 금액인 경우에 임차인이 그 원상회복의무를 이행할 때까지 거액의 임차 보증금을 반환하지 않는 것은 공평의 관념에 반하고 신의칙에 반해 허용될 수 없다고 했다.

◎ 대법원 1999. 11. 12. 선고 99다34697 판결 【전세보증금반환】

【판결요지】

[1] 동시이행의 항변권은 근본적으로 공평의 관념에 따라 인정되는 것인데, 임차인이 불이행한 원상회복의무가 사소한 부분이고 그로 인한 손해배상액 역시 근소한 금액인 경우에까지 임대인이 그를 이유로, 임차인이 그 원상회복의무를 이행할 때까지, 혹은 임대인이 현실로 목적물의 명도를 받을 때까지 원상회복의무 불이행으로 인한 손해배상액 부분을 넘어서서 거액의 잔존 임대차보증금 전액에 대하여 그 반환을 거부할 수 있다고 하는 것은 오히려 공평의 관념에 반하는 것이 되어 부당하고, 그와 같은 임대인의 동시이행의 항변은 신의칙에 반하는 것이 되어 허용할 수 없다.

[2] 임차인이 금326,000원이 소요되는 전기시설의 원상회복을 하지 아니한 채 건물의 명도 이행을 제공한 경우, 임대인이 이를 이유로 금125,226,670원의 잔존 임대차보증금 전액의 반환을 거부할 동시이행의 항변권을 행사할 수 없다고 한 사례

(3) 시설을 양수한 임차인의 원상복구의무 범위

권리양수도계약에 의해 시설을 인수해 영업을 하는 양수인(현 임차인)은 임대차계약 종료 시에 어디까지 원상복구할 의무가 있는가. 임차인 입장에서는 양도인(전 임차인)으로부터 인수한 시설까지 원상복구의무를 부담하는 것은 불합리하다고 생각할 것이다. 판례는 임대차계약에 다른 특약이 없는 경우에는 현 임차인이 개조하거나 시설한 부분에 대해서만 원상복구 의무가 있다고 했다.

◎ 대법원 1990.10.30. 선고 90다카12035 판결 【임차보증금】
【판결요지】
가. 전 임차인이 무도유흥음식점으로 경영하던 점포를 임차인이 소유자로부터
임차하여 내부시설을 개조 단장하였다면 임차인에게 임대차 종료로 인하여 목
적물을 원상회복하여 반환할 의무가 있다고 하여도 별도의 약정이 없는 한 그것
은 임차인이 개조한 범위 내의 것으로써 임차인이 그가 임차 받았을 때의 상태
로 반환하면 되는 것이지, 그 이전의 사람이 시설한 것까지 원상회복할 의무가
있다고 할 수는 없다.

그러나 판례가 있어도 임대인은 전 임차인이 시설한 부분까지 원상복구하
기를 바랄 것이므로 임대인의 입장에서는 임대차계약서에 '전 임차인이 시
설한 부분까지 원상복구한다.'고 기재하려고 할 것이고, 임차인 입장에서는
임대차계약서에 반대로 기재하려고 할 것이다. 따라서 계약서에 어떻게 기
재했느냐에 따라 원상복구의 범위가 결정될 것이다.

그리고 상가 임대차계약기간이 만료되어 임차인이 임대인에게 상가를 명
도하고도 여러 가지 불화로 인해 임차인의 영업허가나 등록, 신고를 폐업하
지 않는 경우가 있는데, 이 경우 임차인의 영업허가, 등록, 신고도 '원상복구
의무'에 포함되는지가 문제가 되는데 대법원은 임차인이 임대차 종료로 인
한 임차인의 원상회복의무에는 임차인이 사용하고 있던 부동산의 점유를 임
대인에게 이전하는 것은 물론 임대인이 임대 당시의 부동산 용도에 맞게 다
시 사용할 수 있도록 협력할 의무도 포함한다. 따라서 임대인 또는 그 승낙
을 받은 제3자가 임차건물 부분에서 다시 영업허가를 받는데 방해가 되지

않도록 임차인은 임차건물 부분에서의 영업허가에 대해 폐업신고절차를 이행할 의무가 있다고 판시했다.

◎ 대법원 2008.10.9. 선고 2008다34903 판결 【건물명도】
【판결요지】
임대차종료로 인한 임차인의 원상회복의무에는 임차인이 사용하고 있던 부동산의 점유를 임대인에게 이전하는 것은 물론 임대인이 임대 당시의 부동산 용도에 맞게 다시 사용할 수 있도록 협력할 의무도 포함한다. 따라서 임대인 또는 그 승낙을 받은 제3자가 임차건물 부분에서 다시 영업허가를 받는 데 방해가 되지 않도록 임차인은 임차건물 부분에서의 영업허가에 대하여 폐업신고절차를 이행할 의무가 있다.

(4) 손해배상의 범위

임차인이 상가를 명도하고 원상복구를 하지 않을 경우 임차인이 배상해야 할 손해의 범위는 임대인이 실제로 원상복구를 한 시점이 아니라 임대인이 원상복구를 할 수 있었던 시점까지의 임차료 상당액이다. 따라서 임대인은 임차인이 스스로 원상복구를 하지 않을 경우 임차인이 원상복구를 할 때까지 기다릴 것이 아니라 임대인의 비용으로 즉시 원상복구를 해 다른 사람에게 임대를 주는 것이 손해를 적게 하는 것이다.

> ◎ 대법원 1990.10.30. 선고 90다카12035 판결 【임차보증금】
> 【판결요지】
> 나. 임차인에게 임대차 종료로 인한 원상회복의무가 있는데도 이를 지체한 경우 이로 인하여 임대인이 입은 손해는 이행지체일로부터 임대인이 실제로 자신의 비용으로 원상회복을 완료한 날까지의 임대료 상당액이 아니라 임대인 스스로 원상회복을 할 수 있었던 기간까지의 임대료 상당액이다.

(5) 비용상환 청구를 포기한 경우

일반적으로 임대차계약서에 '임차인은 일체의 비용을 부담해 계약 만료시에 원상복구해야 한다'고 기재되어 있고, 그외에 '임차인이 시설한 부분에 관해 비용의 반환이나 일체의 권리주장을 하지 않는다'는 특약을 기재하는 경우가 많다. 판례는 특약이 있는 경우 임차인이 원상복구의무를 부담하지 않기로 합의한 것으로 보아야 한다고 판시한 경우와 임차인이 원상복구의무를 부담해야 한다고 판시한 두 가지 판례가 있다.

◎ 대법원 1998. 5. 29. 선고 98다6497 판결 【보증금반환】

【판결요지】

[3] 임대차계약서에 '임차인은 임대인의 승인 하에 개축 또는 변조할 수 있으나 계약대상물을 명도 시에는 임차인이 일체 비용을 부담해 원상복구하여야 함.'이라는 내용이 인쇄되어 있기는 하나, 한편 계약체결 당시 특약사항으로 '보수 및 시설은 임차인이 해야 하며 앞으로도 임대인은 해주지 않는다. 임차인은 설치한 모든 시설물에 대하여 임대인에게 시설비를 요구하지 않기로 한다.' 등의 약정을 한 경우, 임차인은 시설비용이나 보수비용의 상환청구권을 포기하는 대신 원상복구의무도 부담하지 않기로 하는 합의가 있었다고 보아, 임차인이 계약서의 조항에 의한 원상복구의무를 부담하지 않는다고 본 사례

◎ 대법원 2002. 12. 6. 선고 2002다42278 판결 【임대차보증금】

【판결요지】

[2] 임차인이 자신의 영업을 위하여 설치한 시설에 관한 비용을 임대인에게 청구하지 않기로 약정한 사정만으로 원상복구의무를 부담하지 아니하기로 하는 합의가 있었다고 볼 수 없고, 임대차계약서상 기재된 임차인의 원상복구의무에 관한 조항이 단지 부동문자로 남아 있는 무의미한 내용에 불과하다고 볼 수 없다고 한 사례

계약해지와 보증금 반환

1. 계약기간 만료로 인한 계약해지

계약기간이 만료되어 임차인이 임대인에게 보증금 반환을 청구할 경우 임차인이 점유하고 있는 상가 명도를 동시이행으로 해야 한다. 즉 임차인이 계약 만료로 보증금 반환을 청구하면서 보증금을 반환해주지 않아 계속 상가를 점유해 영업을 하는 경우에는 사용기간에 대해 부당이득으로 월 임차료 상당액을 임대인에게 지급해야 한다. 따라서 보증금 반환을 청구할 경우 임차인은 먼저 임차목적물을 명도해야 한다.

◆ **사례 분석**

문) 乙는 甲으로부터 甲소유인 건물 중 점포 1칸을 계약기간 2년, 임차보증금 3,000만 원, 월 임차료 100만 원으로 임차해 계약기간이 만료되었기에, 甲에게 보증금의 반환을 청구했으나 甲은 새로운 임차인이 나타나지 않는다는 이유로 보증금의 반환을 지체하고 있는 바, 이러한 경우에도 乙이 월 임차료로 약정된 50만 원을 계속 지급해야 하는지?

답) 판례는 '임대차계약의 종료에 의하여 발생된 임차인의 임차목적물반환의무와 임대인의 연체차임을 공제한 나머지 보증금의 반환의무는 동시이행의 관계에 있는 것이므로, 임대차계약 종료 후에도 임차인이 동시이행의 항변권을 행사해 임차건물을 계속 점유해 온 것이라면 임차인의 그 건물에 대한 점유는 불법점유라고 할 수는 없으나, 그로 인해 이득이 있다면 이는 부당이득으로서 반환해야 하는 것은 당연하다'라고 했지만, "법률상의 원인 없이 이득 하였음을 이유로 한 부당이득의 반환에 있어서 '이득'이라 함은 '실질적인 이익'을 가리키는 것이므로 법률상 원인 없이 건물을 점유하고 있다 하여도 이를 사용·수익하지 않았다면 이익을 얻은 것이라고 볼 수 없는 것인 바, 임차인이 임대차계약 종료 이후에도 동시이행의 항변권을 행사하는 방법으로 목적물의 반환을 거부하기 위하여 임차건물부분을 계속 점유하기는 하였으나 이를 본래의 임대차계약상의 목적에 따라 사용·수익하지 아니하여 실질적인 이득을 얻은 바 없는 경우에는 그로 인하여 임대인에게 손해가 발생했다 하더라도 임차인의 부당이득반환의무는 성립되지 않는다"라고 하였다 (2003. 4. 11. 선고 2002다59481 판결, 대법원 2008 4. 10. 선고 2007다76986판결). 따라서 위 사안에 있어서 乙이 계약기간이 만료되어 임차보증금의 반환을 청구했으나 甲이 임차보증금을 반환하지 않아서 점포를 계속 점유하고 있으며 어쩔 수 없지만 영업을 계속한 경우에는 부당이득으로서 월 임차료 상당을(계약기간 만료 후에는 월 임차료가 아님) 甲에게 지급할 수밖에 없으나 계약기간 만료 후 점포를 명도하지는 않았지만 영업을 하지 않아 이득을 취한 바가 없다면 부당이득을 취한 바가 없어 월 임차료 상당액을 지급할 의무가 없고 임차보증금에서 공제 당하지도 않을 것이다. 또한 乙이 甲을 상대로 임차보증금반환청구소송을 제기할 경우에는 동시이행판결(상환판결), 즉 임차목적물의 명도와 동시에 임차보증금을 지급하라는 판결이 될 것으로 보인다 (대법원 1976. 10. 26. 선고 76다1184 판결).

2. 임대차계약 기간 만료 전 계약해지

임차인의 사정으로 인해 임대차계약 기간이 만료되기 전에 임대차계약을 해지할 때 임차인은 위약금이나 손해배상을 얼마나 지급해야 하는지에 대해 판례는 당초의 계약내용대로 이행하든지 잔존기간에 대한 월차임을 지급하고 합의해지를 해야 할 것이라고 판단했다.

◈ **사례 분석**

문) 甲은 의류판매를 목적으로 점포 1칸을 보증금 1,000만 원, 월세 60만 원으로 1년간 임차했으나, 영업을 시작한 지 3개월이 지난 시점에서 甲의 사정으로 장사를 계속할 수 없게 되어 임대인에게 계약해지를 요구했다. 임대인은 계약기간 만료 시까지인 9개월 간의 월세를 모두 지불해야 보증금을 반환해주겠다고 하는데, 임대인의 요구가 정당한지?

답) 상가건물임대차보호법 제9조 제1항은 '기간의 정함이 없거나 기간을 1년 미만으로 정한 임대차는 그 기간을 1년으로 본다. 다만, 임차인은 1년 미만으로 정한 기간이 유효함을 주장할 수 있다'라고 규정하고 있어, 최소 1년의 임대차기간을 보장해주고 있는데 이 규정도 임차인에게 무한정의 계약해지권을 부여하고 있는 것은 아니다.

따라서 사안에서와 같이 임대차계약 기간을 약정하면서 특별히 해지권을 유보한 것이 아니고 임차인의 개인적 사정으로 계약 만료 전에 계약을 해지하고자 하는 경우에는 임차인이 일방적으로 계약을 해지할 수는 없다 할 것이고 당초의 계약내용대로 이행하든지 남은 월세를 주고 합의해지를 해야 할 것이다.

다만, 甲이 일방적으로 가게를 비워주고 나간 후 甲의 임대차계약 기간 중에 임대인이 다른 새로운 임차인에게 세를 놓게 된다면 임대인은 이 상가에 새로운 임차인이 입주한 이후부터 계약기간 만료 시까지 임차료를 이중으로 받게 되므로 그 부분은 부당이득이 되는 것으로 보아야 한다.

3. 임차 건물의 소유권 변동 시

임대차계약 기간 중에 상가 소유자인 임대인이 임차 목적물을 제3자에게 임차인에게 아무런 통보 없이 매도했다. 이 경우 임차인은 소유권 변동을 이유로 해서 임대차계약을 해지할 수 있는가? 판례는 '임차인이 원하지 아니하면 임대차의 승계를 임차인에게 강요할 수는 없는 것이어서 스스로 임대차를 종료시킬 수 있어야 한다는 공평의 원칙 및 신의성실의 원칙에 따라 임차인이 곧 이의를 제기함으로써 승계되는 임대차관계의 구속을 면할 수 있고, 임대인과의 임대차관계도 해지할 수 있다고 보아야 한다'고 판시했다.

◈ **사례 분석**

문)丙는 2007년 11월 15일 서울 소재 甲 소유 상가 건물 4층을 임차보증금 1억 원, 월 차임 250만 원, 계약기간 2년으로 임차해 사업자등록을 하고 영업을 하고 있다. 그런데 임대인 甲이 丙 모르게 2008년 7월 임차건물을 乙에게 매도했다. 종전 임대인이자 매도인 甲은 건물 이외에도 다른 부동산이 다수 있는 부자이므로 임대차계약 기간이 만료되면 丙이 임차보증금을 반환 받음에 지장이 없을 것으로 생각되지만 乙은 甲으로부터 매수한 건물 이외에 다른 부동산을 가지고 있지 못하므로 丙은 위 임대차계약을 해지하고 甲으로부터 임차보증금을 반환 받고자 하는데, 그것이 가능한지?

답)이에 관해 판례는 '임대차계약에 있어 임대인의 지위의 양도는 임대인의 의무의 이전을 수반하는 것이지만 임대인의 의무는 임대인이 누구인가에 의하여 이행방법이 특별히 달라지는 것은 아니고, 목적물의 소유자의 지위에서 거의 완전히 이행할 수 있으며, 임차인의 입장에서 보아도 신 소유자에게 그 의무의 승계를 인정하는 것이 오히려 임차인에게 훨씬 유리할 수도 있으므로 임대인과 신 소유자와의 계약만으로써 그 지위의 양도를 할 수 있다 할 것이나, 이 경우에 임차인이 원하지 아니하면 임대차의 승계를 임차인에게 강요할 수는 없는 것이어서 스스로 임대차를 종료시킬 수 있어야 한다는 공평의 원칙 및 신의성실의 원칙에 따라 임차인이 곧 이의를 제기함으로써 승계되는 임대차관계의 구속을 면할 수 있고, 임대인과의 임대차관계도 해지할 수 있다고 보아야 한다'라고 했다(대법원 1998. 9. 2.자 98마100 결정, 1996. 7. 12. 선고 94다37646 판결).

따라서 사안에 있어서도 丙이 임차목적물의 소유권이 甲에게서 乙에게로 이전되면 즉시 이의를 제기해 임대차계약을 해지하고 甲에게 임차보증금반환청구를 할 수 있다.

4. 임차인이 행방불명된 경우

경우에 따라서는 임차인의 여러 가지 사정으로 인해 상가에 집기나 물건은 그대로 둔 채 연락이 두절되어 월차임을 받지 못하는 경우가 종종 있다. 이 경우 임대인은 계약해지를 어떻게 해야 하고 남겨진 집기와 물건 처리는 어떻게 해야 하는지를 파악해야 한다.

◈ 사례 분석

문) 乙은 甲에게 乙 소유 상가 건물의 1층에 소재한 점포 중 1칸을 보증금 5천만 원에 월차임 270만 원으로 정해 임대했으나, 甲은 처음 두 달간만 제때에 월세를 내다가 어느 날 점포문을 닫고 어디론가 잠적했으며 4개월이 되도록 아무런 연락도 없고 연락을 해도 받지 않고 있다. 甲은 상품을 점포 안에 들여놓은 채 자물쇠로 문을 채워 버렸는데, 지금 乙 심정은 월세를 받지 못해도 좋으니 점포를 비우게 하고 새로 세를 놓고 싶다. 어떻게 해야 하는지?

답) 지역별 환산보증금 초과로 인해 상가건물임대차보호법이 적용되지 않는 상가 임대차계약에 있어서 민법 규정에 의해 임차인의 임차료 연체액이 2기의 차임액에 달하는 때에는 임대인은 계약을 해지할 수 있는데, 이 경우 계속해 2기에 걸쳐 연체할 필요는 없으며, 임차인은 임차보증금의 존재를 이유로 임차료의 지급을 거절하거나 그 연체에 따른 채무불이행책임을 면할 수 없다(대법원 1994. 9. 9. 선고 94다4417 판결, 1999. 7. 27. 선고 99다24881 판결).

그리고 이 경우 계약의 해지는 일반적인 계약해지와 달리 임차인에 대한 이행의 최고절차가 필요 없으므로(대법원 1962. 10. 11. 선고 62다496 판결, 1977. 6. 28. 선고 77다402 판결), 임차인이 2개월분에 해당하는 월 임차료를 내지 않은 이상 계약해지의 요건이 되며 임대인은 연체된 월세부분을 입증해 건물명도청구소송을 제기할 수 있다.

그런데 임차인이 행방불명된 때에는 공시송달방법을 이용해 임차인의 최후 주소지 또는 부동산 소재지의 관할법원에 건물명도청구소송을 제기해야 하며, 공시송달의 효력은 공시송달사유가 법원게시판에 게시된 날로부터 2주일이 지나면 효력이 발생하게 된다(민사소송법 제194조 내지 제196조).

공시송달에 의해 송달된 후 건물명도소송에서 승소하게 되면, 건물명도집행절차를 집행관에게 위임해 임차인의 물품을 적당한 곳에 적재해 선량한 관리자의 주의의무로 보관하고 있다가 상대방이 나타나면 보관비용을 청구하든가(민사집행법 제274조), 임차인소유의 물건을 공탁절차를 밟아 공탁소에 보관할 수도 있다(민법 제488조). 공탁방법을 이용하는 경우 임차인의 물건이 공탁에 적당하지 않거나 멸실·훼손될 염려가 있거나 공탁에 과다한 비용을 요하는 경우에는 법원의 허가를 얻어 그 물건을 경매하거나 시가로 방매해 대금을 공탁할 수도 있다.

(1) 제소전화해란?

제소전화해란 임대차계약 체결 시 임대인과 임차인이 향후에 발생할 법적 분쟁과 명도 문제 등을 사전에 '제소전화해'란 제목으로 작성해 법관 앞에서 사전에 합의하는 것을 말한다. 즉 제소전화해는 양 당사자가 향후 발생할 수 있는 법적분쟁을 사전에 법원에 신청해 화해를 성립시키는 것을 말한다.

상가 임대에서는 계약 만료로 인한 계약 해지 시 향후 시설비나 인테리어 비용 문제로 인해 명도가 지연되는 경우에 임대인이 임차인을 명도하기 위해서는 건물명도소송을 해 승소된 판결문으로 강제집행을 해야 하는데, 이 명도소송이 상당한 시간을 소요하게 된다. 따라서 이러한 경우를 사전에 예방하기 위해 임대인이 임대차계약 시 제소전화해를 임차인과 작성해 판사 앞에서 화해를 하는 경우가 많다. 제소전화해는 판결과 동일한 효력이 있으므로 명도 부분에 대한 제소전화해가 있으면 향후 임차인이 임대목적물을 명도하지 않을 때 명도소송을 제기할 필요 없이 제소전화해로 즉시 강제집행을 할 수 있다.

제소전화해는 일반적으로 임대차계약에서 임대인을 위한 제도이므로 임대인의 요구에 의해 제소전화해를 작성한다. 상가 투자자는 되도록 향후 분쟁이 발생할 것을 대비해 사전에 제소전화해를 작성하는 것이 좋을 것이다.

(2) 제소전화해의 예시

제소전화해신청

신 청 인 　 ***
　　　　　 서울 서초구 **동 000-00
피신청인 　 정 * *
　　　　　 서울 관악구 **동 000-0

신청취지

화해조항과 같은 취지의 화해를 구함.

신청원인

1. 신청인은 2009. 11. 25. 피신청인에게 별지목록기재 건물 중 5층 000㎡를 다음과 같
   은 조건으로 임대하였습니다.
 1) 임대기간 : 2009. 11. 26.부터 2011. 11. 25까지.
 2) 월임대료 및 관리비 지급시기 :
   매월 금0,000,000원의 임대료, 000,000원의 관리비에 각 10%의 부가가치세액을 합한
금원 0,000,000을 매월 25일에 신청인에게 지급키로 함.
 3) 명도 및 원상복구 : 피신청인은 명도시 피신청인의 비용으로 시설물을 철거하여 원
상회복된 상태에서 신청인에게 위 건물부분을 명도하되, 피신청인이 철거하지 아니할
때에는 신청인이 임의로 시설물을 처분하고 그 비용은 임대보증금 반환시 공제하기로
함.
2. 신청인과 피신청인은 위와 같은 임대차 계약과 관련하여 수차 협의를 한 결과 화해
가 성립할 가능성이 있어 이 건 신청에 이른 것입니다.

화해조항

1. 피신청인은 2011. 11. 25. 신청인으로부터 임대차보증금 000,000,000원을 지급받음
   과 동시에 별지목록기재 건물 중 5층 000㎡(이하 '이 사건 건물'이라 합니다)를
   신청인에게 명도한다.
2. 피신청인은 신청인에게 2009. 11. 26.부터 이 사건 건물의 명도일까지 매월 25일에
   월 금0,000,000원(임대료, 관리비, 부가세액의 합계액)을 지급한다.
3. 피신청인이 제2항 기재 일자를 지체하여 지급하는 경우에는 제2항 기재 금원에 연
   24%의 비율에 의한 지연이자를 가산하여 지급한다.
4. 피신청인은 이 사건 건물을 신청인의 승낙 없이 타에 전대하거나, 제2항 기재 월 임
   대료 지급을 이 사건 화해성립일로부터 2회이상 연체할 때에는 제1항 기재 기한의
   이익을 상실하고, 신청인에게 제1항 기재 건물부분을 즉시 명도한다.
5. 피신청인은 신청인에게 제1항 기재 건물부분을 명도시 이건 건물들에 피신청인이
   설치한 시설이나 기존의 시설을 변형한 것을 원상회복 후 명도하여야 하며, 유익
   비나 권리금 및 영업을 위한 홍보비용, 이사비용 등을 청구하지 아니한다.

6. 화해비용은 각자 부담으로 한다.
라는 화해를 구합니다.

첨부서류

1. 임대차계약서   1통
1. 건물등기부등본   1통
1. 건축물관리대장   1통
1. 개별공시지가확인서   1통
1. 위임장   각1통
1. 인감증명   각1통
1. 회사등기부등본   각1통
1. 관할합의서   1통

2012. 1.   .
신청인 ★ ★ ★ (인)

서울지방법원 귀중

업종 제한 약정

경매나 공매로 낙찰받으려는 상가가 과거에 이미 업종이 지정된 경우가 있다. 업종이 지정된 상가를 낙찰받으면 경우에 따라서는 임대의 제한을 받게 되므로 입찰 전 임장 시 업종 지정 여부를 확인해야 한다. 특히 아파트단지내 상가나 주상복합 상가의 경우 업종이 지정된 상가가 상대적으로 많다.

상가에 영업하는 업종을 제한하는 경우는 첫째, 분양 시 분양계약서에 업종을 제한하는 특약을 기재하는 경우 둘째, 집합건물의소유및관리에관한법률에 의한 관리단 규약에 의해 업종을 지정하는 경우가 있다.

1. 분양계약서상 업종 제한 약정

상가 분양계약 시에 계약서상 기재된 지정업종을 수분양자는 그 약정을 이행해야 한다. 만약 수분양자가 분양 시 지정된 업종을 무단변경한 경우에는 분양회사는 수분양자의 무단업종변경금지의무 불이행을 이유로 계약을 해제할 수 있다. 그리고 분양당시 수분양자가 아니라 임차인이 다른 업종을 영업하거나 분양 받은 상가를 매수한 매수인이 다른 업종을 운영해도 역시 업종 제한 약정을 위반하는 것이라고 판례는 말하고 있다. 그리고 경매나 공매로 낙찰받은 경우에도 역시 지정업종에 대한 경업금지의무 제한을 받는다.

◈ **중요 판례**

◎ **대법원 2010.5.27. 선고 2007다8044 판결【손해배상(기)】**
【판결요지】
[1] 건축회사가 상가를 건축하여 각 점포별로 업종을 지정하여 분양한 경우 그 수분양자나 수분양자의 지위를 양수한 자는 특별한 사정이 없는 한 그 상가의 점포 입주자들에 대한 관계에서 상호간에 명시적이거나 또는 묵시적으로 분양계약에서 약정한 업종제한 등의 의무를 수인하기로 동의하였다고 봄이 상당하므로, 상호간의 업종제한에 관한 약정을 준수할 의무가 있다. 그리고 이때 전체 점포 중 일부 점포에 대해서만 업종이 지정된 경우라고 하더라도, 특별한 사정이 없는 한 적어도 업종이 지정된 점포의 수분양자나 그 지위를 양수한 자들 사이에서는 여전히 같은 법리가 적용된다고 보아야 한다.

◎ **대법원 2009.12.24. 선고 2009다61179 판결【손해배상(기)】**
【판시사항】
[1] 분양회사가 수분양자에게 특정 영업을 분양하는 것이 수분양자들에게 그 업종을 독점적으로 운영하도록 보장하는 의미가 내포되어 있는지 여부(적극)
[2] 점포별로 업종을 지정하여 분양한 상가 내 점포에 관한 수분양자의 지위를 양수한 자 등이 분양계약에서 정한 업종제한약정을 위반할 경우, 영업상의 이익을 침해당할 처지에 있는 자가 동종업종의 영업금지를 청구할 수 있는지 여부(적극)

그리고 지정업종에 관한 경업금지의무는 수분양자뿐만 아니라 분양회사도 업종 제한을 받는다.

◎ 대법원 2006.7.4. 자 2006마164,165 결정 【가처분이의】
【결정요지】
[2] 상가 분양회사가 수분양자에게 특정영업을 정하여 분양한 이유는 수분양자에게 그 업종을 독점적으로 운영하도록 보장함으로써 이를 통하여 분양을 활성화하기 위한 것이고, 수분양자들 역시 지정품목이 보장된다는 전제 아래 분양회사와 계약을 체결한 것이므로, 지정업종에 관한 경업금지의무는 수분양자들에게만 적용되는 것이 아니라 분양회사에도 적용된다.

2. 관리단 규약에 의한 업종 제한

(1) 관리단 규약 업종 제한의 효력

집합건물의소유및관리에관한법률에 의해 구분소유자는 관리단으로 구성되고, 관리단은 집합건물의 관리 또는 사용을 위해 규약을 만들 수 있는데, 이 규약에서 업종 제한에 대한 규정을 둘 수 있다. 이러한 규약에 의해 업종의 지정 내지 변경은 집합건물법에서 정한 효력에 의해 규약 제정에 동의하지 않은 소유자나 임차인 모두에게 적용된다. 하지만 특정 업종을 지정받은 사람의 동의 없이는 관리단의 규약에 의하더라도 판례는 분양과정에서 특정업종 지정을 받은 구분소유자의 동의를 얻어야 한다고 판시했다.

◎ 대법원 2006.7.4. 자 2006마164,165 결정【가처분이의】

【결정요지】

[3] 건물의 구분소유자로 구성된 관리단의 규약에서, 관리단 집회의 의결 내용이 특정 구분소유권의 권리에 영향을 미칠 사항에 관하여는 당해 구분소유자의 동의를 얻어야 하는 것으로 규정하고 있는 경우, 업종의 지정 내지 변경에 관한 사항은 당해 업종에 관한 특정 구분소유권의 권리에 영향을 미치므로 당해 구분소유자의 동의를 얻어야 한다고 한 사례

◎ 대법원 2005. 11. 10. 선고 2003다45496 판결【영업금지등】

[3] 분양 당시 지정된 제한업종의 변경에 있어서 구분소유자들로 구성된 관리단에 해당하는 단체의 동의나 기존의 경쟁업종을 영업할 수 있는 점포소유자의 동의를 얻지 못한 경우, 당초 분양계약상 정해진 제한업종에 대한 적법한 변경절차를 거쳤다고 볼 수 없다고 한 사례

⑵ 번영회나 상인회 자치 회칙에 의한 업종 제한

구분소유자들로 구성된 관리단이 아니라 영업 중인 상인들로 구성된 상가 번영회나 상인 자치회에서 정한 회칙에 의해서도 업종을 제한할 수 있는가에 대해 특별한 경우 외에는 업종을 제한할 수 없다는 것이 대법원 판례의 입장이다. 집합건물법상 관리단 규약은 법에서 정한 효력에 의해 규약 제정에 동의하지 않은 소유자나 임차인 모두에게 적용되지만, 상가 번영회와 같은 자치단체의 회칙은 동의한 사람에게만 적용된다고 볼 수 있다.

◎ 대법원 2006.10.12. 선고 2006다36004 판결【영업행위금지】
【판결요지】
[1] 집합건물의 소유 및 관리에 관한 법률상의 관리단이 정한 규약의 위임규정에 근거하여 작성된 층별 번영회의 회칙이 같은 법 제29조 제1항 전문에 따라 해당 층 구분소유자 및 의결권의 4분의 3 이상의 찬성을 얻은 점, 관리단 규약에서 업종제한에 관한 자세한 사항을 층별 번영회에서 정하도록 위임한 것은 해당 층 구분소유자들의 이해관계 조정을 위한 층별 번영회의 회칙에 대하여 다른 층의 구분소유자들이 동의하여 이를 관리단 규약의 내용으로 받아들이겠다는 취지인 점 등에 비추어 볼 때, 층별 번영회의 회칙의 업종제한규정이 같은 법 제42조에 정한 '규약'의 일부로서 효력을 가지므로 해당 층의 구분소유자의 특별승계인 및 임차인 등에 대하여 효력을 미친다고 본 사례
[2] 업종제한에 관한 관리단 규약을 새로 설정하는 경우, 그로 인하여 구분소유자들이 소유권 행사에 다소 제약을 받는 등 그 권리에 영향을 미친다고 하더라도 이는 모든 구분소유자들에게 동일하게 영향을 미치는 것이고, 특별한 사정이 없는 한 집합건물의 소유 및 관리에 관한 법률 제29조 제1항 후문의 '일부의 구분소유자의 권리에 특별한 영향을 미칠 때'에 해당하지 않는다.

◎ 대법원 2005. 11. 10. 선고 2003다45496 판결【영업금지 등】
【판결요지】
[1] 분양계약서 또는 '집합건물의 소유 및 관리에 관한 법률' 제28조의 관리단규약 등에서 업종제한조항을 두는 경우에 어떠한 범위의 업종변경을 제한할 것인가, 업종변경을 절대적으로 금지할 것인가 아니면 일정한 범위에서 변경을 허용할 것인가는 사적 자치의 원칙에 따라 당사자가 자유로이 정할 수 있는 것이고, 업종변경의 허부, 범위 및 절차 등은 분양계약서 또는 관리단규약 등의 합리적

해석을 통하여 판단하여야 할 것이나 이 경우에도 분양회사가 수분양자에게 특정 영업을 정하여 분양하거나 구분소유자들 사이에서 각 구분소유의 대상인 점포에서 영위할 영업의 종류를 정하는 것은 기본적으로 수분양자 또는 구분소유자에게 그 업종을 독점적으로 운영하도록 보장하는 의미가 내포되어 있다고 할 것이므로, 이 경우 소유권을 분양받은 수분양자들이나 구분소유자들의 독점적 지위는 수분양자들이나 구분소유자들 스스로의 합의가 아닌 임차인 등의 제3자 사이의 합의에 기하여 변경될 수는 없다.
[2] '집합건물의 소유 및 관리에 관한 법률' 제23조 제1항의 관리단은 어떠한 조직행위를 거쳐야 비로소 성립되는 단체가 아니라 구분소유관계가 성립하는 건물이 있는 경우 당연히 그 구분소유자 전원을 구성원으로 하여 성립되는 단체라 할 것이므로, 집합건물의 분양이 개시되고 입주가 이루어져서 공동관리의 필요가 생긴 때에는 그 당시의 미분양된 전유부분의 구분소유자를 포함한 구분소유자 전원을 구성원으로 하는 관리단이 설립된다.

따라서 상가 투자를 하는 투자자의 입장에서는 입찰하려고 하는 상가의 현장 조사 시 업종 제한이 있는지 반드시 확인해 예측하지 못하는 투자 실패를 예방할 수 있을 것이다.

상가와 관련된 세금

부가가치세

1. 부가가치세 개요

(1) 부가가치세란?

부가가치세란 상품(재화)의 거래나 서비스(용역)의 제공과정에서 얻어지는 부가가치(이윤)에 대해 과세하는 세금이다.

부가가치세(VAT)는 국세(國稅)·보통세(普通稅)·간접세(間接稅)에 속한다(국세기본법 제2조). 그리고 부가가치세는 모든 재화 또는 용역의 소비행위에 대해 부과되는 일반소비세이며, 조세의 부담이 거래의 과정을 통해 납세의무가 있는 사업자로부터 최종소비자에게 전가되는 간접소비세(間接消費稅)이고, 모든 거래단계에서 생성된 각각의 부가가치에 부과되는 다단계거래세(多段階去來稅)의 성격을 가진다.

따라서 상가를 취득하거나 보유하고 있는 상가를 임대주는 것도 재화의 거래나 용역의 제공이므로 상가 취득 시와 상가 보유 시에 부가가치세 문제가 생기고, 공인중개사가 중개행위를 하는 것도 서비스의 제공으로 부가가치세를 부과한다. 부가가치세는 물건과 서비스에 포함되어 있기 때문에 실제적으로는 최종소비자가 부담하는 것이고, 이렇게 최종소비자가 부담한 부가가치세를 사업자가 세무서에 납부하는 것이다. 따라서 부가가치세 과세대상 사업자는 상품을 판매하거나 서비스를 제공할 때 거래금액에 일정금액의 부가가치세를 징수해 납부해야 한다.

⑵ 과세기간과 신고납부기간

① 과세기간과 신고납부기간

부가가치세는 6개월을 과세기간으로 해 신고·납부하도록 되어 있으며, 각 과세기간을 다시 3개월로 나누어 예정신고 기간을 두고 있다.

과세기간	과세대상기간		신고납부기간	신고대상자
제1기 1.1~6.30	예정신고	1.1~3.31	4.1~4.25	법인사업자
	확정신고	1.1~6.30	7.1~7.25	법인·개인사업자
제2기 7.1~12.31	예정신고	7.1~9.30	10.1~10.25	법인사업자
	확정신고	7.1~12.31	다음해 1.1~1.25	법인·개인사업자

② 법인사업자와 개인사업자의 부가가치세 납부

부가가치세 신고납부를 법인사업자와 개인사업자로 나누어 정리하면 다음과 같다.

㉠ 법인사업자

법인사업자는 1년에 4번 신고하고 납부해야 한다.

	과세대상기간	신고납부기간
1기 예정신고	1.1~3.31	4.1~4.25
1기 확정신고	1.1~6.30	7.1~7.25
2기 예정신고	7.1~9.30	10.1~10.25
2기 확정신고	7.1~12.31	다음해 1.1~1.25

㉡ 개인사업자

법인사업자는 모두 일반과세자이지만 개인사업자는 일반과세자와 간이과세자로 구분하고 있다. 개인사업자는 1년에 2번 신고납부한다.

과세유형	과세대상기간		신고납부기간
일반과세자	1기 확정신고	1.1~6.30	신고 납부 7.1~7.25
	2기 확정신고	7.1~12.31	신고 납부 다음해 1.1~1.25
간이과세자	1기 확정신고	1.1~12.31	신고 납부 다음해 1.1~1.25

(3) 일반과세자와 간이과세자 구분

① 일반과세자

㉠ 기준금액

1년간의 매출액이 4,800만 원 이상인 개인사업자

ⓒ 세액 계산

매출세액(매출액의 10%) − 매입세액(매입액의 10%) = 납부세액

ⓒ 부가가치세세 환급

상가를 분양받거나 매수한 경우 납세자가 부담한 부가가치세를 환급 가능

ⓔ 세금계산서 발행

일반과세자는 세금계산서를 반드시 발행해야 하며, 불성실 교부나 미교부
는 가산세 부과

ⓜ 부가가치세 면제

납부의무 면제 적용 대상 없음.

② 간이과세자

㉠ 기준금액

1년간의 매출액이 4,800만 원 미만인 개인사업자

ⓒ 세액 계산

매출세액(매출액의 10%) × 업종별 부가가치율 − 공제세액(= 교부받은 세금
계산서에 기재된 매입세액 × 업종별 부가가치율) = 납부세액

ⓒ 부가가치세세 환급

상가를 분양받거나 매수한 경우 납세자가 부담한 부가가치세를 환급 불가능

ⓔ 세금계산서 발행

간이과세자는 세금계산서를 발행 못함.

ⓜ 부가가치세 면제

과세기간(12개월) 공급대가가 2,400만 원 미만인 경우 납부의무 면제, 단

신고는 해야 함.

ⓑ 간이과세자의 업종별 부가가치율

업 종	부가가치율(2013년)
전기, 가스, 증기 및 수도사업	5%
소매업, 재생용재료수집 및 판매업, 음식점업	10%
제조업, 농업·임업 및 어업, 숙박업, 운수 및 통신업	20%
건설업, 부동산임대업, 기타 서비스업	30%

③ 간이과세 배제기준

㉠ 간이과세 대상

직전 연도의 재화와 용역의 공급에 대한 대가(부가가치세가 포함된 대가를 말한다. 이하 '공급대가'라 한다)가 4,800만 원에 미달하는 개인사업자와 휴업자 및 신규사업자는 신고금액을 12월로 환산한 금액이 4,800만 원에 미달하는 경우 간이과세 대상이다.

㉡ 간이과세 배제

일반과세가 적용되는 사업장을 보유하고 있는 사업자는 모든 사업장에 대해 간이과세를 배제한다. 단, 간이과세 사업장이나 일반과세 사업장이 공동사업장인 경우와 간이과세 사업장이 개인택시, 개인용달, 도로화물, 이용업, 미용업인 경우에는 간이과세를 적용한다.

㉢ 간이과세 배제기준 구성

간이과세 배제기준은 종목 기준·부동산임대업 기준·과세유흥장소 기준·

지역 기준으로 구성된다.

ⓐ 종목 기준 : 특별시, 광역시 및 수도권의 시지역(읍, 면지역 제외)에서 적용하며, 동 지역에서 다음 종목에 해당하는 사업을 영위하는 경우에는 간이과세를 적용하지 않는다.

· 초기 투자비용이 큰 업종 : 골프연습장, 예식장, 백화점, 볼링장 등
· 주로 사업자와 거래하는 업종 : 건설업, 자료처리업, 산업폐기물수집처리업 등
· 고가품, 전문품 취급업종 : 골프장비 소매업, 의료용품 소매업, 귀금속업, 피아노점, 컴퓨터점, 정수기점, 가구대리점, 가전제품점 등
· 기타 : 산후조리원, 피부·비만관리업, 음식출장조달업 등

ⓑ 부동산임대업 기준

· 부동산임대업 기준은 특별시, 6개 광역시, 시지역에 소재한 임대용 건물에 대해 적용하며, 건물연면적(공용면적 포함, 주상복합건물인 경우 주택면적 제외)이 동 기준에서 정하는 면적 이상인 경우에는 간이과세를 적용하지 않는다.
· 오피스텔이나 상가 등과 같이 구분소유되는 건물의 경우에는 각각의 구분소유 연면적(공용면적 포함)을 기준으로 동 기준을 적용한다.

ⓒ 과세유흥장소 기준

· 과세유흥장소기준이 적용되는 과세유흥장소는 개별소비세법 제1조 제4항에서 규정하는 과세유흥장소로 한다.

· 특별시·광역시·시에 소재한 과세유흥장소에 대해서는 부가가치세
법 시행규칙 제23조의2 제2항의 규정에 의해 간이과세를 적용하
지 않는다.

· 룸싸롱, 스탠드빠, 극장식식당, 캬바레, 나이트클럽, 디스코클럽, 관
광음식점, 요정 등

ⓓ 지역 기준

· 간이과세 배제지역으로 지정된 건물이나 장소에서 사업을 영위하
는 사업자에 대해서는 간이과세를 적용하지 않는다. 다만, 다음 사
업자는 이 기준에 불구하고 간이과세를 적용할 수 있다.

- 요구르트·화장품·우유·주스 등의 외판원(건강식품외판원 제외)

- 개인용달, 개인화물 및 개인택시 사업자

- 복권·승차권 판매업자, 가로가판점, 열쇠수리업

- 무인자동판매기를 이용하여 음료 및 담배 등을 판매하는 사업자

· 종목 기준, 부동산임대업 기준, 과세유흥장소 기준이 적용되는 경
우에는 지역 기준을 적용하지 않는다.

2. 단계별 부가가치세

(1) 상가 취득 시 부가가치세

① 분양이나 매매로 상가 취득

㉮ 부가가치세 납부

㉠ 건물분 공급가액 10% 납부

부가가치세법은 상가를 분양하거나 매도하는 경우도 재화의 공급으로 보므로 분양자나 매도자는 수분양자나 매수자에게 상가 분양가(매매가) 외에 건물 공급가의 10%에 해당하는 부가가치세를 징수해 세무서에 납부해야 한다. 바꿔 말하면 상가를 분양받는 사람이나 중개를 통해 매수하는 사람은 상가 분양가(매매가) 중에서 건물 공급가의 10%에 대한 부가가치세를 부담해야 한다는 것이다.

㉡ 건물분 공급가액의 결정

상가를 분양할 때의 분양가나 매매할 때의 매매가는 토지와 건물 공급가액이 합산되어 있다. 특히 집합건물의 상가는 더욱 그렇다. 상가 취득 시 납부해야 하는 부가가치세는 건물분 공급가액의 10%를 수분양자나 매수자는 부담해야 되지만 토지는 부가가치세가 면제되므로 토지분 공급가액에 대해서는 부가가치세를 납부하지 않는다. 그렇다면 건물분 공급가액은 어떻게 결정해야 하는가?

ⓐ 분양계약서/매매계약서상 토지가액과 건물가액을 구분표시한 경우

과세관청이 합당하다고 인정하면 된다. 판례는 일반적으로 매매계약서상의 매매금액이 실지거래가액임이 확인되고, 계약서상 토지의 가액과 건물의 가액이 구분표시되어 있으며, 구분표시된 토지와 건물가액이 정상적인 거래 등에 비추어 합당하다고 인정되는 경우에는 실지거래가액으로 보고 인정해준다.

실지거래가액

매매계약서상의 매매가액이 실지거래가액임이 확인되고, 계약서상에 토지와 건물가액이 구분표시되어 있으며, 구분표시된 토지와 건물가액이 해당 토지·건물의 규모와 형태, 이용도와 효용도, 인근토지 및 건물의 공급가액 등에 비추어 합당하다고 인정되는 경우에는 계약서상의 건물가액을 공급가액으로 보아야 하고, 부동산매매계약서상에 기재된 매맥금액이 실지거래가액임이 확인되지만 토지와 건물가액의 구분이 불분명하거나 그 구분표시된 가액이 해당 토지 및 건물의 규모와 형태, 사회통념 등에 비추어 합당하지 아니한 경우에는 국세청 기준시가나 감정평가가액에 따라 계산한 가액에 의해 안분계산한 가액을 공급가액으로 하는 것임(구심2007전1415, 07.8.21, 국심2005중18, 05.9.28.).

ⓑ 계약서상 총액으로 표시한 경우

·감정평가서가 있는 경우

감정평가가액('부동산가격공시및감정평가에관한법률'에 의한 감정평가법인의 평가가액)이 있는 경우 감정평가가액을 기준으로 안분계산한다. 단, 공급시기 직전 과세기간부터 공급시기가 속하는 과세기간까지의 감정평가서만 인정한다. 즉 상가를 분양받거나 매수하는 시점에서 1년 이내의 감정평가서만 과세관청에서 인정한다고 보면 된다.

·감정평가서가 없는 경우

토지와 건물에 대한 기준시가가 있는 경우에는 공급계약일 현재의 기준시가에 따라 계산한 가액에 비례해 안분계산해 건물분 부가가치세 10%를 신고납부해야 한다(건물기준시가 산정 : 국세청 홈페이지 접속 → 조회와 계산 → 기준시가 클릭 → 상업용건물/오피스텔 클릭).

ⓒ 과세유형별 세금계산서 발행과 부가가치세 납부 여부

ⓐ 일반과세자(매도자) ⇒ 일반과세자(매수자)

매도자는 세금계산서를 발행해야 하고, 매수자는 매매가 외에 건물분 부가가치세 10%를 매도자에게 지급해야 한다. 매도자는 매수자에게 부가가치세 10%를 받아서 과세관청에 신고납부한다.

ⓑ 일반과세자(매도자) ⇒ 간이과세자(매수자)

매도자는 세금계산서를 발행해야 하고, 매수자는 매매가 외에 건물분 부가가치세 10%를 매도자에게 지급해야 한다. 매도자는 매수자에게 부가가치세 10%를 받아서 과세관청에 신고납부한다.

ⓒ 간이과세자(매도자) ⇒ 일반과세자(매수자)

매도자가 간이과세자인 경우에는 세금계산서를 발행할 수 없으므로 매도자는 매수자로부터 건물분 부가가치세 10%를 받을 수 없다. 그래도 간이과세자인 매도자는 부가가치세를 신고납부해야 한다. 신고납부해야 할 금액은 '건물분 공급가액×10%×업종별 부가가치율(부동산임대업인 경우 30%)'이다.

ⓓ 간이과세자(매도자) ⇒ 간이과세자(매수자)

매도자가 간이과세자인 경우에는 세금계산서를 발행할 수 없으므로 매도자는 매수자로부터 건물분 부가가치세 10%를 받을 수 없다. 그래도 간이과세자인 매도자는 부가가치세를 신고납부해야 한다. 신

고납부해야 할 금액은 '건물분 공급가액×10%×업종별 부가가치율
(부동산임대업인 경우 30%)'이다.

　ⓔ 일반과세자(매도자) ⇒ 비사업자

　매도자는 세금계산서를 발행해야 하고, 매수자는 매매가 외에 건물
분 부가가치세 10%를 매도자에게 지급해야 한다. 매도자는 매수자
에게 부가가치세 10%를 받아서 과세관청에 신고납부한다.

　ⓕ 비사업자(매도자) ⇒ 일반과세자/간이과세자

　매도자가 비사업자인 경우에는 세금계산서를 발행할 수 없으므로
매도자는 매수자로부터 건물분 부가가치세 10%를 받을 수 없다.

㉯ 부가가치세 환급

　㉠ 부가가치세 환급이란?

　분양자나 매도자는 자신의 수분양자나 매수자로부터 받은 부가가치
세를 보관했다가 부가가치세 신고납부기간에 자신의 매출부가세로
신고 및 납부한다. 그러면 수분양자나 매수자가 일반과세자인 경우에
자신이 지급한 건물분 부가가치세를 과세관청으로 돌려받을 수 있다.
이것을 '부가가치세 환급'이라고 한다. 환급은 매수자(수분양자)에 대
한 문제다. 일반적으로 부가가치세 환급시점은 예정신고 때 환급해
주는 것이 아니라 확정신고기간 만료일(1월 25일, 7월 25일) 후 30일
이내에 환급해주도록 되어 있다.

ⓛ 환급받기 위한 조건

ⓐ 일반과세자(매도자) ⇒ 일반과세자(매수자)

상가를 분양받거나 매수하는 사람이 일반과세자인 경우에는 자신이 지급한 건물분 부가가치세를 환급받을 수 있고, 비사업자나 간이과세자인 경우에는 부가가치세를 환급받을 수 없다. 다시 말하면 매수자가 임대사업자로 부가가치세법상 일반과세자 등록을 하면 자신이 지급한 부가가치세를 환급받을 수 있는 것이다. 단, 계약일이 속한 과세기간 종료일로부터 20일 이내 사업자등록을 해야 환급받을 수 있다.

매도자(분양자)	매수자(수분양자)	부가세 환급 가능 여부
일반과세자	일반과세자	환급 가능
일반과세자	간이과세자	환급 불가
간이과세자	일반과세자	환급 불가
간이과세자	간이과세자	환급 불가

ⓑ 중간지급조건부 공급인 경우

상가를 분양받거나 매수할 때 계약금, 중도금, 잔금으로 분할해 지급하는 경우로써 계약금 지급일로부터 잔금 지급일까지의 기간이 6월 이상인 중간지급조건부공급인 경우 각각의 대가를 지급하기로 한 때가 공급시기가 되므로 상가 계약일이 속한 과세기간 종료일로부터 20일 이내 사업자등록을 해야 환급받을 수 있다.

즉 분양계약서에 약정된 계약금, 1차 중도금, 2차 중도금, 잔금 등을 납부할 때마다 분양사(시행사)로부터 사업자등록번호가 기재된 세금계산서를 발급받고 이를 바탕으로 관할 세무서에 환급신고를 한다. 계약금을 지급할 당시에는 수분양자는 사업자등록증이 없으므로 처음에는 수분양자의 주민등록번호가 기재된 세금계산서를 받으면 된다. 따라서 상가를 분양받을 경우 자신이 계약하는 거래가 중간지급조건부 공급인 경우에 해당하는지의 여부를 반드시 확인해야 한다. 일부 상가 투자자의 경우 이러한 중간지급조건부 공급을 알지 못해 부가가치세를 환급받지 못하는 경우가 많다.

◈ **사례 분석**

문) 甲이 근린 상가 1층 101호를 분양받았다. 분양금액은 6억 4천만 원(건물분가액 : 4억 원, 토지분가액 : 2억 원, 건물분 부가가치세 4천만 원)이고, 분양계약일과 납입조건은 다음과 같다.

2011. 5. 6	계약일(6,400만 원 지급 : 계약금 10% - 부가세 포함)
2011. 7. 6	1차 중도금(19,200만 원 지급 : 중도금 30% - 부가세 포함)
2011. 9. 6	2차 중도금(19,200만 원 지급 : 중도금 30% - 부가세 포함)
2011. 11. 6	잔금일(19,200만 원 지급 : 잔금 30% - 부가세 포함)

이 경우 甲은 공급개시일로부터 언제까지 일반과세자로 사업자등록을 하여야 甲이 부담한 건물분 부가가치세를 환급받을 수 있는가?

답) 상가를 분양받거나 매수할 때 계약금, 중도금, 잔금으로 분할해 지급하는 경우로써, 계약금 지급일로부터 잔금 지급일까지의 기간이 6월 이상인 중간지급조건부공급인 경우 각각의 대가를 지급하기로 한 때가 공급시기가 되므로 상가 계약일로부터 20일 이내에 사업자등록을 해야 부가가치세를 환급받을 수 있다. 이 경우 2011. 5. 26 이내에 일반과세자로 사업자등록을 해야 부가가치세를 환급받을 수 있다.

ⓒ 10년간 일반과세자로 부가가치세 납부 유지

상가를 분양받거나 매수할 때 건물분 부가가치세를 부담하고 환급받은 일반과세자는 10년(20과세기간)간 일반과세자로 부가가치세를 신고납부해야 한다. 폐업하거나 간이과세자로 전환하면 환급받은 부가가치세를 1과세 기간당 5%씩 체감하는 방법으로 다시 환입해야 한다.

◈ **사례 분석**

문) 상가를 분양받고 계약금을 지급한 상태에서 중도금 납입기간이 다가오는 시점에 분양회사의 계약위반으로 계약이 해지되었다. 분양회사는 최종부도가 유력한 상태로 보여진다. 계약금을 지급한 후 저는 임대사업자로 일반사업자 등록을 하고 계약금에 해당하는 부가가치세를 환급받았다. 이 경우 본인의 과실도 아니고 분양회사의 잘못으로 인해 계약이 해지되었는데도 환급받은 부가세를 다시 납부해야 하는지?

답) 부동산 임대업을 영위할 목적으로 상가를 분양받고 사업개시 전 등록을 한 사업자가 부가가치세법 제9조의 규정에 의한 거래시기에 세금계산서를 교부받아 매입세액을 환급받았으나, 분양회사의 계약위반으로 상가 분양계약을 해제한 경우에는 그 상가 분양계약이 소급해 무효가 되어 재화의 공급이 있는 것으로 볼 수 없으므로, 매입세액을 환급받은 과세기간에 대해 수정신고를 하면서 환급받은 매입세액을 납부세액에 가산해 납부해야 한다.

문) 甲은 근린 상가 101호를 7억 5천만 원(건물분가액 : 5억 원, 토지분가액 : 2억 원, 건물분 부가가치세 5천만 원)에 분양받고, 분양계약 후 20일 이내에 일반과세자로 부동산임대업 사업자등록을 했다. 그후 甲은 본인이 부담한 건물분 부가가치세 5천만 원을 환급신청해 환급받았다.

① 甲은 분양받은 상가를 임대주고 4년이 되는 시점에 임대수입이 연 3,600만 원에 불과해 세무서에서 간이과세자로 전환했다. 이 경우 환급받은 부가가치세는 어떻게 되는가?

② 甲은 분양받은 상가를 임대했는데 점점 경기가 안 좋고 장사가 되지 않자 4년이 지난 시점에 임차인이 퇴점했다. 그후 임대를 놓아도 계속 공실 상태로 있기에 환급받은 후 5년이 되는 시점에 부동산 임대사업을 폐업했다. 이 경우 환급받은 부가가치세는 어떻게 되는가?

③ 부동산 임대업으로 사업개시 후 2년 경과시점에 공인중개사를 통해 분양받은 상가를 매도했다. 이 경우 환급받은 부가가치세는 어떻게 되는가?

④ 분양받은 상가를 3년이 되는 시점에 대출금을 변제하지 못해 경매를 당해 소유권이 이전되었다. 이 경우 환급받은 부가가치세는 어떻게 되는가?

답) ① 부가가치세 환급조건은 10년간 일반과세자를 유지하는 것인데, 4년 시점에서 간이과세자로 전환하면 일반과세자를 유지했던 4년은 인정되고 나머지 잔여기간 6년분에 해당하는 부가가치세 환급금(5천만 원-2천만 원=3천만 원)은 다시 세무서에 납부해야 한다.

② 부가가치세 환급조건은 10년간 일반과세자를 유지하는 것인데, 5년 시점에서 사업장을 폐업하면 일반과세자를 유지했던 5년은 인정되고 나머지 잔여기간 5년분에 해당하는 부가가치세 환급금(5천만 원-2천5백만 원=2천5백만 원)은 다시 세무서에 납부해야 한다.

③ 매매의 경우 10년이 경과하지 않더라도 환급받은 부가가치세를 다시 환입하지 않는다. 매수자에 의해 사업이 계속 운영 중이라고 보기 때문이다.

④ 환급받은 상가를 경매나 공매로 인해 소유권이 이전된 경우에는 환급받은 부가가치세를 다시 세무서에 납부하지 않는다.

② 민사집행법에 의한 경매나 국세징수법에 의한 공매로 취득

㉮ 부가가치세 납부 불요

경매나 공매로 상가를 취득한 경우는 부가가치세를 납부하지 않는다.

㉯ 부가가치세 환급

경매나 공매로 상가를 취득한 경우는 부가가치세를 납부하지 않았으므로 환급도 당연히 없다.

㉰ 부가가치세 환입

상가를 경매나 공매로 취득한 경우는 부가가치세를 납부하지 않고, 환급도 받지 않으므로 10년 내에 사업을 폐업하거나 간이과세자로 변경해도 환입하지 않는다.

(2) 보유 시 부가가치세(부동산임대업)

보유하고 있는 상가를 임대할 때도 용역의 공급으로 보아 부가가치세를 납부해야 한다. 보유 시 부가가치세는 임대인(상가 소유자)을 기준으로 판단해야 한다.

① 과세표준

상가를 임대할 때는 월차임뿐만 아니라 보증금도 일반적으로 받는다. 월차임에 대한 부가가치세만 납부하는 것이 아니라 보증금에 대해서도 정기예금이자율을 곱해 일정금액을 부가가치세로 납부해야 한다. 또 관리비를 받게 되면 관리비에 대해서도 부가가치세를 납부해야 한다.

㉮ 과세표준 = 간주임대료 + 전체 월세수입 + 전체 관리비수입

   ⓐ 간주임대료 = 보증금×2.9%(계약기간 1년의 정기예금이자율)×임대
일수/365

   ⓑ 전체 월세수입 = 월차임×과세개월수

   ⓒ 전체 관리비 수입 = 월관리비×과세개월수

정기예금이자율

1.8%	2016년 1기분부터 적용	
2.5%	2015년 1기분부터 적용	부가가치세법 시행규칙 제47조
2.9%	2014년 1기분부터 적용	
3.4%	2012년 2기분부터 적용	
4.0%	2012년 1기 이후 적용	
3.7%	2011년 1기 이후 적용	부가가치세법 시행규칙 제15조 제1항
4.3%	2010년 1기 이후 적용	

㉯ 간주임대료

보증금에 대해서도 일정률의 부가가치세를 부담해야 하는 데, 이를 간주
임대료에 대한 부가가치세라고 한다.

예를 들어, 일반과세자가 전세보증금 1억 원에 월세 100만 원(VAT 별도)으
로 상가를 임대한다고 가정했을 때 1월에서 6월까지 부가가치세를 신고한
다면 과세표준이 월세 600만 원, 전세보증금 1억 원에 대해 연 1.8% 중 6개
월분인 892,600원을 간주임대료라 하고 전체 과세표준은 6,892,600원이 된

다. 임대인은 부가가치세 중 월세부분의 부가가치세는 세입자로부터 받아서 납부하고, 간주임대료에 상당하는 부가가치세는 임대인이 부담해야 한다. 따라서 과세표준은 6,892,600원이 되고 부가가치세 납부세액은 689,260원이다.

문) 보증금이 5천만 원이고 월차임이 200만 원(VAT 별도)인 상가 소유자가 1기 확정신고 시 과세표준은 얼마일까?

답) ① 간주임대료 = 5천만 원×1.8%×181일(1월부터 6월까지 일수)÷365일
= 446,300원

② 전체 월세수입 = 200만 원×6개월 = 1,200만 원
① + ② = 12,446,300원이 과세표준이 된다.

② 과세유형별 부가가치세 납부세액

㉮ 일반과세자

$$납부세액 = 과세표준 \times 10\% - 매입세액$$

사례를 가지고 납부세액을 계산해보면,

$$납부세액 = 12,446,300원 \times 10\% - 매입세액$$
$$= 1,244,630원 - 매입세액이 된다.$$

㉲ 간이과세자

納부세액 = 과세표준 × 10% × 30%(임대사업자 업종별부가가치율)

　　　－ 공제세액(매입세액 × 업종별부가가치율)

사례 분석 예를 가지고 납부세액을 계산해보면,

납부세액 = 12,446,300원 × 10% × 30% － 공제세액

　　　= 373,389원 － 공제세액이 된다.

계산상으로만 보면 간이과세자가 부가가치세를 상당히 적게 납부하는 것처럼 보인다. 하지만 일반과세자는 세금계산서를 발행해 임차인으로부터 부가가치세를 받아서 납부하지만, 간이과세자는 세금계산서를 발행하지 못하므로 임차인으로부터 부가가치세를 받아서 납부할 수 없다. 따라서 어느 과세자가 더 유리하다고 단적으로 말할 수 없다.

그리고 간이과세자는 당해 과세기간에 대한 과세표준이 2,400만 원 미만인 경우에는 부가가치세 납부를 면제해주고 있다. 즉 간이과세자는 2,400만 원 이상에서 4,800만 원 미만인 경우에만 부가가치세를 납부하게 된다. 일반과세자는 과세표준이 1,200만 원 미만인 경우에도 부가가치세가 면제되지 않는다.

③ 1년분 임대료를 선불로 받은 경우

보통 월차임은 매월 약정한 일자에 받지만, 외국인에 대한 임대나 일정기

업에 대한 임대 등에 대해서 임대료 1년분을 선불로 받을 수 있다. 이 경우 선불로 일시에 받은 임대료를 한 과세기간에 귀속시켜 부가가치세를 납부하게 할 경우에는 세 부담이 집중될 수 있으므로, 이럴 경우 일정 기간에 나누어 안분해 신고납부하도록 하고 있다.

> *** 과세표준 = 선불 임대료 × 각 과세기간 월수/계약기간 월수**

예를 들면, 4월에 임대차계약을 해서 1년분 월차임을 선납받은 경우에는 4월부터 6월까지에 대해 1기 확정신고를 하고, 7월부터 12월까지는 2기 확정신고, 그 다음해 1월부터 3월까지는 1기 확정분에 귀속되어 신고하면 된다.

◈ **사례 분석**

문) 甲은 부동산 임대업자(일반과세자)이다. 서울 이태원동에 소재하고 있는 상가 4층을 2011. 10. 1에 乙과 임대차계약을 체결했다. 계약조건은 보증금 없음./월차임 300만 원(VAT별도)/1년분 월차임 선납(3,600만 원)/계약기간 1년이다. 甲은 乙에게서 3,960만 원(VAT 포함된 금액)을 받고 세금계산서를 발행해주었다. 이 경우 甲은 부가가치세 신고를 언제하고 납부금액은 얼마인가?

답) ① 2011년 2기 확정신고납부 : 납부금액 360만 원 × 3/12개월 = 90만 원
② 2012년 1기 확정신고납부 : 납부금액 360만 원 × 6/12개월 = 180만 원
③ 2012년 2기 확정신고납부 : 납부금액 360만 원 × 3/12개월 = 90만 원

④ 전대차한 경우

임차인이 임대인의 동의를 얻어 전대차를 한 경우 부가가치세 부담은 아래와 같다.

㉮ 임대인과 임차인

임대인은 세금계산서를 발행해 임차인에게 주고, 임차인은 월차임에 부가가치세 10%를 포함해 임대인에게 지급해야 한다.

㉯ 전대인(임차인)과 전차인

전대인은 전차인에게 세금계산서를 발행해주고, 전차인은 전대인에게 부가가치세 10%을 지급해야 한다.

◆ 중요 판례

◎ 대법원 2011.3.24. 선고 2010다95062 판결 【임차보증금등반환】
【판결요지】
임대인과 임차인이 세무서에 임대차보증금만 신고하고 월차임은 신고하지 않기로 합의하면서 임대차보증금에 차임을 '임차인이 다 신고하면' 그 차임에 대한 부가가치세 등을 임차인이 부담하기로 하는 내용의 세금부담 약정을 한 사안에서, 위 세금부담 약정은 임차인이 스스로 세무서에 차임 약정이 존재한다는 사실을 신고함으로써 그에 대한 부가가치세 등을 임대인이 부담하게 될 경우 이를 임차인이 부담하겠다는 뜻으로 이해됨에도, 임대인에 대한 세무조사 과정에서 누락신고된 차임이 밝혀졌다는 사유만으로 임대인에게 추가로 부과된 부가가치세 본세를 위 세금부담 약정에 따라 임차인이 부담하여야 한다고 본 원심판결을 파기한 사례

【이 유】

원심은, 원고가 피고들과 임대차기간 동안 세무서에 임대차보증금 4억 원만 신고하고 월 차임 630만 원은 신고하지 않기로 합의하면서, 피고들에게 '만약 4억 원에 630만 원을 임차인이 다 신고하면 월세 630만 원에 대한 부가세 및 소득세 등 제세는 본인이 부담하기로 각서함'이라는 내용의 각서를 교부해 이 사건 세금부담 약정을 한 사실, 이후 임대인인 피고들이 세무조사를 받으면서 차임을 누락신고한 사실이 밝혀져 소득세, 부가가치세 및 주민세 등을 추가로 납부하게 된 사실을 인정한 후, 이 사건 세금부담 약정에 따라 피고들에게 추가로 부과된 소득세, 부가가치세, 주민세 등을 전부 원고가 부담해야 하므로 그 해당 금액은 피고들이 반환할 임대차보증금에서 공제되어야 한다는 피고들의 주장에 대해, 이 사건 세금부담 약정 중 소득세와 주민세에 관한 부분은 민법 제103조에 의해 무효이나 부가가치세 부분은 유효라고 판단하고, 피고들에게 추가 부과된 부가가치세 중 가산세를 제외한 본세 15,589,976원은 이 사건 세금부담 약정에서 정한 조건이 충족되었다고 보아 이 금액을 원고가 반환받을 임대차보증금에서 공제했다.

그러나 이 사건 세금부담 약정에 따라 부가가치세 본세를 원고가 부담하여야 한다는 원심의 판단은 다음과 같은 이유로 수긍하기 어렵다.

원고와 피고들 사이의 이 사건 세금부담 약정이 기재된 각서에 의하면, 만약 임대차보증금 4억 원에 차임 630만 원을 '임차인이 다 신고하면' 그 차임에 대한 부가가치세 등을 원고가 부담하기로 한다는 것이고, 그 각서는 피고들이 그 내용을 기재하여 원고에게 서명을 요구함으로써 원고가 이에 서명하여 작성된 것인 사실을 알 수 있는바, 위 각서의 문언에 의하면 이 사건 세금부담 약정은 임차인인 원고가 스스로 세무서에 차임 약정이 존재한다는 사실을 신고함으로써 그에 관한 부가가치세 등을 피고들이 부담하게 될 경우 이를 원고가 부담하겠다는 뜻으로 이해된다. 그런데 원심은 피고들에 대한 세무조사 과정에서 누락신고된 차임이 밝혀졌다는 사유만으로 피고들에게 추가로 부과된 부가가치세 본세 15,589,976원을 이 사건 세금부담 약정에 따라 원고가 부담하여야 한다고 판단하였으니, 이러한 원심의 판단에는 원고와 피고들 사이의 이 사건 세금부담 약정의 해석에 관한 법리를 오해하고 심리를 다하지 않음으로써 판결의 결과에 영향을 미친 위법이 있다.

(3) 처분 시 부가가치세

① 매매로 처분

임대사업을 하던 상가 소유자가 상가를 처분(매매)할 경우에는 건물분에 대해 부가가치세를 납부해야 한다. 일반과세자나 간이과세자 불문하고 부가가치세를 신고납부해야 하지만 비사업자와 면세사업자는 부가가치세 납부의무가 없다.

② 경매나 공매로 처분

상가를 분양받거나 매매로 취득한 후 경매로 인해 소유권이 이전되었을 경우 두 가지로 나뉠 수 있다. 우선 경매일자가 사업장 폐업일보다 앞설 경우 경매로 인한 양도는 과세 제외되어 환급받은 부가가치세가 있더라도 납부할 필요가 없다.

그러나 경매가 개시되기 전에 사업장을 폐업했을 경우에는 폐업시 잔존재화로 보아 과세한다. 즉 환급받았던 부분을 다시 납부해야 한다. 납부할 금액은 한 과세기간(6개월)에 5%를 차감한 금액이 된다.

(3) 권리금과 부가가치세

양도인과 양수인이 권리양수도계약으로 협의된 권리금을 받고 양수인에게 시설 및 영업권 등을 양도할 때 협의된 권리금에 대해 부가가치세를 납부해야 하는지, 납부하게 되면 누가 부담하게 되는지에 대하여 양수인이 개인사업자와 법인사업자를 분류해서 보면 다음과 같다.

① 개인사업자

원칙은 권리금이 5천만 원이라면 양수인은 5천 5백만 원(부가가치세 5백만 원 포함)을 양도인에게 지급하고, 양도인은 5천 5백만 원에 대한 세금계산서를 양수인에게 발행해준다. 양도인은 부가가치세 신고납부 기한에 양수인에게 받은 부가가치세 500만 원을 관할 세무서에 신고납부한다.

그러나 현실은 권리금에 대해서는 부가가치세 부분을 주고받지 않고 권리금액만 수수하게 된다. 세법상 권리금의 수수는 없는 것으로 진행하게 되는 것이다.

② 법인사업자

법인인 경우 회계처리 때문에 권리금 수수에 대한 부분을 매입자료로 정리해야 하므로 부가가치세를 수수하게 된다. 즉 양도인이 세금계산서를 발행해주고, 법인인 양수인은 권리금과 부가가치세 10%를 포함한 금액을 양도인에게 지급하게 되는 것이다.

3. 사업포괄양수도

甲은 노후생활을 위해 퇴직금과 예금 등 전 재산으로 임대용 건물로 사용하고 있는 상가를 4억 원〔건물가액 6억 원(부가세 별도 6천만 원) + 토지가액 2억 원 - 보증금 2억 원 - 담보대출 2억 원〕에 매입해 임대사업하기로 했다. 투자자금을 계산할 때 부가가치세 6천만 원은 환급을 받기 때문에 4억 원만 있으면 된다고 생각했는데 계약을 하려고 보니 잔금일까지 4억 원을 모두 지급해야 하며, 부가가치세 6천만 원은 나중에 환급받게 된다고 한다. 甲은 여유자금이 전혀 없는 상태인데, 이 경우 좋은 해결 방법이 없을까?

이 경우 사업포괄양수도 방식으로 처리하면 된다.

◎ **부가가치세법시행령 제17조(담보제공 · 사업양도 및 조세의 물납)**
② 법 제6조 제6항 제2호에서 '대통령령으로 정하는 것'이란 사업장별('상법'에 따라 분할 또는 분할합병하는 경우에는 같은 사업장 안에서 사업부문별로 양도하는 경우를 포함한다)로 그 사업에 관한 모든 권리와 의무를 포괄적으로 승계시키는 것('법인세법' 제46조 제2항의 요건을 갖춘 분할의 경우, '조세특례제한법' 제37조 제1항 각 호의 요건을 갖춘 자산의 포괄적 양도의 경우 및 양수자가 승계받은 사업 외에 새로운 사업의 종류를 추가하거나 사업의 종류를 변경한 경우를 포함한다)을 말한다. 이 경우 그 사업에 관한 권리와 의무 중 다음 각 호의 것을 포함하지 아니하고 승계시킨 경우에도 해당 사업을 포괄적으로 승계시킨 것으로 본다. 〈개정 98.12.31, 99.12.31, 2000.12.29, 2006.2.9, 2007.2.28, 2008.2.29, 2010.2.18, 2010.12.30〉
  1. 미수금에 관한 것
  2. 미지급금에 관한 것
  3. 당해 사업과 직접 관련이 없는 토지·건물 등에 관한 것으로써 기획재정부령이 정하는 것

(1) 사업포괄양수도 계약

'사업의 포괄양수도'라는 것은 자신의 음식점, 옷가게, 소규모 공장 등을 일괄로 파는 것을 말하는데, 이처럼 사업의 동일성이 유지되면서 경영주체

만 바뀌는 것을 '사업의 양수도'라 한다. 다시 말하면 사업장별로 사업용 자산을 비롯한 인적시설 및 권리·의무 등을 포괄적으로 승계해 양도하는 것을 말한다.

이렇게 사업을 포괄양수도하면 부가가치세법상 재화의 공급으로 보기 않기 때문에 부가가치세가 과세되지 않는다. 따라서 세금계산서도 발급할 수 없도록 규정되어 있다.

본래 '사업의 양도'는 부가가치세법상 '재화의 공급'에 해당되어 부가가치세가 과세되는 것이 맞다. 그러나 사업의 양도에 부가가치세를 과세하더라도 양도인은 양수인에게서 부가가치세를 징수해 납부하고, 양수자는 그 금액을 매입세액으로 공제 또는 환급받게 될 것이므로 양수인은 불필요한 자금압박을 받고 과세관청은 국고수입도 없으면서 행정적으로 번거롭기만 할 뿐이다. 이러한 이유로 부가가치세법은 사업의 양도를 재화의 공급으로 보지 않도록 규정하고 있다. 즉 사업포괄양수도에 해당하면 양도자는 건물분 부가가치세액 만큼 양도가액을 낮출 수 있어 거래를 원만하게 성사시킬 수 있고, 양수자는 양수할 때 자금부담을 줄일 수 있다. 현재는 사업포괄양수도 조건에 해당되면 모두 사업포괄양수도로 처리해 부가가치세를 부담하지 않는다.

(2) 사업포괄양수도 성립요건

① 양도자 및 양수자가 과세사업자

사업양수 후 양수자가 면세사업으로 전환하는 경우 사업포괄양수도가 인정되지 않고, 일반과세자로부터 사업포괄양수도 시 간이과세자 등록을 배제하므로 인정되지 않는다.

과세유형		포괄양수도 여부
양도자	양수자	
일반과세자	일반과세자	포괄양수도 가능
일반과세자	간이과세자	포괄양수도 가능 (단, 포괄양수도로 계약하면 일반과세자로 자동전환)
간이과세자	일반과세자	포괄양수도 가능
간이과세자	간이과세자	포괄양수도 가능

② 사업전체를 양도·양수

사업체 중 일부를 제외하거나 자산 중 일부를 제외하면 안 되고, 사업전체를 양도·양수해야 포괄양수도가 인정된다. 단, 사업장과 직접 관련 없는 토지나 건물 등은 제외되어도 양수도가 인정된다.

③ 조건 불변

임차인에 대한 조건, 하청업체 변경, 직원 변경 등이 있으면 포괄양수도가 인정되지 않으므로 현재 사업체의 모든 조건을 그대로 양수해야 한다. 포괄양수도는 사업의 동일성이 유지되면서 경영주체만 변경되는 것이라고 생각하면 된다.

> **문)** 부동산 임대사업자로서 부동산 임대에 사용하던 건물을 건물소유자가 건물 매도를 의뢰했다. 매수자는 현재 임차인을 잔금지급일까지 명도하는 조건으로 매수하겠다고 하는데, 이 경우 건물분 부가가치세 문제를 해결하기 위해 사업포괄양수도계약으로 진행하려고 한다. 포괄양수도계약으로 인정받을 수 있는가?
>
> **답)** 임차인을 명도하는 조건으로 건물을 양도하는 경우는 사업포괄양수도에 해당되지 않는다. 건물매매로 건물분 부가가치세를 부담해야 한다.

④ 업종 동일성 유지 요건 폐지

업종 동일성을 계속 유지하는 요건은 폐지되었다. 과거에는 사업을 양수받은 자가 10년 내에 업종을 변경하면 사업양수도로 인정하지 않아 부가세를 추징당했으나 현재는 사업양수도 이후 업종을 변경해도 사업양수도로 인정한다. 단 사업양수도의 요건을 완화해 주는 대신 사업양수도 절차 요건을 강화함으로써 사업양수도가 세금 탈루의 목적으로 오용되는 것을 막고 있다.

⑤ 사업포괄 양도신고서 반드시 제출

사업양도 후 양도자는 부가가치세 확정신고를 할 때 '사업양도신고서'를 제출해야 하고, 양수자는 사업자등록을 할 때 '양도양수계약서' 사본을 제출해야 한다.

> ◎ **면세사업자(부가가치세의 과세대상이 아님)**
> 농·수·축·임산물, 의료, 보건, 정부허가교육, 주택임대, 도서, 예술, 도서관, 금융, 보험, 저술, 작곡, 국가 또는 지자체용역, 종교, 학술, 자선, 공익, 국민주택 등

◎ **동일건물 내 여러 호 사업자등록 및 1개 사업장의 양도시 사업양도의 해당 여부**

문) 사업자 甲은 유통단지 내 상가(동일건물)를 여러 호를 취득하고(101호, 102호, 103호) 부동산 임대업을 하고자 한다.

(1) 사업자등록은 각 호별로 해야 하는지? 한꺼번에 해도 되는지?

(2) 사업자등록을 한꺼번에 한 경우 이후 101호만 양도할 경우 사업양도로 인정받을 수 있는지?

답) (1) 동일 건물 내 서로 다른 호의 여러 호수를 분양받아 부동산 임대 동일업종 영위 시 하나의 사업장으로 볼 수 있다.

① 따라서 하나의 사업자등록번호로 사업자등록을 할 수 있음.

② 이 경우 업종이 다른 별도의 사업을 영위하는 경우에는 각각의 점포가 독립된 사업장임(부가46015-2531, 1999.08.23).

(2) 이 경우 나중에 하나의 점포만 양도할 경우 사업의 양도로 볼 수 없다는 것이 기존 해석이었으나(서면3팀-1491, 2007.5.1외 다수) 최근 해석을 변경하여 '하나의 점포만 양도하는 경우에도 사업의 양도로 본다'고 기존 해석이 변경(서면3팀-259, 2008.02.01)되었다.

4. 부동산별 부가가치세 적용 여부

(1) 토지와 부가가치세

① 토지의 매매

부가가치세법에 의해 토지를 취득할 때는 부가가치세를 납부하지 않는다. 부동산을 취득할 때 납부하는 부가가치세는 건물에 대해서만 부담한다.

② **토지의 임대**

토지를 임대할 때는 원칙적으로 부가가치세를 과세한다. 다만, 다음의 경우에는 토지임대시 부가가치세를 과세하지 않는다.

　　㉠ 전, 답, 과수원, 목장용지, 임야, 염전의 임대(부가세법 시행령 2①)

　　㉡ 상시 주거용으로 사용하는 주택의 부수토지 임대(부가세법 시행령 34①)

　　　ⓐ 건물 정착면적의 5배를 초과하지 않을 것

　　　ⓑ 주택 연면적의 1배 이내(지하, 지상주차장, 주민공동시설 제외)

◎ **부가가치세법 시행령 제34조 【주택과 이에 부수되는 토지의 임대용역의 범위】**
① 법 제12조 제1항 제11호에 규정하는 주택과 이에 부수되는 토지의 임대는 상시 주거용(사업을 위한 주거용의 경우를 제외한다)으로 사용하는 건물(이하 '주택'이라 한다)과 이에 부수되는 토지로써 다음 각 호의 면적 중 넓은 면적을 초과하지 아니하는 토지의 임대를 말하며, 이를 초과하는 부분은 토지의 임대로 본다.
1. 주택의 연면적(지하층의 면적, 지상층의 주차용으로 사용되는 면적 및 '주택건설기준 등에 관한 규정' 제2조 제3호의 규정에 따른 주민공동시설의 면적을 제외한다.)
2. 건물이 정착된 면적에 5배('국토의 계획 및 이용에 관한 법률' 제6조의 규정에 따른 도시지역 밖의 토지의 경우에는 10배)를 곱하여 산정한 면적
② 임대주택에 부가가치세가 과세되는 사업용 건물(이하 '사업용 건물'이라 한다)이 함께 설치되어 있는 경우에는 주택과 이에 부수되는 토지의 임대의 범위는 다음 각호의 규정에 의한다.
1. 주택부분의 면적이 사업용 건물부분의 면적보다 큰 때에는 그 전부를 주택의 임대로 본다. 이 경우에 당해 주택에 부수되는 토지임대의 범위는 제1항과 같다.
2. 주택부분의 면적이 사업용 건물부분의 면적과 같거나 그보다 작은 때에는 주택부분 이외의 사업용 건물부분은 주택의 임대로 보지 아니한다. 이 경우에 당해 주택에 부수되는 토지의 면적은 총토지면적에 주택부분의 면적이 총건물면적에서 차지하는 비율을 곱하여 계산하며, 그 범위는 제1항과 같다.

⑵ **공동주택(연립, 다세대, 아파트)과 부가가치세**

주택사업 시행사(법인인 경우)가 아파트나 연립 등을 신축해 분양하는 것도 사업에 사용하는 재화의 공급이므로 분양받을 때에도 건물분에 대해 원칙적으로 부가가치세를 납부해야 하는데 국민주택규모를 초과하는 부분에 대해서만 부가가치세를 과세한다. 즉 아파트 등 중에서 국민주택규모(전용면적 85제곱미터 이하) 이하인 경우에는 부가가치세를 면세해주고 있다. 따라서 대형 평수의 아파트 등은 분양가격에 건물분에 대한 부가가치세가 포함되어 있지만 매도자가 법인이 아닌 개인이 소유하고 있는 아파트 등을 매도할 때에는 부가가치세를 납부하지 않는다.

① 법인 ⇒ 개인

법인이 개인에게 분양하는 경우에는 국민주택규모 초과 부분에 대해 부가가치세를 납부해야 한다. 건물분에 대해서 납부한다.

② 개인 ⇒ 법인/개인

개인이 법인이나 개인에게 매매하는 경우에는 부가가치세가 면세되므로 납부하지 않는다.

◆ **유권 해석**

국민주택규모 초과의 재건축주택을 종전 소유자 또는 일반인에게 분양하는 경우
연립주택 소유자들이 공동으로 또는 재건축조합(법인)이 기존 공동주택을 멸실하고 국민주택규모 초과의 주택을 재건축해 종전의 소유자 또는 일반인에게 분양함에 있어 해당 주택을 종전의 소유자에게 자기 주거용으로 분양하는 경우에는 부가가치세가 과세되지 아니하는 것이어서 이와 관련되는 매입세액은 불공

⑶ 상가와 부가가치세

상가를 분양받거나 매수할 때 건물분에 대해 부가가치세를 납부해야 한다.

⑷ 상가 겸용주택과 부가가치세

① 매매 시 부가가치세

상가 겸용주택을 매매할 때의 부가가치세는 주택 부분은 부가가치세가 면세이고, 사업용건물 부분은 부가가치세가 과세된다. 그리고 주택면적 = 사업용건물 면적인 경우에도 사업용건물 부분에 대해 부가가치세를 과 세한다.

◈ **사례 분석**

문) 5층 상가 겸용주택이 있는데 1, 2, 3층은 근린생활시설이고 4, 5층은 주택일 경우 매 매시 부가가치세가 부과되는 부분은 몇 층인가?

답) 상가 부분(1, 2, 3층)에 대해 부가가치세가 부과된다. 물론 매수자가 일반과세 자로 사업자등록을 잔금일로부터 20일 이내에 하면 매도자에게 지급한 부가 가치세를 세무서로부터 환급받을 수 있다.

> **문)** 2종 근린생활시설 5층 건물을 1, 2층은 음식점과 사무실로 임대를 주고, 3, 4, 5층은
> 원룸으로 임대를 주어 임차인들이 주거용으로 사용하는 도중 매매를 할 경우 부가가
> 치세가 부과되는 층은 몇 층인가?
>
> **답)** 1,2층은 사업용건물이므로 부가가치세가 부과된다.

② 임대(보유) 시 부가가치세

주택과 사업용 건물이 함께 설치되어 있는 건물을 임대하는 경우 주택임대면적에 따른 면세 여부는 임차인별로 주택부분의 면적이 사업용 건물부분의 면적보다 큰 때에는 그 전부를 주택의 임대로 본다.

예를 들면, 토지 면적 160제곱미터, 건축물 연면적 140제곱미터, 1층 점포 60제곱미터, 2층 주택 60제곱미터, 지하층 주택 20제곱미터, 임차인은 2인인데 임차인 甲은 1층 점포 30제곱미터 사용하고 임차인 乙은 1층 점포 30제곱미터와 2층 주택 60제곱미터와 지하층 주택 20제곱미터를 사용하고 있다. 이 경우 임대 시 부가가치세가 부과되는 부분은 임차인 甲은 주택을 사용하지 않고 점포만 사용하므로 그 임대수입은 부가가치세의 과세대상이고, 임차인 乙은 주택을 사용하고 주택면적이 사업용 건물부분 면적보다 크므로 乙로부터 받는 임대수입은 부가가치세가 면세다.

> ◎ 부가가치세법 기본통칙 12-34-1 【주택임대면적에 따른 면세 여부 판단기준】
> ① 부동산을 2인 이상의 임차인에게 임대한 경우에는 <u>임차인별로 주택부분의 면적(사업을 위한 거주용인 경우 제외)이 사업용 건물부분의 면적보다 큰 때에는 그 전부를 주택의 임대로 본다.</u>
> ② 면세되는 주택용 건물에 부수되는 토지의 면적은 당해 주택용 건물부분의 정착(바닥)면적을 기준으로 판단한다.

⑸ **오피스텔과 부가가치세**

① 업무용 오피스텔

오피스텔은 업무용이므로 상가의 부가가치세 내용과 같다. 오피스텔을 분양받는 경우 공급대가 중 건물분에 해당하는 분양가액에 대해 부가가치세가 과세되고, 이 경우 수분양자가 부가가치세법상 정해진 기한 내에 일반과세자로 사업자등록을 하면 부담한 부가가치세에 대해 환급받을 수 있다.

② 주거용 오피스텔

문제는 주거용으로 사용하는 오피스텔이다. 오피스텔을 임대할 목적으로 사업자등록을 신청하고 건물분 부가가치세를 환급받은 일반과세자는 분양 종료 후 주거용으로 임대하더라도 부가가치세를 과세사업자로 신고납부해야 한다. 다시 말하면 주택임대는 부가가치세 면세대상이지만 오피스텔을 분양받거나 매수한 사업자가 건물분 부가가치세를 환급받았을 경우 비록 주택으로 임대하더라도 일반과세자의 지위에 해당되어 업무용 건물을 임대한 것으로 보아 부가가치세를 신고납부해야 한다는 것이다.

국세청예규(서삼 46015~10928)에 의하면 2003년 2월 18일 이후에 취득한 오피스텔을 상시 주거용으로 사용하는 것이 확인되면 임대료에 대해 부가가치세가 면세되는 사업으로 보도록 새로이 규정하고 있다. 따라서 위의 경우처럼 건물분 분양가에 대한 부가가치세를 환급받은 사업자가 주거전용으로 임대한 사실이 확인이 되면, 이미 환급받은 부가가치세는 추징된다고 유권해석을 하고 있다.

현실적으로 오피스텔을 업무용으로 사용하고 있는지, 주거용으로 사용하고 있는지 판단 여부는 전입신고 여부로 판단한다. 전입신고를 하지 않고 주거용으로 사용하고 있으면 실질과세의 원칙에 따라 판단한다.

◈ **사례 분석**

문) 甲은 오피스텔을 분양받고 일반과세자로 사업자등록을 낸 후 건물분에 대한 부가가치세를 환급받고, 업무용으로 임대를 주었다.

① 임대 개시 후 3년 경과 시점에 甲이 분양받은 오피스텔을 매도했는데 매수인이 주거용으로 사용하는 경우 환급받은 부가가치세는 어떻게 되는가?

② 임대 개시 후 3년 경과 시점에 甲이 분양받은 오피스텔을 매도했는데 매수인이 계속 업무용으로 임대하는 경우 환급받은 부가가치세는 어떻게 되는가?

③ 3년의 임대 기간이 만료하자 甲은 임차인과 재계약을 하지 않고 甲 본인이 주거용으로 사용하는 경우 환급받은 부가가치세는 어떻게 되는가?

답) ① 甲이 오피스텔을 매도한 후 매수자가 주거용으로 사용하는 경우에는 매도인은 재화의 공급에 해당하는 것으로 매매가액에 건물분 부가가치세 10%를 거래 징수해 세무서에 부가가치세로 납부해야 한다. 이 경우 환급받은 부가가치세는 환입하지 않는다.

② 매수자가 오피스텔을 계속 업무용으로 사용하는 경우에는 사업포괄양수도에 해당하므로 건물분 부가가치세를 부과하지 않으며, 환급받은 부가가치세액도 납부하지 않아도 된다.

③ 업무용으로 임대하던 오피스텔을 사업자 본인이 주거용으로 사용하거나 타인에게 주거용으로 임대하는 경우에는 폐업 시 잔존재화에 해당되어 환급받은 부가가치세액에서 3년분(1과세기간 5%)을 공제한 나머지 환급액을 납부해야 한다.

5. 상가 매매 시 유의사항

(1) 매도자 유의사항

① 건물 부분은 양도소득세 외 부가가치세를 납부해야 한다. 따라서 사업 포괄양수도가 아니면 부가가치세 납부의무가 있으므로 상가 매매계약서에 부가가치세 별도라고 반드시 기재해야 예상하지 못한 손실을 줄일 수 있다.

② 총액으로 분양하거나 매매하는 경우 감정평가서가 없어 토지와 건물가격이 일반적으로 구분되지 않는다. 그러므로 실무적으로 세무서에서는 납세자의 자진신고가 없을 경우 실지 매매가격을 알 수 없으므로 법무사 사무실에서 소유권이전 시 작성하는 건물시가표준액을 부가가치세 과세표준으로 해서 일반과세자(연간 임대료 4천 8백만 원 이상)는 건물시가표준액의 10%를 부가가치세로 고지하고, 간이과세자(연간 임대료 4천 8백만 원 미만)는 건물시가표준액의 3%(간이과세임대사업자 업종별부가가치율 30% x 부가가치세 세율10%)를 고지하고 있으므로 사업포괄양수도가 아니면 반드시 부가가치세신고를 해야 한다.

(2) 매수자 유의사항

매매계약을 하면 먼저 계약일로부터 20일 이내에 사업자등록을 해 불이익을 받는 일이 없도록 해야 하고, 특히 신축 상가의 취득의 경우 사업자등록시기를 놓쳐 매입세액공제를 받지 못하는 일이 종종 있는 바, 계약금만 납부하면 사업자등록을 해야 한다. 사업포괄양수도가 아닌 경우 건물분 매매가액에 10%의 부가가치세가 더 부담되므로 상가 투자 자금 계산 시 주의를 요한다.

중과세

1. 재산세 중과

(1) 재산세 중과 규정

◎ **지방세법 제111조(세율)**
① 재산세의 표준세율은 다음 각호에 정하는 바에 의한다. 〈개정 2005.12.31, 2008.9.26, 2009.2.6, 2010.12.27〉
1. 토지
가. 종합합산과세대상
나. 별도합산과세대상
다. 분리과세대상
(1) 전·답·과수원·목장용지 및 임야: 과세표준액의 1,000분의 0.7
(2) 골프장 및 고급오락장용 토지: 과세표준액의 1,000분의 40
(3) (1) 및 (2)외의 토지: 과세표준액의 1,000분의 2
2. 건축물
가. 제13조제5항에 따른 골프장(동조동항 각호외의 부분 후단의 규정을 적용하지 아

니한다) · <u>고급오락장용 건축물: 과세표준액의 1,000분의 40</u>
나. 특별시 · 광역시(군지역을 제외한다) · 시(읍 · 면지역을 제외한다)지역안에서 '국
토의 계획 및 이용에 관한 법률' 그 밖에 관계법령의 규정에 의하여 지정된 주거
지역 및 당해 지방자치단체의 조례로 정하는 지역안의 대통령령이 정하는 공장
용 건축물 : 과세표준액의 1,000분의 5
다. <u>가목 및 나목외의 건축물 : 과세표준액의 1,000분의 2.5</u>

⑵ 재산세 중과 규정 해설

① 고급오락장용 건축물

사치성 재산으로 분류된 골프장, 별장, 고급선박, 고급주택, 고급오락장 건축물은 재산세가 중과된다. 세율은 일반건축물인 경우 재산세는 0.25%이고 고급오락장용 건축물인 경우 재산세는 4%이고, 토지의 경우 0.2%~0.4%인데 반하여 고급오락장용 토지는 4%로써 16배 차이가 난다.

② 재산세 과세기준일과 납부기한

　　㉠ 과세기준일

　　　매년 6월 1일

　　㉡ 납세의무자

　　　매년 6월 1일 현재 토지와 건물 등의 사실상의 소유자

ⓒ 납부시기

　　ⓐ 건물 : 매년 7월 16일부터 7월 31일까지

　　ⓑ 토지 : 매년 9월 16일부터 9월 30일까지

③ 고급오락장용 건축물로 인정되는 경우

고급오락장용 건축물로 인정되는 경우는 식품위생법에 따라 허가를 받았거나 받아야 하는 유흥주점 영업을 하고 있는 건물이다. 보통 유흥주점, 룸싸롱, 나이트크럽, 요정 등이라고 할 수 있다. 그리고 유흥주점이 아니더라도 유흥접객원을 불러서 영업하다가 적발이 되면 재산세 중과대상이 된다.

◈ **중요 판례**

◎ 대법원 2006.3.10. 선고 2005두197 판결【재산세등부과처분취소】

【판결요지】

구 지방세법(2002. 12. 30. 법률 제6838호로 개정되기 전의 것) 제112조 제2항 제4호, 제188조 제1항 제2호 (2)목, 구 지방세법 시행령(2002. 12. 30. 대통령령 제17849호로 개정되기 전의 것) 제84조의3 제3항 제5호 (가)목, 구 식품위생법 시행령(2003. 4. 22. 대통령령 제17971호로 개정되기 전의 것) 제7조 제8호 (라)목의 규정 취지 등을 종합하여 보면, 재산세 중과세율이 적용되는 '무도유흥주점 영업장소'라 함은 손님들이 춤을 출 수 있는 공간(무도장)이 설치된 모든 유흥주점의 영업장소를 가리키는 것이 아니라 그 영업형태나 춤을 출 수 있는 공간의 규모 등을 고려하여 손님들이 춤을 출 수 있도록 하는 것을 주된 영업형태로 하고 또 그에 상응하는 규모로, 객석과 구분된 무도장이 설치된 유흥주점의 영업장소만을 말한다.

(3) 상가 매매 시 유의사항

① 고급오락장 건축물 매매 시

예를 들어, 위락시설로서 유흥주점으로 영업허가를 받아 영업을 하고 있는 상가를 매매할 경우 향후 재산세가 중과(4%) 될 것이라는 것을 알고 매매해야 한다. 만약 A가 B에게 6월 2일자로 매매한 경우 7월(건물분) 및 9월(토지분)에 납부해야 할 1년치 재산세는 A가 전액 부담해야 하는 것이며 만약 5월 31일자로 매각할 경우에는 B가 부담하게 된다.

따라서 A와 B는 6월 1일을 기준으로 전후에 매각이 이루어질 경우 이를 감안해 매매가액을 조정할 필요가 생길 수 있고, 매수자는 재산세 중과부분에 대한 이해가 있어야 수익률 계산을 정확히 하게 될 것이다.

② 고급오락장 건축물 임대 시

예를 들어, A가 소유하고 있던 건물이나 상가를 B에게 식품위생법상 유흥주점으로 임대를 하게 되면 총 건축물 중 유흥주점 면적 비율만큼은 중과대상 건축물에 해당되어 건축물 소유자인 A는 기존 재산세보다 16배 많은 재산세를 부담하게 된다.

따라서 실무상으로는 임대 시 임대차계약서에 유흥주점 입점으로 인한 재산세 부담은 임차인이 부담하기로 한다는 특약사항을 반드시 기재하고 임대계약을 하고 있다. 이 특약을 전가특약이라고 표현하는데, 법적인 효력이 있다.

2. 취득세 중과

⑴ 사치성 재산

지방세법 제13조 제5항에 규정되어 있는 사치성재산은 별장, 골프장, 고급주택, 고급오락장과 고급선박이 있다. 사치성재산을 취득하게 되면 취득세를 중과세하는데, 중과세율은 표준세율(4%)에 중과기준세율(2%)의 400/100을 합한 세율로 12%가 된다.

⑵ 고급오락장 매매

고급오락장이 있는 건물을 취득하는 경우에 취득세는 표준세율(4%)에 중과기준세율(2%)의 400/100을 합한 세율로, 12%를 적용한다. 고급오락장은 유흥주점, 나이트크럽, 디스코크럽, 요정, 룸싸롱 정도로 보면 된다. 따라서 이러한 업종이 있는 건물을 매매할 경우에는 반드시 매수자는 취득세 중과 부분에 대해 알고 매수를 해야 할 것이다.

그리고 처음에는 취득세 중과 대상이 아닌 건물이나 상가를 취득했지만 취득일로부터 5년 이내에 유흥주점이나 룸싸롱 등으로 영업을 하게 되면 취득세 중과규정을 소급 적용해 12%의 취득세를 납부해야 한다(지방세법 제16조 제1항 제3호).

◎ 대법원 1997. 12. 12. 선고 97누7851 판결【취득세등부과처분취소】

【판결요지】

[1] 구 지방세법시행령(1993. 12. 31. 대통령령 제14041호로 개정되기 전의 것) 제84조의3 제1항 제1호의3은 취득세 중과 대상이 되는 고급오락장에 관하여 '카지노장·자동도박기설치장 등 내무부령이 정하는 오락장용 건축물과 그 부속토지'로 규정하고 있고, 이에 따른 같은법시행규칙(1993. 9. 10. 내무부령 제592호로 개정되기 전의 것) 제46조의2 제1항은 위 시행령 소정의 고급오락장용 건축물은 다음 각 호의 1에 해당하는 것이라고 하면서 그 제5호에서 '식품위생법에 의한 유흥음식점 중 무도유흥음식점과 일반유흥음식점 중 룸살롱 영업장소'를 들고 있는바, 여기서 룸살롱이라 함은 일단의 손님들이 그 밖의 손님과 격리된 장소에서 유흥을 즐길 수 있도록 객실이 설치된 것을 의미하는 것으로 실제로 유흥종사자를 두고 있는지 여부는 룸살롱 영업장소 여부를 정하는 기준이 되는 것은 아니다.

◆ 취득세 중과 규정

◎ **지방세법 제13조(과밀억제권역 안 취득 등 중과) 제5항 제4호**

⑤ 다음 각 호의 어느 하나에 해당하는 부동산등을 취득하는 경우의 취득세는 제11조 및 제12조의 세율과 중과기준세율의 100분의 400을 합한 세율을 적용하여 계산한 금액을 그 세액으로 한다. 이 경우 골프장은 그 시설을 갖추어 '체육시설의 설치·이용에 관한 법률'에 따라 체육시설업의 등록(시설을 증설하여 변경등록하는 경우를 포함한다. 이하 이 항에서 같다)을 하는 경우뿐만 아니라 등록을 하지 아니하더라도 사실상 골프장으로 사용하는 경우에도 적용하며, 별장·고급오락장에 부속된 토지의 경계가 명확하지 아니할 때에는 그 건축물 바닥면적의 10배에 해당하는 토지를 그 부속토지로 본다. 〈개정 2010.12.27〉

4. 고급오락장 : 도박장, 유흥주점영업장, 특수목욕장, 그 밖에 이와 유사한 용도에 사용되는 건축물 중 대통령령으로 정하는 건축물과 그 부속토지. 다만, 고급

오락장용 건축물을 취득한 날부터 30일[상속으로 인한 경우는 상속개시일부터, 실종으로 인한 경우는 실종선고일부터 각각 6개월(납세자가 외국에 주소를 둔 경우에는 각각 9개월)] 이내에 고급오락장이 아닌 용도로 사용하거나 고급오락장이 아닌 용도로 사용하기 위하여 용도변경공사를 착공하는 경우는 제외한다.

◎ **지방세법 제16조(세율 적용) 제1항 제3호**
① 토지나 건축물을 취득한 후 5년 이내에 해당 토지나 건축물이 다음 각 호의 어느 하나에 해당하게 된 경우에는 해당 각 호에서 인용한 조항에 규정된 세율을 적용하여 취득세를 추징한다. 〈개정 2010.12.27〉
1. 제13조제1항에 따른 본점이나 주사무소의 사업용 부동산(본점 또는 주사무소용 건축물을 신축하거나 증축하는 경우와 그 부속토지만 해당한다)
2. 제13조제1항에 따른 공장의 신설용 또는 증설용 부동산
3. 제13조제5항에 따른 별장, 골프장, 고급주택 또는 고급오락장

양도소득세

1. 양도소득세 개요

(1) 개념

양도소득세란 부동산(토지·건물) 또는 부동산에 관한 권리(아파트 분양권 등)와 같은 자산의 양도에 따라 발생하는 소득에 대하여 과세하는 세금이다.

① 양도소득세가 과세되는 범위

㉠ 부동산(토지 또는 건물)의 양도소득

㉡ 부동산에 관한 권리(부동산을 취득할 수 있는 권리, 지상권, 전세권, 등기된 부동산 임차권)의 양도소득

㉢ 주식 또는 출자지분의 양도소득

㉣ 기타자산(사업용 고정자산과 함께 양도하는 영업권, 특정시설물 이용권·회원권 등)의 양도소득

② 양도소득세는 비과세되거나 감면되는 경우

㉠ 1세대 1주택의 경우로써 보유요건 및 거주요건 등 비과세 요건을 충족
한 때에는 양도소득세가 과세되지 않는다.

㉡ 장기임대주택, 신축주택 취득, 공공사업용 토지, 8년 이상 자경농지

(2) 양도소득세의 신고납부

① 양도소득세 예정신고

부동산을 양도한 경우에는 양도일이 속하는 달의 말일부터 2개월 이내에 주소지 관할세무서에 예정신고·납부를 해야 한다. 예를 들어 2012년 1월 5일 잔금을 지급받았다면 양도소득세 예정신고·납부기한은 3월 31일까지다. 양도시기는 원칙이 대금청산일이다(예외적으로 대금청산일 전 소유권이전등기를 한 경우에는 등기접수일이 양도시기가 됨).

② 양도소득세 확정신고

당해연도에 부동산 등을 여러 건 양도한 경우에는 그 다음해 5월 1일부터 5월 31일 사이에 주소지 관할세무서에 확정신고를 해야 한다. 다만, 1건의 양도소득만 있는 자가 예정신고를 마친 경우 확정신고를 하지 않아도 된다. 예정신고나 확정신고를 하지 않은 때는 정부에서 결정·고지하게 되며, 신고·납부를 하지 않은 경우 무신고가산세 20%(또는 40%), 무납부가산세 1일 0.03%를 추가 부담하게 된다.

2. 양도소득세 세액 계산 흐름도

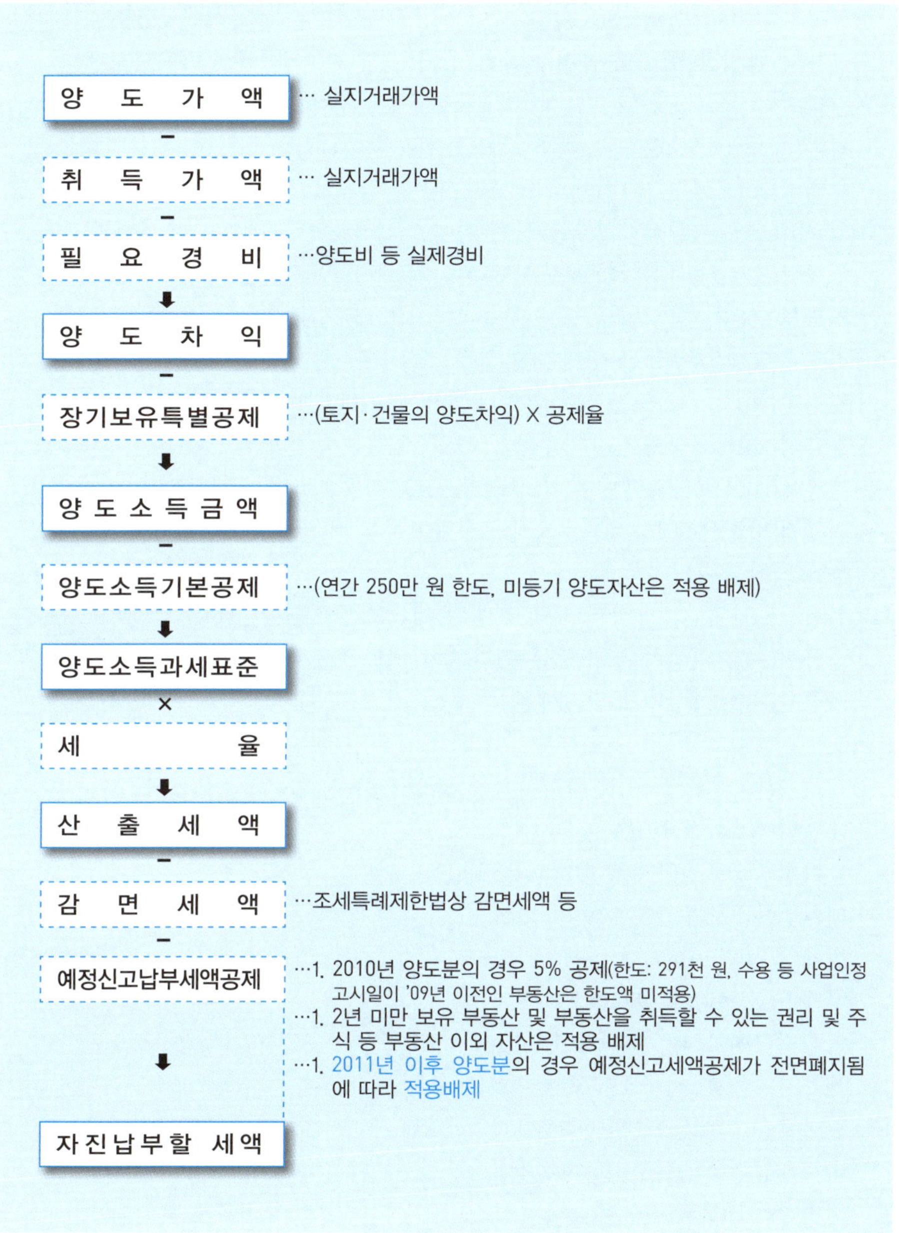

참고 문헌

문헌

- 박해식·박정삼·이경희 공저(2004), 《상가 임대차 분쟁소송》, 법률정보센터
- 김덕원·유동근 공편(2011), 《주택·상가건물임대차보호법》, 진원사
- 경국현(2011), 《상업용 부동산투자론》, 한올출판사
- 함영복(2011), 《부가가치세의 이론과 실무》, 경제법륜사
- 최광석(2009), 《상식밖의 부동산법 이야기(매매·분양·중개편)》, 도서출판LTS
- 최광석(2009), 《상식밖의 부동산법 이야기(거래일반편)》, 도서출판LTS
- 최광석(2009), 《상식밖의 부동산법 이야기(임대차편)》, 도서출판LTS
- 경호현(2011), 《부동산 중개·계약실무》, 즐거운 숲
- 전길봉(2010), 《상가·업소 창업과 중개의 나침반》, 부연사
- 김효석(2010), 《상가 임대차분쟁의 해결(제2판)》, 법률서원
- 김홍용(2006) 《건축법 용도별 체크리스트》, 시공문화사
- 법무법인 강산(2010), 《부동산계약과 증개사고 예방 특별KNOW-HOW》, 도서
  출판 덕산
- 선종필(2007), 《대박 상가 재테크 대해부》, 중앙일보조인스랜드
- 경국현(2007), 《상가 투자에 돈 있다》, 이코북
- 박경환(2008), 《상가 특강》, 예문

인터넷 사이트

- 대법원(www.scourt.go.kr)
- 국가법령정보센터(www.law.go.kr)
- 대한법률구조공단(www.klac.or.kr)
- 법제처(www.moleg.go.kr)
- 국세청(www.nts.go.kr)
- 국세법령정보시스템(taxinfo.nts.go.kr)
- 세무사 이동헌 사무소(www.tax24ok.co.kr)
- 한국부동산전문교육원(www.kr3.co.kr)
- 국토해양부(www.mltm.go.kr)
- 국민신문고(www.epeople.go.kr)

新 상가 투자 보물찾기

초 판 1쇄 2016년 7월 1일
      2쇄 2018년 6월 1일

....

지은이 최원철·김보곤·김태윤·김민지·서선정·정우영·김보규
펴낸이 전호림 **기획·제작** 두드림미디어 **펴낸곳** 매경출판(주)
등 록 2003년 4월 24일(No. 2-3759)
주 소 우)04627 서울특별시 중구 퇴계로 190 (필동 1가 30-1) 매경미디어센터 9층
홈페이지 www.mkbook.co.kr
전 화 02)2000-2636(마케팅) 02)333-3577(내용 문의 및 상담)
팩 스 02)2000-2609 **이메일** dodreamedia@naver.com
인쇄·제본 (주)M-print 031)8071-0961

....

ISBN 979-11-5542-485-8 (03320)
값 25,000원